U0029663

# 我的奮鬥

## 父親的葬禮

Writing is drawing the essence of what we know out of the shadows. That is what writing is about. Not what happens there, not what actions are played out there, but the there itself. There, that is writing's location and aim. But how to get there?

1

Min Kamp

Karl Ove Knausgård

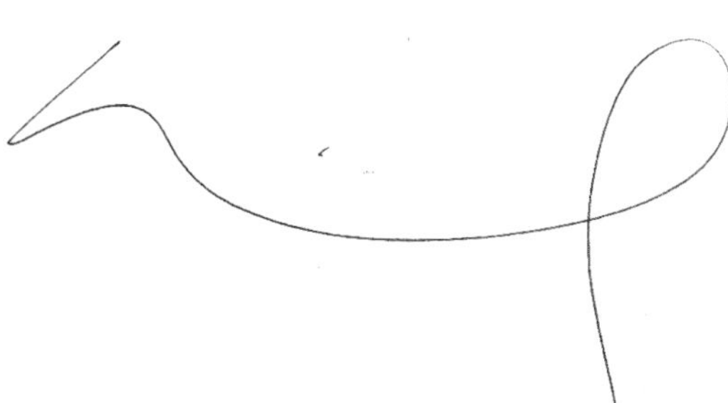

挪威最重要的當代作家

卡爾・奧韋・克瑙斯高

林後／譯

# 國內外好評讚譽

「我懷疑自己走入了一座陵寢，作者在裡頭以文字逼問永生的可能性。」

——吳曉樂

「實時直播的苦行百里，真實碾磨你身體每一吋，讀完傷痕累累。」

——盧郁佳

「有些書在美學上過於強勁，以至於具有革命性，克瑙斯高寫的書就是其中之一。」

——《巴黎評論》

「值得注意的一點是，卡爾．奧韋能夠充分展現自己並意識到自己的存在，如今這一能力是很少見的。書寫每個細節的時候，他並不顯虛榮及華麗，彷彿寫作與生活是同時發生的。這裡不會有讓你太過震驚的事件，然而，你會完全沉浸於其中。你是和他一起生活。」

——查蒂．史密斯，《紐約時報》評論

「這呈現出了一種令人痛苦的親密感，這種親密感超越了個人，使得克瑙斯高能夠追尋他更宏遠的藝術理想，他的日常喜悅以及疑慮，竟異常地熟悉。」

——《Time Out New York》

「這史詩般的探索只是前一部分，疲憊不堪的讀者能夠在這裡找回生活。」

——《獨立報》

「或許是我們這個時代最重要的文學事業。」

——《衛報》

「……形式自由，充滿恐懼，描述密集……自易卜生以來，挪威最偉大的文學巨星。」

——《新政治家》

「《我的奮鬥》已經是二十一世紀最重要的文學成就。」

——《每日快報》

「在普魯斯特和樹林之間。像花崗岩精確而有力。比真實更真實。」

——義大利《共和國報》

「就像脖上的繩子，刀子刺在心裡。這本書充滿了魔法。整個世界是敞開的……克瑙斯高的地位將來堪比亨里克・易卜生，以及克努特・漢森。

——丹麥《Kristeligt 日報》

「我很確信這部作品的成功不僅反應在銷售上——光是挪威就占了總人口的十分之一，而且還成為了老年人會在地鐵上讀的，每個新生們都必須預訂、擺在架子上的那種書，走到洗衣房裡，你甚至可以聽見還有房客在那裡討論。」

——《The New Inquiry》

「日常生活變得令人著迷……克瑙斯高和他的翻譯巴特利特（Bartlett）創造了一個完整的世界，從不迴避人類的細節。」

——《哈佛評論》

# 去到那(哪)裡　我讀到的卡爾・奧韋・克瑙斯高

吳明益　國立東華大學華文系教授

一個人自我形象的構成不僅包括你是什麼人,也包括你想成為什麼人,能成為什麼人,或曾經是什麼人。(Karl Ove Knausgård,《我的奮鬥2:戀愛中的男人》,p.102)

當出版社的編輯琬融將卡爾・奧韋・克瑙斯高(Karl Ove Knausgård)的書稿寄給我並且邀稿時,我立刻思考是否要推卻。原因是,我所收到的六十萬字書稿,不過是克瑙斯高《我的奮鬥》系列(我個人還是偏愛英譯為*My Struggle*的寓意)的三分之一而已。而這系列早已在歐洲文壇備受關注的作品,是以一種稱為「自傳性虛構小說」(autofiction)的文體所寫成。這個詞被用在諸如克里斯蒂娜・安戈(Christine Angot)、菲利普・羅斯(Philip Roth),以及柯慈(J. M. Coetzee)部分作品上,指的是作者將自己的成長記憶添加感想,透過戲劇性敘事,加上臆測、想像寫成。敘事時通常採用第一人稱,並且會直接使用本人的名字,而不會像某些私小說一樣刻意取另一個名字來指涉「我」。

這類作品與作者本人經歷往往非常接近,加上連名字都直接使用,難免會把與自己周遭的人都拉進這個「具某種程度虛構性」的敘事裡,而引來窺探。我一直以來都認為這樣的寫作模式帶有某種危險性,因為總有人不希望自己的人生任何一部分被陌生人閱讀並且品頭論足吧。更何況，這類作品凡是傑出的，往往都不避諱將生命陰暗面寫出，有可能會使得親密之人在網路時代受到極大的困擾。它的危險在於，寫作者認為**不得不寫**的藝術動力，極有可能**帶給他人痛苦**。

這真是寫作的意義，是寫作的本質嗎？

這問題與我的寫作歷程相伴相處，至今未有解方，這成了我沒有太大動力閱讀的最根本理由。但這寄來的書稿，卻又如此吸引我打開來。《我的奮鬥》出版於二〇〇九至二〇一一年共計六冊，在挪威已售出五十萬本。由於挪威人口不過五百萬上下，這意味著它絕對算是國民暢銷書，何況克瑙斯高正是憑藉著它而備受國際文壇稱譽。如果我「拒絕」讀它，是否也意味著我的怠惰？

於是在思考如何回絕之前，我開始了這六十萬字的閱讀，讀著讀著，我的另一個疑慮油然而生——我能讀一系列作品裡的其中「兩冊」，來「導讀」這系列作品嗎？這個問題若置換一下，便可以感受到在這個社群媒體強大時代的一個重要提問：我們能以一個人一生裡三分之一的時光，評價（或知曉）他的人生嗎？而在這個資訊龐大、倏忽即逝，又不可避免地每天朝死亡前進的線性人生裡，我們哪有時間去「完整地」讀另一些人的人生呢？

這些問題在我閱讀時縈繞不去，另方面，我又漸漸沉浸入克瑙斯高的敘事，有一個很重要的原因是我與他算是同時代的人，彼時人們的成長史，已經被納入名為「地球村」的洪流裡，因此跨域文化的強度似乎超過了地域文化的強度。在台灣成長的我，與遠在挪威成長的克瑙斯高一樣聽Deep Purple、The Doors，一樣看《巴黎野玫瑰》，一樣覺得自己不被理解，與上一代漸行漸遠。透過這些元素，在《父親的葬禮》裡，我對克瑙斯高筆下與父親對抗又想親近的情緒產生了共鳴。特別是其中一段還是少年的他有段時間被送去與父親同住，他跟父親反映說房子冷，而父親給予他輕蔑的回應。當他賭氣離家時，卻在走到路口的回望裡，看到屋子升起了煙。一個少年徘徊躊躇的身影，牽引了我閱讀的感情。

做為一個北國的作家，克瑙斯高的筆觸將綠意藏於冰雪之下，在看似平凡的敘述裡總站著一個眼眶濕潤的男孩、多情少年、苦惱的年輕作家，讀者跟著他偷偷運酒避過父母去友人家跨年、擔憂陰莖是否太歪、所愛之人不理睬自己，以及平淡人生與寫作志業的拉扯……這些記憶對克瑙斯高的人生來說都「已成定局」，只是作家透過寫作「再一次」經歷，並在我們閱讀時和他一同經歷。我一直以為，這種對已成定局的過往感傷是很親暱私密的，唯有傑出的作家才能把陌生的讀者拉進其中。

克瑙斯高把平凡的人生成長，透過像是提煉過卻又毫不在意的句子寫出來，產生了非凡的即視感，讓我幾乎找不到停頓閱讀的地方，於是我漸漸領略了克瑙斯高的魅力。對我而言，他不多但總恰如其分的寫景真是高明極了：「丘陵在另一處隆起，往下能延綿至海，水一樣是黑的。光從河流和丘陵間的一棟房屋傾瀉而出，強烈且明亮。而天邊的群星，與大地灰濛濛的色調過於相近，僅在夜空的更深處，才得以依稀見到一點。」這是挪威人才有的視野吧，這是冰雪國度的美學。

而我也迷上了他那些「直觀勝過邏輯」，卻似乎準確明智的話語，比方說這段：

十九世紀虛無主義與我們的虛無主義的不同，正是空虛與平等的不同。一九四九年，德國作家恩斯特．榮格曾說，將來我們會建立起一個世界政府。現在，由於自由民主制已稱雄於現代社會，似乎他所言不虛。我們都是民主主義者，我們都是自由派，各個國家、文化和人民之間的差異正在普遍瓦解。而這場運動從本質上說，又何嘗不是虛無主義的？「虛無主義的世界本質上而言，就是一個日益縮減的世界，自然而必然地與趨向原點的運動相符。」榮格寫道。有個很好的例子可以說明這樣的縮減，那便是把上帝視為「善」，再比如那種要為世界上所有複雜趨勢找到一個共同特性的嗜好，又比如專門化的傾向，這是另一種形式的縮減，又比如要把一切轉化為數字的決心，美、森林、藝術、身體，概莫能外。因為如果金錢不是一種實體，將大部分不同的事物加以商品化，那它又是什麼呢？抑或如榮格所說：「漸漸地，所有領域都被歸到這個獨一的共性之下，即使與因果關係所處的距離像夢一般遙不可及的領域也不例外。」在這個世紀，就連我們的夢境都是相似的，就連夢境都是可以出售的東西。注重平等不過是冷漠的另一種說法。這就是我們的黑夜所在。（《戀愛中的男人》，p.112-113）

漸漸地，我愛上了《我的奮鬥》的敘事（特別是第一本），我愛上他的毫無節制、囉唆、猶豫不決，以及冷靜的，屬於北歐色彩的感傷與銳利分明。也許是因為到了這個年紀，我已經明白了人生毫無停頓，也不能簡寫。當然，也明白了人不會同意（或不同意）另一個人的全部。

於是我回信說我會寫篇感想（而不是導讀），並且說明我會提到對這部作品的一些負面感受。在交稿前我讀了第二遍，漸漸明白了，我對這兩本作品的負面感受很有可能也是對同樣身為作家的我自己的負面感受。

在從事寫作的這段時間，我從未懷疑過記憶的意義以及回憶的意義，因為這是生而為人最迷人的核心。我們透過回憶的梳理咀嚼，並且在日常生活裡就像水獺築壩一樣在流水中建造自己的記憶建築。記憶當然不完全是美好的。

每個人都希望自己是完全善良、正直、誠實的人，但幾乎都不是，至少不永遠是。所有人都做過自己眼睛無法直視之事。寫作一本宣稱「非虛構的自傳」時，執筆者往往會迴避那些非正直、誠實、善良之事。因此，自傳反而常是「虛假的」，多數自傳都是寫「他人」時誠實，寫自己不然，有時提及自身之惡，也是某些自我形塑的形象。我一直覺得，自傳是很好的他者材料、時代材料，卻不一定是很好的檢視作者自身的材料。

相對之下，在自傳體的小說裡，作者可以寫出那些他無法直視他人眼光做過的事，因為「虛構小說」一詞保護了那些藏在陰影裡的記憶。在我看來，第二部的《戀愛中的男人》，克瑙斯高的朋友蓋爾提到他在北挪威與一位十三歲女孩發生關係的事，就屬於此類介於現實與非現實間迴盪的話題——沒有人可以掀開那層簾幕，那簾幕後的事，只活存在書寫裡。小說裡的克瑙斯高否定後又懷疑自己真的做過，這是很困難，需要勇氣的真實的一刻。

只是，作者的勇氣，或許只能限於作者的自身。「勇敢地」把他人私密之事也憑藉強烈的自我觀點寫出來（除開那些公眾之事），是極其自我的行為。偏偏強烈的自我中心，是許多藝術家的人格本質（包括我在內）。

當我看到作者在訪問時提及把親友、情人的私密故事為了寫作傾巢而出，如同一種「文學自殺」（literary suicide），而後被書評、媒體廣泛引用時，我不禁感覺到「作者」此一身分的自大以及一種自我指涉的恐懼。為了寫作將他人的人生傾巢寫出，如果角色交換，我會說這必將是周遭之人的惡夢。這並不是文學的自殺，而是為了追求文學的成就，忽略其他人感受（我不願用到「殺」這個字）的行為。這或許不只是對這本書的保留，也是我從事寫作多年之後，對**寫作者人格該是如何**的保留。

在網路時代以前，不管是八卦新聞或是自傳性小說，即便引起讀者深層，屬於黑暗部分的好奇心，但礙於資訊的困難取得，不至於會大規模、長久地造成被書寫者的困擾。但我們所處的這個時代要挖掘一個人的背景實在太容易了，即使是扭曲的話語，都會恆久存在，並被片面讀到，流傳下去。

在所有的傳統藝術中（我撇除了近代發展出的第八藝術），寫作是最容易把自己對他人、對價值觀、對自我生命評價暴露出來的形式。我們可以從音樂裡聽出作曲者的掙扎，但不會從作品的內容得到說明；同樣的，觀看一幅畫亦然。根據國外媒體的報導，從第一部作品的出版後，克瑙斯高父親那方的親友就提出了法律行動，而他的妻子也再次陷入嚴重的憂鬱症。據說克瑙斯高因此修改了一些人物的名字，刪除部分內容。這讓我相信，克瑙斯高絕對有過掙扎。雖然書裡確實提到希特勒，但我寧可相信克瑙斯高不是以中文的「奮鬥」來回顧自己的半生，而是掙扎、無止境的掙扎，當然，這也無法讓那些不願被寫的人釋懷一分。

那些不書寫，以自己的方式度過一生的人，在書寫的世界裡就是弱勢者，他們才是冰雪下的綠樹。他們沒機會為自己發聲，即便寫作者本身感情豐沛、並無惡意，但人誠實地以自身的識見、感情表達對他人的看法並成為公眾讀物，就可能對另一個人造成不可抹滅的傷害。讀者讀來或許「只是一件小事」，但對某些人來說，那可能是絕不想曝光給外人知道的刻骨銘心之事。

我認為許多寫作者，都真心厭惡那個不為他人所見的，心底的自我。這或許是*My Struggle*的真正核心吧？

另一方面，像克瑙斯高這類動輒以百萬字計，將自己的人生幾乎是鉅細靡遺紀錄下來的作品，本身就充滿了「虛構性」。怎麼可能？當我們回顧自己的人生，那麼多的對話（包括第一次摸到女孩乳房時和死黨的對話）、那麼多的「第二天」、那麼多的景色、跳躍的思維，寫作時怎麼可能如此井然有序、細緻地加以陳述？只是這樣的虛構性又透露著真實感——我們不得不相信這世界上有人的生命就只在於注視自己，以至於所有的記憶都圍繞著「我」維生，他們可能在很早的時候就寫作日記，隨著日子過去，在讀自己的日記時也會油然產生一種陌生感，於是，最終將新意識與舊紀錄遂編織成一部「小說」。

克瑙斯高在書中說：「文學的唯一法則是：一切必須隸屬於形式。要是文學其他的元素強過形式，諸如風格、情節、主題，其結果將甚微。這就是為什麼有著強烈風格的作家常常會寫出反響不大的書。這也是為什麼有鮮明主題的作家常常寫出沒有影響力的書。主題和風格上的強烈與鮮明必須打破才能讓文學有一席之地。這一破除我們稱為『寫作』。比起創造，關於寫的更多是破壞。再沒有比蘭波更清楚這一點的了。他的卓越不是因為他在騷動煩亂的年少時期就有此頓悟，而是他將此一原則也付諸於自己的生命。蘭波崇尚一切自由，他在寫作上是如此，生活中亦如是，這是因為自由被奉為至尊，他可以把寫作置於身後，甚至可能是必須把寫作置於身後，因為寫作也成為一種羈絆，需要被打破。自由就是破壞加上行動。」（《父親的葬禮》，p.222）或許他就是這麼沉迷於把寫作視為生命的核心，決心以這樣的形式去表現吧？

《我的奮鬥》並非以故事為主軸，它的形式在於滔滔不絕的陳述，以及無盡的細節。除了前兩冊《父親的葬禮》與《戀愛中的男人》以死亡與愛情為主題外，在未來即將出版的另外四冊裡，分別是：童年、工作、夢想與思考。此刻讓我們回到這篇文章一開始的自我提問：我們花這麼多時間讀另一個人的人生做什麼？

或許這也可以用克瑙斯高自己的語言來回應，他說：「知道的越少，它就不存在。知道得太多，它也不會存在。寫作就是將陰影裡我們所知的一切精神給呈現出來。這就是寫作。不是那裡發生什麼事，不是那裡事件如何展開，而是單純的那裡。這就是寫作的目標與方向。但又要如何到達那裡？」（《父親的葬禮》，p.217-218）

**要如何到達那裡**？**那裡是哪裡**？這是肯定句也是疑問句，我們總是一邊總結一邊提問，因為，有時我們的總結在他人的提問裡，有時我們的提問在他人的總結裡。

# 第一部分

PART 1

對心臟而言，生命的含義再簡單不過了：它將盡可能地持續跳動下去，然後停下。早晚會有那麼一天，這個跳動的、有韻律的心臟跳動會自動終結。這時候血液便會開始流向身體最低、最薄弱的部位，在那裡形成一個小小的池子。這在外觀上是清晰可見，一片暗黑色的充血斑塊累積在逐漸蒼白的肌膚上。與此同時體溫下降，四肢變得僵硬，腹內的腸肚一瀉而空。在最初的幾個小時裡，這些變化的進展極為緩慢，且不可抗拒，那過程幾乎帶有著儀式意味。彷彿生命是屈於某種規則，是在履行一項「紳士協定」，而死亡亦然。死亡總是得等到生命退卻之後，才開始入侵與佔領這片新領地。這種入侵是無可撤反的。伴隨著極度高熱，細菌病毒開始在體內擴散，勢不可擋。若它們試圖提早幾個小時進犯，那將會立刻遭遇抵抗，但現在環繞其中的一切只有沉寂，它們僅需不斷地向溼潤、幽暗處縱深發展。這支大軍將入侵哈弗斯骨管，穿過腸腺，進駐胰島，再插入鮑氏囊，途經克拉克柱，進入中腦黑質，最後抵達心臟。截至目前為止，身體以一種未被觸及但被劫掠後的狀態存在著，儘管外觀完好，整個內部卻已然被蝕空掏盡，其間含有一種詭譎的荒涼與頹敗。這就像是在一眨眼間，工人們全都從建築工地撤離，又或者如所有車輛一動也不動，車燈的黃光投向樹林的幽暗中，小屋裡空無一人，一旁的斜坡路上，往山上的纜車一個接著一個，都裝載滿滿。

在生命離開身體的那一瞬間，身軀就歸屬死亡。廢棄的燈盞、行李箱、地毯、門把、窗框。泥地、沼澤、溪流、山脈、雲彩、天空。這一切對我們來說並不陌生，我們持續地被這死亡世界裡的萬物及自然現象所環繞。縱使如此，一旦看到真的有人陷入了那個世界，還是會有什麼東西喚起我們很大程度上的不愉快。於是，在情況確定之後，我們也同時盡可能不讓死者的屍體進入視野。在大型醫院，屍體不僅被藏在單獨的、遠距離隔絕的房間裡，連往那裡去的通道也是隱蔽的。一切有專用的電梯，專用的地下室通道。即便碰巧有人迷路誤入該區，經過的推車上的屍體也遮蓋嚴實。當屍體要抬出醫院，還有專用出口與深色玻璃的車輛。而在教堂墓地，則為他們備了單獨沒有窗戶的房間。舉行葬禮時，他們被蓋在緊閉的棺柩裡，直到最後被深深埋入地下，或在高爐裡化為灰燼。若從實務性的角度思考，很難看出這樣子的程序能有什麼目的。比如，推著這些屍體經過醫院走道時，大可不必加以遮蓋，從醫院抬走也用一般的計程車就好了。這不會為任何人帶來任何風險。一個老人在電影放映期間斷了氣，盡可能讓他待在自己的座位上直到電影放完，待到第二部電影結束也未嘗不可。一個老師中風猝死在校園，沒必要立刻開車抬走。讓他躺在那裡等校工有空再來處理就好了，一直到下午甚至晚上都可以的，這不會傷害到任何人。或許會有一隻鳥兒飛來停在他的身上，這裡啄啄，那裡啄啄，但這又何妨？只因為我們在入土前把他藏起來，情況就會比較好嗎？其實只要死者躺在那裡不礙事，就毫無理由這麼匆忙行事，他們也不可能再死一次。尤其是在冬季嚴寒的日子裡，這種處理方式應該是更為有利。在長椅上和月臺上凍死的露宿者，從高樓和大橋縱身跳下的自殺者，從電扶梯上跌下的老太太，坐在自己車上死於車禍的人，在城裡待了整晚後因酒醉恍惚掉進湖裡的年輕男子，被公共汽車拖拽到車輪下的小女孩，對這一系列的死者，為什麼都是那麼急匆匆地要把他們趕快藏起來？為了合乎禮儀？等女孩的父母在一兩個小時以後趕來看上一眼，可能還更合乎禮儀。她躺在出事地點旁的雪地上，破裂開來的頭顱和完整的身軀，浸滿鮮血的頭髮和潔淨的羽絨服。向世界敞開一切吧，像她那樣躺在那裡，這本沒有什麼祕密可言。而在雪地上的這麼一小時，卻又是那麼令人難以理解。一座城市若不將其死者排除於公眾視線之外，看著他們橫屍大街小巷，在公園與停車場，這就不是城市，是地獄。這地獄以一種更寫實及更深入真實的方式，反映出了我們生存的條件。但這又能怎麼樣呢，我們原本就理解這些狀況的，只是不願去面對罷了。將死者驅除在外的做法就是一個明證。

然而，究竟要摒除什麼、驅走什麼，卻又難以說清。不可能是死亡本身的問題，死亡這現象在社會上的存在太突出，或者太多。報紙或者新聞每天提及多少死者，根據不同情況多少又有些變化，但一年半載下來，其數目可能很穩定，也就漸漸習以為常了。消息總會由多種管道傳播開來，無論如何無法避開。同時，死亡這一現象看上去也不是那麼具有威脅性。相反，有一些死亡我們還感興趣，甚至願意為它掏腰包，例如許多電影公司就拍了有關死亡的電影，且數目還多得驚人。而這使得將死者摒除在公眾視野之外的這種做法，更讓人難以理解了。若是死亡作為一種現象沒有讓我們驚駭，那面對死去的軀體為何又有不愉快的感覺呢？這一定意味著，要不就是有兩種死亡，要不就是我們對死亡的想像和死亡的真實面貌之間存在著衝突與差距。無論是何者，結論只有一個：這兩者相比較的結果是，我們想像死亡的畫面如此強烈地刻印在我們的意識裡，以至當我們看到真實的死亡時不僅感到震驚，同時也試圖用所有的手段去掩蓋它。這不是源於人們有意識的深思熟慮，如教堂的種種儀式或者是葬禮那樣，不，在我們的時代還可以通過協商求得解決，因而從非理性轉向理性的領域，從集體的轉向個體，但我們將死者移出視線之外的方式從來就沒有過任何爭議，我們向來就是這麼做的，天經地義，然而卻又沒人能給這種做法一個必要的理由。但所有人都明白：若是你父親在秋天一個颳風的星期日猝死在外面的草地上，你會儘快將他抬回屋裡，要是辦不到，至少會為他蓋上一條毯子。然而這種衝動並不是唯一我們對死者所做的，跟掩藏屍體一樣顯而易見的還有一個事實，它們總是被儘快地往朝向地面的方向搬走。一家醫院把死者的屍體往上搬，停屍房和火化房都建在房屋的最高一層，這幾乎是難以想像。死者被安放在越接近地面的地方越好。將這同樣的原則換到處理這種事務的單位，則會是：一家保險公司完全可以把辦公室設在八樓，但殯儀館就不行。所有殯儀館的辦公地點都在盡可能接近街邊草坪的地方。很難說清楚這到底有什麼原因。很可能是受傳統習俗影響或出於實用的考量。比如，地窖陰冷，自然最適合保存屍體。但以此原則推及已有冰箱和冷藏室的現今時代，也絕不會有人想到要把屍體往建築物的高處搬，這看上去很**不合情理**，好像高度與死亡兩者為互斥。似乎我們有某種潛在的直覺，一種藏於心底深處的情結，我們的死者必得下行於土地，落葉終須歸根。

看來死亡經不同的管道被分為了兩類。一類與隱祕、沉重、土地、污穢和黑暗有關，而另一類與開放、輕盈、天空、潔淨和明亮相聯繫。在中東某城市，一位父親和他的孩子被槍殺，在那一瞬間父親試圖將孩子拖出子彈的瞄準線之外。照片中他們兩人的身體緊緊糾纏，照相機剛好捕捉到子彈射進肌肉時身體戰慄的一刻。照片傳送至環繞著地球數以千計衛星中的一個，接著傳遍了全世界的電視臺。又一張有關死亡和瀕臨死亡的圖像不自覺地進入我們的意識。這些畫面沒有重量，沒有誇張，沒有時間和地點，也與這些身體曾經來自哪裡毫無關係。它們不屬於哪裡，卻又無處不在。絕大多數圖像只在我們的意識中停留片刻，但其中一些出於某種原因留駐於腦海裡的深淵之中。一個滑雪者從高處俯衝時出了事故，劃破了大腿上的動脈，頓時血流如注，她身後潔白的雪坡上一道鮮紅的血痕拖曳而下，在她身體停止滑行前人已氣絕身亡。一架正起飛的飛機，在爬升時兩個機翼著了火。郊外的屋頂上是湛藍的天空，就在這一片湛藍下，飛機爆炸成了一團火球。一晚，在北挪威的海灣外有一艘漁船沉沒，船上七個水手無一倖免。第二天早晨所有報紙都做了報導，因為這是個所謂不可思議的神祕事件。天氣平靜無風無浪，船上也沒有發出任何求救信號，它就這麼消失了。當晚有電視臺派出直升機到出事地點做進一步勘察，拍出的畫面卻只是一片空蕩蕩的海。多雲的天空下，灰綠色的波浪隆起又徐徐退下，緩慢而沉重，相較之下，那些此起彼伏、疾速翻騰著的白色浪花，保持著自己的另一種節奏。我獨自坐在那裡，看到了這一切。當時我父親很可能還正在外面花園工作。我注視著螢幕上的海，沒有聽到播報員說什麼，**突然一張臉的輪廓冒了出來**。我不知道持續了多久，或許幾秒鐘，但時間長到足以對我產生強烈的印象。在臉孔消失的瞬間，我站起來，想走出去找一個人告訴他這件事。但母親上夜班，哥哥在踢球比賽，其他的小孩不會聽我說話，那就只有爸爸了。想到這裡，我急匆匆地跑下樓梯，把腳塞進鞋裡，手臂穿進夾克衣袖，打開房門出去，繞著房子就開跑。我們是不被允許在院子裡奔跑的，因此在快進入爸爸的視線之前，我放慢速度，開始走起來。他站在房子背後，在下面將開闢成蔬菜園的地方，手裡握著大鐵錘敲打著一塊突起的山石。雖然鑽孔只打了幾公尺深，但在他腳下被翻挖出的黑泥土，還有他身後圍籬外一片枝葉濃密的楸樹，替山坡罩上了一層昏暗，一直往下延伸到低處。當父親直起腰，向我轉過身來，他的臉幾乎沉向黑暗。

但我仍然有足夠多的資訊來揣摩他。不只是看臉上的表情，還有整體的姿態，我不去解讀他的思想，而是憑直覺。

他放下鐵錘，摘下手套。

「怎麼啦？」

「剛才我在電視裡看見了一張海裡的臉。」我說，在他面前的草地上停住腳。那天下午早些時候鄰居砍下了一棵松樹，空氣裡充斥著石牆外那樹椿散發出的濃烈清香。

「潛水員的臉？」爸爸說。他知道我對潛水員有興趣，他肯定想像不到我跑到這裡來，會有其他更感興趣的事情要告訴他。

我搖了搖頭。

「不是人的臉，是我從海裡看到的東西。」

「從海裡看到的東西，我說你呀。」說著，他從襯衫胸前的口袋裡掏出一包香菸。

我點點頭，然後轉身就想往回走。

「等等。」他說。

他點燃了根火柴，然後低下頭直到香菸碰得著火。火苗為這片灰暗勾出了一個明亮的圓圈。

「這麼說，」他開口了。

在深深吸了一口後，他把一隻腳踏在山岩上，朝著路遠處另一邊的森林凝視。當然，或許他注視的是樹上方的天空。

「你看見的是耶穌的畫像吧？」他說，他抬起頭來望著我。要不是這友好的語氣，這長時間靜默後的提問，我還以為他在嘲笑我。我是個基督徒，他感到有點難堪。他對我唯一的期望就是，不要讓我成為異類，跟其他孩子一樣就好。在這片住宅區裡，沒有一個小孩跟他的小兒子一樣，稱自己為基督徒的。這讓他怎麼也搞不懂。

我感到驚喜，因為他其實是在意我的。同時又有點小小的失落，他是這麼低估我。

我搖搖頭。

「不是耶穌。」我說。

「這個回答還差不多。」爸爸說，他笑了。從山坡的高處，傳來一陣自行車碾壓過馬路上的聲音，從輕微到強烈。住宅區的一片寂靜中，這低低的、摩擦著地面的嘶嘶聲，化為了一陣嗖嗖聲。當自行車輪在我們遠處的路上滾過去時，聲音清晰可辨。

爸爸又再吸了口菸，然後把還沒完全熄掉、還冒著煙的菸頭，扔到了籬笆外。咳嗽了幾聲，戴上手套，又把鐵錘握在手裡。

「別再想這事了。」他說，抬起頭來望著我。

那個晚上我八歲，父親三十二歲。雖然至今我仍然不能說我已經了解或知道他是什麼樣的一個人，但現在的我比他當年大七歲，一些簡單的事情是較容易領會的。比如，我們各自的歲月之間有多麼大的差異。我的生活裡充滿著豐富無窮的意義，每向前跨出一步就敞開一道門，而每一道門都可能將我引領到最遠處。現在我不能理解的是，他生活的意義從某方面來講，不是把那些單一的、許許多多的日常事件集中於一處，而是完全把它們分散。因此除了一些抽象的概念外，不可能抓住要點。「家庭」是一回事，「事業」是另一回事。在他的那些日子裡沒有一次意料之外的事情發生。他多半知道未來有多大的可能，以及他要如何才能夠使這個可能性付諸實現。他已結婚十二年，在中學裡當老師，教書八年。他有房有車，有兩個孩子。他被選入市政委，是左派於市政府委員的代表。在冬天的半年裡他玩集郵，很有成績，在很短的時間內已在這一地方首屈一指。在夏季的半年裡，他業餘的時間都花在了整理花園上。那個春天的夜晚他在想些什麼，對此我一無所知。我也不知道他手裡握著鐵錘，在那半明半暗的朦朧中直起腰來，看見的又是一幅怎樣的景象。但我很確定，他心裡對圍繞著自己的這個世界相當地了解。他知道整個住宅區裡所有鄰居的名字，以及與他自己相比較，他們又各屬於哪個社會階層。可能他還知道別人最不願暴露於世的某些隱私，不僅是因為他教他們的孩子，也因為他對其他人的弱點目光尖銳。作為受過良好教育的中產階級的新成員，每天的報紙、廣播及電視節目供給他大量的資訊，使他對這個大千世界資訊靈通。他也懂一些植物學和動物學，因為他在青年時期就對它們感興趣。即便在自然學科方面沒有進行過深入的學習研究，至少他在高中時學過有關的基本知識。他歷史學得不錯，這是他在大學裡與挪威語和英語一起主修的科目。換句話說，除了教育學外，他對哪一門都並不精通，卻又都略知一二。他就是這樣，一個典型的普通大學生。那時候在中學裡教書還是個有社會地位的行業。住在石牆另一邊的鄰居普雷斯巴克莫，是和他同一所學校的老師。同樣，住在房後面那樹木遮掩的山坡上的另一個鄰居奧爾森，也是教師。其中還有一個鄰居克努森，住在拐彎處那一條路的盡頭，他是另一所中學的教務主任。當我父親把鐵錘高舉過頭，讓它重重落在山岩上的這個春天的夜晚，是七〇年代中期。他錘著岩石，在這個他所熟悉的世界裡，他充滿信心。當我自己進入了與他相同的年齡，我首先明白的是，走到這一步是需要為此付出代價的。當視野中的世界愈來愈紛亂繁雜，不僅會覺得觸及心中的痛處逐漸減少了，也會覺得許多事情毫無意義。要了解世界，必須將自己擺放在與其保持距離的地方。當我們用肉眼看微小的東西，比如分子、原子，會覺得看不清，那就必須把它們放大了來看。若是天體系統、河流三角洲，天穹的星象這種浩大不可及的物象，我們就把它縮小了來看。把這一切都歸入我們意識的範疇中，一切便釋然了。這個釋然，就是知識學問。整個兒童、年少時期我們歷經艱辛，為的就是要達到能與一切事物及現象保持正確的距離。我們讀書，我們學習，我們經歷，我們不斷地修正。於是這一天來到了，我們達到了與所有物象保持必要的距離的這個點，也有了所需的認知系統的概念。到了這時候，時間便開始飛快地溜走。它不再遭遇障礙，一切就緒。時間洪水般洶湧地貫穿我們的生活，日子便如白駒過隙轉瞬即逝。在我們理解到這一點以前，我們已然是四十歲、五十歲、六十歲……意義需要充實，充實需要時間，時間需要敵人。知識是距離，知識是穩固恒定，知識是意義的敵人。換句話說，父親在一九七六年那個春天的晚上的畫面有了雙重的含義：其一，那時我是以一個八歲孩子的眼睛在看他，帶有不可預知的，怯生生的惶恐；其二，現在我是作為一個同齡人來看他，時光流過了他的一生，不斷地、大塊大塊地剝去了他生命中的意義。

鐵錘敲擊岩石的聲音響徹整個住宅區。一輛汽車沿著傾斜的山坡朝主幹道開上來，駛過一個又一個路燈。鄰居家的房門打開了，普雷斯巴克莫在門口的階梯下停住，戴上工作手套的同時，他深深吸了一口這晴朗夜晚的空氣，然後握住小推車的手把，走進了他面前的草地。從山那邊飄來了父親錘打山岩發出的火藥般的氣味、石牆外松樹樁的氣味、新翻出的泥土和森林的氣味，以及北方風裡夾雜著的一抹鹽的氣味。我想著我在海裡看到的那張臉。雖然距離上一次才過去了幾分鐘，它卻已完全變了。現在我看到的是父親的臉。

他正在下面忙著敲山岩。

「你還站在那裡嗎，孩子？」

我點點頭。

「馬上回屋裡去。」

我開始邁步走。

「你聽著，」他說。

我站住，帶著疑問轉過頭去。

「這一次不要跑。」

我盯著他不動。他怎麼知道我剛才是用跑的？

「別這樣把嘴張大，」他說，「你看起來完全像個傻瓜。」

於是我閉上嘴，然後慢慢繞著房子走回去。當我來到屋的正面，看見外面路上全是半大的孩子。年長一些的推著自行車站在一處，他們的身體幾乎與昏暗的暮色融合。年齡小一點的在玩踢罐子，輸的就罰站在馬路上用粉筆畫出的圓圈內。其他人都在下面的樹林一帶把自己藏起來，躲在拿罐子的視線之外，不過我能看見他們。

從橋柱間透出的落日，為黑黝黝的樹頂染上了一抹紅。山坡上駛來了一輛嶄新的車。車燈先是照亮了騎自行車的人。在短暫一瞥中，反光鏡、金屬、羽絨服、黑眼睛、白臉，一晃而去。接著是那些在路上玩遊戲的小孩，他們得向路的兩旁勉強邁出一步，才能讓汽車通過。現在他們站在那裡，都扮著鬼臉，盯著這輛車看。

車裡是特羅爾內塞斯夫婦，我們班一個男孩斯韋勒的父母。看上去，他好像沒有一起來。

我轉過身去，目光追隨著車尾燈直到它消失在山坡的最高處，然後回到了屋裡。我試著躺在床上看了一會兒書，但沒法讓自己完全靜下來。於是我到了英格威的房間，從那裡可以望見爸爸。當我看見他的時候，我就感覺自己安全一些，那是最重要的。我能理解他的心情，並且從很久以前就開始學會怎麼預測它。通過一種潛意識的分類系統，我把握住了要如何做事來達到預期結果的訣竅。這樣一來我就可以事先做好準備，一種心智心神的氣象預報。此時汽車加大馬力從通往房屋的斜坡開了上來。當他關掉引擎，拿了自己的東西走下車，他鎖上車門的同時四下張望的那個樣子，以及當他從門口走進來脫下外套，過程中發出一系列有著細微差異的不同聲響——這一切都是預兆，一切都能加以詮釋。他去過了哪些地方，在那裡待了多長時間，以及他是與誰在一起的，這一切都成為了資訊。但在得出推論以前，我就退出了，因為使我真正感到好奇與沉迷的，僅僅是那過程。因此，當他突然現身，而毫無一點預兆……那真的讓我感到害怕。不知為何我居然是如此分心……

他到底怎麼知道我是用跑的？

他能以一種令人無法理解的原因看透我的心底，這不是第一次了。比如，在一個秋天的晚上，我把一小袋糖果藏在被子底下，因為我猜他等下肯定會進我的房間。他會問我把錢用在哪裡，而不管我給了什麼樣的回覆，他從來都不相信。當然，他的確進來了，站定後，他看了我幾秒鐘。

「你在床上藏了什麼東西啦？」他說。

他怎麼可能會知道？

屋外，普雷斯巴克莫打開了他安裝在石地板上的那盞強光燈，他通常站在那裡工作。黑暗中，凸顯的這塊新的光明島上，堆滿了各式各樣的廢品。他一動不動地站在那裡，望著這一切。一堆油漆罐、玻璃瓶和畫筆、劈好的柴、殘缺的木板、捲在一起的汽車套子、輪胎、一副舊自行車架、幾個工具箱，以及裝有各種形狀與尺寸的釘子與螺絲釘的箱盒。折疊好的那些廢牛奶紙盒裡鋪滿了春花的新芽，幾袋石灰、澆花用的膠皮水管盤在一起倚靠著屋牆，一塊畫滿了你所能想得到的各類工具的看板。或許這也透露著，在裡面的地窖裡，有一個這樣業餘愛好者的房間。

我又往父親的方向望去，他一手拿著鐵錘，一手拿著鐵鍬，正朝草坪走過來。我趕緊退後了幾步。就在此時大門開了，是英格威。我一看錶，差兩分九點半。緊接著，他以獨特的步伐走上了樓梯，身子往前一晃一晃的，有點像隻鴨子在走路。為了能夠在屋裡走路又快又不發出聲音，我們逐漸練就了這種走路方式。當他上來以後，已經氣喘吁吁，滿臉通紅。

「爸爸在哪裡？」他進屋就問。

「在外面花園。」我說，「你沒有晚回家。看，現在八點半。」

我伸出了那隻戴錶的手。

他從我身旁走過，把書桌前的椅子往後一拉。從他身上還能嗅到戶外的氣味，寒氣、樹林、碎石和馬路。

「你動我的唱片了嗎？」

「沒有。」

「那你到我房間做什麼？」

「沒做什麼。」我說。

「你不能回自己房間嗎？」

我們樓下的大門又開了。這次是爸爸沉重的步伐在地板上走著。和往常一樣他在門外脫下靴子，然後走進洗手間換衣服。

「在電視新聞裡我在海上看到了一張臉，」我說，「你聽說了嗎？你知道還有沒有別人也看見嗎？」

英格威用一種帶著疑問、很不情願的眼神瞅著我。

「你在嘮叨什麼？」

「你知道那艘漁船沉沒的事嗎？」

他點了點頭。

「在電視裡沉船的地點，我在海裡看見了一張臉。」

「一具屍體？」

「不對，那不是一張真的臉，是海變成了臉的模樣。」

一時間他只是看著我，沒說一句話。然後，他彎起食指，按在自己的太陽穴上轉了幾圈。

「你不相信？」我說。「那是千真萬確的。」

「是千真萬確，你就是個廢物。」

就在這時爸爸在下面關上了水龍頭。我想現在最好還是回自己房間裡，這樣就不會有在走廊上和他碰面的危險。但我仍不服於英格威對我最後說的話。

「你才是個廢物。」我說。

他根本懶得搭理我。他只是把頭轉向我，像兔子那樣把兩排牙齒露在外面，還在齒縫間吹出一口氣來。他這個動作暗示著我突出的牙齒。在他還沒能看出我開始掉眼淚之前，我就扭頭走出了房間。只要我一個人待著就沒事了，哭也無所謂。這一次算我贏了嗎？就因為他沒看見我掉眼淚？

但進房間前我停下了腳步，瞬間覺得我應該去浴室。在那裡我可以用冷水洗去臉上哭過的痕跡。可父親正走上樓，我只好用毛衣袖子擦拭。蓋在眼睛上那層薄薄的淚水被乾衣袖這樣橫著一抹，使得屋內的一切陳設外觀變形，色彩有異，彷彿突然間沉到了水下。那感覺太過真實，以至於在往書桌走的同時，我甚至做出了幾個滑水的動作。在我的想像裡，我還戴著早期潛水員用的那種鐵頭盔。那時候他們在海底行走，腳上是鉛鑄成的鞋，沉重無比，厚重肥大的潛水衣套在身上臃腫得像一頭大象，固定在頭部的氧氣管子晃動著就像根象鼻子。我嘴裡喘息著，小口地往外吐氣，把腳一下接一下重重地落在地上，就像他們當時在海底那樣沉重且緩慢地移動。就這樣我在地板上繞著圈子走了一會兒，直到驚駭的想像進入另一個階段，開始極為緩慢地向那個刺骨的寒水區域滲進。

幾個月前我看過儒勒．凡爾納小說改編的電視劇《神祕島》，說的是有幾個乘坐熱氣球的人，降落在一個大西洋荒島上的故事。看到第一個畫面時我就完全被震撼了。這裡面無奇不有，包羅萬象。熱氣球、狂風暴雨、穿著十九世紀服裝的人，他們登上這塊光禿禿、荒無人煙的島嶼，可能還不是最糟糕的，一系列詭異神祕莫測的事件圍繞著他們一樁一樁的發生……但除了他們到底還有誰呢？在那集電視劇快結束時一下子有了答案。地下水坑道裡有動靜，一群人模人樣的生物……從他們手裡提的燈光中可以照見，一個光滑的、面具罩住的腦袋在眼前一晃而過……看清楚了……像蜥蜴，但僅用兩隻腳直立行走……背上還背了幾個……其中的一個回過頭來，他沒有眼睛……

當我看見他的時候沒有尖叫，不過這些恐怖的畫面立刻貫穿全身，滿腦子都是，讓我什麼事情也做不了。即便是在光亮的大白天，只要我一想到水洞裡那些蛙人，恐懼就會使我完全崩潰。但現在腦子裡那無數的念頭已經把我變成了他們的一份子。我的喘息是他們的，我的步伐是他們的，我的手臂是他們的。我一閉眼，就看見那些沒有眼睛的面孔。地下的水洞……黑汙的水……手裡舉著燈的蛙人排成一長串……我陷得太深了，睜開眼睛也無濟於事。即便坐在自己房間裡，周圍都是自己熟悉的東西，我仍被恐懼攥在手裡，害怕得不敢眨一下眼睛，擔心會發生什麼事情。我坐在床上，身體僵直，看也沒看一眼就一把抓起了書包，瞅一眼課表，找到星期三，開始讀那天的科目：**數學**、**自然與生活**、**音樂**。我把書包舉起，放到膝蓋上，機械性地翻著裡面的書本，然後把書桌上翻開的那本書拿在手裡，往床裡面挪，直到背倚靠著牆，開始埋頭讀書。最初我每幾秒鐘就會抬一次頭，慢慢地這抬頭的間隔變成了幾分鐘，再來一次是晚上爸爸叫我的聲音，準確無誤的九點鐘。此刻主宰我的已經不再是揮之不去的恐怖，而是書本了。要放下手裡的書也是很需要毅力的。

我們不被允許自己切麵包，也不能使用電暖爐，因此幫我們做晚餐的總是爸爸或媽媽。如果媽媽上夜班，就是爸爸來做：當我們走進廚房，擺在桌上的兩杯牛奶、兩個盤子裡的四片麵包在等著我們。他通常都是先把麵包切好，再把它們放到冰箱，麵包會變得又冷又硬，即便麵包上的東西是我喜歡吃的，還是難以下嚥。要是媽媽在家，她或者我們，會把搭配麵包的各種東西，例如肉、起司、果醬，都放在桌上。這不但可以讓我們決定要把什麼吃的放在桌上，也可以讓我們決定要吃什麼樣的麵包。此外，麵包保持室溫，不是那種冷冰冰的。當然也有獲得某種自由的感覺：我們可以打開櫃櫥，取出杯子盤子，讓它們發出叮叮噹噹的碰撞聲，再把它們擺在桌上；可以拉開裝有刀叉的抽屜，總是在裡面稀裡嘩啦撥弄一陣後，再把刀子放在盤子旁邊；可以把玻璃杯放在桌上，打開冰箱，拿出牛奶，倒在杯子裡，當然也可以開口說話。和媽媽一起用餐的晚上，我們的話題一個接著一個。我們隨便說，想到什麼就說什麼，她很感興趣地聽我們說話。要是不小心撒了點牛奶，或是忘乎所以，把用過的茶袋直接放在桌巾上了（媽媽有時候也為我們泡點茶），這都沒關係。但這種用餐禮儀的自由，會隨著爸爸離我們的遠近而變化。他若在屋外或是在他下面的辦公室，我們便高聲談話，甚至加上我們隨心所欲的動作及手勢；他若走上樓梯，我們就降低音量，覺得說的內容不適合他，就立刻轉移話題；他一走進廚房，我們就立即靜默，一本正經地坐在那裡，好像我們專心一致地在用餐。相反，要是他走進客廳，我們就繼續聊天，但是靜靜的，小心翼翼的。

今天晚上，我們走進廚房時，四片做好的麵包正在盤子裡等著我們，上面擺放著不同的配料。一片是棕色的山羊乳酪，一片黃色乳酪，一片是拌著番茄的沙丁魚，一片是丁香乳酪。我不喜歡沙丁魚，就先拿起這一片，把討厭的先吃掉。我最討厭吃的就是魚，水煮鱈魚讓我有想嘔吐的感覺，但我們至少一週要吃一次。另一種討厭的是蒸魚，吃起來沒有味道，看上去也鬆垮垮的。其他種魚當然也是一樣，水煮綠鱈魚、水煮軍曹魚、水煮鯡魚、水煮黑線鱈魚、水煮比目魚、水煮鮐魚、水煮挪威黑線鱈等等。其中沙丁魚的味道最糟糕，番茄我可以把它當作某種番茄醬來吃，但那魚的質地，特別是那小小的、滑溜溜的尾巴令人噁心。為了儘量不碰到尾巴，我通常是先把它們咬下，放在盤子旁邊，用麵包的硬皮沾些番茄醬，再把那些小尾巴塞在裡面，把它們捲在一起。用這個方法我可以在嘴裡咬幾下而不碰到它們，然後喝幾口牛奶把它們全都咽下去。如果爸爸不在場，像今晚這樣，那當然是乾脆把它們全都塞進褲袋。

當我這麼做的時候，英格威揚起眉毛，搖了搖頭。然後他笑了。我也朝他笑了笑。

在外面客廳裡，爸爸在椅子上動了動。一陣摸索火柴盒的聲音。緊接著火柴頭上的硫磺，劃在盒子上發出了短暫的爆裂聲，菸被點燃了，但一切很快隨火苗回歸於靜默中。幾秒鐘後，菸的氣味飄進了廚房，英格威躬身向前，打開窗戶，他儘量不發出一點動靜。聲音卻從黑暗的戶外從窗湧進，一下子廚房裡的氣氛全變了，突然間這裡成為了原野山川的一部分。我覺得，**我們好像坐在一塊暗礁上**。這個奇想讓我手臂上的汗毛直豎。起風了，一陣窸窣的風聲從林間穿過，下方草坪上的樹木和灌木叢被吹得一陣響亮。街口傳來的聲音是扶著自行車的幾個年輕人，是他們在談話。通往橋的上坡，一輛摩托車正在踩油門加速。在遠處，從峽灣裡駛進的一艘船嘟嘟的馬達聲，蓋過了所有其他的聲響。

他一定是**聽見**我了！我奔跑在碎石路上的腳步聲！

「我們交換一下？」英格威低聲說，指了指那片蓋著丁香乳酪的麵包。

「好。」我說。真是太高興了，困擾我的這個謎團總算解開了。我喝了一小口牛奶把最後一塊沙丁魚麵包吞了下去，開始吃英格威放在我盤裡的那一片。關於牛奶的分配很重要，當你吃到最後一片麵包時，若牛奶已經沒有了，幾乎不可能把這給吃下去，最好的辦法是吃每片麵包時都省下一點。單純喝牛奶，不混著其他東西，這樣一來牛奶最有味道，不過很遺憾，我幾乎從沒有體會過這種快感。其原因在於：純牛奶雖然給人愉悅，我卻更需要它去蓋過其他我討厭的味道。

不過英格威就做到了。在節省計畫方面他是個專家。

住在上方的普雷斯巴克莫用靴子後跟在房門前跺了幾下。三聲短促的尖銳吼聲穿過夜晚。

「蓋爾！蓋爾！蓋爾！」

從約翰．貝克房前的院裡傳來了回應，大家都聽得出他回答時的遲疑，他腦子裡肯定有什麼正在考慮的事。

「來啦！」他喊了一句。

緊接著就聽到他在外面的小跑步的聲音。當快跑到古斯塔夫森家的院牆時，爸爸在客廳裡站起來。他的腳走在地板上的方式讓我的脖子往下縮了一節。英格威也跟著縮起了脖子。爸爸走進廚房，走到餐桌前，一句話也沒說，只是彎下腰來把窗戶用力地關上。

「我們晚上不開窗戶。」他說。

英格威點點頭。

爸爸看著我們。

「現在趕快把它吃光。」

他一回到客廳坐下，我和英格威的目光相遇。

「哈，哈。」我低語道。

「哈哈？」他低聲回應。「他是在說你。」

他比我先吃完兩片麵包，很快地直接溜回房間，把房門砰一聲關上，但我還在那裡坐了幾分鐘，咀嚼麵包。原本計畫是晚餐後到爸爸那裡去，告訴他晚間新聞會重播海裡那張臉。但想想後又改變了主意，覺得最好還是不要再提這事了。

是嗎？

還是看情況再說。走出廚房後，我通常是會到客廳去，跟他道聲晚安的。要是他的聲音安詳，就表示還有說話的意願，那我就提這件事。反之，那就別提了。

很不巧，他沒有像往常一樣坐在電視機前的皮椅，而是坐在沙發上。那是客廳最裡面的位置。這樣一來我就不能假裝路過，這距離頂多只能跟他說聲晚安。若要搭話，我得走進客廳好幾步，但這樣他就會知道我有其他的話要跟他說。不能先試探，就失去了全部的意義。不管他對我的語調如何，我都得講出來。

我走出廚房前沒有發現這個意外情況，因此猶豫不決而停下了腳步，突然間我已經沒有了選擇，他聽到我停住了，一定很快意識到我是有什麼想跟他說。因此我向前走了四步，讓他能看見我。

他坐在那裡蹺著二郎腿，手肘抵在沙發扶手，頭微微後仰，托在一隻手上。他把原本斜望著天花板的目光投向我。

「晚安，爸爸。」我說。

「晚安。」他回答。

「晚上新聞一定會播出同樣的畫面，」我說，「我只是想說這個，你跟媽媽可以看看。」

「什麼畫面？」他說。

「關於一張臉的畫面。」我說。

「一張臉？」

我站在那裡，一定是嘴張得很大，因為他的下顎突然往下拉，張大嘴，我知道他是在模仿我。

「我跟你說過的。」我說。

他把嘴又閉上，挺直身子，兩眼直盯著我。

「我不想再聽到什麼臉的事了，到此為止吧。」他說。

「嗯。」我應了聲。

當我轉身回到走廊時，我感覺到他的注意力已不在我身上。我刷牙，脫下衣服換上睡衣，在關燈前打開了床頭燈。我躺下後開始讀書。

實際上我們睡前只被允許讀書半小時，到十點鐘。但我通常我會讀到媽媽回家，大約十點半。這個晚上就是這樣。聽到車從主幹道朝坡上開來，我把書放到地板，關了燈，為的是在黑暗中聆聽她的所有動靜：鎖上車門、碎石子路上的腳步、房門打開、脫下外套、走上樓梯的腳步……一旦她在屋裡，氣氛就完全變了，最不可思議的是我能感覺到這一點。比如，要是在她回家前我已入睡，半夜裡醒過來時我就知道她在那裡。屋內的氣氛有什麼變了，可我又完全不知道究竟是什麼，除了感到安寧之外還有另一種東西。同樣，要是她比原定時間提早回家，而我還在外面：走進玄關的那一瞬間，我就知道她在屋子裡。

當然我非常想跟她聊聊，但又覺得沒必要一定得告訴她那張臉的事。最重要的是她在這裡。我聽到她踏上樓梯前把鑰匙串放在了電話桌上，打開拉門，在裡面跟爸爸說了點什麼，門又在她身後關上。有時候，特別是在週末的晚班以後，當媽媽回到家，爸爸總是會做點宵夜。他們也會一起聽唱片。每隔一陣，在他們離開的廚房桌子上，還可以發現一瓶空了的紅酒，每次都是同一個牌子。偶爾他們也喝啤酒，但也是固定的牌子，兩、三瓶產自亞倫達啤酒廠的皮爾森啤酒，棕色的〇．七升瓶子，上面貼有一個金色帆船商標。

不過今天晚上他們沒喝酒。為此我很高興。他們吃東西的時候是不看電視的，這樣一來我便可以實施我那簡單同時也有點冒險的計畫：快到十一點時，再溜下床，踮著腳尖到走廊，把拉門拉開一條縫，看看裡面的新聞。這種事我以前從來沒做過，甚至連想也沒想過。我沒被允許做的事，我都不會做，絕對不會。至少，沒有故意違反過。但這次不同，因為這不是關於我，是跟他們有關。我已經看到了海裡的那張臉，沒有必要再看一次。我只想知道他們是否會看到跟我一樣的畫面。

就這樣，我躺在黑暗中胡思亂想，目光追隨著鬧鐘上閃爍的綠色螢光。現在四周一片沉寂，我能聽到下面主幹道上行駛的汽車。汽車的聲響從新開的超市B—Max的上坡路開始，在胡爾特那繼續往下行，開過一段路到老蒂巴肯，再往上走直到大橋。在那裡，汽車如同半分鐘前突然出現那樣又突然消失了，沒留下一點痕跡。

差九分十一點時，對面房子的門打開了。我跪在床上，往窗外望去。是古斯塔夫森太太，她手裡拎著垃圾袋走上了馬路。

要看見這一幕可是很難的，當我望見這一切時，首先想到的就是這個。古斯塔夫森太太給人的印象是她從不露面。人們或許能看見她在屋內，或許看見她坐在她家那輛藍色的福特陶努斯車裡，這我是知道的，只是以前從未去想過。可現在，她在垃圾桶前停下來，打開蓋子，把手裡的垃圾袋扔下去，再把蓋子關上。我突然想到了，所有這一系列的動作，都帶著許多胖女人具有的那種有點懶散的優雅。她從來是足不出戶。

我家籬牆外路燈的強光投射在她身上，而環繞在她四周的一切——垃圾桶、房車的白色車身、鋪地的石板、柏油路，都發出了銳利而清冷的反光，將她的剪影襯托得格外引人注目。她的衣袖黑色閃亮，白毛衣的質材泛著微光，她豐厚的棕灰色頭髮幾乎就像鍍上了一層金色。

她就這樣站著，四下張望，先是看著普雷斯巴克莫家，再轉向漢森家，然後朝對面的樹林望去。有隻貓大搖大擺的，走過來時停下來打量了她一眼。她用一隻手摸了牠幾下，然後轉身回屋裡去了。

我又看了一下錶，差四分十一點。一陣寒意襲來，我想著是否應該穿上一件毛衣，但如果穿上的話，一旦被發現，一切看上去就會像是早有預謀。何況這也用不了幾分鐘時間。

我小心挪步到門那裡，把耳朵貼在門上。唯一有風險的是，洗手間在拉門的這一側。在那裡我可以掌控一切，假若他們起身，我有機會抽身退回。可眼下拉門是關著的，假若他們正走向這裡，等我察覺時將為時已晚。

但至少我可以假裝要上廁所啊！

問題輕鬆解決之後我小心地打開房門，走到走廊上。寂靜無聲。我躡手躡腳穿過走廊，感覺乾燥的地毯摩擦著我出汗的腳底。我在拉門前停下，沒聽見任何動靜，於是便把它拉開一點從縫裡張望。

電視在屋角。那兩張皮椅子空著。

他們也都坐在沙發上，兩個人都坐在那裡。

一切完美無缺。

電視螢幕上那個標著N字形的地球正在不停地旋轉。我祈禱上帝一定要讓那段新聞重播，這樣爸爸媽媽就可以看到我看過的畫面了。

播報員的頭條新聞還是有關那艘沉船，我的心開始一陣狂跳。可出現的畫面卻不是那靜靜的海面，是一個當地的警員，還有個女人手抱著小孩在接受採訪。他們站在那裡談話，背景是波濤洶湧的大海。

新聞結束後，我聽見了父親在說話，接著是笑聲。羞慚的感覺立刻傳遍全身，它是那樣的強烈，讓我無法思考。我內心變得一片空白。這種兒童時期突如其來的羞愧感，其力量之強大，唯有內心深處極度的恐懼能與之比較，再來就是憤怒。這三種感覺的共通點是，我感覺自己像是被抹去了，成為了零。

當然這一切只是情緒使然。於是我轉身走回自己房間，一路漠然無視。我知道樓梯那裡的窗戶一定黯黑無比，上面映照出走廊的畫面，我知道英格威的臥室門一定關上了，就像爸爸媽媽的臥室以及浴室的門都關上了一樣。我知道媽媽的鑰匙串一定還放在電話桌上，就像寓言裡一些小野獸，在那裡窩著，皮革的部分是牠們的腦袋，而鑰匙是緊緊湊在一處的鐵腿。我知道那跟膝蓋一樣高的、插著乾燥花的陶瓷花瓶，枯葉一定灑在了旁邊的地板上，在合成纖維的地毯上，這些落葉看起來很不協調。但儘管知道這些，我什麼也沒看見，什麼也沒聽見，也什麼都沒想。我走進房間，躺在床上關了燈。當黑暗攫住我時，我深深吸了口氣，開始微微顫抖，同時肚腹間的肌肉一陣緊縮，口中發出一陣嗚咽，聲音很大，我不得不用柔軟的枕頭將它們止住。枕頭很快就浸溼了。這辦法真管用，就像人感到噁心，最後一下嘔吐出來的那種感覺。淚水止住以後，好長一段時間，我還躺在那裡，低聲哽咽。哭泣並不是件壞事，它同時也把這一切做了個了斷。我平躺在床上，把頭枕在一隻胳膊上，合眼睡去。

當我坐在這裡寫下這些文字的時候，已經過去了三十年。在眼前的玻璃窗上我看到了我臉孔的倒影。除了眼睛還算閃亮，以及眼下一部份有著反光的微弱光線之外，整個左臉都陷在一片陰影裡。兩道皺紋深深爬過前額，臉頰上各自刻下一道深溝，充滿了黑暗。當這雙眼嚴肅地凝視，嘴角微微向下，讓人不得不去想，這張臉陰鬱時候的模樣。

是什麼刻在了我的臉上？

今天是二〇〇八年二月二十七日。時鐘指著二十三點四十三分。作者我，卡爾．奧韋．克瑙斯高出生於一九六八年十二月，在寫作的此時此刻三十九歲。我有三個孩子，萬妮雅、海蒂和約翰，以及再婚後第二任妻子，琳達．博斯特倫。他們都各自在我身邊的房裡睡覺，這是在馬爾默的一所公寓裡，我們已經住在這裡一年半了。除了因萬妮雅與海蒂，我們和幼稚園小朋友的家長有聯繫外，我們不認識任何人。不惦記誰，也沒有什麼社會交往，至少對我來說是這樣。我絕不會說出真實想法，絕不會表達個人意見，總是緊緊跟隨大家熱絡的話題，假裝對他們的話感興趣，只有喝酒時是例外。酒一旦進肚，我就會反其道而行，且通常走得很遠。酒醒之後的那種極度恐懼，只會隨年頭而加劇，現在甚至可持續幾週的時間。喝酒後，我也曾有過幾次短期失憶，行為舉止完全失控，最常有的是情緒低落以及變得愚蠢，當然也有在失態中舉動危險過。因此我戒酒了。我不願其他人接觸我、看見我，結果便是：沒人接觸我，沒人見我。好像戴著一副面具——這就是其他人一定會在這張臉上讀到的東西，這就是為什麼它變得如此僵硬。每當我剛好走在街上，從窗戶裡看見這張臉時，我總很難把它和自己連想在一起。

臉上唯一沒有變化的是眼睛。在你出生的那一天和你死去的那一天，它們同樣清澈。裡面很可能佈滿血絲，很可能膜質晦澀，但眼內的光澤依舊。在倫敦時我看過一幅畫，每次看到它我都被深深打動。那是一幅林布蘭晚年的自畫像。林布蘭晚期的作品通常帶有極為粗礪的筆觸，撇除所有枝節，強化瞬間印象，光彩奪目，神聖莊嚴，藝術成就無人可及——或許腓特烈．賀德林[1]晚年的詩作尚可比擬，但他們二者之間無從比較高下，因為賀德林的光芒，是在文字中體現出了那份飄逸、神祕，而林布蘭的光芒則流露於色彩、質樸，帶有金屬感與實體。掛在倫敦國家博物館裡的這幅畫，其技法為寫實主義，與現實生活接近，貼近林布蘭年輕時代的表現手法。但這幅畫讓人看見的是衰老。這就是老年。臉部所有細節一覽無遺，歲月的印痕讓人清楚讀出。皺紋滿佈，皮肉鬆弛，有若時光走過的殘跡。但他的雙眼清澈，這不是年輕人的眼睛，它屬於另一個時間。彷彿是另一個人，從另一個完全不同的地方在注視著我們。要接近這另一個人的心靈實屬不易，因為這一切都是關乎於林布蘭個人的。他的嗜好與惡習，他身體的氣味和動靜，他的聲音和語言，他的思想和看法，他行走的方式，他身體上的瑕疵和缺陷，這一切將他與其他人區別開來，然而這一切已然消失殆盡。這幅畫已是四百多年前，林布蘭在作畫的當年去世。而看著這幅肖像，卻仍感覺畫中裡的人物還活著，好像他還能在每天早晨醒來，沉浸於思緒裡，但他自己其實並不在思考，沉浸於情感中，他本身其實毫無感情，每晚入睡以後便又忘了一切，這樣永遠持續著。一個跨越時間的人，眼裡的光澤是不會消失的。這幅畫與其他林布蘭晚期作品的差別，在於在看或者被看。也就是說，這幅畫裡他看著別人，同時也被人所望。這種奇特只有在巴洛克風格裡才能看見——畫

1 Friedrich H.lderlin（1770—1843），偉大的德國抒情詩人、作家，古典浪漫派詩歌的先驅。

裡有畫，劇中有劇，場景精心佈置，所有東西相互依存。手工的精湛技藝又將其水準推向最高峰，抵達了從未有過的境界，這樣完美的繪畫是有可能的。它存在於我們這個時代，供我們觀賞。

這天晚上萬妮雅出生了，她躺在那裡看著我們看了好幾個小時。她的眼睛像兩盞黑色的燈籠，身體血糊糊的，長長的頭髮黏在頭皮上，她動起來的樣子，有若爬蟲類般緩慢。她伏在琳達的肚子上看著我們，如從樹林間望出。我們難以將視線從她身上移開半刻。她究竟看到了什麼？安靜、嚴肅、深不可測。我伸出舌頭來，有一分鐘那麼久，於是她也伸出舌頭。在我一生中，從來沒有對未來如此充滿信心，從來沒有這麼快樂過。現在她四歲了，一切也都發生了變化。她的眼睛機靈警覺，會從滿心高興，瞬間變成滿心妒忌，從極度憤怒轉為極為傷心。她已經知道自己想要什麼，過於狡黠，甚至可以到蠻橫、肆無忌憚的地步。有時我會失去耐心，就站起來朝她一陣怒吼，或抓著她使勁地搖晃，直到她抽抽搭搭地哭，但她常只是笑。就像上一次，我憤怒得使勁搖晃她的時候，她就在笑，大笑。我突然有了股靈感，把手放到她的胸口上。

她的心臟跳動著。啊，它跳動著。

這是二〇〇八年三月四日。差幾分鐘就早上八點。我坐在書房裡，周圍滿滿的書從地板堆到了天花板。聽著瑞典團Dungen的音樂，一邊思考著我寫的東西要如何往下走。琳達和約翰在旁邊的房裡睡覺，萬妮雅和海蒂在幼稚園，是我在半小時前送去的。戶外高大的希爾頓飯店還駐留在陰影裡，飯店正面的三面玻璃，豎井電梯一直上上下下。飯店旁邊是一幢紅色的磚房，從柱子結構與拱形門來判斷，這一定是十九世紀末或者二十世紀初時的建築。從那裡再往前點，晨曦的朦朧之中，顯露出了治安官公園的一角，樹枝光禿，草地青青，盡頭處一幢七〇年代的灰磚房擋住了視線，往上望，是好幾個星期以來的第一次蔚藍晴空。

在這裡住了一年半以後，窗外的景色也變得熟悉，這是日復一日積累的印象，但我與它們並不相干。我看見的，沒有一樣對我有意義。或許我尋覓的正是如此，讓自己與周遭的環境無關。我喜歡，甚至需要這樣，但並不是有意識地這麼做。六年前我在卑爾根寫作，雖然沒想過要在那個城市生活一輩子，但我既沒有計畫要離開那個國家，也沒計畫要離開那時候與我成婚的妻子。相反，我們想到未來將會有孩子，或許搬到奧斯陸去，在那裡我要寫更多的小說，她可以繼續在電視和電臺工作。但我們說的未來，實際上不過是當時生活的一種延續，每天固定的生活，和朋友、熟人共進晚餐，外出旅遊，探望父母及對方的父母，加上我們還想要生小孩，但此外沒什麼特別的。然而事情卻發生了。一日我到斯德哥爾摩去，原本只打算待上幾個星期，卻出乎預料地，成了我的一生。不僅是城市與國家換了，也改變了所有人。很奇怪我這麼做了，但更加令人難以理解的是我幾乎沒想過要這麼做。我怎麼來到這裡的？為什麼會是**這樣**？

我剛到斯德哥爾摩時，只認識兩個人，而且都不熟：蓋爾，一九九〇年春天，在卑爾根時認識了他幾個星期，已是十二年前的事了。琳達，則是一九九九年春天在畢斯科—阿爾內（Biskops-Arnö）舉行的文學新人講座上結識的，只有幾天時間的接觸。我寫給蓋爾一封信，問是否可以在他那裡待幾天直到找到住處，他答應了，我在兩家瑞典報紙上各投了份租屋廣告。四十多封回覆信裡，我選了兩份。一間在巴斯圖街，另一間在布蘭許爾卡街。兩間看過以後，決定搬進第二間，直到我的視線落在大門口處樓梯旁的住戶名單上，我看見了琳達的名字。世界真的很小，竟然有這種可能？斯德哥爾摩有一千五百多萬人啊。要是公寓是由朋友或熟人介紹，機率還不會這麼小，因為不管城市多大，文化圈還是相對窄的。

但這無名的廣告可是幾萬人看過，回信的人既不認識琳達，也不認識我。就在這一刻我再次改變主意，最好還是選另一處。因為要是我住這裡，琳達或許會認為我對她有意思。但這就是一個預兆，其中含義無窮。因為琳達就是現在我娶的女人，我三個孩子的母親。現在，我與她分享生命。我唯一過去生活的痕跡，只有我隨身帶來的書和唱片。其他的我一概封塵不理。那時候我經常回想過去，現在來看，花那麼多時間幾乎是一種病態。我現在理解了，我說的並不只是閱讀馬塞爾・普魯斯特的小說《追憶似水年華》而已，而是幾乎吸收了它。如今，過去幾乎已不會在我腦中出現。不過我想最主要的原因還是因為我們有了孩子，跟他們相處，幾乎占據了所有的空間時間，甚至連最近發生的事都被他們排擠掉了。若問我三天前做了什麼，我完全記不起來。問我兩年前萬妮雅的情況、海蒂兩個月前怎麼樣、約翰兩週以前的事，我都記不得。在我們每天瑣碎的日常生活裡，發生的事情太多太多，而且這些事情始終重複著，我現在改變最多的就是對於時間的概念。以前我還以為時間是能夠向前走的，這條路通向遙遠的未來，願前景是光明一片，至少絕不會是乏味無聊的，但現在這裡的生活完全是另一種模式。若要我用一幅畫來描述它，應該是在水閘前的一隻船：時光來自四面，節奏均勻的微波，將生活恆定不變地給托升起來。除了其中的細節以外，一切總千篇一律。隨著每天日子過去，當生活觸及邊緣，往往便更加懷念；那一刻前方之路敞開，生活終於又向前移動。與此同時，我在其中恰巧看到了這種重複、禁閉和毫無變化之必要，它保護了，一旦離開了它們，所有從前的煩惱便會回來。屆時，我會被那些所說過的、所見過的、所想過的漫無邊際的無數念頭完全佔據，彷彿又被扔進了多年前那種毫無節制、一事無成，常常深陷於自輕自蔑及失敗的情況當中。往日的憧憬與希望，現在依舊同樣強烈，差別在於，當時的目標在那裡可以實現，此時此地卻不然。在這裡我要尋找另一個目標，並從中獲得安寧。可以說這就是生存的藝術。紙上談談不難，我能輕而易舉地為海蒂描繪出一個形象，比如，清晨五點她從兒童床上爬下，在黑暗中的地板上蹣跚學步，幾秒鐘後，她打開電燈，站在我面前，對睡眼惺忪的我說：「K.ket」（瑞典語：廚房）。她的瑞典語與眾不同，不是我們平常說的含義，而是她自創的，這「廚房」的意思是什錦麥片加藍莓優酪乳。同樣，若她看見蠟燭，就叫「Ja, m. hon leva!」（瑞典語的生日快樂歌）。海蒂大眼睛，大嘴巴，還有一副大胃口。在她自己生命裡的頭一年半裡，整個人看起來就是個急切貪吃、健康強壯、快活的小傢伙。這個秋天約翰出生，其他人都退居次要，海蒂便顯露出了自己最早期的，一種朦朧未知的宣洩情感的方式。最初幾個月裡，她幾乎利用每個機會設法地去傷害弟弟，他臉上的抓痕經常出現。秋天我去了一趟法蘭克福，四天後回來，約翰看上去就像去過了戰場。事情變得很難，我們也不可能完全不讓她接近他，於是只好想辦法洞察她的情緒，避免她靠近弟弟，阻斷她想要碰到弟弟的路。但即便是在她心情愉快的時候，她的手也可能閃電般伸過去揍他一拳或是抓他一把。在這一系列行為的同時她也會開始生氣，其暴怒的程度是我兩個月前未曾想到的。與此同時，她身上也體現出了早期的那種同樣莫名的脆弱：在我的聲音或是舉止中，要是有了幾乎難以察覺出的那麼一丁點嚴厲，她便低下頭，轉過身開始哭起來，彷彿她只願意向我們展示她的憤怒，而一些敏感的東西她會掩飾。當我寫下這些文字的時候，心裡充滿了對她的溫柔之情。但這只是在紙上。在現實裡，真實的場景是：一大清早，當外頭街上還是一片漆黑，整個屋子裡還沒有一絲動靜的時候，她站在我面前，情緒很好地等待著這新一天的到來。帶著一種心甘情願、緊張又帶點激動的心情。我立刻開始行動，把昨天的衣服往身上一套，跟她走進廚房，那裡有著承諾過的藍莓優酪乳和無糖什錦麥片等著她。然而她的舉止要是超越了我的底線，我便溫情全無。一連串的例子，比如一再鬧著纏著要看一場電影，或者想辦法進到約翰正在睡覺的房間裡去。簡單來說，她絕不接受有人告訴她「不可以」，接著她就開始鬧脾氣，然後是我們沒完沒了的較量，這種情況多次發生，於是我由厭煩變為激怒，當我厲聲對她說話時，她的眼淚就滾了出來。她低下頭，垂著肩扭過身去，我想那是她自找的。直到晚上我才領悟到，她不過兩歲呀，哪能不管她。當他們睡覺時，我坐在那裡心想，我在這裡究竟都幹了些什麼啊。但這念頭一旦過去，心裡便會告訴自己我別無選擇。心裡是如何撐過每日清晨的問題，三個小時要跑完一切程序：尿布要換，衣服要穿，早餐要擺上桌，牙要刷，臉要洗，頭髮要梳，之後再一一綁好，吵架最好避免，打架要制止，連身褲和靴子要穿上，然後我一手推著兩人座的嬰兒車，一手把兩個小女孩推進了電梯，伴著一路上少不了的推打吵鬧下樓，走出大門，把她們抱進嬰兒車坐下，戴好帽子和手套把車推到街上，路上已有許多趕著去上班的人，十分鐘後把她們送到幼稚園，在他們又替孩子們穿上衣服，戴好帽子，等待回家之前，我還有近五小時可以自由工作。

我一直以來都很需要獨處，我需要巨大且孤獨的空間，當我得不到這些，如我過去的五年，我就會失望沮喪，有時候幾乎是恐慌，或者發怒。成年生活裡唯一讓我向前的動力是，希望有朝一日能寫夠出些精彩的東西，當這念頭受到威脅時，就像有一隻耗子在啃噬著我的心，便想從這裡逃開。時光從我身邊飛逝而去，如沙粒般從我的指間滑落，與此同時我做的是……是啊，我做的是什麼？擦地板，洗衣服，做晚餐，飯後的清潔，購物，跟孩子一起在外面的兒童樂園玩，把他們領回家，脫衣服洗澡，照料他們直到晚上睡覺，把她們在床上安頓好，晾衣服，收回曬乾的，衣服疊好放回衣櫃，收拾屋子，擦桌子、椅子、櫃子。這是一場戰爭，不是那種史詩般的英雄戰爭，是那種你無法與之抗衡的戰爭。因為無論我在家裡勞動了多少，所有房間還是一樣雜亂不堪、邋遢骯髒，我用我醒著的每分鐘看管著的孩子，卻比我所見過的其他孩子更加拗執。有一度這裡簡直就是個瘋人院，或許因為我們從來沒有在親密和疏離之間獲取必要的平衡，情緒越是難以控制，平衡就越發顯得重要。這是其中一個例子：萬妮雅八個月大時，她開始很需要發洩情緒，有時候幾乎是一種突然襲擊，那種時候根本不可能親近她，她只是一味地尖叫，大聲尖叫。我們唯一能做的就是抱著她，直到這一切結束。也難說清為什麼，但當她從外界獲得了更多新的印象時，便常常出現這種情況，比如，當我們到斯德哥爾摩郊外去看望她外婆時，當她與其他孩子待在一起的時間太長，或是週末的某一天我們去了城裡一趟，這種情形就會發生。當她站在那裡，聲嘶力竭地尖聲大叫，也完全勸不聽時，她彷彿完全變成了另一個人。敏感與自制力的結合並非易事。海蒂出生後，事情變得更難了。我很希望說自己的行為舉止是明智、有分寸的，但很遺憾我不是這樣的人，正因為處於這樣的情況底下，我的憤怒與情緒也隨之加劇。發生過這樣的事：萬妮雅躺在斯德哥爾摩的一家超市地上賴著不起來，而我怒火上來時會失去理智，恨不得立刻把她撕成碎片，也顧不了當時是在大庭廣眾之下，我把她像一袋馬鈴薯那樣往肩膀一甩，就這樣扛著她穿過城市，儘管她又踢又打像野獸那樣嚎叫。另一種情況是，我就站在那裡跟著她對吼，把她扔在床上用手按緊直到她最後降伏，她最怕這一招。不過她小小年紀便找到了一種可以讓我完全發瘋的絕招，即以一種固定的方式嘶喊，不是哭、抽泣或者歇斯底里，而是毫無由來的、帶有目的的、具挑釁意味的那種叫喊。每次我都會完全失去控制，跨步走到這可憐的小女孩面前，對著她大聲咆哮，或是捉住她用力地晃，直到她的嚎叫轉變為哭聲，她的身體綿軟下來，這時才終於能夠安慰她。

當我重看這段經歷，才發現，不到兩歲的她，竟以這種方式在我們的生活刻下了明顯的印記。事實如此，有一段時間我們每天說的話題就只有這一件事。但這其實與她無關，都是我們的問題。琳達與我的生活幾近混亂，或者說總是處在一種混亂的狀態，一切隨時可能崩潰，而我們必須強迫自己適應有小孩的家庭生活。我們不懂得計畫。把晚餐買回來這件事，每天都讓我們措手不及。每個月底也得付清帳單。要是沒有某個發放工資的機構不定時地將錢轉入我的帳戶，那些各類的收入如版稅、讀書會與一點學校教科書的銷售，或者，正如這個秋天，有來自國外的後續版稅，那肯定會亂成一團的。這種一貫性使得即興作品更富有意義，當然好處不會憑空落下，勞動使人感到生命充滿意義，感受到光明；而若感覺生活變好，團結感與幸福感相對的也就更強烈了。啊，那時候的我們真是喜氣洋洋。孩子們都充滿了活力，當然他們想要尋求快樂，要是我們有額外的精力帶他們去高興一回，他們就會把幾分鐘以前的拗執或者是憤怒忘得一乾二淨。不過也意識到了這樣做是很消磨人的，所以雖然知道要與孩子們一起同樂，但這對身處其間的我意義卻不大，仍像陷入了眼淚和失望的泥淖裡。我一旦陷入了泥淖，就將被新發生的每一件事情給拖住旋轉而下，直至底部深處。意識到自己是跟**孩子**在打交道，是**孩子**在把我往下拉，也同樣消磨人心。這令人感到羞恥。在這種情況下，我盡可能不做這樣的人。在有孩子以前我從未想過這樣的事。那時候我想一切都會順利的，只要我好好對待他們。事實上或多或少也是如此，但當時沒有人警告過我，有了孩子將會是對生活的另一種侵入，會獲得一種從未有過的與他們的親密。一個人的幽默與脾氣，與他們的全交織在一起，如此一來，一個人最糟糕的一面不再能據為己有，藏於內心，而是顯露在外，並再度朝你投擲回來。當然，善良與美的一面也同樣如此。不過在最有壓力的非常時期裡會有例外。在海蒂與約翰先後出生那陣子，他們所經歷的情感生活受到衝擊，找不到比惹事、鬧彆扭更好的宣洩方式來矯正和改變這一切。這裡的生活基本上是穩定與井井有條的，雖然有時候我對他們生氣，但他們仍對我有安全感，每當他們需要庇護時，就會想辦法來靠近我。再沒有比全家人一起出去玩更讓他們快樂的事了。他們要的都是一些極其簡單的東西，一切對他們來說都充滿了奇幻色彩：一個有太陽的星期天去西約特蘭港郊遊，先經過一個公園，擺在那裡的一堆木頭就足以佔去他們半小時，然後經過海邊，他們對海上的帆船表示出極大的興趣。接著就是午餐，我們坐在通往海裡的階梯上吃意式三明治，那是在一間當地的義大利咖啡廳裡買的，至於帶的便當嘛，我們就不去想它了。於是有一個小時他們只是四處跑著、玩耍、歡笑。萬妮雅跑起來有點甩手甩腳的樣子，這種特別的跑動姿勢，從她一歲半時開始就這樣了，海蒂以她那跌跌撞撞的步伐走著，急切且匆忙，始終落在她姐姐兩公尺後的地方，她時時都準備好了要接受萬妮雅給的那些小禮物，儘管這種情況不多。接著我們順著來路回家。海蒂在兒童車上睡著了，我們則和萬妮雅一起坐在一間咖啡廳裡，她熱愛與我們單獨在一起的每一個時光。她坐在那裡手裡拿著檸檬水，一邊打開話匣子，問了所有能想到的問題，比如天空是不是固定的，或者有什麼能讓秋天停下，猴子有骨頭嗎？面對這一切我的愉悅之情油然而生，不是那種旋風般的快樂，而是近於一種平和或者寧靜的感覺，不過到底都是快樂。在某些時刻裡，我甚至感到高興。還不夠嗎？難道這還不夠嗎？是的，若快樂是一個目標，那麼這就夠了。但快樂不是我的目標，從來就不是我的目標，我要它做什麼？家庭也不是我的目標。如果是的話，我大可以把我所有的時間和精力都花在它上面，我們是可以這麼做的，我們也會因此而快樂，這點我倒是很確定。我們可以住在挪威某處，冬天去滑雪、溜冰，背包裡裝有乾糧和暖水壺，夏天則外出划船，水裡游泳、釣魚，野外露營，和其他有小孩的家庭一起去國外旅遊；一個井井有條的家，用時間精心做一道晚餐，和朋友們聚在一起，幸福而快樂。是啊，這像是一幅漫畫，但每天我看到有孩子的那些人就是這樣生活的。孩子們乾乾淨淨，衣服精緻美麗，父母們都很快樂；雖然有時候會提高嗓門，但他們絕沒有像笨蛋一樣站在那裡衝著孩子大吼。他們在週末出外郊遊，夏天在諾曼第那裡租一棟房子避暑，他們的冰箱絕不會空著，總是有食物。他們在銀行或者是醫院上班，在ＩＴ公司或是政府單位裡就職，在劇院或是大學裡工作。為什麼我要寫作，將自己關閉在這個世界之外？為什麼我要寫作，讓孩子們的兒童車看起來像是從垃圾堆裡撿回來的？為什麼我要寫作，搞得我去幼稚園時，眼神瘋狂、面部僵硬，臉上像罩著一個怪異頹喪的外殼？為什麼我要寫作，讓孩子們的所作所為都要迎著我個人的意願，又對後果不管？我們生活中這所有的混亂到底來自哪裡？我知道我可以讓這一切消失，也可以成為那樣的家庭，但我得想要才行，而若如此，圍繞著家庭以外的又會是什麼都沒有。我不願這樣。為了家庭我必須付出一切，這是我的責任。從生活裡我唯一學到的是忍耐，從不質疑它，我積累所有的渴望與幻想，讓它沉澱，讓它燃燒，最後順著筆尖流出。我不知道這些思考來自哪裡，當我看著眼前這白紙黑字時，覺得這幾乎就是濫用，是曲解：為什麼責任必大過於快樂？關於快樂的話題是陳詞濫調了，但接下去有關意義的問題卻值得探討。當我看到一幅美麗的油畫我會流下眼淚，但看到孩子的時候不會這樣。這並不意味著我不愛他們，我愛，我用了我的整個心去愛，這只能說明他們給予的意義不能充滿整個生命。至少對我來說是這樣。很快我就要四十歲了，四十以後，很快就是五十。五十後，很快就是六十。到了六十，很快就是七十。若是如此，我的墓誌銘上會這麼寫著：**此地安眠著一個人，他萬事能忍**。**最後他被擠壓得粉碎**。但也許，這樣更好：

這裡安眠著一個從不抱怨一切的人，
因此他只活出一半的生命
在墜落而下進入死亡之前
這是他最後的話語：
啊，上帝，這裡是多麼地陰冷乏味，
誰能寄給我一點生活的鹽味？

或是這樣：

這裡安眠著一位作家，
一個好人謙謙君子，
笑聲於他陌生，
不識快樂滋味
曾一度滿嘴詞彙，
現如今一口泥土。

來吧螬蠐，來吧蛆蛹，
啃一嘴咬一口啄一點肉體進胃裡
吃掉一隻眼睛無妨
它早黯淡無光
這人的高談闊論已過去很久

但我現在還有三十年的日子要過，很**難說**我還會跟從前一個樣。因此，或許會是如下？

我們所有的人都歸屬於你，親愛的上帝
帶他走吧連同他的毛髮和肌膚，
卡爾·奧韋·克瑙斯高終於壽終正寢
他吃下我們的麵包已經夠多

他對朋友揮舉拳頭
為的是靜心寫書拚命工作，
他寫作他手淫，但結果不佳無建樹，
行文全無風格，坐在那裡只是一通瞎拼湊
於是他拿了一塊蛋糕，又再拿一塊蛋糕
於是他拿了一個馬鈴薯，又拿了一塊鮭魚
拿來一頭豬把它全烤脆，
吃個精光響亮打飽嗝，呃！
我不是法西斯，但就愛棕色乳酪
我換掉字母，只用維京字元寫作！

出版社拒絕，這人發了瘋
他邊吃邊打嗝，卻始終沒個夠
他的肚腹增大，脂肪增厚，
雙眼冒毒光，舌頭在燃燒：
「我想寫的只有真實！」

脂肪在血管裡聚集，脂肪將心臟包圍
一天他因疼痛發出嚎叫：

救命，救命，我的心停止跳動，
從車禍喪生的屍體中給我一個新心臟！
但醫生說不，我記得你的書，
你將像一條魚那樣死去，鐵鉤直刺喉。
你知道疼痛，可感受到了痛楚？
針刺心臟，這就是死亡，我的朋友！

又或者，要是我走運的話，少一點個人特質？

這裡安眠著一個在床上抽菸的人
和他太太一起，燃燒而盡飛入雲天
換句話說，
他們已身不在此
尋得的一點灰燼於戶外的草地間。

當我父親在我現在這個年齡的時候，他打破了自己舊日的生活，讓生活開始新篇章。那時候我十六歲，在克里斯蒂安桑的一所教會學校讀一年級。最初在這學年開始時，我父母還沒有離婚，關於他們之間的問題，我一點也猜不出他們將來的關係究竟會如何發展。當時我們住在離克里斯蒂安桑二十公里外的特韋特（Tveit），一座建在山谷最外圍的老房子裡。地勢很高，背面是樹林，屋前的景色是一條河流。

整個房產還包括一座巨大的糧倉和一間戶外堆雜物的房子。剛搬到那裡時的那個夏天我十三歲，爸爸媽媽買了好幾隻雞，我記得不到半年，牠們就跑得一隻也不剩。父親在草地邊的一塊狹長地帶上種了馬鈴薯，再往下還有一個肥料堆。在我父親的許多夢想中，園藝就是其中之一。在這方面他也的確有才能——環繞著我們房子的花園裡植物繁盛，也有異國引進的物種，向陽的那堵牆下，我父親種了一株桃樹，看到樹上最後結滿果實，父親確實很引以為傲。剛搬到鄉下來那陣子我們對前景一片樂觀，對未來的生活充滿了希望，後來慢慢地，同時也是很確定地，摻雜了一種自嘲。因為在我父親一生的那些年月裡，較具體且能夠記住的事情之一，是他說過的一句話（那是一個夏天的晚上，我們坐在外面花園的一張桌子旁邊，我、媽媽和他在烤肉）：

「我們這一家子呀，真是完美無瑕！」

這嘲諷很平淡、普通，但即便我理解了，我還是覺得它很複雜，因為我不了解其中的原因。對我來說今天這樣的晚上就滿開心的。這句嘲諷，後來像一股潛流一般占據了我整個夏天：一大早我們在河裡游泳，在周邊有籬欄濃蔭遮蔽的地方踢足球；我們騎車去哈姆雷桑登（Hamresanden）的野營地，在那裡游泳、曬太陽、看女孩子；七月，我們去看挪威少年足球杯，我在那第一次喝醉酒。有人認識在那裡有一整棟公寓的人，有人認識可以幫我們買啤酒的，於是一個星期天的下午，我坐在一個陌生人的客廳裡，讓自己開心地喝酒，那真是一種炸裂開來的快樂，所有危險或是擔憂的事情全都煙消雲散，我只是笑啊笑。在包圍著我的所有這些東西當中，陌生的傢俱、陌生的女孩子、陌生的花園，我想這就是我想要的。就像這樣。只是笑啊笑，隨即讓一些稀奇古怪的念頭淹過我。這天晚上我被拍了兩張照片，第一張照片我躺在地板中央一堆七橫八豎的身體中，一隻手拿著骷髏頭，腦袋像甩在一邊，和這攤伸出去的手腳搭不上線，臉上擠出了一個扭曲的怪異的笑。另一張照片裡只有我一個人，我躺在床上，一手抓著啤酒，另一隻握住骷髏的手放在大腿根部的陰莖那裡，我帶著墨鏡，咧嘴放聲大笑。那是一九八四年夏天，我十五歲，有了這樣一種體驗：喝酒真是太爽了。

接下來幾個星期，我的童年如此持續著：我們躺在瀑布下的岩石上打盹，有時又站到高處跳水，一陣大響後潛入水裡；星期六下午我們坐公車進城，買些好吃的東西，逛唱片行，與此同時，對即將開始的高中生活的那種期盼，一直在心裡念念不忘。但這不是家裡唯一的變化：我母親從她工作的護士學校請了有薪假，這一年她要去卑爾根學習，英格威那時已經住在那裡。換句話說，我跟父親要單獨住在一起了。前幾個月也確實如此，但可能覺得我礙事吧，後來父親建議我去祖父母那裡住，在埃爾韋街他們有一幢房子，多年來祖父的會計辦公室都設在那裡。我所有的朋友都住在特韋特，但在高中裡認識的新朋友，我又覺得還沒有熟到可以在放學後大家一起玩，所以，儘管我之前會每個禮拜去五次足球訓練，現在沒去了以後，我就一個人坐在下面的客廳裡看電視，在閣樓的書桌旁做功課，或者躺在床上邊看書邊聽音樂。但有時候我也回去桑內斯，我家的城市叫這名字，去拿衣服、唱片或者是書，有時也在那裡過夜，不過我更情願待在祖父母家中我的房間裡。我們家那房子冷颼颼的，可能是因為沒什麼人，父親大都在外面吃飯，在家裡只做最必要的家事。屋子內籠罩著一股沉寂的氛圍，在這聖誕節將至的日子裡，空氣中卻有種被拋棄的冷清。二樓電視機前的，沙發上有著小小的乾縮起來的貓屎，老式的洗碗機立在廚房桌上，暖氣全關了，除了他搬到自己房裡的一個電暖爐之外。他心裡痛苦著。一天晚上我回到那裡，應該是十二月初的時候，我在冰冷的臥室裡放下手提袋，在走廊上跟他撞了個正著，他剛從糧倉裡回來，那裡的地下室改裝成了一個房間，他的頭髮蓬亂，眼睛黑沉沉的。

「我們不能生個火嗎？」我說。「這裡太冷了。」

「生個火？」他學著我的發音說。「在這裡我們他媽不生火。」

我不會發r這個音，我從來不會唸r[2]，這是童年裡最讓我慌張的事。我父親這樣一再地模仿我，原因之一是他要讓我注意到我不會發這個音，徒勞地試圖矯正我，讓我自己發出那個道地的，南方人都會說的r音；第二個原因就是他不喜歡我，任何一點關於我的事都能使他生氣，就像現在一樣。

我轉身走上了樓梯。我不想讓他看見我溼潤的雙眼好讓他高興。我為自己的眼淚羞愧，十五歲，很快就要滿十六歲了，然而這種羞愧感比他模仿我說話帶給我的刺痛感還要強烈。我已經不常哭了，但父親在我頭上罩了一個讓我無法逃脫的蓋子。我當然可以抗議。回到自己房間後，我抓起幾張新唱片塞進袋子裡，然後提著它下樓，到大門旁邊的房間，從我的衣櫃裡拿了幾件毛衣，於客廳穿好衣服，把旅行袋往肩上一甩，從院子裡走了出去。車庫上燈的反射，讓結上了一層薄冰的雪地閃閃發光，燈下面是一片純淨的黃。通往下面的公路草地上也有光亮，是晴朗的夜裡繁星與滿月落下的光線，河對岸的丘陵幾乎也籠罩於月色之中。我開始往下走。腳步踏在汽車留下的車轍裡發出碎裂聲。在遇到郵筒時我停了下來。或許走的時候我應該說一聲。再一想，那便完全失去了意義。我就是要他反省他都做了些什麼啊。

對了，現在是幾點鐘？

我抓住左手的手套褪下半截，把衣袖往上一挪看了看錶。七點四十分。再過半小時有一班公車。要是能趕上這班車回去就太好了。

但要是趕不上呢。可他媽千萬別這樣。

我把旅行袋往肩上一甩又繼續往下走。往上面房子望最後一眼時，我看見一縷白煙正從煙囪嫋嫋升起。他一定以為我還躺在樓上的房間裡。於是他後悔了，抱來柴火升起了爐子。

河裡的冰裂開了。這炸裂開來的聲響沿著平緩的河谷往四周不斷蔓延。

然後是一聲轟隆巨響。

一個寒顫從我脊上掠過。這種聲響總是讓我充滿快樂。我抬頭看著那些閃爍的群星，掛在山巒上方的月亮。河對岸汽車的燈光，在黑暗裡劈出了一道巨大的光的裂縫。沿著河岸是黑影幢幢的樹木，靜默而毫無敵意。在這白色的冰面上有兩個木質的水位計，秋天時會被河水淹沒，但現在河水低淺，它們裸露在外，閃著微光。

他點上了壁爐。這可以解讀為一種道歉。為此，我的不辭而別也就失去了意義。

我轉過身又往上走去。我進了門，開始解開靴子上的鞋帶。我聽見他在客廳裡的腳步聲，就在我的上方。他打開門，手扶著門把在那裡看著我。

「要回去了？」他說。

我已經出去過了，現在是回來，但不可能多作解釋，因此我只點點頭。

「是啊，」我說，「明天要早起。」

「也是，好，」他說，「我明天下午會出去一趟，先告訴你一聲。」

「好。」我說。

他注視了我幾秒鐘，然後關上門走進客廳。

我又把門打開。

「爸爸？」我說。

他轉過來看著我沒說一句話。

「明天傍晚有家長會，你知道吧。六點鐘。」

2 挪威語裡r的發音特殊，是個捲舌的顫音。生火（fyre）這個詞裡含r發音。

「是嗎？」他說。「嗯，我最好出席一下。」

他又轉過身去繼續往客廳裡走，我關好門，把鞋帶繫好，將袋子往背上一甩便開始往公車站走去，十分鐘後我在那裡停下。腳下之前是瀑布，如今已凍成了一彎巨大的冰穹，一道來自實木複合地板廠的微光照射著它。瀑布與我身後，是連綿不絕的丘陵蜿蜒而上。它們環繞著河谷地帶，那分散的、發出亮光的房屋周圍，有如陰森荒漠。而天空中的點點繁星，則有若躺在一片完全凍結的海底。

公車來了，一道光柱從車燈射出。我給駕駛看了我的乘車卡，便在左邊倒數第二個位置上坐下，只要它空著，我總是坐這個位置。路上車不多，公車呼嘯著開過索爾斯勒塔（Solsletta）、賴恩斯勒塔（Ryensletta），沿著哈姆雷桑登河岸進入了蒂梅內斯（Timenes）的樹林，拐進E18號公路，經過瓦羅大橋，然後是高中，再來駛進了市區。

公寓位於河這側的最下方。進門後左邊是祖父的辦公室，右邊是住宅。兩個客廳、一個廚房和一個小浴室。二樓也分為兩部分，右邊是一個未經裝修的寬大閣樓，另一邊是一個房間，就是我住的地方。那裡我有一張床，一張書桌，一個小沙發和一個茶几，一台唱機，一個架子上放有唱片，一疊學校的教科書，一些雜誌和音樂報刊，還有一個衣櫃，裡面有一些疊好的衣物。

房子很老了，它曾經屬於我爸爸的祖母，也就是我的曾祖母，她是在這裡過世的。我有點理解爸爸，在他成長的過程中他與祖母最為親近，那時候他的許多時光都是在這裡度過的。對我來說，她類似於神話中的一個幽靈，強壯、有權威、有主見，是三個兒子的母親，而我的祖父就是其中之一。照片裡，她總是一身黑裙子，釦子嚴實地扣到頸部。在她生命的最後階段她患了老年癡呆症，從一八七〇年開始幾乎持續了十年之久，在家裡，後來大家管她叫「老糊塗」。

我脫下靴子，往梯子一樣陡的樓梯上走去，進到房間，有點冷，我打開了暖氣，打開了留聲機。回聲與兔人（Echo and the Bunnymen）的《天堂在此》（Heaven Up Here）。我躺在床上開始讀書。我讀的這本書是布拉姆．斯托克的《德古拉》。我一年前已經讀過一遍，但這一次卻覺得同樣精彩。窗外的城市，汽車發出均勻、低微的呼嘯聲，從意識裡消失，又不時毫無知覺地回來，我彷彿正處於運動之中，但我沒有。我靜靜地躺在這裡讀書，直到十一點半，然後刷牙，脫了衣服上床睡覺。

清晨醒來完全是另一種不一樣的感覺，獨自一人在公寓裡，不僅周圍一片空蕩蕩，在心裡也是。直到上高中以前，我總是這樣在房子裡獨自醒來，爸爸媽媽已經起床趕著要去上班，屋裡充斥著菸草的氣味，喝咖啡、聽廣播、吃早餐，屋外黑暗裡車子引擎正在加熱。那完全是另一種光景，我熱愛這種氣氛。穿過老式房屋住宅區，走不到一公里的路去上學，我也喜歡。我總想著些我喜歡的想法，好像我是個誰。絕大多數上高中的都來自城裡或周邊，只有我和少數幾個同學是鄉下來的，這很不利。也就是說其他人以前就彼此認識，他們在下課後碰頭，成群結隊的。在學校時也一樣，一群一群的湊在一起，每次下課時都令我困擾：我該待在哪裡呢？我該站在什麼地方？我可以去圖書室看書，或者坐在教室裡假裝翻作業，然而這都等同於在傳遞一種信號，說明我是一個被排除在外的人。一個局外人。長期這樣下去可不行，於是今年十月我開始抽菸。也不是因為喜歡，不是因為我想要顯得強悍，只是因為我需要一個地方可以待著：每節下課，我就和那些抽菸的人於大門外站在一起，沒有人會對此有異議。不過放學我回家以後，這問題也跟著消失了。因為那時我通常都要去特韋特訓練，或者和揚．維達爾碰面，他是我國中最好的朋友，其次，是因為沒人看見我，不會有人知道每天晚上我都是獨自一人待在公寓裡的。

但在課堂上就不一樣了。我們班有四個男生和二十六個女生，在課堂上我有自己的角色，有我的地方，在那裡我可以講話、回答問題、參加討論、完成作業，我是存在的。在那裡我跟著其他人、大家一起，我沒有刻意凸顯自己，這樣就不會有人對我的在場有意見。我坐在最後面的角落，旁邊是巴森，前面坐著莫勒，這一排的最前面是波爾，教室裡剩下的裡便全是女生了。二十六個十六歲的女孩子。我喜歡其中一些，但還沒有到我可以說愛上她們的程度。莫妮卡，她父母是匈牙利猶太人，她思想敏銳，博學多才，當我們討論巴勒斯坦地區的衝突時，她總是控制住自己，有節制但同時立場堅定地為以色列辯護，但我不能明白，以色列是個軍事國家，巴勒斯坦是個犧牲品，這不是顯而易見嗎？漢娜，一個來自沃格區的漂亮女孩，在合唱團裡唱歌，基督徒，相當幼稚，但她的存在令人開心。西芙，淺黃頭髮，褐色的長腿，剛開學不久，某天她就說教會學校與商校之間的地區近似於美國的校園，那時我就注意到了她，因為她知道了一些我不知道的事情，而對於這個世界我願意成為它的一分子。過去幾年她住在迦納，很愛自誇，笑起來聲音特別高。貝妮迪克特，她的臉輪廓鮮明，五官幾乎有點像五〇年代的女人，捲曲的頭髮，服飾屬於上流社會的階層。托內，姿態優雅，深色頭髮有點嚴肅。她繪畫，看起來比其他人更獨立。安妮，帶著牙套，在秋天一次的班級派對上，我和她在巴森母親那張理髮院的椅子上愛撫。希爾德，淡黃色的頭髮，臉色紅潤，性格堅定的樣子，但也有含糊其辭的時候，她常常轉過頭來看我。伊雷妮，女孩中的核心人物，很漂亮但會讓人轉瞬即忘。妮娜，如此強健，有著男性般的粗壯的體魄，但同時又很脆弱，容易害羞。梅特，個子不高人精瘦，聰敏過人。她喜歡布魯斯．斯普林斯汀（Bruce Springsteen），總是一身牛仔服，她個子小巧，但笑聲不斷，她穿著暴露又挑釁，身上總能聞到菸味，每次咧嘴笑時就露出牙齦，除了這點外她還算漂亮。不過她的笑聲特別，總在她語音剛落，或者是正要說一句蠢話時，就會發出一種嗤嗤的笑聲，事實上她有點大舌頭，口齒不清，這對美的評判來說自然要扣分，換言之，無法稱之為美麗。我的四周有一大群女孩蜂擁著，肉體的激流，乳房和大腿的海洋。我只要瞧著她們在桌子後面的身形，就會覺得與她們更加親近。換句話說我的日子便因此有了意義，我很高興走進教室，與這些所有女生一起，坐在我有權坐的那個地方。

這天早上我第一個下樓去餐廳，買了學校做的麵包和一瓶可樂，回到自己的位置上一邊咬著一邊翻一本書。學生們慢慢走了進來，個個腳步遲緩，臉上帶著前夜未消的睡意，很快地教室就坐滿了。我和莫勒小聲交談了幾句，他住在哈姆雷桑登，是我國中的同班同學。接著老師到了，他叫貝格，穿一身簡單的罩衫。這堂課是挪威語，歷史與這門課是我分數最好的學科，我的分數落在五跟五加[3]之間，沒有更高過，但考試時我仍想試試看。自然是我的最弱的，數學那時候低到二分。我從來不寫功課，課堂上講得自然遠遠超出於我的理解。教數學與自然的老師都非常老派，數學老師是韋斯特比，他全身的肌肉都在抽搐，有一隻手臂老是不停地翻轉著。上他的課時，我把兩腿放在桌子上與巴森聊天，這個韋斯特比，他那結實多肉的臉立刻漲得通紅，用尖銳刺耳的聲音吼我的名字。於是我把腿放下，等他轉過去，又繼續與人講話。而自然老師尼高，矮小消瘦，幾乎像個乾癟了的老頭，有一副魔鬼般的笑臉，打哈欠的樣子卻很孩子氣，他的年紀已差不多要退休了。他也有肌肉抽搐的毛病，一隻眼睛不停地眨，肩膀上下扭動，脖子還會猛地往後一甩，他的這些動作活像在模仿一個讓人受不了的，很搞笑的老師。夏天時他會穿一套淺色西裝，冬天時則是深色西裝，有一次我看見他把教室裡教學用的大圓規當成一把步槍來玩。那時我們正埋頭寫考卷，他從上方俯視著，把圓規的兩條腿併在一起往肩膀上一扛，然後在教室裡走來走去，不停地兜圈子，臉上還掛著一副不懷好意的笑容。我幾乎不敢相信自己的眼睛，他不是神經不正常吧？在他的課我照跟別人聊天，聊得太多次了以至於後來每次他聽到教室裡有人咕噥，也不管是誰在講，就會喊「克瑙斯高」——他斷然出聲，同時把手掌舉到空中：也就是說我必須從座位上站起來，罰站一直到下課。這倒讓我高興，因為我心裡漸漸產生出一種反叛的情緒，不想他媽管任何事，我渴望

3 在挪威的中學階段裡，分數標準是六分制，六分為最高分數。

翹課、喝酒、與任何人挑釁。我是個無政府主義者，一個無神論者，且每一日都更加反對中產階級。我忙著計畫去打耳洞、剃光頭。自然，跟我有什麼關係？數學，跟我有什麼關係？我要去玩樂團，去享受自由，過我自己想過的生活，而不是照著他人的意願。

在這方面沒有人與我達成共識，在這方面我是孤獨的，就目前來看這並不現實，它屬於未來，而所有關於未來的東西都是無形的。

不寫作業，上課沒在聽，這都無所謂。以前，不管哪一科，我總是屬於成績最好的那一群，並總是樂意把成績顯示出來，但現在我不再這麼做了，我把這種優秀視為一種羞恥，它意味著你整天在家讀書，被課本淹沒，這是失敗者的作為。但挪威語就不一樣了，我將那些作家與藝術家視為同一群。此外這也不是光是讀書就能讀出來的，這還有一些額外的東西，情感、天賦、性格。

整堂課我坐在那裡潦草地塗寫著，一下課就到校門口抽菸，在這個迴圈裡，天空和戶外景色慢慢地展開來，一天就這樣過去了，直到下午兩點半最後一道鈴聲響起，我開始走回家，到我的宿舍。這天是十二月五日，我生日的前一天，我滿十六歲，媽媽將從卑爾根趕回家。我心裡充滿歡樂。與爸爸單獨一起過日子從某方面來講倒也蠻不錯的，他盡可能與我保持距離，他住桑內斯我住城裡，兩者背道而馳。媽媽回來時這一切會結束，直到新年來臨之前我們一家都將住在一起，有媽媽在，每天要和爸爸面對面這件事也就無所謂了。我可以跟她說話。和她講什麼都可以。對爸爸我不能說什麼。不可能，我和他沒什麼可說的，除了那些具體的事，比如我到哪裡去，我什麼時候回來。

當我走回公寓，他的車停在外面。我進門去，整個走道裡充滿了燒烤的煙味，從廚房裡聽到一陣刀叉的碰撞聲，還有收音機的聲響。

我把頭探進去。

「嗨。」我說。

「嗨，」他說，「你餓了嗎？」

「嗯，很餓了。你做了什麼？」

「烤肉排。你坐吧，馬上就好。」

我走進屋裡，在那張圓形餐桌前坐下。這桌子很舊了，我猜那曾經是他祖母的。

爸爸把兩塊肉排、三個馬鈴薯和一小堆烤洋蔥放進我的盤子裡。自己坐下來，開始用餐。

「對了，」他說，「學校裡有什麼消息？」

我搖搖頭。

「今天你沒學到點什麼？」

「沒有。」

「沒有啊。」他說。

我們繼續安靜地用餐。

我不想傷害他，我不想讓他認為這是種失敗，他和兒子之間的感情不好，所以我坐在那裡想我能說點什麼，但一句話也沒想出來。

他情緒不壞，沒有動怒。但是他人心不在焉的。

「最近你去看過祖父母嗎？」我說。

他注視著我。

「去過，」他說，「昨天下午去待了一小會。怎麼了？」

「沒什麼，」我說，感到臉上一抹紅暈，「我只是想知道。」

我已經用餐刀盡可能地把所有的肉都切下了。現在我舉起一塊骨頭把它送到嘴裡開始啃咬。爸爸的動作和我一樣，也開始啃骨頭。我放下骨頭，把玻璃杯裡的水一飲而盡。

「謝謝晚餐。」我說，然後站起來。

「家長會是六點吧？」他說。

「對。」我說。

「你不去嗎？」

「不會。」

「那等我結束後路過這裡再帶你一起走，然後我們開車去桑內斯。可以嗎？」

「好。」

當他回來時我正坐在那裡寫一篇關於運動飲料的廣告短文。門被推開了，來自城市的喧囂驟然升高，門道裡地板上傳來沉重的腳步聲，以及他的聲音。

「卡爾．奧韋？準備好了嗎？我們要出發了。」

我把所有需要的東西放在旅行袋和書包裡，兩個包都裝得鼓脹，因為下個月我要住家裡，很難確切知道我會用到哪些東西。

當我下樓梯時他瞪著我看。他搖了搖頭，但沒有生氣，是另外一種含義。

「家長會怎麼樣？」說話的時候我避開他的目光，就好像他已經知道了一些最糟糕的事。

「怎麼樣？好，我跟你說吧。我被你的數學老師罵了一頓。就是這樣。韋斯特比，是叫這名字吧？」

「是。」

「為什麼你不跟我說呢？我可是聽得一頭霧水。真的是大為震驚啊。」

「他都說了什麼？」我問，同時開始穿外套。我因為爸爸保持著鎮靜，心裡有種說不出的高興。

「他說上課時你把腿蹺在桌上，不服從紀律，放肆無理，你上課講話，既不讀書也不寫作業。再這樣下去就完蛋了。這就是他說的。是真的嗎？」

「是，有一部分是那麼回事。」我說著直起身來，已經穿好了衣服。

「他說這是我的錯，知道吧。他數落我有這樣一個兒子。」

我在我站著的地方扭過了身子。

「那你怎麼說？」

「我也唸了一頓回去。你在學校的表現是他的責任，不是我的。但這當然很令人不快。你知道的。」

「我知道，」我說，「對不起。」

「沒用。這是我最後一次去開家長會，就這麼決定了。現在，我們可以走了嗎？」

我們走出大門，朝汽車走去。爸爸坐進車裡，在座位上側彎下身，把我這邊的車門打開。

「可以把後車箱也打開嗎？」我說。

他沒回答，但幫我開了。我把旅行袋和書包放進後車箱，小心關上車蓋因為不想打擾他，他正在扭轉車鑰匙，我坐到前面的座位，把安全帶從胸前拉過去，將插銷在下端固定好。

「總而言之，這讓人難堪。」爸爸說。他啟動了引擎。儀表板亮了。我們前面那輛車也朝河下方開了一段。「但他究竟是怎樣的一個老師，這個韋斯特比？」

「相當差勁。他既不能維持紀律，班上也沒有人在乎他說的話，因此沒人聽他的。他自己也不好好反省吸取教訓。」

「大學時他的成績可是名列前茅，這個你知道嗎？」爸爸說。

「不知道。」我說。

車倒退了幾公尺，繞上馬路，然後掉轉了個方向開始出城。發熱的引擎轟鳴著，輪胎規律地發出嗖嗖聲，碾壓著路面。他像往常一樣開得很快。一手放在方向盤上，另一隻手輕鬆地換擋。我的肚腹內一陣翻騰，一股小小的喜悅之情在身體內散開，因為以前從來沒有發生過這樣的事。他從來沒為我辯解過。他對那些有關於我的批評，從來沒有寬容過。在每年暑假和聖誕假期前要交出學校的成績單時，我總是一週前就開始提心吊膽。哪怕是一點有關缺點的評語，他也會怪罪我，對我暴跳如雷。家長會當然也一樣。對最小的一點批評，如上課愛講話或丟三落四等，會後他也會一肚子氣。更別說我拿著學校單子回家的時候了。那是判決的日子。是下地獄。

是因為我快長大了，他才這樣對待我嗎？

我們之間的關係要平等了嗎？

當他坐在那裡凝視前方，我們的車沿著道路咻咻地往前奔的時候，我真想看著他。但我不能，因為這樣的話我就得說些什麼，而我無話可說。

半小時後我們開上最後一道坡，進入了房子前的院子。爸爸沒有熄掉引擎，下了車去打開車庫門。我朝前門走去開了門鎖。想到行李，我又折回來，那時爸爸正關掉引擎，紅色的車尾燈閃爍著。

「開下後車箱？」我說。

他點點頭，把鑰匙又插進去一扭轉。車蓋像鯨魚尾巴那樣往上掀起，它蹭了我一下。當我走進屋裡，馬上就察覺出他清潔過了。一股綠肥皂的氣味。房間也整理過了，地板閃亮亮的。樓上沙發的那些乾掉的貓屎也不見了。

他當然打掃過了，因為媽媽即將回家。不過即便是有很具體的理由，他也不曾這樣大掃除過，他那裡一向就是個雜亂、邋遢，令人不舒服的地方。現在倒輕鬆多了。家裡又恢復成以往井井有條的模樣。不是因我自己心裡的紛亂或其他的什麼，還有更多的因素，我受到了干擾，而這種干擾還不止一種。這個秋天他變了。可能是因為我們的生活方式，只有他和我在一起，顯而易見，但也不僅僅是這個。他向來就沒什麼朋友，也從來沒人拜訪我們，除了家人以外，他唯一認識的是同事和鄰居，也就是說，在特羅姆島那裡是這樣，這裡他連鄰居也不認識。媽媽搬到卑爾根讀書後幾個星期，他把幾個同事叫到桑內斯的家裡來，他們要辦一個小聚會，他問我那個晚上是否可以到城裡去住？要是我覺得孤單，可以到祖父祖母那裡，只要我願意。獨自一人待著是這世界上我最害怕的事。那天上午他路過那裡給我帶了一袋子吃的，烤好的披薩、可樂與炸馬鈴薯捲，我可以在電視面前吃。

第二天上午我搭公車去揚・維達爾家，在那裡待了幾個鐘頭，然後又搭車回家裡。門鎖上了。我打開車庫看他是出去散步了，還是開車走的。車庫是空的。我又回到門前開了鎖。在客廳的桌上立著幾個酒瓶，菸灰缸裡栽滿菸蒂，雖然沒清理過但看上去還不至於太糟糕，我想他們一定辦了場小派對。立體音響通常是放在上面的倉庫，但現在卻放在壁爐旁的一個小桌上，我在那一堆唱片前蹲了下來，部分唱片靠著一根椅子腿，另一部分散放在旁邊的地板上。我記得這些唱片他聽了有許多年。平克・佛洛伊德、喬・達辛（Joe Dassin）、艾嘉（Arja Saijonmaa）、強尼・凱許、貓王、巴赫、韋瓦第。最後那兩盤唱片一定是他在派對前或者今天早上聽的。其他音樂也不是特別適合這種聚會。我站起身走進廚房，水槽裡有些還沒洗的杯子與碗盤，打開冰箱，前排有幾瓶白酒和一些啤酒，幾乎都空了。我走上二樓。爸爸臥室的門開著，我往那裡走，到房間裡，才發現媽媽的床也搬進來了，和爸爸的床靠在一起。因為喝酒，他們的聚會一定很晚才結束。我們房子的位置較偏遠，坐計程車進城，或是去爸爸工作的地方文內斯拉都不便宜，有人便在這裡留宿。我的房間沒動，我把我要帶走的東西裝好，又折回了城裡。雖然我是計畫來這裡過夜的，但這裡所有東西都有了某種陌生的痕跡。

還有一次我回家裡去，沒有事先打招呼。那是個晚上，在訓練結束後我懶得再回城裡，隊裡的湯姆開車把我送回家。在廚房的燈光下我看見爸爸坐在桌前，一隻手托著頭，面前放了一瓶酒。這也是我未曾見過的，以前他從沒喝醉過，至少我在這裡的時候，至少不是獨自一人。我現在看見了，我不想讓他知道我看見了，但又不可能折返，於是我在門前故意使勁地跺著腳，踢掉靴子上的雪，把門一下猛地打開，又將它重重地關上，讓他毫不懷疑我是剛剛走進來，我把浴室裡的兩個水龍頭一起打開，坐在裡面等了幾分鐘。當我走進廚房時，那裡已空無一人。空玻璃杯放在桌上，空酒瓶放在水槽下面的櫃子裡，爸爸回到了糧倉下他住的那套房間裡。好像這還不夠神祕，在一天下午的早些時候，我看見他開車經過索爾斯勒塔的那家商店，那天最後三節課我蹺掉了，晚上往謝維克訓練前我到揚·維達爾那裡去了一趟，當我坐在商店外的長凳上抽菸時，爸爸那輛鼻涕綠的阿斯科納開了過來，不可能看錯的，車繼續向前開走了。我扔掉手裡的菸，倒沒有理由躲起來，當車開過去時我直直地盯著它，甚至舉起一隻手打了招呼。但他沒看見我，他在和坐在旁邊的人講話。第二天他到我的住處來時，我跟他提起這事，他說那是他的一個同事，他們正一起做一個項目，放學後在我們家工作了幾個小時。

總之在這段時間裡他和同事有許多接觸。一個週末他們一起在霍夫登有個講座，他參加的聚會次數比從前我記得的任何時候都還多。肯定是因為他感到無聊，或者不喜歡一個人長時間待著，我為此感到高興，那時候我開始用另一種眼光看他，不再是一個孩子，而是用一個即將長大成人的眼光，在那一瞬間我真願意他周圍有許多朋友和同事，就像其他人那樣。同時我又不喜歡這種改變，這使得他變得更不可測。

事實上他在家長會上破例替我辯護的事，就屬於這個未可預見的範疇。對，這或許是所有事情中最顯著的一件。

我把衣服從行李中拿出來放進衣櫃，把唱片一張張放進書桌上的唱片架子上，學校的教科書收好疊成一疊。房子是十九世紀中的建築，所有的地板都發出吱嘎聲，這些聲音在所有的牆壁間飛跑，所以我不僅知道爸爸就在我下面的客廳裡，也知道他坐在沙發上。我本打算讀完《德古拉》，但覺得在沒有把我和爸爸之間的狀況確定以前我是沒法靜下心來讀書的。結果當然是他知道我正在做什麼，我也知道他正在做什麼。但為什麼就不能直接下去對他說，「嗨，爸爸，我坐在上面看書呢？」「為什麼你要對我說這個」，他會問，或者至少心裡會這麼想。但眼下的這種彆扭應該改變，於是我走下樓梯，去廚房裡轉了一圈，或許有什麼吃的東西？當我要走進客廳的最後幾步時，看見他坐在那裡，手裡拿著我那些舊漫畫裡的一本。

「你晚上不吃點什麼嗎？」我說。

他抬頭很快望了我一眼。

「你自己吃吧。」他說。

「好，」我說，「那之後我就在上面的房間。」

他沒有回答，在沙發旁一盞燈的光線下繼續看他的《祕密特工X9》。我切下一大塊香腸，在書桌旁坐下吃了起來。我想到了，他一向很難得幫我買什麼生日禮物，媽媽一定在卑爾根為我買禮物了。可是生日蛋糕他得準備吧？他想過這事了嗎？

第二天我從學校回來時媽媽已經在家裡了，爸爸去機場接她的。當我走進屋裡時，他們正坐在餐桌旁，肉在電烤箱裡烤著，吃晚餐的時候桌上點著蠟燭，我得到了一張五百克朗的鈔票和一件媽媽在卑爾根買的襯衫。她逛遍了卑爾根的商場就想替我買點什麼，找到了這件襯衫，雖然她覺得不錯也認為我會喜歡它，但我是不會穿這件衣服的，只是不忍心說出口。

我穿上衣服，我們在客廳裡吃蛋糕喝咖啡。媽媽心情很好，她不止一次說回到家的感覺真好。英格威打電話來祝我生日快樂，說恐怕聖誕前才能回來，他說，到那時我會得到禮物的。我去訓練了，當我晚上九點回來的時候，他們已經去了倉庫的房間。

我很希望和媽媽單獨聊聊，但看上去沒機會，於是我等了一會後就去睡了。第二天學校有考試，最後兩週考試很多，我都早早交卷，到城裡去逛唱片行，或去咖啡廳，有時跟巴森，有時跟班上的一些女孩子一起，不過與誰一起這件事都是巧合，絕不會是我精心策畫的結果。與巴森在一起是不錯，我們最近更要好了。有天晚上我和他待在一起，我們只是在房間裡聽唱片，但我仍滿心歡喜，我有新朋友了。不是鄉下佬，不是重金屬粉絲，而是一個喜愛Talk Talk、U2、水男孩（Waterboys）和頭部特寫（Talking Heads）的樂迷。巴森，或者萊德，他實際上應該叫這個名字，栗色頭髮，容貌英俊，對女孩子們有很強的吸引力，從來沒有表現出一副賣弄和自以為是的樣子，因為在他的天性裡沒有炫耀的光輝，沒有自我陶醉，他從未獲得過他可以獲得的位置，但這也不是出自他的羞怯，更多的是一種憂鬱沉思及他的一種自我內省，他總是退後半步。他從沒有完全釋放過，顯示他的真面目。是因為他不願意，還是他不能夠，我不明就裡，不過通常是二者皆有吧。但最打動我的是，他對事物總是有自己的見解。在這方面我想到的領域，比如說政治，可以從談一種政治立場自然而然地轉向另一個話題，說到鑒賞的品味，從一個喜歡的樂團，可以進一步聊到其他曲風相近一樣令人喜歡的樂團；談及人，我就從來沒辦法從其他人談的話題中擺脫開，他卻有獨立的思想，說出自己的觀點，做出一種或多或少帶有個人特質的判斷。但他從不以此為傲，相反地，你必須要跟他相處一段時間後，才能進一步與他接觸。這不是手段，這就是他。能把巴森稱為自己的朋友，我為此感到驕傲，不光因為是他豐富的知識，也不在於友誼本身，更因他的好聲譽也會帶給我來好處。這好處說不上是什麼真正的好處，但現在回過頭看，它帶來的影響是無庸置疑的：要是一個人被排拒在外，他就必須找到一個人能帶他進去，至少十六歲時是如此。在這種情況下，被排絕在外不是一個抽象比喻，而是一種具體的、實實在在的行為。我周圍有好幾百個與我同齡的男生或女生，但我無法加入他們的圈子。每個星期一我都很害怕大家提一個問題，即：「你週末都做了些什麼？」可以說一次「在家看電視」，也可以說一次「和一個朋友在房間裡聽唱片」，但要是他不想和其他人失去聯繫，當然會說出一些更好的消磨週末的方式。有的人與人接觸，從第一眼就被畫出了圈外，然後整個高中時期就一直延續，我絕不想像他們那樣，有那麼多事天天圍繞著我們發生，我要成為他們之中的一分子，我要被他們邀請去參加派對狂歡，要和他們一起去城裡，要過他們那樣的生活。

這最大的測試，一年裡最大的狂歡，就是新年派對。最後這幾週到處都在談這個話題。巴森要到他在尤斯特維克認識的朋友那裡去，我完全不可能跟著，於是直到聖誕節學期結束前，我沒被邀請到任何地方。聖誕節到新年夜，我和揚．維達爾坐在一起，討論著我們還有什麼其他可能。他住在四公里外的索爾斯勒塔，這個秋天他要開始在高職學習製做糕點。我們想要去派對，想喝個酩酊大醉。關於喝酒的事，倒不是什麼大問題。我在少年足球隊踢球，那裡的守門員，湯姆，他可以幫我們買酒，不會反對。至於這個派對，相反地有點……九年級的那群年輕人在附近的一棟房子裡辦派對，多半是不大正經的、帶點違法的狂歡，這絕對不能被接受，與其那樣我寧可待在家裡。我們跟另一群人也還算熟，其中一些是同班同學，一些是一起踢足球的，他們要在哈姆雷桑登辦派對，但我們沒被邀請。儘管我們可以用某種方式混進去，但那也不是那種我想要去的派對。那些住在特韋特，讀技術大學或是有了工作了的人，他們之中那些有車的，車座位上鋪了毛皮，在後視鏡上掛了德國產、飄著香味晃來蕩去的裝飾物的人。沒有任何例外，你必須被邀請才能參加新年派對。然而，到了大約午夜十二點的時候，人們都出來，聚集在空地或是十字路口，點燃煙火讓它升空，歡慶新年的到來。這不需要任何人的邀請。我知道學校裡很多人要在瑟姆辦一個派對，但我們要怎麼過去呢？於是揚·維達爾想到了在我們樂團裡的鼓手，住在霍內斯的一個八年級生，他說過他要去瑟姆參加新年派對。顯然這是我們最後的選擇。

後來兩通電話就把一切搞定了。湯姆替我們買啤酒，我們將和八、九年級的學生一起，坐在一個地窖裡的客廳待到午夜，然後外出到路口那裡人們派對的地方去，找到自己學校認識的人，和他們混在一起度過餘剩的晚上。這是個好計畫。那天下午我回到家，經過爸媽身邊時，我說我被邀請去參加新年派對了，是班上一些人在瑟姆辦的一個派對，我可以去嗎？我們家也是有客人要來的，祖父祖母，還有我爸爸的兄弟居納爾及他的家人，但無論媽媽或是爸爸都沒有反對我去。

「真不錯啊！」媽媽說。

「可以，」爸爸說，「但你一點以前要回家。」

「但這是新年夜啊，」我說，「不能兩點嗎？」

「好吧，那就兩點，但不能兩點半。知道嗎？」

新年前一天的下午我們騎車去賴恩斯勒塔的商店，湯姆在那裡等我們，我們把錢給了他，然後各自拎了一個裝有十瓶啤酒的袋子回來。揚·維達爾把它們藏在他家外面的花園裡，我騎車回到家。爸媽正為著晚上的派對全力以赴地打掃屋子。外面起風了。我站在窗前一會，看見旋轉的雪花於眼前飄過，灰色的天幕彷彿在幽森的樹林間沉了下去。我放上一張唱片，打開我正在讀的一本書，在床上躺下。過了一會兒我聽見媽媽的敲門聲。

「揚．維達爾的電話。」她說。

電話在下面的衣帽間。我下樓走進那間房，關上門，一把抓起聽筒。

「怎麼啦？」我說。

「出大事了，」揚．維達爾說，「那個該死的萊夫．雷達爾……」

萊夫．雷達爾是他哥哥，二十幾歲了，開一輛加大馬力的歐寶阿斯科納，在博恩（Boen）的一間實木複合地板廠工作。他的生活圈不是西南方、往城裡附近，而是和我們家及其他大多數人一樣，是東北方，伯克蘭（Birkeland）和利勒桑（Lillesand）。他與我這個年紀的人完全沒有交集，聽過他，但不知道他究竟是怎麼樣的一個人。他蓄著小鬍子，經常戴著一副飛行員的那種墨鏡，但看上去並非真的很霸氣彪悍，他的衣著打扮很有紳士風度，但為人行事卻是反其道而行。

「他做了什麼？」我說。

「他在花園裡找到了裝啤酒的袋子。於是他該死的就是不放過我。這個混帳。十足的偽君子。就憑他，居然當著眾人的面前給我一頓臭罵，說我只有十六歲，接下去沒完沒了地說了一大堆。然後他要我告訴他是誰買的啤酒，我拒絕了。這是當然的。這他媽跟他有什麼關係。於是他威脅要是我不說就要告訴我爸。這個偽善的傢伙，他媽該死的。既然這樣，我也只好說了啊。你知道他要做什麼嗎？你知道這混帳要做什麼嗎？」

「做什麼？」我說。

在強風裡，雪像一層薄紗一樣從倉庫的屋頂傾斜而下。一樓的窗戶裡透出柔和的燈光，幾乎是充滿神祕地在這一點一點加深的暮色裡彌漫。我模糊地看見裡面有一個晃動的身影，我想這一定是爸爸，我相當地肯定，下一秒鐘，他臉的輪廓在窗戶前出現，直直地看向我。我垂下目光，把頭稍稍側在一旁。

「他強迫我坐進車裡，帶著那兩袋啤酒直接開去了湯姆那裡。」

「真的？」

「他就是個混帳。他還樂在其中。我他媽完全就像被他賣了，而他還很享受。他，這個人，竟然會站在道德制高點上，大獲全勝。我他媽真想破口大罵一場。」

「後來呢？」我說。

我又朝窗外看了一眼，那張臉不見了。

「怎麼樣？你說呢。他把湯姆也罵了，然後要我把啤酒還給湯姆，我照做了。湯姆把錢也還我了。我就他媽的像是個小屁孩。好像他十六歲時就沒這樣幹過。嘿，他可幸災樂禍了，是不是？他開口罵了人他高興，他把我載到那裡去他高興，把湯姆罵一頓他也高興。」

「那現在怎麼辦？沒有啤酒我們空手去？這可不行。」

「當然不行，在我們離開時我對湯姆眨了眨眼，他就明白了。於是我回家後打了電話跟他道歉。他手上還有啤酒。所以現在要做的是，他會帶著啤酒開車到你那裡，他順路會載上我，我就會付他錢。

「你們到這裡來？」

「對，他十分鐘後出發。我們大概十五分鐘後到。」

「我得想想。」我說。

當時我首先注意到了貓躺在電話桌旁的椅子上。牠瞪著我，舔起了自己的爪子。外面客廳響起了吸塵器的聲音。貓很快轉向發出聲音的方向，下一秒後它又鬆懈下來。我伸手撫摸它的肚腹。

「你們不能直接開上來。不行。但可以把袋子放在路邊。反正這裡沒有人會發現。」

「或許在小山坡底下？」

「房子下面那裡？」

「對。」

「好。那你得對湯姆說不要來我們這裡倒車，也不要到下面的郵筒那裡。再往上一點那裡有個倒車的地方，他可以去那裡吧？」

「好。那待會見。」

我放下話筒走進客廳到媽媽面前去。她一看到我就關掉了吸塵器開關。

「我要到佩爾那裡一下，」我說，「想跟他說聲新年快樂。」

「去吧，」媽媽說，「祝他新年快樂。」

佩爾比我小一歲，住在下面幾百公尺遠的一棟房子裡。我們住在這裡的這些年裡，是他和我一起度過了許多時光。只要有機會，我們就一起踢足球，放學後，星期六和星期天，以及其他假日。很多時候得努力把人數湊齊，才能正經地踢一場比賽。要是湊不齊，我們就二對二互踢好幾個小時，要是連這個都不行，只有我和佩爾，就我向他射球，他再向我射球，我傳球給他，他再傳球給我。或者我們兩個人比賽，我們就稱呼這為兩人足球。日子一天天過去，我們都這樣玩，直到我上了高中。此外我們也一起游泳，或者到瀑布下面，在水潭那裡水很深，我們可以從懸崖上跳水，要不就到下面水流湍急的地方去，然後順水漂流。天氣不好的時候，我們就在他們家地窖的客廳裡看錄影帶，或者就待在車庫裡聊天。我很喜歡去那裡，他們一家都很熱情，慷慨大方，雖然他爸有點不能忍受我，不過我在他家還算受歡迎。所有人之中，雖然我與佩爾在一起相處的時間最多，但我沒有把他當作一位朋友，我從不向其他圈子裡的朋友提起他，不僅是因為他比我小一歲，這沒有什麼可自豪的，還因為他很土氣。他對音樂沒興趣，對音樂完全一無所知，他對女孩子或者喝酒也沒興趣，在週末他就喜歡和家人一起待在家裡。穿著一雙膠筒靴去學校，他認為挺好的，就喜歡穿一件針織毛衣和比牛仔褲短一截的燈芯絨褲子，一件上面印有克里斯蒂安桑動物園圖案的T恤。我搬到那裡以前，他從來沒有一個人單獨進過城。很多書他也沒有看過，只看漫畫系列，那些我也都差不多都看過，但對我來說更多的是那一長串我囫圇吞棗看過的麥克林（MacLean）、巴格利（Bagley）、史密斯（Smith）、勒卡雷（Le Carré）和福萊特（Follet），我也慢慢地給他讀一些書。有時候星期六我們也一起去圖書館，有的星期天看斯塔特足球隊主場的球賽，每星期我們在自己的球隊裡訓練兩次。夏天的學期裡我們每週有一次比賽，此外我們也約了每天一起搭校車去學校。但我們並不坐在一起，我們不會這樣，越是靠近學校，越是跟學校生活有關的地方，我與佩爾就越疏遠，一走進校門我們就完全沒了交集。很奇怪他一點也不在意這個。他總是那麼高興，那麼開朗，富有幽默感，像他的家人一樣，也是一個熱心腸的人。在聖誕節到新年的這段假期我有幾次去到他家裡，我們看錄影帶，在我們家房子背後的山坡上滑雪。我從來沒想過要邀請他新年夜到我家來，完全沒有這種可能性。揚．維達爾一樣與佩爾沒聯繫，但他們原來也認識。當然，這裡的人都認識彼此，但從沒在一起碰過面，也看不出有任何理由要這麼做。當我搬到這裡時，揚．維達爾與一個男生謝蒂爾很要好，他們年齡差不多，那時候他們是最好的朋友，常常在對方的家裡進進出出。謝蒂爾的父親在軍隊，他們因此搬過很多次家，我知道這一點。當揚．維達爾開始跟我當朋友，最主要是因為對音樂感興趣，謝蒂爾試圖把他搶回去，不停地打電話邀請他去家裡，當我們三個人一起在學校，他竭力表現出只有他們倆才是真正的朋友的樣子。但當他多次失敗，他就降格以求改邀請我們都去他家了。我們一起騎車去機場那一帶逛，泡機場咖啡廳，給哈姆雷桑登的一個女孩麗塔打電話，揚．維達爾和謝蒂爾都對她很感興趣。在爬緩坡的路上，謝蒂爾把自己的一塊巧克力分了一半給揚．維達爾，沒給我，不過這示好沒有被領情，揚．

維達爾假裝沒事一樣把他自己的半塊巧克力又分了一半給我。於是謝蒂爾死心了，便去接近其他人。後來在整個國中時期裡，他所有的朋友中沒有一個能像揚．維達爾那樣與他如此要好的。所有人都喜歡謝蒂爾，尤其是女生，卻沒有一個願意與他在一起。麗塔說話咄咄逼人，對誰都是如此，但特別喜歡他，他們倆很愛在一起笑，是那種很特殊的腔調，不過從沒比朋友有過更進一步關係。麗塔對我總更毫不留情，我靠近她時總心懷戒備，完全不知道她什麼時候或者會以哪一種方式發動攻擊。她個子瘦小，窄窄的臉，小嘴巴，但嘴唇線條很完美，時常嘲弄人的眼睛裡卻閃耀著光芒，那幾乎是一對亮晶晶的眼睛。麗塔是漂亮的，只是這種美並未顯露出來，她待人的感覺總令人不舒服，因此她的美可能不會被人發現。

一個晚上她打了電話來我家。

「嗨，卡爾．奧韋，我是麗塔。」她說。

「麗塔？」我說。

「是我啊，笨蛋。麗塔．蘿莉塔。」

「喔對。」我說。

「我要問你個問題。」她說。

「嗯？」

「你願意跟我約會嗎？」

「你說什麼？」

「我再說一遍。你願意跟我約會嗎？這個問題很簡單。你就說要還是不要吧。」

「我不知道……」我說。

「唉，就說嘛。要是不願意，就說出來。」

「我不認為……」我說。

「好，不願意，」她說，「明天學校見。再見。」

她放下了話筒。第二天我在學校的時候和往常一樣，她看上去也和往常一樣，但或許只是在尋找攻擊我的機會，總不能排除這種可能性。不過她從未再提起這件事，我也一樣，更別說是對揚．維達爾或是謝蒂爾，我不想要自己顯得比他們還突出。

我跟媽媽說了再見後，她就打開了吸塵器，我在玄關裡穿好衣服走了出去，彎身迎向撲面而來的寒風。爸爸已經打開了車庫的一道門，正忙著把除雪機拉出來。車庫地上的礫石沒有一點雪，而同樣的礫石在戶外則被冰雪覆蓋著，這種內外的不平衡喚起了心裡一種老是會有的輕微的不適感。當圍籬門在身後關上，我就不再去想這些事，不再讓它觸及我的思緒，但當我看見它時……

「我去佩爾那邊一下。」我喊道。

爸爸坐在除雪機上，轉過來向我點了點頭。我有點後悔建議要在山坡下碰頭，這可能太靠近他了，我父親對一些不合常規的事通常有第六感。再者，他已經觀察我好一陣子了。當我到郵筒那裡時，聽見了上面除雪機正開動。我轉身去檢查他是否可以看見我。看來沒有這種可能性，我往山坡下走，走到對面那條通往斜坡的路，為的就是要萬無一失。到山坡最底時我停下來，在我等待的時候我往河流望去。河對岸經過的三輛車一輛跟著一輛。車燈裡投射出的光線，就像從深灰裡戳出一個個黃色斑點。曠野上的雪映著天色，天空的光像是與沉落下來的暮色縫合在一起。水於漆黑的冰窟窿裡閃亮著。我聽見一輛車在幾百公尺外的地方轉彎。引擎的聲音乾澀刺耳，一定是台老車，湯姆的，毫無疑問。我朝路上張望，當車在轉彎處出現時，我向他們舉手致意。車在我旁邊停下。湯姆搖下了車窗。

「嗨，卡爾・奧韋。」他說。

「嗨。」我說。

他笑了一下。

「你挨罵了？」我說。

「這該死的混帳。」坐在他旁邊的揚・維達爾開口了。

「這沒什麼大不了的。」湯姆說。「所以你們今晚要出去？」

「對。你呢？」

「可能晃一小圈就夠了。」

「還有其他事情嗎？」

「沒有，沒事的。」

他眼神和善的望著我，笑了。

「你們的東西放在後面。」

「後車箱開了嗎？」

「當然。」

我走到車後打開了車廂，從混亂的工具、工具箱，和一堆修理天花板要用的打孔帶與鉤子之間，取出了兩個紅白相間的塑膠袋。

「東西我拿到了，」我說，「謝謝你，湯姆。之後會回報你的。」

他從嘴裡吹出一口氣，表示這不值一提。

「那我們待會見。」我對揚・維達爾說。

他點點頭，湯姆把車窗搖上去，像他通常做的那樣，輕鬆愉快的把手舉到額前作為道別，接著發動了車，沿著坡道上方開走了。我跨過了路邊的雪堤走進了樹叢間，沿著那條被雪覆蓋著的小溪往上大約走了二十公尺，在一顆比較容易辨認的白樺樹下放下了裝著酒的袋子，此時我聽見那輛車已經越過大路，往下開過去了。

我在樹林邊站了幾分鐘，為的是不讓出來的這一趟時間短得讓人起疑。然後我走上坡去，爸爸正大刀闊斧地除掉通往房子道路上的雪，讓路變得寬闊些。他沒戴帽子也沒戴手套，走在機器後面，身上穿著一件舊羊皮夾克，脖子上簡單地戴了一條厚圍巾。剷除的雪沒有隨風飄去，而是刷刷地落在幾公尺遠的地上。我經過時朝他點點頭，他的眼神觀察了我一下，臉部毫無表情。我把外套掛在走道裡之後走進廚房，媽媽正坐在那裡抽菸。窗檯上點亮了的蠟燭火光搖曳。放在電暖爐上的時鐘正指著三點半。

「一切都還好吧？」我說。

「我吃幾片麵包。」我說。

「當然，」她說，「肯定會是個愉快的晚餐。你不吃點東西再出門？」

桌上放著一個很大的白色袋子，裡面是魯特魚[4]。旁邊的洗碗槽裝滿了黑溜溜未洗的馬鈴薯。咖啡機於角落閃亮著。壺裡還有一半的咖啡。

「我想，再等等好了，」我說，「七點前我不會走的。他們什麼時候會到啊？」

「爸爸要去接祖父母，我想他很快就要去了。居納爾七點左右到。」

「那我就能跟他們碰到面了。」我說，走進了客廳，往窗外看那整片的山谷。我走到沙發前，拿起一個柳丁，在沙發上坐下，削著皮。聖誕樹上的小燈泡閃閃發光，壁爐裡的火苗閃爍搖曳，在已經鋪好桌布的餐桌另一端，水晶杯在燈光下顯得光耀奪目。我想到了英格威，不知道他在高中時對聖誕節間的這一切有何感受。至少現在他是沒有什麼問題了。他和許多朋友一起在東阿格德爾郡的維地小屋。他都盡可能地晚回家、也盡可能的早離開，哪怕是平安夜也是如此，聖誕節才開始三天就準備離去。他從來沒在這裡住過。我們搬來的那個夏天，他正要上高三，他表示想在同一所學校念完高中，和他那裡的朋友一起。爸爸因此而憤怒。但英格威沒有屈服，他沒跟著一起搬家，爸爸一克朗也不願給他，他就申請了學生貸款，在離我們老家不遠的地方租了一間房。他到我們這裡來時的那些週末，爸爸幾乎都不跟他講話。他們之間的關係抵達了冰點。一年後英格威去當兵，我記得一次週末他把女朋友阿爾弗希爾德帶到家裡。他第一次做這種事。爸爸當然是躲得遠遠的，只有媽媽和我跟他們在一起。那個週末結束後，他們走下山坡去趕公車的路上，爸爸迎面開車過來。他停下車，搖下車窗，微笑著同阿爾弗希爾德打招呼。他的目光裡有一種異樣，以前我從沒見過。他專注的眼神裡，帶著一種喜悅和興奮，他從來沒這樣看過我們，但事情就是如此。然後他收回目光，發動了引擎消失在上坡路上，而我們繼續往下面的車站走去。

這是我們的父親嗎？

這個週末，媽媽對阿爾弗希爾德及英格威所有友善的關懷，都被爸爸這長達四秒鐘的凝視弄得減少了分量。這或許是這些週末以來英格威都單獨前往的原因。爸爸盡可能待在他倉庫的住處，只有吃飯時才露面，在餐桌上也不問一句，對他幾乎不屑一顧，週末便是如此，即使媽媽努力讓英格威感受到回家的氛圍，也都毫無用處。這屋子裡的氣氛是爸爸主宰的，大家沉默著，沒人表示反對。

外面除雪機的聲音戛然而止。我站起身，握著柳丁皮走進廚房，媽媽正站在那裡削馬鈴薯，我打開她旁邊的櫥櫃把果皮扔進垃圾桶，看見爸爸走過去，同時他把手插進頭髮裡往後梳了一下，這是他慣有

---

4 Lutefisk，把鱈魚置於鹼液裡製成的一種城漬魚，多在聖誕節時食用，是挪威以及多數北歐國家的傳統食品。

的一個動作。接著我上樓梯走回自己的房間，把門在身後關上，播了一張唱片，在床上躺下。

我們算了一下怎麼樣才能到瑟姆那裡去。媽媽與揚．維達爾的父親其實都願意開車載我們過去，只要早點告訴他們就行。但這裡有滿滿兩袋啤酒，根本行不通。最後我們想出的辦法是，我跟媽媽說是揚．維達爾的父親送我們過去，而揚．維達爾則回家說是我媽媽載我們過去。這有點冒險，因為我們的家長往後會碰面，但司機是誰會不會穿幫這事我們就不管了，我們決定冒這個險。之後就是想要如何出發了。新年夜這裡公車是停駛的，但我們找到了解決辦法，我們可以從十公里外的一個蒂梅內斯十字路口那裡走過去。我們只需要能搭便車到那裡——要是我們走運的話，搭一輛車直接坐到底，要是不行，就再換一輛公車。為避免他們問問題或是起疑心，一切最好等客人們抵達以後再行動，也就是七點鐘。公車是八點十分，這樣看來一切還不錯，如果運氣好的話。

想喝個爛醉需要周延的計畫。首先喝的東西必須萬無一失的到手裡，喝酒的地點也要確保沒有問題，來回的交通得事先規畫，回家的時候要避開父母。所以在奧斯陸那第一次愉快的大醉之後，我只有兩次真正醉倒過。上一次還出了岔。揚．維達爾的姐姐麗芙，剛好跟一個在謝維克相識的軍人斯蒂格訂了婚，揚．維達爾和麗芙的父親也在那裡工作。她想早早結婚，生孩子當個家庭主婦，她對自己未來的夢想在年紀與她相同的女孩子中算是另類，其實她也就大我們一歲，卻完全生活在另一個世界裡。一個星期六晚上她邀請我們和其他朋友一起參加一個小型派對。我們正好沒事，也就欣然同意，幾天後去了某處的一棟房子，坐在沙發上喝著他們自家釀的酒邊看著電視。本來是要度過一個愉快的夜晚的，桌上點著蠟燭，我們吃了義大利千層麵，當然這也是個愉快的夜晚，要是沒有酒的話。但有酒，隨你喝得夠的酒。我喝了，放肆地喝，像第一次那樣感到高興暢快，但這次我喝醉了，在喝第五杯的時候就醉得不省人事。之後我在地窖黑暗的地板上驚醒，發現身上穿的運動褲和運動衫都是我從未看過的，被子上還蓋著毛巾，旁邊是我自己的一堆衣物，溼漉漉的，被嘔吐物弄得污穢不堪。醉眼矇矓中我看見靠牆最裡面的洗衣機，旁邊一個籃子裡裝著髒衣服，靠近另一堵牆最裡面的是冰櫃，好些雨衣和雨褲披在蓋子上。那裡也有一堆捕蟹籠，一個抄網，一根魚竿，一個層架，上面放著工具及一些雜物。我目光又在屋裡掃視了一遍，這些圍繞著我的東西，全是我沒見過的，現在我已酒醒，頭腦完全清楚了。躺在地板上，我的頭正對著門縫，門外一陣腳步聲，我起身打開門走進了廚房，斯蒂格和麗芙坐在那裡，他們兩人十指相交，散發著愛和喜悅。

「嗨。」我說。

「這不是加菲嗎？」斯蒂格說。「現在好點沒？」

「好了，」我說，「到底發生什麼事了？」

「不記得了？」

我搖了搖頭。

「一點也想不起來？」

他笑了。這時揚·維達爾從客廳裡走來。

「嗨。」他說。

「嗨。」我說。

他微微一笑。

「你好，加菲。」他說。

「我到底跟加菲有什麼關係？」我說。

「不記得了？」

「不記得。我什麼也想不起來了。但我知道我吐了。」

「我們在看電視。一部加菲貓卡通。你站了起來雙手捶打著胸膛一陣狂呼『我是加菲！我是加菲！』然後你就吐了。吐在客廳裡，吐在地毯上，弄得一塌糊塗，然後你他媽就昏過去了。哇……哇！稀哩嘩啦地吐一氣，完全不能溝通。」

「哇，真該死，」我說，「對不起。」

「沒關係，」斯蒂格說，「地毯拿去洗就行。現在是要看你們怎麼回家。」

這話頓時讓恐懼襲上心頭。

「現在幾點了？」我說。

「快一點了。」

「才一點？哦，那就好。我是一點要回去。那回去就只晚了幾分鐘。」

斯蒂格沒喝酒，我們跟著他走到下面的車那裡，鑽進去坐下，揚．維達爾坐前面，我坐後面。

「真的一點都想不起來了？」在車往前開動時揚．維達爾問我。

「想不起來，該死，一點印象也沒有。」

這件事卻讓我驕傲。這整個故事，我說了些什麼、做了些什麼，甚至嘔吐，全都讓我很驕傲。這很接近我想成為的模樣。然而當斯蒂格把車停在郵筒那裡，我朝那條黑暗的上坡路走去時，我心裡是害怕的。我穿著別人的衣服，手裡拎著晃來蕩去的包包，裡面裝自己的髒衣服。

只要他們睡著就好。只要他們睡著就好了。

實際上他們感覺像是睡了。廚房裡的燈全滅了，這是每晚他們上床前最後要做的事。但當我打開門溜進走道裡時，聽到了他們的聲音。他們坐在二樓，在電視機前的沙發上，聊著天。這還是第一次。

他們在等我嗎？他們要盤問我嗎？我父親很可能會檢查我的口氣，看有沒有酒味。這是他父母曾要求他做過的，爸媽還笑過這種事，但這次肯定笑不出來。

想躡手躡腳從他們身邊溜過完全不可能，樓梯就在他們旁邊。不如乾脆闖一下。

「喂？」我說。「你們在上面嗎？」

「哎，卡爾．奧韋。」媽媽說。

我慢慢地走上樓梯，當進入他們視線時我停住了。

他們並排坐在沙發，爸爸的一隻手放在扶手上。

「玩得開心嗎？」媽媽說。

她難道沒發現？

我簡直不敢相信。

「還不錯，」我說，走出了幾步，「我們看電視吃義大利千層麵。」

「很好啊。」媽媽說。

「我很累了，」我說，「我想我馬上就要去睡了。」

「去吧，」她說，「我們也很快就要睡了。」

我站在離他們四公尺遠的地板上，穿著陌生人的運動褲，陌生人的運動衫，被我自己的嘔吐物弄得一塌糊塗的衣服在袋子裡，臭氣燻天，但他們根本就沒看出來。

「那晚安了。」我說。

「晚安。」

就這樣過了一劫。怎麼這麼簡單呢，我不明白，我只是心懷感激地接受這個結果。裝髒衣服的包包我藏在櫃子裡，下次單獨在家時，我再把它們拿到浴缸裡洗，然後掛在房裡的櫃子裡等它們乾，最後像往常一樣把它們扔到洗衣籃裡就可以。

他們對此半句話都沒說。

喝酒對我是好事，它讓我產生動力。當我準備要做什麼，就會有一種感覺……沒有局限，超越所有邊界的，對，一種無窮無盡的動力。對我即將要做的事我只會越走越深。感覺是敏銳的，思路也變得清晰。

沒有阻礙。就是這麼回事，沒有疆界的自由。

為此我很高興。不過雖然上一次喝醉酒的事蒙混過來了，這一次我還是做了些準備。我帶上牙刷牙膏，買了桉樹喉片、薄荷與口香糖，還多帶一件襯衫。

從下面的客廳裡傳來了爸爸的聲音。我坐起身來，把手臂高高地伸展過頭，再彎回來，先是一隻手，然後是另一隻。我的骨頭在生長，整個秋天都在長。我在長高。那年春末九年級的班上照了一張相片，那時候我跟大家的身高差不多。現在我居然就快一百九了。身體就這麼往上竄，我又沒法止住它不長，這使我很害怕。高中班上只有一個人比我高，他快兩百一了，瘦得像根釘子。一天當中我總湧起多次嚇自己的念頭，害怕變成他那樣。有時候我也求上帝，雖然我並不信上帝，但或許他也有顯靈的時候。我不信上帝，但小時候我求過上帝，現在我求上帝，彷彿是一些孩童時期的希望正在復甦。親愛的上帝，讓我停止生長吧，我求求你。讓我就一百九，讓我一九一或是一九二也好，別再往上長了！要是你答應我的話，我發誓我要努力做個好人。親愛的上帝，我親愛的上帝，你現在聽到我了嗎？

唉，我知道這太蠢了，但我還是這麼做了，因為恐懼並不愚蠢，而是難以承受。那時還有一件事，另一件更令人害怕的事，就是我注意到站起來的時候，我的陰莖會突然往上挺。是身體出問題了吧，惶恐加上無知，完全不知道該對它做些什麼，動手術或者有其他任何能做的事情嗎？那天半夜我爬起來到了浴室，我讓它勃起為的是看它會產生怎樣的變化。啊，不，別這樣。該死的它幾乎快貼著我的肚腹了！是不是還有點彎？歪歪斜斜，就像樹林裡該死的一根樹枝。這意味著我絕不能跟別人上床。之後便陷入絕望，因為實際上我唯一想做的，或者說夢想的，就是這件事。當然我有想到我可以把它往下拉。我試著做了，我用了最大了力氣把它往下壓，似乎有點用，它變得直了些，但弄得很疼。這樣用一隻手按著陰莖的方式還能跟女孩子上床嗎？我他媽該怎麼辦？還有什麼辦法嗎？我的心被啃齧著。我每讓陰莖勃起一次，心裡的絕望便增長一分。如果我躺在一個沙發上和一個女孩子親熱，如果我把手伸到了她的毛衣底下，陰莖卻像根棍子一樣豎了起來，一路歪向褲頭，那我永遠不就只能這樣了？永遠在成功外徘徊，儘管我已非常接近。這比陽痿還糟糕，因為這不僅讓我動作笨拙，還更顯怪異荒唐。我可以祈求上帝讓這種情況消失嗎？對，最後我還是可以向上帝祈禱的。親愛的上帝，我祈禱著。親愛的上帝，在我的陰莖充血勃起時讓它直直地豎起吧。請祢好心讓我的心願得以實現。

剛上高中時，某天早上所有一年級生都被集中到吉姆勒廳的階梯教室，具體的理由我不記得了，但對其中的一個老師的印象深刻，一個在克里斯蒂安桑聲名狼藉的裸體主義者。據說他在漆自己的房子時的某個夏天全身赤裸，只在脖子上套了一條領帶。另外，他一直以來不修邊幅，身上總掛一件類似畫家穿的鬆垮袍子，頭髮亂蓬蓬的又白又鬈。那天他為我們念了一首詩，沿著廳裡的階梯邊走邊朗讀，接著突然冒出一句對垂直勃起的陰莖的讚嘆，把全場的人都惹笑了。

我沒笑。聽他的話時我覺得我的下巴在往下縮。我坐在那裡嘴巴張得大大的，眼神空洞，同時慢慢領悟那句話。所有陰莖勃起時都是彎的。若不是所有的，起碼也夠多，所以才在詩句中讓人傳誦。

這怪異荒唐來自何處？早在兩年前，我們剛搬到這裡時，我還是個皮膚光滑不會發r音的十三歲少年，喜歡在這新地方游泳、騎自行車和踢足球。至少，目前還沒有人跟我過不去，相反的，到學校的第一天幾乎所有人都想跟我聊聊，這對新生來說很罕見，當然大家都想知道我是誰，我會什麼。在下午和週末的時候，還會出現這樣情況，有些女生會從下面的哈姆雷桑登騎車來和我碰面。當我和佩爾、特呂格弗、湯姆及威廉一起踢足球時，有人騎車過來了，是兩個女孩子，她們到底來做什麼？我們家的房子是整條街最後一棟，之後就只有樹林，兩個農場，然後又是樹林，一片接著一片的樹林。她們從自行車上跳下來，站在那邊的樹後面，朝我們這邊張望，然後又跨上車往下面騎去，停下來，再次朝我們這裡張望。

「她們要幹嘛？」特呂格弗說。

「來看卡爾．奧韋。」佩爾說。

「開玩笑，」特呂格弗說，「她們才不會為了這個從哈姆雷桑登騎到這裡。有十公里遠欸！」

「不然你說她們來這裡幹嘛？至少不是來這裡來看你，」佩爾說，「畢竟你一直都在。」

我們站在那裡看著她們匆忙地在樹叢中穿過。一個穿粉紅夾克，另一個是淺藍色的。長而濃密的頭髮。

「好了，來吧，」特呂格弗說，「我們踢足球吧。」

我們繼續一起在河灘的狹長地帶踢球，佩爾和湯姆的父親之前簡單標出了兩邊球門。當來到一片蘆葦地帶時她們停下了，離我們有一百多公尺遠。我知道她們是誰，她們並不是特別漂亮，所以我沒搭理她們。她們在那邊的蘆葦地站了大約十分鐘，像一群奇怪的鳥那樣，之後才又默默地回了家。幾週以後，一次來了三個女孩，那時我們正在實木複合地板工廠一個巨大的庫房裡工作。我們把小木板搬放到工作檯上，每一層都用長板隔開，酬勞是按件算的，我學會了如何一次把固定量的木板抱出去，讓它們更容易齊整些，這樣也可以多賺一點。只要我們願意就可以來工作，我們常在放學回家的路上去搬一堆，然後回家吃晚飯，再回來繼續做一整晚。我們的貪婪可以讓我們每天晚上和每個週末都來工作，但常常沒活幹，或者我們堆得高高的木板還沒用完，再不然就是因為工廠的工人們自己在工作時間內已經把事情做完了。佩爾的父親在廠裡的管理部門工作，透過他，或者在那裡開貨車威廉的父親會為我們傳話：今天有工作。就在這樣一個有活幹的晚上，三個女孩出現在了大庫房裡。她們也住在哈姆雷桑登。這一次我預先得到警告，傳言說七年級班上的一個女孩子對我有興趣，現在她也站在這裡，比蘆葦地裡的那兩個不乾脆像鳥一樣的女孩勇敢多了，她叫莉內，直直朝我走來，把手臂搭在圍著木板的框架上，站在那裡很自信地嚼著口香糖，同時盯著工作的我，其他兩個女孩讓自己落在後頭。當我聽到她對我有意思，就想著得順水推舟，雖然她只是七年級生，但她的姐姐是個攝影模特兒，她自己現在還不是，但以後會不錯。大家都這麼評論她：將來她會很出色，就看她各方面的條件，看她的潛力。她身材苗條，腿很長，皮膚白皙，長長的深色頭髮，高顴骨，嘴相對看來稍微大了些。她長手長腳，有點像小牛犢似的一身晃蕩著，讓我對她有點質疑。但她的臀部豐滿。嘴和眼睛也長得不錯。還有一件事我也要給她扣分，她不會發r音，她看上去有點蠢，或者說懵懵懂懂的。大家都知道她這一點，但同時在班上又很受歡迎，女生都願意跟她在一起。

「嗨，」她說，「我來這裡看你，開心嗎？」

「哦是嗎？」我說。轉過身去，把一疊木板抱在了手裡，然後把它們向層架上扔去，木板就疊在了一起，把伸在外面的部分都推進去，接著再抱起一堆新的木板。

「你們一小時賺多少錢？」她說。

「這是按件算的，」我說，「搬兩堆我們賺二十克朗，四堆賺四十克朗。」

「哦。」她說。

他和佩爾及特呂格弗是隔壁班同學，一說到她和她那一夥人，他們就會一而再再而三地表達他們的不滿，現在他們正站在離我們幾公尺遠的地方工作。一瞬間他們看上去就像兩個侏儒。這兩個小矮人站在這巨大的庫房地板中央，彎著腰工作，他們的四周堆著高至天花板的木架板。

「你喜歡我嗎？」她說。

「這個嘛，有什麼好不喜歡的。」我說。在我看見她走進大門口的同一時間，我就決定這次要向前一步，但現在，當她站在那裡，道路為我敞開，我卻仍沒法前進，沒法做那些必定要做的事。換句話說我還沒有完全明白，但又清楚地知道，她遠比我熟諳此道。對，就算她有點蠢，但她深悟此事。就是這類的成熟老練我沒法應對。

「我喜歡你，」她說，「你聽說了吧？」

我向前彎腰去把一條木板擺正，完全出乎意料地一下臉紅了。

「沒有。」我說。

一時間她沉默了，只是靠在那層架邊嚼口香糖。在木板堆那裡她的那些朋友看上去有點不耐煩。最後她直起腰。

「那好吧。」她說，轉身就走。

失去了機會不要緊，糟糕的是事情發生的過程，我沒有勇氣走完這最後的一段，走過最後的那道橋。當對我有興趣的傳聞消失以後，我再也沒有遇過這種自動找上門來的女孩。相反地，對我以前的那些評論又再度慢慢地傳開來。我猜想是來自附近的地區，那些聲音就有如近在耳邊，儘管在我住過的兩個地方之間並沒有認識的人。在我上學的第一天我就已經鎖定了一個女孩，她叫英葛，有一雙細長美麗的眼睛，皮膚黝黑，孩子氣的短鼻子，這與她長而圓潤的臉部線條相比有點反差，她有一種拒人於外的感覺，除了微笑的時候以外。她那極開朗溫柔的笑容令我十分傾慕，覺得她魅力無窮，不只因為她的世界裡沒有我或像我這樣的人——這個世界只屬於她最接近的那個圈子，只有她跟她的朋友才能分享——還因為她的上唇有點翹。她比我低一年級，我在學校的這兩年，從來沒跟她說過一句話。和我在一起的是她的堂姐，蘇珊娜。她在我隔壁班，住在河的對面。她有個尖鼻子，小嘴巴，門牙微微向外突出，有點兔牙的感覺，但她的胸部很棒，鼓鼓的就像要爆裂開來一樣，臀部的寬度也恰到好處，一雙風風火火的眼睛，好像總是準備好要行動。她常常與別人較勁，然而英葛卻是充滿神祕，與無窮盡的祕密。英葛所有的一切是那麼不可企及，她的那種幾乎不可抗拒的魅力究竟還有多少我不知道，只有去猜測或是去夢想。而蘇珊娜更多的是平淡無奇，沒有特別突出的地方。和她在一起我會少些失敗，少些恐懼，但也少些成就感。那年我十四歲，她十五歲，沒幾天的功夫我們就相互喜歡上了，就像人們在那個年紀常做的一樣。在這之後揚・維達爾和瑪格麗特在一起了。我和她之間的關係處在兒童世界和少年世界之間的一個地方，而兩地之間的界限時有互換。早上去上學的校車裡我們坐在一起，當全校學生星期五早上集會時我們並排坐在一起，一週一次到教堂去聽牧師為成人堅信禮[5]的預備教義時我們騎車一起去，之後也待在一起，在十字路口或是商店外的停車場，在所有這些交往的情況中我們之間的特殊關係並沒有顯示出來，反倒

5　基督教的一種宗教禮儀，年滿十五歲的青少年即可參加，這是他們是從童年過渡到成年人象徵性的一步，一種個人身份的確認。受洗典禮在教堂舉行，有一整套的儀式，這一天對當事人及家庭都是一個莊嚴的日子。

是蘇珊娜和瑪格麗特成了好夥伴。但週末就不一樣了，我們可以一起進城看電影，或者坐在某人的地窖客廳裡吃披薩喝可樂，同時緊湊在一起看電視或者聽音樂。這樣彼此的感覺更靠近了，大家也都這樣想的。不過才幾個星期就有一大突破——接吻。這一個問題我和揚．維達爾有討論過，未來的行動方式，那些具體的細節，落實到比如坐在她的哪一邊最合適，接吻當中我們應該說些什麼，又或者最好什麼都別說。現在這一切都已按部就班，幾乎成了機械式動作：吃完披薩或是義大利千層餅以後，女孩坐在了我們大腿上，我們就開始互相膩在對方身體上摸索。要是我們覺得安全，沒有人會闖進，也會一起躺在沙發上。一個星期五晚上蘇珊娜獨自一人在家。下午時揚．維達爾騎車到我家，我們從家出發沿著河流上行，過了那道狹窄的人行橋，再一直往上到她家住的那棟房子，她們正在那裡等我們。她的父母已經做好了披薩，我們吃著披薩，蘇珊娜坐在我腿上，瑪格麗特坐在揚．維達爾腿上，音響裡放著險峻海峽樂團（Dire Straits）的《電報路》（Telegraph Road），我開始在蘇珊娜身上摸索，揚．維達爾同瑪格麗特膩在一處，在那客廳裡彷彿有種時間停滯的感覺。**我愛你，卡爾．奧韋**，過了一會兒她在我耳邊低語。**到我房間裡去吧**？我點了點頭，我們站起身，互相握著對方的手。

「我們到我房裡去了，」她對其他兩個人說，「讓你們在這裡不受干擾。」

他們抬起頭望著我們點點頭。然後又繼續他們的事。瑪格麗特長長的黑髮幾乎遮住了揚．維達爾的臉。兩人的舌頭在對方的嘴唇上不斷地蠕動。他在她的背上不停地上下撫摸，或者一動也不動。蘇珊娜對我微笑，緊握著我的手，領我進入她的房間。剛走進一片昏暗，感覺冷多了。我以前來過她家，喜歡跟她待在一起，每一次她的父母都在家裡，我們原則上不做其他事，就像我和揚．維達爾通常在一起那樣，也就是說，坐在那裡聊天，或挪到客廳裡和她父母一起看電視。又或者，從廚房裡拿幾片麵包，沿著附近的河去散步。這房間不像揚．維達爾那黑漆漆的、能聞到汗味的房間——他的房間裡裝有極好的音響，一旁擺著他的吉他與唱片，還有我們常看的吉他音樂雜誌及漫畫。這裡是蘇珊娜明亮的、飄散著香水味的房間，牆上掛著白花的壁毯，床上則鋪了繡花毯子，梳妝盒及一些書則放在一個白色的層架上，白衣櫃裡的衣服折疊整齊，掛著的衣物也清清爽爽。當我在那裡看見她的一條藍色牛仔褲，又或者是掛在衣櫃旁一張椅背上的褲子，我咽下了一口口水，因為這些褲子她即將要穿上身，拉上大腿、臀部，她將把前面的拉鍊拉上再繫上釦子。她的臥室裡充滿了諸如此類的誘惑，我也很難說清楚，這更多的是一種透過全身在心裡席捲起的情感風暴。還有另外一個我喜歡待在這裡的理由。她的父母總是那麼友善，在這個家裡有一種氣氛，讓我明白他們把我當自己人。我是蘇珊娜世界裡的一個人，一個她父母及她妹妹知道的人。

現在她走過去關上了窗戶。外面起霧了，就連鄰居的燈光也消失在這片灰色中。下面馬路上有幾輛車開過去了，一陣轟響讓我瞬間宛如身在車裡。然後一切歸於寂靜。

「嗨。」我說。

她笑了。

「嗨。」她說，在床邊坐下來。我沒有別的期待，只希望我們不是坐著幹這種事，而是可以在這裡躺下來。有一次我把手伸進了她的滑雪服裡，放到了她一邊乳房上，那時候她說不，我把手拿開了。這個不字並不是斬釘截鐵或是含有指責，更多的是在核實事情的進展，就彷彿在我們之間豎起了一道法律。我們貼在一起，互相在對方的身上摸索，這就是我們要做的事，雖然當我們碰到一起時我對此已早有準備，但我很快就覺得足夠了。在這麼幹了一會兒後產生了一種近乎想嘔吐的感覺，因為這種摸索的行為已變得毫無意義。對我來說，我是來這裡尋覓一種突破，我知道是有可能的，只是不知道我是否能辦到。我想繼續向前，可是始終在這裡原地踏步，於舌頭互相攪拌，以及始終被頭髮遮蔽的臉孔底下徘徊。

我在她身旁坐下。她對我微笑。我親吻她，她閉上眼睛身體往後倒在床上。我爬到了她的身上，感覺到在我底下她柔軟的肉體，她微微呻吟了一聲，或許我壓她太重了？我移到了她旁邊，把我的腿疊在她的腿上。用手撫摸她的肩膀，沿著手臂一直到最下面。當碰到她的手時，她緊緊地捏住。我仰頭睜開眼。她望著我。她的臉，在昏黑的屋子裡顯得格外蒼白，表情嚴肅。我俯下身去吻她的脖頸。以前我從來沒這麼做過。把頭放在她的胸上休憩，她把手申進我的頭髮裡撫摸我。我聽見她的心臟跳動。我的手開始在她的臀部上撫摸。她稍稍扭動了一下。我把她的毛衣掀開，把手放在她的小腹上。我彎下身去親吻她的小腹。她抓住毛衣的下擺邊緣慢慢地把它往上拉起來。我簡直不相信自己的眼睛。那裡，就在我眼前，她一對赤裸的乳房。外面的客廳裡又在放《電報路》那張唱片。我毫不猶豫，將嘴對準緊貼著它們。先是一個，然後是另一個。我的臉頰在乳房上來回揉搓，我用舌頭舔，用嘴吮吸，最後把手按壓在乳房上開始親吻她，在這幾秒鐘裡我完全把她給忘了。能完全超出了我以往的夢想或是想像中的畫面，現在我就在那裡，但只過了十分鐘到這種境地我又感到了同樣的飽和，突然渴求更多，不管前面有多大的風險，我都要繼續向前，去努力嘗試，超越現在的地方，我開始笨拙地去解她褲子的鈕釦。釦子開了，她一聲不吭，像以前一樣閉著眼躺在那裡，毛衣完全往上掀開直到下巴。我拉下了她褲子的拉鍊。白色的內褲顯現出來。我咽下了口水，抓住兜著臀部的褲子往下拉。她仍一聲不吭，只稍微扭動了一下使褲子更容易被脫掉。當褲子褪到了膝蓋處，我把手放在她的內褲上。感覺到了手下面柔軟的毛髮。**卡爾·奧韋**，她說。我又壓到了她身上，我們接吻，當我們唇舌交錯的時候我拉下了她的內褲，沒有拉很開，但足夠伸進一根手指頭，手指順著那些長長的毛髮滑動下去，在我感覺到手指尖上溼漉漉滑膩的東西的同時，彷彿在我體內猛地有了一種撕裂感。一種刺痛於腹部閃過，緊接著在整個腹部下有種類似痙攣的蠕動。接下去的一秒鐘裡我發現一切全都改變，變得那麼陌生。就從這一瞬間到下一瞬間，對這些赤裸的乳房和赤裸的大腿失去了所有的意義。但我看著她，她好像沒有這種經歷和體會，她還跟以前一樣閉著眼躺在那裡，嘴半張開著，呼吸沉重，還是處於我以前喜歡的、同時自身也參與其中的那種狀態當中，但我已不是剛才的我了。

「怎麼啦？」她說。

「沒什麼，」我說，「或許我們應該去跟他們一起待著。」

「不，」她說，「再等會兒。」

「好。」我說。

然後我們繼續。我們繼續在對方身上摸索撫弄，但激不起任何反應，我吻她的乳房，也沒有一點感覺，乳頭就是乳頭，肌膚就是肌膚，腹部就是腹部，我倒真想跑去切一片麵包，一切變得那麼奇怪，就像被閹割了似的我性欲全無。然後又一陣子，那種奇怪的愉悅又回來了，對於她所有的感覺轉瞬裡都有了新意，除了跟她躺在那裡相互摟抱著及接吻之外，我什麼都不想了。

就在這時有人敲門。

我們在床上坐起來，她匆忙穿上褲子拉下毛衣。

是揚・維達爾。

「你們要走了嗎？」

「好，」蘇珊娜說，「稍等一下，我們馬上就來。」

「十點半了，」他說，「我最好在你父母回家前出門。」

揚・維達爾把唱片一一放回套子，再把它們都裝進塑膠袋，我的目光與蘇珊娜交會，我朝她笑了。

我們穿好了衣服站在大門口，正要與她們接吻告別時，她朝我眨了一下眼睛。

「明天見！」她說。

外面下著濛濛細雨。我們行走在路燈下，在巨大的光暈裡，每一個細小的水珠似乎凝成了一片光霧。

「怎麼樣？」我說。「進展如何？」

「跟平常一樣，」揚．維達爾說，「我們坐在那裡親熱。不知道我還會跟她在一起多久。」

「不知道多久？」我說，「你是還沒真正愛上吧。」

「那你呢？」

我聳聳肩。

「或許沒有。」

我們走到了下面的主幹道上，開始順著山谷的方向往上走。路的一邊是個農場，靠近路邊的泥巴，因被水滲透了而閃亮著，再往裡面更遠處的土地，漸漸消失於黑暗中。直到機械房旁邊的一塊地再度映入眼簾，裸露在強烈的光線下。路的另一邊是朝下面河流的幾棟老房子。

「你又進展如何？」揚．維達爾說。

「很不錯，」我說，「她把毛衣脫了。」

「你說什麼？真的嗎？」

我點了點頭。

「騙人，你這混蛋！她沒脫。」

「脫了。」

「蘇珊娜真這麼做了？」

「對。」

「那你做了什麼？」

「親她的乳房啊。還能做什麼？」

「你這該死的。你才沒有。」

「親了就是親了。」

我真不忍心告訴他，我連她的內褲也脫了。要是他跟瑪格麗特已經幹了些什麼，那我就會告訴他。但現在什麼也沒發生，我不想表現出一副獲勝者的樣子。再說他也絕不會相信我。絕不會。

連我自己都不太相信。

「那感覺怎麼樣？」他說。

「什麼感覺怎麼樣？」

「乳房啊，真是！」

「乳房的形狀很好。尺寸很合適，很結實。非常的結實。她躺下以後它們自己還往上挺著呢。」

「你他媽都在說謊。這才不會是真的。」

「該死，我沒說謊。」

「我他媽才不信。」

然後我們有好一會沒說話。走過了橫在河上的吊橋，河水又黑又亮，無聲地湧動著。我們穿過了一片草莓田，走上了馬路，道路在一個突然的轉彎後攀緣而上，從高且陡峭的山谷豁口間穿過，黑壓壓的雲杉樹從山崖上探出，然後在山頂上過了幾個迂迴彎道後，又經過我家的屋前延伸而去。所有的一切都是漆黑沉重且潮溼的，除了對剛剛發生過的一切仍保有清醒。那股清醒就這麼直端端地一刀切了下去，我的思想及意念於泡沫中升騰到了光明。揚．維達爾已經漸漸地接受了我的說法，我便有種強烈的衝動想告訴他她的乳房並不是全部，還發生了更多的事情，但我一看到他那副興高采烈的模樣，便放棄了這個念頭。也好，我和蘇珊娜之間有了一個祕密。不過，同時在我身上發生了的那起痙攣也讓我困擾不安。我的下腹幾乎沒有毛，只有幾根長長的、黑色的，或許準確地說是些絨毛。我最害怕的事情之一就是，讓女孩，特別是蘇珊娜，知道這一點。我不知道在毛髮沒有長出來之前是否可以跟女孩睡覺，那個痙攣是否可以解釋為是個虛假的性滿足？我已經做了比我的那根東西實際上所允許所做的更多，走得也太遠。這就是為什麼疼痛的原因嗎？我獲得的是一種「摻了水」的性滿足。我僅知道這將可能帶有危險。但另一方面，我的內褲裡又溼溼的。這可能是尿滴，也可能是精液。甚至或許是血？最後這兩點不足可信，因為我還沒有性成熟，在那一瞬間之前我從未感受過肚腹裡的刺痛。但無論如何這引起了疼痛，我對這一點感到不安。

揚．維達爾把自行車停在車庫外，我們站在那聊了一會兒，然後他騎車回家，我走回家裡。那個週末英格威在家，他跟媽媽一起坐在廚房裡，我從窗外望見了他們。爸爸一定是待在糧倉他的房間。我脫下外套後，走進浴室，關上門，把自己的褲子褪到膝蓋，提起內褲的一角把食指伸進去觸摸那團潮溼的地方。黏黏的。我把手指在眼前舉起來，讓食指與拇指互相捏搓。亮晶晶而膩滑的東西。一種海洋的氣味。

海洋？

那一定是精子囉？

肯定是精子。

我性成熟了。

帶著滿心的喜悅我走進廚房。

「你想來點披薩嗎？我們幫你留了幾塊。」媽媽說。

「不用，謝謝。我們在外面吃過了。」

「你玩得開心吧？」

「開心。」我說，沒辦法忍住笑容。

「他完全臉紅了喔，」英格威說，「我猜，因為幸福是吧？」

「哪一天你把她請到家裡來。」媽媽說。

「我會的。」我說，只是繼續微笑著。

兩週後我和蘇珊娜的關係中止了。我和在特羅姆島上，和最好的朋友拉爾斯很久以前有過一個約定，就是互相交換他那裡和我這裡最漂亮的女孩子的照片。不要問我為什麼。我把這一切忘得一乾二淨，直到一天下午我收到他信裡的那些照片。萊娜、貝亞特、埃倫、西芙、本特、瑪麗安娜、安妮．莉絲貝特，還有一些什麼名字的女孩子一起，是她們護照上的照片。這是特羅姆島最漂亮的女孩子。現在我得去弄到特韋特這裡最漂亮的女孩子的照片了。接下來幾天我和揚．維達爾幾次討論了這個問題，我們列出了一個名單，內容就是搜羅到這些照片。有幾個人我可以直接去問，比如蘇珊，揚．維達爾姐姐的朋友，她比我們大許多歲，因此我不用擔心她是否會覺得我有什麼非分之想，其他的我讓揚．維達爾去向他的那些女友要。我自己也應該去問的，但得要對她們表示有極大的興趣才可能要到照片，但我已經跟蘇珊娜在一起，去問其他女孩子就不大適合，同時可能想像得到，這消息也會很快傳出去。還有另一個辦法。比如佩爾，或許他能搞到一張與他同班的克莉絲汀的照片？他辦到了，用同樣的方法我最後總算湊齊了六張照片。到手的照片有很多，但眾多女孩子中，我認為最美的，且最願意向拉爾斯展示的，是英葛，而我卻沒有她的照片。而英葛，正是蘇珊娜的堂妹……

一天下午我把自行車從車庫裡推出來，騎著它去了蘇珊娜那裡。我們沒有事先約，當她開門時，看得出她很高興我來了。我向她的父母問好，然後我們走進了她的房間裡坐下，討論了一會我們要做的一些事，又說了一些學校和老師的事情，沒說什麼重要的東西。最後，我以一種偶然想到的語氣道明我的來意，問她是否有英葛的一張照片可以給我？

坐在床上的她一下子身體僵直，很不解地盯著我。

「英葛的照片？」最後她說。「你要它來做什麼？」

我沒想過這會有什麼問題。畢竟我跟蘇珊娜在一起啊，所以才這麼直截了當地問她，這除了代表我相當坦誠以外，不可能有其他解釋。

「這我不能說。」我回答。

這倒是真的。假如我告訴她我要給在特羅姆島上的一個朋友，寄去在特韋特最漂亮的女孩子的照片，她會期待她是她們當中的一個。但她不是，這我可不能說。

「我不會給你什麼英葛的照片，要是你不說要用它來幹嘛。」她說。

「但我不能說，」我說，「你就把它給我，好嗎？這不是我要的，如果你是這麼想的話。」

「那給誰？」

「我不能講。」

她站了起來。我知道她很生氣。她所有的動作都被截斷了，彷彿她不願意再讓我看到那些自由連貫的動作，因此那些曾經的飽滿、豐富、連綿不絕的情感也就一併消失了。

「你愛上英葛了，是不是？」她說。

我沒有回答。

「卡爾．奧韋！是不是？我聽很多人說過。」

「把照片的事情忘了吧，」我說，「別提了。」

「也就是說你真的愛上了？」

「沒有，」我說，「或許我剛來時是，在最開始的時候，但現在不是了。」

「那你要照片做什麼？」

「這我不能講。」

她開始哭泣了。

「你一定是，」她說，「一定是愛上英葛了。我知道。我就知道。」

如果蘇珊娜知道這點，我突然想到，這麼說英葛也一定知道囉？

一道光在我心裡點燃。要是她知道了，這種接近就不會再顯那麼複雜了。比如學校晚會，我就可以走過去邀請她跳一支舞，她一定會知道其間的含義，會知道她不僅僅是眾人中的一個。甚至或許她會對我產生一點興趣？

蘇珊娜抽泣著走到房間另一邊的書桌那裡，拉開了抽屜。

「這是你要的照片，」她說，「拿去。我再也不想見到你。」

她用一隻手遮住自己的臉，另一隻手把英葛的照片塞給了我。兩個肩頭上下抽動著。

「這不是給我的，」我說，「我發誓。不是我要的。」

「你這個混帳，」她說，「你走！」

我接過照片。

「所以我們結束了嗎？」我說。

在這個刮著北風、寒徹透骨的新年夜，我躺在床上看書，同時等待著晚上要開始的狂歡，事情已過去了兩年。蘇珊娜幾個月後很快就跟另一個人在一起了。他叫泰耶，矮個兒，有點胖胖的，鬈髮，留著愚蠢的小鬍子。找了這麼一個人來代替我的位置，我很不理解。即便他已滿十八歲，有一輛車，他們可以在晚上和週末開著車到處兜風，但問題是：他有比我好嗎？一個留鬍子的矮胖子？至少對蘇珊娜來講無所謂。當初我就是這麼想的，現在躺在這裡還是一樣的想法。如今我已不再是個孩子，我十六歲了，不再是初中的學生，而是在克里斯蒂安桑的高中生。

從打開的車庫門那傳來一陣刺耳、澀滯的聲響。在引擎轟隆一聲點燃後，汽車發動了，接著車輪空轉了一會。我站在窗戶前直到我看見那兩個紅色的車尾燈在拐彎處消失。然後我下樓到廚房，把水壺灌滿了水放在電暖爐上，拿出一些為聖誕節間預備的食品，火腿、果醬、羊肉捲、牛肝醬，切下幾片麵包，從客廳裡找來報紙，把它攤在桌上，然後坐下來一邊看報一邊吃東西。現在外面已經完全暗了下來。桌上鋪著的紅色桌布，還有窗戶上點燃的那些小蠟燭，這裡的一切都令人感到溫馨及舒適。水開了，我把茶壺用滾水涮了涮後倒掉，捏了幾撮茶葉放進茶壺，把冒著蒸汽的水沖下去，同時對著空中喊了一句：

「媽媽，要喝茶嗎？」

沒人應答。

我坐下來繼續吃東西。過了一會我端起茶壺倒進杯裡。深褐色的茶水，像往常一樣，沿著白色的杯壁往上泛起。幾片漂浮的茶葉在裡頭打轉，其餘的像是一塊黑色草墊沉入杯底。我加了些牛奶，還有三勺糖，再攪拌幾下，直到茶葉全都靜靜地沉在杯底，我舉杯啜飲。

嗯……好香。

下面路上閃爍著紅燈的一輛鏟雪車轟隆隆地疾馳而過。外面大門開了。我聽見有人在門口使勁跺腳，我轉頭去看的那一刻剛好看到媽媽走進屋裡，她穿著爸爸那件顯得很肥大的羊皮外套，雙臂裡摟著一堆柴火。

她為什麼穿他的衣服？這可不像她。

她沒有朝我的方向看，直接進入客廳。她的頭髮和衣服上都落滿了雪花。轟的一聲把柴扔進了木籃子裡。

「你想喝點茶嗎？」當她走回來時我問道。

「謝謝，喝點吧，」她說，「我先去把衣服掛上。」

我站起來幫她拿了個茶杯，放在桌子的另一頭，然後把茶水倒上。

「你到哪裡去了？」她在桌邊坐下後我說。

「就去外面抱了些柴火。」她說。

「在那之前呢？我在這裡坐了一陣了。拿個柴不用二十分鐘吧？」

「哦。我還幫外面的聖誕樹換了一顆燈泡。你看它現在又亮了。」

我轉過身從另一間房的窗戶望去。花園深處的那株雲杉在黑夜中光豔奪目。

「我還可以幫忙什麼嗎？」我說。

「不用，現在沒事了。我只要再去燙一件襯衫，然後在晚餐前我就都沒事。但你爸爸可有事要做。」

「順便幫我燙件襯衫可以嗎？」我說。

她點點頭。

「把它放到熨衣板上就好。」

吃完之後我回到房間，把吉他線插進了擴音器，彈了一會兒。我喜歡吉他通電後擴音器的氣味，單憑這理由我就喜歡彈吉他。我也喜歡吉他所有那些必要的小零件，失真器、和聲效果器、線路及插頭、撥片及琴弦、瓶頸指套、移調夾，吉他本身及裡面的材料和許多小小的洞孔。我熱愛的品牌有吉布森（Gibson）、芬德（Fender）、哈格斯特倫（Hagstrm）、里肯巴克（Rickenbacker）、馬歇爾（Marshall）、音樂人（Music Man）、沃克斯（Vox）及羅蘭（Roland）。我常常會和揚．維達爾一起去逛樂器店，去看看那些熟悉的牌子。我自己有的是個便宜的芬達斯特拉特（Stratocaster）仿製品，在成人禮那時候買的。也從揚．維達爾的一本郵購冊子上訂了據說是最新一款的拾音器，還有一個護板。萬事俱備一切順利。但自己彈得卻很糟糕。雖然我經常練習，並且精力飽滿地練了一年半的時間，但琴藝進展甚微。所有的和紘我都會，我也無止盡地練習了各種音階，但我從沒從中獲得領悟，我根本沒真正**彈奏**過，我的頭腦和手指之間毫無關聯，手指頭根本不像是我自己的，它們只會彈音階，可以沿著琴弦上上下下，那只是通過擴音器發出的聲音，跟音樂完全沾不上邊，可以說一點關係都沒有。我可以用一天兩天，一個個音符的去模仿一小段獨奏，然後就只能彈這個，不能再多了，總是止步不前。揚．維達爾也跟我一樣。不過他比我更有抱負，他非常勤奮地練琴，幾乎有這麼一段時間他除了彈吉他外什麼也不做，但也是通過擴音器的效果，做音階練習和效仿彈奏些別人的獨奏曲。為了能更好地彈吉他，他修了自己的指甲，把右手的大拇指指甲留長，然後就把它當撥片，他買了一種專門鍛煉手指的器具，總是坐在那裡不斷地捏握，增強手指的力量，他還跟他爸一起把吉他全改裝了。他爸爸是謝維克的一個電器工程師，他在吉他上試驗了一種自製的合成器。我常帶著我的吉他到他那裡去，一隻手拎著晃來蕩去的吉他盒，另一手扶著自行車把蹬車往前，雖然在他那屋裡我們吉他彈得不怎麼樣，但仍然很享受，因為當我這麼提著吉他的時候至少有了一點音樂人的感覺，這一切看上去真的很不錯，即使我們還不夠好，但有很大可能未來會是另一番光景。我們對未來一無所知，要通過多少練習才能開始自由彈奏，誰也沒有答案。一個月？半年？一年？我們坐在那裡彈吉他的同時心裡千思萬緒。一個樂團成立了。七年級班上的揚·亨里克會一點吉他，雖然他穿白色水手鞋，衣著考究，頭上還抹著髮蠟，我們還是問他是否願意加入我們的樂團。他同意了。我作為最糟糕的吉他手，只好開始練打擊樂。在這個夏天我們升上了九年級，揚·維達爾的父親把我們開車送到埃維耶，去取回一套我們集資買的便宜的爵士鼓，樂團就此成立。我們和學校的校長談過，可以借用教室，我們一週一次去裝配設備和擴音器等整套裝置，然後站在那裡開始彈奏練習。

我搬到那裡的前一年，聽了好些樂團，比如：碰撞（The Clash）、警察樂隊（The Police）、The Specials、Teardrop Explodes、The Cure、Joy Division、新秩序（New Order）、回聲與兔人、變色龍（Chameleons）、頭腦簡單（Simple Minds）、Utravox、The Aller V.rste、頭部特寫、The B52s、PiL、大衛·鮑伊[6]、魔幻皮草（The Psychedelic Furs）、伊基·波普(Iggy Pop)、地下絲絨（Velvet Underground），這一切都是透過英格威知道的，他不僅把自己的錢全花在了音樂上，而且也彈吉他，他彈奏的樂音風格清晰明亮，自己還會作曲。在特韋特這地方還沒有一個人聽說過這些樂團。比如揚·達維聽的樂團就是深紫（Deep Purple）、彩虹（Rainbow）、吉蘭（Gillan）、白蛇（Whitesnake）、黑色安息日（Black Sabbath）、奧茲·奧斯

6 David Bowie（1947—2016），著名的英國歌手，作曲家。被認為是流行音樂最重要的人物之一。歌曲和表演善於體現新風格。在個人外觀的變換和對音樂的追求上始終是位先行者。

朋（Ozzy Osbourne）、威豹（Def Leppard），以及猶太聖徒（Judas Priest）。要讓這不同類別的世界交匯是不可能的，因為我們倆對音樂的共同熱愛，當中的一方必須妥協，而這個人就是我。我是絕對不會去買這些樂團的唱片的，我要聽就去揚．維達爾那裡，和他坐在一起聽，而我自己心儀的樂團——當時對我來說是極為神聖的——我都獨自一個人聽。但當然也有我們兩都能接受的、都喜歡的一些樂團，首先就是齊柏林飛船（Led Zeppelin），險峻海峽也行，其中一個原因就是這些樂團彈奏吉他的技術精湛。我們經常討論的問題是情感重要還是技術重要。揚．維達爾會買岩漿樂團（Lava）的唱片，因為他們都是些技巧水準很高的音樂人，TOTO也不陌生，當時已出了兩張熱門唱片，但我內心其實很鄙視這些技巧很高的人，因為當時我讀了我哥的音樂報刊，那裡面說，技藝高超就是你的敵人，最重要的是自我實踐，要有無窮的精力和源源不絕的神奇構思。但不管我們對這些探討了多久多深，不管我們花了多少時間在樂器店或者郵購雜誌上，我們練團的水準都沒有提升，我們還是把手裡的樂器彈得不堪入耳，沒有期待能寫出自己的曲子什麼的，都沒有，我們大多是毫無風格地重複翻彈別人的曲目：深紫的〈水上煙〉（Smoke on the Water），黑色安息日的〈偏執狂〉（Paranoid），桑塔納的〈神祕黑女人〉（Black Magic Women），還加上警員的〈寂寞難耐〉（So Lonely），因為英格威教了我這首曲子的和絃，所以我可以跟著一起演奏。

我們是徹底沒希望了，完全摸不著頭緒，找不到一丁點兒的機會可以展示自己，就連參加班級晚會這種場合的水準也達不到，我們其實相當努力，但從來沒有過上臺表演的經歷。與此相反，我們把這視為生命的意義。這不是我的音樂，是揚．維達爾的，它完全與我追求的背道而馳，但我仍在其中，只是沒有全心投入。我們演奏的〈水上煙〉真的是爛透了，相較於原作的酷我們的版本簡直是蠢，而且是蠢到了家。一九八三年我就這樣坐在學校裡練習：首先練副歌，然後練擊鈸，嘁嚓嚓—嘁嚓嚓，嘁嚓嚓—嘁嚓嚓，嘁嚓嚓—嘁嚓嚓，嘁嚓嚓—嘁嚓嚓；接著是大鼓，咚，咚，咚；再練小鼓，嗒，嗒，嗒，再就是那愚蠢貝斯的練習，演奏時我們常常互相微笑同時搖頭晃腦，腿也晃動著打節拍。起初，我們的演奏完全各自為政互不協調。我們沒有主唱。那時候揚．維達爾開始讀職業學校，他聽說在霍內斯那裡有個鼓手剛上八年級，但這也就夠了，足夠了，他可以進出音樂練習室，那裡有鼓有播音室，萬事俱備。也就是說現在的情況是：我，高一生，未來的夢想是做一個獨立音樂人，目前是節奏吉他手卻不具備任何音樂天賦；揚．維達爾，一個糕點學校的學生，目前是主吉他手，練習夠多後可能成為英格威．瑪姆斯汀（Yngwie Malmsteen）、埃迪．范海倫（Eddi van Halen）或瑞奇．布萊克摩爾（Ritchie Blackmore），但目前還不能從指法訓練中獲得自由。還有貝斯手，揚．亨里克，除了樂團之外無所事事的人；以及鼓手厄于溫，一個強壯、快活、沒有任何抱負的霍內斯男孩。〈水上煙〉、〈偏執狂〉、〈神祕黑女人〉、〈寂寞難耐〉，然後是鮑伊的〈基吉星團〉（Ziggy Stardust）與〈掌握自己〉（Hang on to Yourself），慢慢地，英格威用這些曲子教會了我彈和絃。沒有主唱，只有樂團。每個週末。公車上的吉他盒，在沙灘上，在商店外的長椅上，在揚．維達爾的房間裡，在機場的咖啡廳，在城裡長時間談論音樂及樂器。最後，慢慢地我們把練習的過程錄了下來然後仔細分析，徒勞地試著將樂團水準提高到與我們頭腦中相匹配的程度。

一次我帶著練習的錄音去了學校，下課時，我戴著耳機站在那裡，邊聽著錄音邊琢磨著可以把音樂放給誰聽。巴森和我的音樂品味相同，給他聽不合適，因為這完全是另一碼事，他不會理解的。漢娜呢？她會唱歌，我非常喜歡她。但這可能會冒很大的風險。她會知道我在樂團裡演奏，這似乎不是件壞事，幾乎可以提升一點我的地位。但若她聽了後發現了我們實際的演奏水準，或許一下又會退回到原點。波爾？對，也許他可以試試。他就在樂團裡彈吉他，他們的團名叫「吸血鬼」，是那種快節奏的重金屬。波爾平日看上去害羞、敏感、纖細柔弱，有點女性化，通常一身黑皮革打扮，在臺上演奏貝斯時他卻像個魔鬼一樣聲嘶力竭地狂吼，他一定會理解的。第二節下課時，我走到他面前跟他說，我上週末錄了一些我們樂團彈奏的曲子，是否願意聽聽並說說他的看法。當然可以，他說，接過耳機，按下播放鈕，與此同時我心情緊張地觀察著他的臉部表情。他微笑著用疑問的眼神注視著我。幾分鐘以後他開始笑，然後摘下耳機。

「你們這什麼都不是啊，卡爾・奧韋，」他說，「什麼都不是。你們都搞了些什麼啊，為什麼我要聽這個？拿我尋開心是不是？」

「什麼都不是？什麼都不是是什麼意思？」

「你們就根本不會彈嘛。也沒人唱。這就是什麼都不是！」

他雙手攤開。

「之後肯定會更好的。」我說。

「別說了。」他說。

你覺得你們樂團他媽不錯，是吧？我想這麼跟他說，但是我沒有。

「好啦，好啦，不管怎樣你是說了點什麼。謝啦。」

他又笑了，同時還詭異地望著我。沒人能看得懂波爾，他那些速度金屬音樂，他的那副哈利[7]樣，被班上的人嘲笑，他有時可以表現出極度坦率、毫無顧忌的模樣，這和他的靦腆性格極不相符。比如有一次，他拿來了幾年前他在少女雜誌《新穎》上刊出的一首詩，他在那裡也接受過採訪。不賣弄、不知恥、敏感、靦腆、易怒、粗野。這就是波爾。恰巧是他聽了我們樂團的錄音，這還不算太糟，因為波爾沒有分量，被他嘲笑沒有任何意義。我平靜地把隨身聽放回了口袋，在鈴聲響時走進教室。他說得對，我們彈得確實不怎麼樣。但技巧高超就有那麼重要？他難道沒有聽說過龐克、新浪潮？這些樂團就沒一個有那麼精湛的演奏技巧。但他們確實有內涵。力量。靈魂。存在。

在這之後不久，一九八四年初秋，我們得到了第一次演出機會。是厄于溫去談的。霍內斯購物中心五週年大慶，他們要慶祝一下，有氣球、蛋糕和音樂。博克斯勒兄弟，二十多年來以其擅長的南方民謠聞名於整個南部，將到此獻藝。商場經理也希望有當地，特別是青少年的演出團體參加，我們學校離購物中心只有幾百公尺的距離，所以這個要求很適合我們。我們有二十分鐘的演出時間，工作的報酬是五百克朗。當厄于溫告訴我們這個消息時大家都給了他一個擁抱。該死，總算輪到我們了。

演出定於一個星期六上午十一點。前兩週的日子過得飛快。我們多次練習，樂團全體成員一起練，還有揚·維達爾和我單獨練，我們一再反覆地討論曲目的順序，我們事先買好了新琴弦，到時候可以使用。我們決定要穿怎樣的服裝，當那天到來時，我們早早在當地的練習場地會合，為的就是能在音樂會開始前將全部的曲子練過幾遍，雖然我們很清楚這樣可能會在演出前就耗去精力和激情，但我們認為熟練曲目是更重要的。

啊，當我手提吉他盒走過那柏油路的廣場時，感覺實在是太好了。在通道另一側往商場中心的地方，演出場地及其他的設備已經就緒。厄于溫忙著調整那套爵士鼓，揚·維達爾在那用新買的調諧器幫吉他試音。有幾個小孩子站在那裡盯著他們看。很快地他們也會看見我。我頭髮剪得短短的，上身穿一件綠色軍用夾克，下面是黑色牛仔褲，鉚釘腰帶，腳上是雙藍白相間的運動鞋。當然最重要的是手裡提著吉他盒。

通道的另一側是博克斯勒兄弟在唱歌。一小群人，大約十來個吧，站在台下。在另一側的路上，人們蜂擁著從商場裡進進出出。起風了，這風讓我想到了披頭四樂團一九七〇年在蘋果大廈屋頂的那場音

7 若人在裝束或舉止上表現出了一種沒有品味的標新立異和出格，會被挪威人稱作哈利（harry），這是一種負面評價。

樂會。

「一切都順利吧？」我對揚．維達爾說，把手裡的吉他盒放下，拿出吉他，找出配帶，把它掛在肩膀上。

「順利，」他說，「我們是不是該插擴音器了？幾點了，厄于溫？」

「再十分鐘。」

「還有十分鐘。我們等等。再等五分鐘。好嗎？」

他朝擴音器走過去，抓起一旁的可樂瓶喝了一口。他把圍巾捲成條，捆在額頭上。此外他穿了一件白襯衫，拖在後面的衣襟蓋在黑褲子外面。

博克斯勒兄弟在演唱。

我朝貼在擴音器後面的那張節目單瞟了一眼。

水上煙

偏執狂

神祕黑女人

寂寞難耐

「我可以借一下你的調諧器嗎？」我對揚．維達爾說。他把調諧器遞給我，我插進插頭。吉他音調準了，但我還是將旋鈕擰了幾下。許多車開進了停車場，它們慢慢兜著圈子尋找空位。很快，車門開了，孩子從後車門裡出來，在柏油路上雀躍奔跑，然後他們拉住父母的手領著他們朝我們這邊走過來。他們走過去的時候大家都在盯著我們，但沒有一個人停下。

揚．亨里克把他的貝斯插進擴音器，重重地在弦上一撥。聲音立時響徹了整個廣場上空。

砰。

砰。砰。砰。

博克斯勒兩兄弟都朝我們這邊望，一邊唱著他們的歌。揚．亨里克朝擴音器邁向一步，把音量再開大些。又是一串樂音響起。

砰。砰。

厄于溫擊了幾下鼓，揚．維達爾在吉他上撥出一個和絃，聲音真他媽震耳欲聾。在場所有人同時把目光投向我們。

「嘿，那邊的小聲點！」博克斯勒兄弟其中一個吼了一聲。

在揚．維達爾轉身再喝一口可樂前，他朝他們瞥了一眼，帶有挑釁的意味。這是貝斯擴音器的聲音，是揚．維達爾的吉他擴音器的聲音。但我的聲音在哪裡？我關小吉他聲，撥了一個和絃，再慢慢放大音量，直到它與擴音器的聲音吻合，然後再把音量調大些，同時我盯著通道那側的兩個吉他手，他們正滿面笑容地唱著有關海鷗、漁船和日落的各種詼諧幽默的民謠。就在此時他們也看了我們一眼，這一瞥除了兇狠之外很難再有別的什麼含義。我再次關小音量。有聲音，一切正常。

「現在幾點了？」我問揚．維達爾。他的手指在吉他琴頸上下滑動著。

「十點二十。」他說。

「媽的蠢貨，」我說，「他們現在應該結束了啊。」

博克斯勒兄弟表現出的一切我通通為之反感。什麼尊重、友善、傳統，我很樂意把擴音器開到最大，我才不在乎場上的那些人。至今，我的反叛存在於許多方面，有時在課堂上表達一個標新立異的見解，有時乾脆伏在桌上呼呼大睡。一次在城裡把一個空麵包紙袋扔在人行道上，一個老人請我把它撿起來，我說這要是真有這麼重要就自己去撿。當我轉身離開，心裡是一陣狂跳幾乎不能呼吸。再就是我的反叛來自於音樂，我只聽那些非主流的、前衛的、絕不妥協派的樂團，是他們造就了我成為了一個反叛者，不接受現狀，要為改變它而奮鬥。我彈奏的聲音越高越響，就越接近自我。我買了一根超長的吉他線，有了它我可以站在樓下的連身鏡前彈吉他，在二樓我把房間裡的擴音器開到了最大，然後事情就發生了，聲音完全超出預期，那種尖銳刺耳，不管我彈什麼都一樣，聲音棒極了，我的吉他響徹整棟房子。在我的情感及這些聲音之間存在著一種奇妙的和諧，彷彿**它們**就是我，這樣的我才是真實的我。關於這點我寫了一段文字，原本是想寫首歌的，但因為沒想出旋律，因此我把它叫做一首詩，把它寫進了我的日記裡。

我顛覆了靈魂的回應
彈奏了我空洞的心
看到你我就想：
在孤寂裡只有我倆
在孤寂裡只有我倆
你和我
你和我，親愛的

我想出去，到外面廣闊、浩瀚的世界。而我唯一知道的方法就是透過音樂。這就是為什麼在一九八四年初秋的一天我站在霍內斯購物中心外面，肩上挎著我在成人典禮時買的那把仿製的白色木質斯特拉特吉他，食指擺在音量鍵上，時時準備著，在博克斯勒兄弟流瀉出最後一個和絃音的瞬間放開音量。

廣場上倏地捲起一陣風，一些梧桐葉旋轉著飛舞而過，一張冰淇淋的廣告在兜圈子。我感覺有一滴水珠落到了臉頰上，便抬頭看向那片乳白色的天空。

「下雨了？」我問。

揚・維達爾把手伸出去，聳了聳肩。

「我沒什麼感覺。」他說，「不管怎樣我們都要繼續彈。就算開始下大雨，也他媽的要繼續彈。」

「同意。」我說，「你緊張嗎？」

他輕點了頭。

接著博克斯勒兄弟的演出結束了。有好些人聚在他們周圍，掌聲響起，兄弟倆朝著觀眾微微躬身致謝。

揚・維達爾對厄于溫轉過身。

「準備好了？」他說。

厄于溫點了下頭。

「準備好了，揚・亨里克？」

揚・亨里克點頭。

「卡爾・奧韋？」

我點頭。

「一，二，三，四，」揚．維達爾說，但主要是在自言自語，因為第一輪副歌只有他一個人彈奏。

下一秒，揚．維達爾用吉他奏出了一陣猛烈，宛如撕裂般的聲音在廣場上驟然響起。大家都被嚇了一跳，並朝我們轉過身來。我在心裡數著。手指放到了吉他的握把上。我的手有點顫抖。

一二三，一二三四，一二三，一二。

該我了。

沒有一點聲音！

揚．維達爾瞪著我，兩眼發直。等到第二輪，扭開按鍵，有了。兩把吉他的聲音震耳欲聾。

一二三，一二三四，一二三，一二。

然後爵士鼓進來。

嘁嚓嚓—嘁嚓嚓，嘁嚓嚓—嘁嚓嚓，嘁嚓嚓—嘁嚓嚓，嘁嚓嚓—嘁嚓嚓。

大鼓。沉重的鼓聲。

然後貝斯進來。

邦—邦—邦—邦邦邦邦邦邦邦—邦

邦—邦—邦—邦邦邦邦邦邦邦—邦

我看了揚．維達爾一眼。他試著說唇語，由於說話的動作誇張，他的臉扭曲得像張鬼。

太快了！太快了！

厄于溫放慢速度。我也跟著減慢，但有點不知所措，因為貝斯和揚．維達爾的吉他仍舊保持原速，

我改變主意，決定跟著他們的速度，他們又突然慢下來，於是只有我一人是脖子快甩斷的節奏。在遊移

不定中我看見風從揚・維達爾的頭髮裡穿過，幾個小孩站在我們面前用手捂著耳朵。緊接著我們到了下一段曲子，大家總算合拍了。這時候一個身穿淺色褲子、藍帶白條紋襯衫、黃色夏季夾克的人快步走過場地。是商場經理。他目標明確地直直向我們走來。在離我們二十公尺左右的地方他舉起了雙臂揮舞，好像是要一艘船停下來。他的手臂揮著，不斷地揮著。我們又繼續彈奏了幾秒鐘，那時他已經在我們面前停下，他把手舉起來的動作很大，很快我們就相信這與我們有關，於是停下演奏。

「你們在這裡幹什麼啊！」他說。

「我們在這裡演奏。」揚・維達爾說。

「我看你們全瘋了！這裡是購物中心，今天星期六。大家來這裡買東西要的是高興！你們不能在這裡把聲音飆得這麼高，真該死！」

「那我們小聲一點？」揚・維達爾說。「這沒問題的。」

「不只是一點。」他說。

事實上現在已有一小群人圍住我們。或許有十五、六個，多半是年輕人、小孩子。這感覺不錯。

揚・維達爾轉過去把擴音器上的音量關小，彈出一個和絃，望著商場經理。

「可以了嗎？」他說。

「還要關小！」商場經理說。

揚・維達爾再把音量關小了些，又彈出一個和絃。

「行了吧？」他說，「我們也不是那種舞蹈伴奏團。」「好吧，」商店經理說，「先這樣看看好了。不然，再小聲點。」

揚・維達爾再次轉身。他在轉動旋鈕時我看見他做了一個假動作。

「好了。」他說。

揚・亨里克和我也把音量調低。

「那現在我們重新開始。」揚・維達爾說。

我們又開始繼續演奏。我在心裡默數著。

一二三，一二三四，一二三，一二。

商場經理開始朝購物中心的正門走去。我彈吉他時一直望著他。當我們來到了曲子中間，他突然又停下來轉過身，朝著我們看，又轉回去，往前走了幾步，再次轉回來。接著他再度朝我們走來，繼續揮舞著手臂。揚・維達爾沒看見，他是閉著眼睛彈吉他的。揚・亨里克馬上就看見了，他以詢問的目光朝向我。

「夠了，夠了，夠了。」商場經理說著又在我們面前停下。

「這樣行不通的，」他說，「很抱歉，你們收拾收拾走吧。」

「什麼？」揚・維達爾說，「為什麼？你說有二十五分鐘啊，這可是你說的。」

「這樣不行，」他說，低下頭，用手在面前擺了擺，「抱歉，孩子們。」

「為什麼？」揚・維達爾又說了一句。

「你們這東西不堪入耳，」他說，「甚至連一首歌都沒有唱！好啦，就這樣了。你們的報酬照付。在這裡。」

他從裡面的口袋裡掏出一個信封，拿著它遞到揚・維達爾面前。

「在這裡，」他說，「謝謝你們到場演出。但這跟我想的不一樣。別介意，好嗎？」

揚・維達爾抓住信封。從商場經理身邊轉身走開，把擴音器的插頭拔下來，關掉開關，把吉他從脖子上取下，走到琴盒那裡，把琴放進去。圍在旁邊的人笑著。

「走吧，」揚．維達爾說，「我們回家。」

此後樂團的地位就有點不明朗了。我們還是排練過幾次，但無精打采的，然後厄于溫說下一次練習他來不了，那次之後爵士鼓就沒了，再下一次是我要參加足球比賽……同時我和揚．維達爾見面的機會也少了，因為我們去各自的學校。幾週以前，他還模糊地說他在學校碰到了另一個班的同學，他們一起玩音樂。所以現在當我坐下來彈吉他的時候，主要是為了打發時間。

「地面指揮呼叫湯姆船長。[8]」我唱著，手裡撥出這兩個我非常喜歡的和絃，心裡惦記著放在下面樹林裡裝有啤酒的那兩個塑膠袋。

英格威聖誕節回家時，帶回了一本鮑伊樂譜的書。我把它完整的和絃、歌詞及樂譜通通在草稿本上寫了下來，現在我再一次把它翻了出來。我把《一切都好》（Hunky Dory）的唱片放到唱機上，第四個曲子《火星生活》（Life on Mars?），我開始跟著它彈，很小聲地，這樣我就可以聽到歌手的聲音及其他的樂器。背上掠過一股寒氣。這曲子實在太妙了，當我跟著和絃的順序在吉他上彈奏時，它好像對著我的心完全敞開了一扇門，好像我已經在音樂裡找到了自己，而不是徘徊於外，僅僅聽到這段音樂時我就有了這樣的感覺。不過若要把一首曲子彈成這樣深得人心，至少需要好幾天的練習，因為我自己聽不出這是哪一個和絃，我得費力地尋找、比對，即便找到了相近的音，卻也不能確定兩者是否一樣。放下唱針，仔細聽，拿起針頭，撥出一個和絃。嗯……放下唱針，再聽一次，再彈同樣的和絃，是**這個**嗎？或許就

8 原文為Ground Control to Major Tom，大衛．鮑伊的同名歌曲的歌詞。

是**這個**？其他和弦以外的技巧就別提了，那真是無可救藥。但英格威，卻只需要聽一遍然後試彈幾次就找準了這個音。我也見過其他像他這樣的人，他們彷彿有與生俱來的資質。音樂與思想不能切割開來，也或許它跟思想毫無關聯，但在他們身上音樂有著自己的生命。當他們演奏時，是真的演奏，而不是站在那裡機械式地重複從別人那裡學來的招式，流瀉出的音符裡充滿著自由的宣洩，實際上這才是音樂的含義，對於這些我望塵莫及，所以趁早收手。關於繪畫也是同樣的道理。繪畫不能帶來成就，但我仍然喜歡，當我一個人待在房間，我會拿來打發時間的其中一件事情的就是畫畫。要是我有具體的樣本，比如一本漫畫，我照著畫，可以畫得很像，但當我不是模仿，而是自己寫生，那就從來不會畫出個什麼。我也看到過在這方面很有天賦的人，或許特別是班上的托內，輕鬆地看見什麼就畫什麼，窗外的一棵樹，停車場裡的一輛車，站在黑板旁邊的老師。當我們將決定選修科目時，我很願意選擇「造型和色彩」的課程，但我知道選課的條件，這裡面有其他會畫畫的學生，所以最後我沒去爭取。挑選了藝術電影課。這種想法有時候會讓我不開心，因為我很希望做一個像樣的人，很希望能與眾不同。

我站起來，把吉他放回架子上，關掉擴音器，走下樓時，媽媽正在那裡燙衣服。外面糧倉們與牆上的燈罩，幾乎被雪遮得嚴實。

「看這是什麼天氣！」

「你說得沒錯，雪真大。」她說。

我走進廚房，腦子裡突然冒出一個念頭，那地方說不定會有一輛鏟雪車駛過去。或許最好在他們來之前去把路上的雪鏟平。

我轉向媽媽。

「我想在他們來之前去鏟雪。」我說。

「好，」她說，「你去的時候把火炬點上好嗎？它們在車庫牆上的一個袋子裡。」

「好。有打火機嗎？」

「手提袋裡有。」

我穿好衣服走了出去，打開車庫門拿起一把鐵鏟，把裹住臉的圍巾打了一個結，朝下面的十字路口走去。雖然我背著風雪，但當我開始把新下的雪和那些結成了團塊的積雪從院子裡鏟開時，地上飛起的雪花，還是鑽進了我的眼睛、刮著我的臉頰。幾分鐘後我聽到了一聲巨響，悶悶的，彷彿是從遠處一間屋子裡傳來，我抬頭的那一瞬間，正好看見一束光焰衝入風雪漫捲的夜空深處。這一定是湯姆和佩爾，他們該死的在測試他們剛買的煙火。煙花也許充實了他們，卻讓我更加寂寞，微小光亮，只是加深了那份不平實感。周圍沒有一輛車，沒有一個人，只有黑色的一片樹林，飛舞的雪花，沿路一片凝固不動的光帶。下方幽深的山谷。鏟子輕薄的金屬邊緣，對抗著擠壓過後的雪，那冰已硬得堅如硬石。我自己的呼吸聲，在這緊捆住的帽子和圍巾底下，聽上去顯得更粗而真切。

鏟完雪，我回到了車庫，放下手裡的鏟子，在袋裡找出了四個火炬，於車庫的黑暗中把它們點燃，心中充滿喜悅，火苗如此溫柔，飄忽著直往上竄，平緩下來後又隨風變換飄移。隨即我想到了安放它們的最佳地點，兩個擺放在房子門前，兩個放在糧倉的牆頭上。在擺火炬之前，我先在牆頭上用雪為它們堆出了一個小屏障，然後再關上車庫，這時我聽到下面的房子那裡一輛汽車轉彎駛近。我只好把車庫又打開，趕緊溜回屋。我想在他們回來之前把一切都準備妥當，不讓最後一刻的行動留下半點蛛絲馬跡。於是這個愈發強烈的小小念頭驅使著我以最快的速度，從浴室抓起一條毛巾把我的靴子擦乾淨，這樣走廊上才不會帶有殘留的新雪。接著脫下其餘的衣物，夾克、帽子、圍巾和手套，然後回到二樓的房間。當我再度下樓時，車子已經停在外面，還沒熄火，紅色的車尾燈閃爍著，祖父站在那裡，手放在車門上，與此同時祖母正從車裡跨出了一條腿。

當我獨自在家時，所有房間都有他們的個性，並非對我懷有敵意，但它們卻也沒有對我敞開自己。它們僅是不屬於我，以自己的形式存在著，帶有其固定的牆壁、地板、天花板、木條邊飾、窗戶，完全顯露在外。然而我察覺到這些房間是死的，了無生氣。這是它們在與我對抗，這個死不是生命的停止，而是沒有生命，就像一塊石頭、一杯水、一本書裡不存在生命一樣。最接近我們的是貓，梅菲斯托，但只有貓在這房間裡時，也沒有足夠強大到能驅趕走屋裡死寂的氣氛。若有了另一個人的進入，哪怕只是個嬰兒，整個屋裡便有了人氣，景色大改。我父親讓所有的房間充滿不安寧，我母親則讓它們充滿溫柔、寬容，但有時候也會是憂鬱。當她下班回到家感到疲勞時，有些時候還能察覺得出壓抑著的惱怒。佩爾，從來沒有進過屋裡，只在我家大門待過的他，帶來的卻是快樂、期待與服從。揚．維達爾，他是到目前除家人外唯一進過我房間的人，他帶來的是固執、抱負及夥伴的情誼。有趣的是，當好幾個人在一起時，同一個空間裡卻只容得下一個，頂多是兩個人的氣場。氣場最強的並不一定最顯著。比如，佩爾的順從，他對成年人表現出的那種尊敬，當我父親進門經過佩爾時對他稍點了一下頭，在那一時間裡他就比我父親的霸道要強上得多。除此之外，很少有人到我們這裡來。只有祖父祖母，還有父親的兄弟居納爾及他的家人是例外。在這半年裡，他們來了這裡三、四次，我總是期待他們到來。部分是因為我與祖母一同長大，直到現在我們還是很要好，站在那裡她總是環繞著光彩，這與她帶給我多少禮物沒有關係，而是她真心愛孩子。在我心中，對於她的印象總是充滿光明。再者是因為我的父親，跟他們在一起的時候，他總是待我更好，也更善於應對這種場合，我並沒有被排除在外，我能感覺是他們之間的一份子。但這還不是最重要的，因為顯示出他與自己兒子間的友好關係，還只是從他身上流露出來的極度慷慨的一部分：他變得有魅力，幽默風趣，表現出自己的學識與興趣。這才讓我意識到我對他的感情是如此複雜，同時卻又全神貫注在他們身上。

當他們走進，媽媽開門迎接他們。

「嗨，歡迎你們！」她說。

「嗨，西塞爾。」祖父說。

「這糟糕的天氣！」祖母說。「你們看看！火炬擺放得真好，這我得說。」

「把你們的大衣給我吧。」媽媽說。

祖母戴著一頂圓形的黑裘皮帽，她把它摘下，用手在上面拍打了幾下，抖落上面的雪花，一件黑皮大衣，同帽子一起遞給了媽媽。

「你開車來接我們真是太好了，」她說，轉過身對著祖父，「這種天氣我們可開不了車！」

「這我還真不好說，」祖父說，「到這裡路遠，曲裡拐彎的可不好走。」

祖母進了客廳，用手把衣裙抹平，整理了下頭髮。

「你也在這啊！」她說，對著我很快地笑了。

「嗨。」我說。

她身後是祖父，手裡搭著一件灰大衣。媽媽經過祖母趕上前，把大衣接過來，把它掛在樓梯下鏡子旁邊的衣帽架上。外面的爸爸進入我的視線，他正在屋外階梯的石板邊上，試圖跺掉靴子上的雪泥。

「嗨，卡爾．奧韋，」祖父說，「你父親說你要去參加新年派對是嗎？」

「是的。」我說。

「啊，你們都長這麼大了，」祖母說，「居然要去參加新年派對。」

「是啊，我們也才剛知道不久。」爸爸說，他走過了門廊，用手梳理一下頭髮，再晃了幾下。

「我們進客廳吧？」

我跟隨在後，他們於沙發上就座，我坐在門邊，那面向花園的藤椅上。

「我幫你們煮好咖啡了。」媽媽說著站起來。在她走出去後寂靜緊跟著進入了房間，該我盡責了。

「那個，埃爾林在特隆赫姆了吧？」我說。

「當然啦，」祖母說，「今晚他們要回去好好玩呢。」

祖母穿了件藍色連身裙，看上去像是絲綢的，胸前鑲有黑色的花紋。白珍珠耳環，脖子上的金項鍊。深色頭髮，這一定是染過的，但我不完全確定，如果是這樣她為什麼不把額頭上的那綹灰白也一起染了呢？她不臃腫，也不肥胖，但仍然可以說得上是豐盈。她的動作總快手快腳，相較之下，她這結實的身子有點不大相稱。當人們見到祖母時，最引人注目的，是她那雙眼睛，清澈的淡藍色。不知是因為她本身的顏色不尋常，還是因為它和她身上其餘暗色部位形成了一種強烈對比，使它們看上去幾乎不像是真的，而是兩塊石頭。我父親的眼睛和祖母的一模一樣，也給人同樣的印象。祖母的個人特質，除了她很愛孩子外，她那侍弄花草的巧手給人的印象也格外突出。夏天時我們去探望她，她總是待在花園裡，每當我想到她，湧現的畫面都是關於那裡的印象。她戴著手套，風吹亂了頭髮，走過草地時，手裡正抱滿著一捆要去燒掉的乾樹枝。再不然就是跪在剛剛挖的一個小洞面前，小心地剝去裹著樹根的塑膠袋，把小樹苗放進坑裡。又或者，她會站在陽臺下面擰開水龍頭，然後轉身，目光掠過肩頭，看自動噴水器是否開始旋轉，然後雙手叉腰站在那裡，欣賞著水從管子裡噴到空中，陽光下的一片閃亮的水霧。有時候她也會蹲在屋後的小山坡，修剪在洞穴裂縫間長出的花草。而就如那些裂縫中的花草一樣，水流也在山石間形成了許多水窪，有若群島，看起來如自然形成。我記得我曾為這些樹木感到遺憾，它們孤獨地各自聳立於山崖，得屈身向這些山石尋求生命。樹木的下盤縱錯地生長，在每個晝夜、四季裡往下延伸，不斷地形成新的纏繞與交會，就像這棵老梨樹和老李子樹一樣，那是從她祖父母家裡頭帶回來的。在一日懶洋洋的夏天裡，夕陽於峽灣口沉落，草地一片綠蔭，還能夠聽見遠處城裡傳來的時高時低的喧囂。其中夾雜著大黃蜂以及蜜蜂的嗡嗡聲，牠們於牆邊玫瑰花叢間忙碌著，淡色的花瓣在這一片綠當中顯得靜謐，反射出白光。但花園給人的一切含有陳舊與古老，只有時間才能賦予它價值與豐厚；這肯定也是她將溫室安置在最下面，半掩在一壁山崖後的原因。在那裡她可以任意施展她的園藝才能，也可種植些稀罕的花草樹木，而不會像上面的花園那樣，被施工中的建築損毀了形象。到了秋冬時，我們可以在那溫室下發著光的玻璃牆後，看見她模糊的身影。當她把那些黃瓜、番茄擺在桌上，並隨口地說出這些可不是在商店買的，而是來自她的花園，她的神情無不充滿了驕傲。

然而祖父卻與花園毫無關聯，當祖母和爸爸，或者居納爾，及祖父的兄弟阿爾夫，討論起不同的花草時——因為這個家對各類植物的興趣已大大增加——祖父這時會情願拿出一份報紙或雜誌翻閱，快速地看看上面是否有他感興趣的彩券或是一週的聯賽積分表。我始終覺得這有點不可思議，一個做與數字相關的工作的人，業餘時間還是跟數字打交道，而不是說去做點園藝、木工，或者任何其他可以活動全身的一些事情。相反地，他上班跟數字打交道，下班後也是跟數字打交道。我知道另一個他唯一喜歡的是政治。話題中一旦關乎政治，他總是興高采烈地加入，立場觀點鮮明，辯論時言辭更加強硬，若有人與他觀點對立，他倒是會更欽佩看重。至少當媽媽一次又一次地擺出她那些左派的觀點時，祖父的眼裡除了友好之外沒再有任何其他情緒，即便他說話的嗓音越來越高、越來越尖銳。祖母則是以她自己的方式，總是在適當的機會下請他談點別的，或是冷靜下來。她常常揶揄他，也可能奚落幾句，但他還是接受了。要是我們都在場，她總會向我們擠下眼睛，讓我們明白事情沒這麼嚴重。她是個很容易笑的人，喜歡跟我們講她的經歷或是些別人告訴她的趣事。英格威在小時候說過的那些好玩的話，她全都記得，他們倆特別親近，他小時候在祖母那住過一年半，後來也住過更長的日子。她也告訴我們埃爾林在特隆赫姆讀書時那些經典、稀奇古怪的事件。但最有意思的還是三〇年代時候的故事，那時她幫一個年老的，或許腦子也糊塗了的有錢人妻子當司機。

現在他們都七十多歲了，祖母比祖父大幾歲，但兩人身體都很健康，他們仍然像往常一樣，冬季前往國外去度假。

屋裡沉默了片刻，迫使著我要說點什麼。為減輕點壓力，我望向窗外。

「嗯，學校裡都還好嗎？」祖父終於開口了。「斯特雷跟你們說過些什麼明智的話沒有？」

斯特雷是我們的法語老師。他個子矮小，身子結實，禿頭，一個精力旺盛的老頭，七十左右，他的房子跟我祖父的辦公室非常近。現在我大概明白了，他們之間似乎有什麼芥蒂，或許是地域劃分之類的問題，是否有到要上法院的地步，我不知道，也不知道事情是否了結，但至少他們之間不彼此打招呼已經有許多年了。

「這個嘛，」我支吾了一聲，「他只叫我『牆角裡的臭小子』。」

「那一點也不奇怪，真的，」祖父說，「那個老尼高呢？」

我聳了聳肩。

「他不錯吧，我想。做著跟以前一樣的事。他是個守舊的人喔。順便問一句，你是從哪裡認識他的啊？」

「阿爾夫。」祖父說。

「啊，當然了。」我說。

祖父起身朝窗戶走去，把手放在背後往外張望。除了窗戶透出的一點微光，房子的這一面是完全漆黑。

「看見什麼了嗎，老頭子？」祖母說，她朝我眨了眨眼。

「你們這房子位置不錯。」他說。

就在這時媽媽手裡拿著四個杯子走進客廳。他朝她轉過身。

「我對卡爾．奧韋說你們家這裡的視野真好！」

媽媽停下來，好像因走路沒法說出什麼。

「是啊，我們很滿意這裡。」她說。站在那裡手中拿著四個杯子看著祖父，嘴邊掛有一絲笑意。出什麼狀況了，是的，那時候幾乎有陣潮紅從她臉上掠過。那不是紅暈，也不是靦腆，都不是。而是一種她沒有掩飾住的東西。她從來沒有這樣過。當她說話時，她總是直截了當地說出自己的意見，絕不會只是兜圈子。

「房子太老了，」她說，「歲月都在牆上。好日子與壞日子都有，不過在這裡真好。」

祖父點了點頭，繼續注視著窗外的黑暗。

「我們的主人到哪去了？」祖母說。

「在這裡。」爸爸說。

大家一同轉過身。他站在餐桌旁，上面已鋪好了桌布，在椽木天花板底下他佝僂著身子，不難看出他正在研究一瓶他手裡握著的酒。

他什麼時候到那裡的？

我居然沒聽到半點聲音。這房子裡我最關注的，莫過於他的動向。

「你走之前去多搬點柴來吧，卡爾・奧韋？」他說。

「好。」我說，起來到門廊那裡，把腳往靴子裡一踩，打開了大門。風迎面撲來，但至少雪已經停了。我經過院子進到糧倉底下的地窖。天花板上的燈沒有燈罩，光線刺眼逼人，照在粗礪的石牆上。地板幾乎全被樹皮及木板遮蓋了。一把斧頭豎在木塊上。角落裡放著一把橘黑相間的電鋸，那是剛搬來這裡時買的。房子旁邊有一棵樹他想砍掉，但當他去鋸樹時，卻沒辦法順利將電鋸啟動。他在那裡琢磨了半天，發出一連串咒罵，打電話與商店抱怨。「是哪裡不對？」當他再走出去時我問。「沒什麼，」他說，「只是他們忘了跟我說一些事。」一定是電鋸的保險開關沒關，我知道，就是為了防止小孩去動它。現在電鋸又可以用了，他花了整個下午的時間把樹鋸倒。他喜歡工作，這我看得出來。然而糟糕的是，往後再也沒別的事可以讓電鋸派上用場，所以它就躺在了這裡的地板上。

我盡可能抱起最多的乾柴，然後把門一腳踹開，搖搖晃晃地走回去，心想著這到底會引起他們多大的注意。我脫掉鞋，雙手抱舉著乾柴，在重壓下膝蓋呈現彎曲，上半身後仰著，步履艱難地走進客廳。

「看看他！」當我靠近時祖母說。「你搬來的柴可不輕啊！」

我在木柴筐前停下。

「好了，我來幫你。」爸爸說，他朝我走來，把最上面的劈柴拿起來放進柴筐裡。他的嘴繃得很緊，眼神冰冷。我跪下去讓剩下的劈柴滑落進柴筐。

「現在我們有一直能燒到夏天的柴火。」他說。

我直起腰，撥掉一些黏在襯衫上的木屑，然後在椅子上坐下，與此同時爸爸蹲下去，打開壁爐門扔進幾塊乾柴。他穿深色西裝，打著暗紅色的領帶，黑皮鞋白襯衫，黑鬍子及太陽曬成的淺棕色臉頰，使那雙冰冷的藍眼睛格外顯眼。整個夏天他盡可能待在陽光底下，通常一到八月他的膚色就完全是棕色了，但這個冬天他得去做室內日光浴。現在我才理解到，最近這幾年要不是曬那麼多太陽，他的膚色就不會是這個樣子了。

他眼圈周圍的皮膚開始長了皺紋，像皮革上的乾癟的裂痕，細密，紋路很好看。

他看了下錶。

「現在居納爾應該快來了，要是我們想在半夜前吃點東西的話。」他說。

爸爸朝我轉過身。

「你也快要走了吧？」

「對，」我說，「但我想先跟居納爾和托薇問候一聲。」

爸爸哼了口氣。

「現在就去好好玩吧。你不必跟我們一起坐在這裡，你知道的。」

我站起來。

「你的襯衫掛在外面的櫃子上。」媽媽說。

我拿了襯衫上樓回房裡去換衣服。黑色的棉褲，大腿的地方寬鬆，小腿處收緊，有側身的褲袋，白襯衫，黑西裝。我想要用那條鉚釘皮帶，把它捲好了放進背包裡，他們不會真的禁止我戴這個，但可能會注意到，現在我不想冒這個險。放在包裡的還有一雙馬汀靴、一件額外的襯衫、兩盒威豪（Pall Mall）淡菸、口香糖及喉片。當我收拾完畢，來到窗戶面前，已是七點剛過五分。這時候我應該已經在路上了，但現在得等居納爾，因為若是他沒到家裡，我就有可能在半路上與他相遇。要是被看見我手裡提著裝滿啤酒的塑膠袋，那我就死定了。

風吹過時，樹林邊的那些樹木紋絲不動，屋裡的光線還隱約能在最遠的邊界上見到。若他們五分鐘之內不出現，不管怎樣我也得走了。

我穿上外套，站在窗前凝視著窗外，一瞬間下面頓時有了汽車的亮光，我努力想使自己聽到那個或許會出現的引擎聲，然後我轉過身去，關掉房間裡的電燈走下樓梯。

爸爸站在廚房裡正在幫一個鍋子放水。當我下來時他望著我。

「要走了吧？」他說。

我點點頭。

「祝今晚玩得愉快。」他說。

山坡底，風雪將上午於地面上留下的所有痕跡都掩去，我站在那裡，安靜地聆聽幾秒鐘，確認路上完全沒有車後便朝斜坡上走，一直來到那棵樹下。我埋的塑膠袋就在那裡，當我把袋子舉起來時，上面覆著的一層薄雪順著光滑的塑膠袋滑落。我一手拎著一個袋子又走了下來，在一棵樹後仔細聆聽，仍然沒有聽見任何動靜，便跨越雪堤往下小跑步，直奔拐彎處。這外面居住的人不多，河對岸的車輛都是穩穩地沿著道路前行，要是開來一輛車，最可能就是居納爾他們。我站在坡上，過了這個拐彎就是威廉家。他們家離路邊還有一小段距離，較靠近樹林，屋子後是一道突兀的，聳立起來的丘陵。客廳裡電視螢幕反射出了藍藍的光。七〇年代的房子，沒有整修過，那裡亂石堆積，岩石裸露。一個損壞的鞦韆、防水帆布蓋著的一綑劈柴，一輛廢車，幾個輪胎。我不明白為什麼他們家是這樣。他們不想讓環境美觀嗎？或是他們不能？他們對這一切真的不在乎，還是他們其實認為這樣很不錯？他的父親是個溫和的好人，他母親老是怒氣衝衝，三個孩子穿的衣服不是顯得太短小就是過於寬鬆。

一個早上我去學校的路上看見他父親和女兒，正在對面的石山坡上往上攀爬，兩人的額頭都有血跡，小女孩頭上捆著的一條白手絹浸了鮮血。他們遭到野獸襲擊了，記得我當下是這麼想，因為他們一聲不吭，也沒呼叫，只是相當平靜地往石頭山上攀行。在石山的最下面，他們的車停在那裡，車頭對著一棵樹。樹下面流動的河水閃著幽黑的光。我問他們是否需要幫助，父親回答說不用，一切都好，就在這裡，在下面的斜坡他這麼說的。即便對眼前看到的這一切感到意外，幾乎讓人難以立刻走開，但站在原地又覺得有點不道德，於是我繼續向公車站走去。當我轉身，我替自己發了個誓就只轉身一次，回頭後，看見他們已經越過了公路。他像往常一樣穿著一身連身褲，手臂摟著十一歲女兒瘦骨嶙峋的身體。

我們總嘲笑她和威廉，他們都很容易被激怒，容易變得語無倫次，掌握詞彙及抓住要點不是他們的強項，但他們有說話的邏輯。我不理解這些，直到我和佩爾在一個很普通、很乏味的夏日裡，打電話給威廉約他來踢足球，他的母親來到陽臺上，把我們罵了一頓後要我們出去，且特別針對我，因為我比其他人都有優越感，尤其覺得自己比她的兒子和女兒強。我回了嘴，看得出她也不怎麼會說話，她的怒氣更是讓她詞不達意，我唯一贏得的是佩爾對我口才讚嘆的笑聲，幾個小時後也就把一切忘得一乾二淨。但這裡不一樣，他們可不會忘記。他父親為人很和善不會採取行動，不過他母親每次看見我時都眼冒怒光。這些對我唯一的影響則是讓我感到增添了個人價值。威廉上學穿的褲子只到小腿肚那裡，他搞不懂課本的一些章節，用錯詞彙，他有什麼理由不聽我們的？我說的都是實話，難道不是嗎？我們爆出笑聲，直到他住口或是完全降伏。我自己也並非沒有弱點，真的，它就擺在那裡，任何人都可以利用它。他們沒有這麼做，只是因為他們沒有足夠的想像力，難道這是我的問題嗎？條件面前人人平等，人人都有權指責他人。在學校裡威廉和一幫人混在一起在雨棚裡抽菸，他們十三歲就開始騎摩托車，十四歲就開始翹課，他們酗酒鬥毆，這些人也嘲笑威廉，但還在他可以忍受的範圍內，因為總是有什麼地方是他可以與他們較量的，總是能夠找到什麼來給予以反擊。而那就是我們，我們這些住在上面房子裡的人，與他們是有區別的，但這裡那些諷刺、嘲笑、挖苦，以及充滿殺傷力的言論，讓他幾乎抓狂，因為這一切完全超出了他所能應對的範圍。不過，比起我們需要他，他更需要我們，因此他總是會回來。這對我來說是自由的問題。當我剛搬到這裡時，我雖然還是以前的我，但我有可能做一些以前從沒做過的事。比如說，在車站旁邊一間老式的小店舖裡，那裡的貨物都擺在櫃檯後面的貨架上，老闆是兩個七十歲出頭的老姐妹。她們非常和善，特別是在夏天那種漫長的日子裡。要是請她們到高貨架上去拿什麼東西，她們都會幫忙。她們轉過去後會有兩三分鐘的空檔，那時便儘管用巧克力把自己的上衣口袋塞滿。更不要說請她們去地窖裡取貨的時候了。在特羅姆島我從來沒想到會幹這樣的事，在這裡我卻毫不猶豫，在這裡我不僅會從兩個老太太那偷巧克力和糖果，還會誘惑小孩子幹同樣的事。他們比我小一歲，以前幾乎從來沒出過山區，在他們面前我覺得自己像是見過世面的人物。比如採草莓的時節，我只要略施小計，便足以讓他們都帶著盤子、勺子、牛奶和糖到草莓田裡。

在下面的工廠工作時是我們自己把完成的工作量填進表格，根據這表格資料發工資，看上去從來沒有人想過可以利用這規定鑽漏洞，有作假的可能。但我們帶頭這樣幹。然而我行為裡最重要的變化是與語言表達密切相關，我察覺到讓其他人跟著我的指揮運轉的種種可能性存在於語言當中。我干擾糾纏，巧妙應對加幽默，從來沒有，可說就一次也沒有過，讓他們發現我這種能言巧舌是很靠不住的，其實只要有一個反擊，整個的情勢便會倒過來。我說的話裡也有缺陷啊！我也不能發r音！在這些弱點被顯示出來後，他們可以揪住這點不放儘管模仿我，那我就完全崩潰了。但他們竟從來沒這樣做過。

不過佩爾的弟弟曾試過一次，他比我小三歲。我和佩爾站在他們緊靠著車庫的馬廄裡講話，這是他父親剛剛修建起來的，為的是讓他女兒，佩爾和湯姆的妹妹瑪麗特買的那匹峽灣馬[9]有塊地方。整個晚上我們都在外面逛，最後到這裡，在這能聞到馬和乾草氣味的溫暖屋內。那時，湯姆，一個不喜歡我的人，突然開始故意模仿我的口音。

「法特塞亞[10]？」他說。「這是什麼東西？」

「湯姆！」佩爾呵斥道。

「法特塞亞是一輛車，」我說，「沒聽過？」

「我是沒聽過有叫法特的車，」他說。「至少不是什麼塞亞的。」

「湯姆！」佩爾說。

「啊，你是說福特塞拉汽車啊！」湯姆說。

「當然。」我說。

「你為什麼不這麼說？」他說。「福—特！塞—拉！」

「給我滾出去，湯姆。」佩爾說。看著湯姆沒有一點動彈的意思，他便立刻舉起拳頭在他的肩上揍了一拳。

「嘿！」湯姆叫道。「別打了！」

「快滾，你這該死的混帳！」佩爾說著又打了他一拳。

湯姆消失了，我們繼續聊著像什麼事也沒發生一樣。

9 Fjording，起源於挪威西部，是世界古老的小馬品種之一。腿短，馬的高度（從肩頭起）約為一百四十公分左右，耐寒持久，適宜山區地形使用。

10 原文為Ford Sierra，福特塞拉汽車。湯姆在模仿作者不會發r音。

這是上面的孩子中唯一一次有人試著挑我的毛病，太奇怪了，當時都是我在指揮他們。但他們不找我的碴。在上面這裡我就是王者，孩子王。不過我的權力還是有限。當有跟我一樣大的，或是在這山谷下面住了很久的人出現，我的話便再也不是聖旨了。於是我細微地觀察著周圍的這些人，那時和現在始終如此。

我把手裡的袋子放到路上，敞開夾克把圍巾抽出來，用圍巾遮住臉，才抓住袋子繼續往前走。風在耳邊呼嘯，捲起漫天飛雪，雪花四散在空中兜著圈子。到揚．維達爾那裡還有四公里，得走快一點。我開始往下方小跑步起來。兩手拎著的袋子彷彿像兩個鉛塊。沿著公路的另一側拐彎處那裡有幾輛車的車燈出現。燈光穿越樹林。聳立在那裡的樹木閃現出來，一棵接著一棵。我停下來，把一隻腳踏在路邊溝渠上，小心地把袋子放在我身下的溝坎上，然後繼續往前走。當汽車在我身邊駛過時我轉頭看，一個不認識的老頭坐在駕駛座上。我往回走了二十公尺從溝坎上拿起袋子，繼續往下走，拐了個彎，經過一棟獨居老人的房子，走出一片曠野，從那裡我可以看到工廠裡發出的燈光，但於雪花緊密的黑暗中顯得模糊不清。經過一座黑漆漆的、廢棄的小農場後，在幾乎就要到達主幹道的十字路口前的最後一棟房屋時，一輛車又出現在路上。我採取了跟剛才一樣的動作，把袋子很快地放在溝坎上自己空著手繼續往前走。這一次也不是居納爾。當車一開過，我跑回原地，提起裝酒瓶的袋子進一步加快步伐；時間已經七點半。我急急往下走去幾乎就要到達主幹道，那時又有三輛車開了過來。我再次把手中的袋子放下。就當他是居納爾好了，我想，反正他很快就會開過去，我不需要每一輛車停下來就藏一次啤酒。兩輛車相繼駛過了大橋，第三輛轉彎後從我一旁開過，但這也不是居納爾，不是他。我提起袋子走上了主幹道，順著公路走過了公車站，一家老商店，汽車修理站，那些老式的住宅群，一切都沐浴在光線裡，在這強勁的風中，這世界空無一人。

就快到了，這漫長的、要命的山坡頂，然而這時我看見一輛車的燈光出現在路的邊界。這裡沒有溝坎，我只能把袋子放在雪堤上，可是因為它們很容易被看見，我很快又把它放到得更遠些。

車開過去時我朝車窗望進去，這次是居納爾坐在那裡。與此同時他也扭過頭看著我，當他認出我時，他踩下剎車。緊接著車尾的雪泥四濺，剎車燈的紅光閃爍，車在下坡路上減速，在下面二十多公尺的地方終於停下來，接著車立刻倒退過來。引擎一陣低吟。

車在我身旁停下，他打開車門。

「這鬼天氣裡你還在外面走啊！」他說。

「哦，是啊。」我說。

「你要去哪裡？」

「去一個派對。」

「上來，我載你過去。」他說。

「不，不用麻煩了，」我說，「我快到了，沒事的。」

「不，那怎麼行，」居納爾說，「上來。」

我搖搖頭。

「你們也遲到了，」我說，「已經快八點了。」

「不要緊，沒關係的，」居納爾說，「快點上來吧。這是新年夜呢，你沒必要在這裡受凍，知道嗎？我們帶你過去。End of discussion。」

我沒辦法再堅持了，否則會引起疑心。

「那好吧，」我說，「你人真好。」

他撲哧了一聲。

「你坐後座，」他說，「告訴我怎麼走就行。」

我打開車門進了後座。車裡又暖和又舒服。哈拉爾，他們快三歲的兒子坐在兒童椅上無聲地用眼睛追隨著我。

「嗨，哈拉爾。」我說著，對他笑笑。

坐在副駕駛座的托薇向我轉過身來。

「嗨，卡爾．奧韋，」她說，「看見你真高興。」

「嗨，」我說，「聖誕快樂。」

「那我們現在出發，」居納爾說，「我猜想我們得走另一條路了？」

我點點頭。

我們開到了下面的公車站，掉過頭來又朝上坡路開去。當我們經過放啤酒的地方時，我忍不住勾著身子向前尋找它們。袋子躺在那裡。

「你要去哪裡？」居納爾說。

「先到下面在索爾斯勒塔的一個朋友那裡。然後我們去瑟姆，那裡有一個派對。」

「我可以把你們一直開到那裡去，只要你願意。」他說。

托薇望著他。

「不用，沒有這個必要。」我說，「而且，我們還要在公車上和其他人碰頭。」

居納爾比我父親小十歲，在城裡的一家公司當會計。他是唯一子承父業的一個兒子。其餘兩個都是教師。爸爸在文內斯拉的一所高級中學，埃爾林在特隆赫姆的一所初級中學。埃爾林是我們唯一管他叫著「叔父」的人，他為人低調不像其他兩個兄弟那樣傾向於名譽聲望。在我們成長的過程中和父親的這兩個兄弟沒見過幾次，但我們很喜歡他們，他們說話總很有趣，特別是埃爾林，居納爾也一樣，我和英格威最喜歡的就是他，或許是因為他是親戚中年齡最接近我們的。他留長髮，彈吉他，尤其是他有一艘二十馬力的水星馬達船停在曼達爾外的度假屋那裡，我們長大以前，每到夏天他都會在那裡住一段時間。他說起他在那裡的朋友時，對我來說幾乎就是一種神祕的光芒，一方面是因為我父親完全沒有這種朋友，另一方面是因為我們實際上也對他們並不真正了解，從來沒有見過他們，他們只是一些他開船出去時會遇見的朋友。我想像著他們生活的場景，白日穿梭於礁石與島嶼之間，永不停止的航行，他們長長的金髮在海風中飄拂，棕色的鬍子，微笑的面容，在傍晚和夜裡他們玩牌、彈吉他，那裡也有女孩子的陪伴。

當他結婚後有了孩子，雖然還是繼續擁有那條船，但那份飛揚神采不見了。還有他那飄飄的長髮。他的妻子叫托薇，來自特倫德拉格的一個警官家庭，在一所小學當老師。

「你們聖誕節過得好嗎？」她說，轉過頭向著我。

「很好。」我說。

「我聽說英格威在家？」居納爾說。

我點點頭。他最喜歡的就是英格威，我想一定是因為英格威是長子，而且與祖父祖母待的時間最久。那時候居納爾還住在那裡。但也很可能只因為他小時候沒有我和我一樣脆弱、愛哭。他和英格威在一起總是很高興。所以當我看到他們，我也總是想要克服自己，我試圖開玩笑、說許多笑話，因為我想向他們證明我跟他們有一樣的天性，和他們一樣有幽默感，跟他們有一樣多的南方人情懷。

「幾天前他又回去了，」我說，「要和幾個朋友去度假小屋。」

「是啊，他成了一個阿倫達爾人了，你知道的。」居納爾說。

我們經過了教堂，在峽谷邊，那個太陽永遠照不到的地方，繞了一個大圈子，之後駛過了一座小橋。擋風玻璃上的雨刷輕打著節奏。風扇低低地嗡嗚著。坐在我旁邊的哈拉爾的眼皮垂了下來。

「誰辦的派對啊？」居納爾說。「我猜是你們班上的？」

「其實是同年級的一個女孩。」我說。

「是啊，進高中後一切都變了。」他說。

「你那時候是讀教會高中，對嗎？」我說。

「是啊。」他說，扭過頭來正好與我目光交會，接著他重新把注意力放轉回眼前的路上。他有一張狹長的臉，跟我父親一樣，但眼睛是深藍色的，比起祖母更像祖父的眼睛。後腦勺比較大，跟父親和我一樣。而嘴唇，他極富於情感的嘴唇，幾乎比那雙眼睛要更能傳遞出他的內心，和爸爸及英格威一個樣。

我們開進了那片空地，車燈的光亮投進樹林和小山崗，房屋的側壁及山坡，終於到了空地環繞的盡頭。

「這就是盡頭了，」我說，「把車停在那邊的商店就可以。」

「好。」居納爾說。車減速，停下了。

「再見，」我說，「新年快樂！」

「你也一樣，新年快樂。」居納爾說。

我把車門關上，開始朝著上方走向揚・維達爾住的房子，這時候汽車掉頭沿著我們剛才來的路上開走了。當車從視線裡消失，我便開始奔跑起來。現在我們時間不多了。我從陡坡上縱身而下進入了他們家，看見了他屋裡透出的燈光，我朝那裡走過去敲了敲他的窗戶。幾秒鐘後他的臉出現了，瞇著眼睛凝視著外面的黑暗。我指了指門。他終於看見我後，他點點頭，我朝房子的另一面走去，門在那裡。

「對不起，」我說，「啤酒在上面的克拉格橋旁。現在我們得趕快去把它們拿回來。」

「酒為什麼在那裡？」他說，「為什麼不把它們一起帶來？」

「我在往這裡的路上碰到我叔叔了，」我說，「在他車停下之前我剛好來得及把啤酒袋子扔在雪上。然後他該死的堅持要我送我一程。我不能拒絕，不然他會起疑。」

「喔，天哪，」揚・維達爾說，「我們真是他媽的倒楣。」

「是啊，」我說，「但現在，我們得快點。」

幾分鐘後我們爬上了那道山坡走上了公路。揚・維達爾的帽子拉下來遮住了額頭，把圍巾繞在嘴巴周圍，外套的領子豎起來蓋住了臉頰。在他臉上唯一能看到的是他的眼睛，但也只是一點點，因為他戴的那副約翰・藍儂般圓形的的眼鏡起了霧，當他和我目光交會，我看到的就是一個點。

「我們快走吧。」我說。

「嗯，當然。」他說。

穩定的步伐，沒辦法一下子聚起所有力量，於是我們開始在路上跑起來。在走過那片曠野時朔風迎面。飛舞的雪花圍襲著我們。淚水從幾乎閉著的眼睛裡流下。腳開始麻木，不再聽我使喚，它們僵硬地插在靴子裡，如一段木頭。

一輛車開過去了，我們人走路的速度真是望塵莫及，不過一個瞬間，車就早已於拐彎處消失。

「我們走一會兒吧？」揚・維達爾喊道。

我點點頭。

「只希望袋子還在那裡！」我說。

「你說什麼？」揚．維達爾說。

「啤酒袋子！」我說。「希望還沒人把它們拿走！」

「現在他媽的哪有人在外面啊？」揚．維達爾說。

我們笑了。走出了空地的邊界，我們又開始飛奔起來。爬上坡，那裡有一條礫石路往下直到在河邊那一片豐腴的土地，走過那座小橋，經過峽谷，廢棄了的汽車修配站，教堂以及路兩旁那些五〇年代的白油漆小房子，最後我們終於來到了我放下那兩個袋子的地方。我們一人拎著一袋又開始往回走。當我們走到小教堂那裡時，聽見了身後傳來的汽車聲。

「我們攔輛車吧？」揚．維達爾說。

「有何不可。」我說。

左手拎著袋子，右手的大拇指豎起朝路道上伸出去，我們滿臉笑容站在那裡，看著每一輛經過的車子。但燈光沒有絲毫減弱，無人停車。我們繼續緩慢地前行。

「要是我們沒攔到車怎麼辦？」過了一會兒揚．維達爾說。

「我們攔得到的。」我說。

「一個小時經過的車也只有兩輛。」他說。

「既然你這麼說，你有更好的建議嗎？」我說。

「不知道，」他說，「但理查那裡也有一夥人。」

「你他媽別說了。」我說。

「還有斯蒂格和麗芙他們和一些朋友到謝維克那裡去了，」他說，「這也是一個辦法。」

「我們說好了去瑟姆，不是嗎？」我說。「你不能在現在建議我們去別的地方跨年！今天是新年夜啊！」

「是啊，我們站在路邊。這有多好玩？」

身後又來了一輛車。

「看見了嗎，」我說，「又來一輛！」

車沒停下。

當我們又站在揚．維達爾家房子的外面時，已是八點半了。我的腳凍僵了，在短暫的一瞬間裡我幾乎就要建議我們忘了那些啤酒吧，就跟著他進屋去和他的父母一起歡度這個除夕之夜算了。魯特魚和飲料，冰淇淋，蛋糕和煙火。我們總是這麼度過除夕夜的。當我和他的目光相遇時，明白了他也有同樣一閃而過的想法。但我們繼續向前。走出了住宅區，經過通向下面教堂的道路，轉了一個彎往上走，路過了一小排房子，班上的一個同學科勒住在那裡。

「你覺得科勒今晚出去了嗎？」我說。

「對，他出去了，」揚．維達爾說，「他去理查那裡。」

「又多了一個不去那邊的理由。」我說。

科勒沒什麼不對的地方，但也沒有什麼對的地方。科勒有一對碩大的招風耳，厚嘴唇，稀疏的淺茶色頭髮和生氣的眼睛。他總是怒氣衝衝的，當然有他自己的理由。在我開始上學的那個夏天，他帶著斷裂的肋骨和一隻折了的手腕躺在醫院裡。他和父親一起進城去取購買的材料，其中有好些木板子，他們把木板放在車後面掛著的拖車上，可又沒有把它們都固定住，於是當他們到了瓦羅大橋那裡，他父親讓科勒出去坐在拖車上，看好那些木板不要鬆散，結果他本人連同那些木板子一起被風刮翻出去，在地上被撞了個半死。我們為這事笑了一整個秋天，後來只要科勒露面時首先讓人想到的就是這件事。

當他有了輕便摩托車後，就開始跟著其他那些有車的人廝混在一起了。

在另一個拐彎處住著麗芙，揚．維達爾一直喜歡她。對這我倒無所謂。她身材很好，但同時她那種男孩子般的幽默感和為人的方式，讓乳房、臀部這些部位好像淡化了。另外有一次在公車上，我坐在她的前面，她朝其他女生揮手，拚命地，發瘋似地一樣揮手，還說：「哦，瞧這奇醜無比的！瞧他這雙長杆子手！你們看見沒？」但她沒有得到期待的那種反應，被喊的那些女生，只是直直地瞪著我，這時她也朝我轉過身來臉紅了，我從沒看過她臉這麼紅，這也表示，她發現了那令人作嘔的手是長在了誰的身上。

社區會堂就在下面，再來是條短小而陡峭的山坡直往商店那裡，廣而延綿不絕的萊恩平原從那裡展開，它的盡頭處即是機場。

「我想抽根菸，」我說，朝路對面就在社區會堂旁邊的車站點了下頭，「我們在這裡站一會兒？」

「你抽吧，」揚．維達爾說，「今天可是新年夜。」

「那我們也來點啤酒吧？」我說。

「在這裡？在這裡喝有什麼意義？」

「你心情是不是不好？」

「看你對不好的定義是什麼。」

「好吧。」我說著取下袋子，從裡面拿出打火機和一包香菸，打開它，用手做成一個擋風的小屏障點燃了一根菸。

「你要嗎？」我把菸盒遞給他。

他搖了搖頭。

我咳嗽起來，煙就像在我喉頭那裡卡住了一樣，送下了一股燃燒的火穿透了我的胃。

「喔，媽的。」我說。

「舒服嗎？」揚．維達爾說。

「平常我不咳嗽的，」我說，「只是煙嗆在喉嚨那裡了。咳嗽不是因為我不習慣抽菸。」

「是嗎，」揚．維達爾說，「所有抽菸的人煙堵在那裡都咳嗽的。這很常見。我媽抽菸三十年，每次煙都卡在那裡咳嗽。」

「哈，哈。」我說。

黑暗中轉彎處開出一輛車。揚．維達爾上前一步豎起大拇指。車停下了！他朝車那裡走去，拉開車門。然後他對我轉過身來揮手。我扔掉香菸，把背包往肩頭上一甩，抓起啤酒袋子就開走。蘇珊娜從車裡下來。她向前彎下身拉了一下操縱桿把車座往前挪。然後她看見我了。

「嗨，卡爾．奧韋。」她說。

「嗨，蘇珊娜。」我說。

揚．維達爾正在爬進黑壓壓的車裡，酒瓶在袋子裡互相敲擊出聲。

「你想把袋子放在後面嗎？」她說。

「不用，」我說，「這樣就好。」

我坐進車裡，把袋子塞在兩腿之間。蘇珊娜坐進車裡。坐在方向盤前的泰耶扭過頭來看我。

「你們跨年夜在這裡攔車？」他說。

「這個嘛……」揚．維達爾說，好像他一邊考慮著這其實算不上是攔車。「我們只是今晚運氣他媽太背了。」

泰耶換擋，車輪飛轉，引擎開啟後車一下沖出去了好幾公尺，我們搖下車窗，汽車駛進一片曠野。

「你們要到哪裡去，孩子們？」

**孩子們**。

真他媽的一個蠢貨。

他怎麼能頂著那一頭燙過了的頭髮到處晃來晃去就認為自己美得不行？他以為有了鬍子和鬈髮看上去就顯得彪悍？

成熟點吧。減肥二十公斤。刮鬍子。剪頭髮。然後才可以回來亮相。

蘇珊娜怎麼能跟這樣的人在一起？

「我們要去瑟姆，那裡有個派對，」我說，「你們要開多遠？」

「我們只到哈姆勒那裡，」他說，「黑爾格家有個派對。但我們可以把你們載到蒂梅內斯路口，要是你們願意的話。」

「太好了，」揚．維達爾說，「非常感謝。」

我望了他一眼，可他凝視著窗外，沒有和我的目光相遇。

「誰會去黑爾格那？」他說。

「就平常的那群，」泰耶說，「理查、埃克塞、莫勒、約格、赫貝、謝迪。還有福羅德和約翰，約莫斯跟比約恩。」

「沒一個女孩？」

「當然有。你以為我們全都是呆子？」

「有誰？」

「克莉絲汀、蘭迪、卡特琳、希爾德……英葛、埃倫、安妮．卡特琳、麗塔、維貝克……怎麼，你要跟我們一起嗎？」

「不了，我們要去另一個派對。」在揚．維達爾來得及說點什麼之前我搶先說了。

「我們出門的時間晚了點。」

「至少你們攔到車了。」他說。

從機場那裡發出的燈光出現在我們眼前。在河對岸，緊接著我們馬上要到的路口，在學校下面那裡，一個小型滑雪坡沐浴在燈光下，雪看上去是一片橙色。

「你讀的商管學校怎麼樣啊，蘇珊娜？」

「還行，」她說，坐在我前面的座位上一動不動，「那，你在教會學校如何呢？」

「不錯。」我說。

「你和那個莫勒同班吧，是不是？」泰耶飛快地瞅了我一眼。

「對。」

「就是有二十六個女生的那班？」

「是。」

他笑了。

「時不時班上會有派對吧？」

窗外公路一邊的露營草地出現了，都被雪掩著，沒有人在露營，另一邊是教堂，超市，和埃索加油站。山坡上鱗次櫛比的屋頂上，佈滿了煙火綻開的光亮。在停車場有一群小孩站在那裡圍著一個蠟燭，他們又點燃了幾個煙火，小光球直往上衝，隨後爆裂成無數的火花。幾輛車不疾不徐地從路邊開過去，我們跟著其中一輛並行開了一會。路的另一邊是沙灘。海灣的水面覆蓋著一層潔白的冰，冰面裂縫向外延伸有幾百公尺。

「現在到底幾點啦？」揚．維達爾說。

「九點半。」泰耶說。

「該死。我們來不及在十二點前喝個爛醉了。」揚．維達爾說。

「你們必須在十二點前回家？」

「哈，哈。」揚．維達爾說。

幾分鐘後泰耶的車停在了蒂梅內斯路口旁的公車站，我們下了車，手拎袋子站在車棚底下。

「不是八點十分車就過了嗎？」揚．維達爾說。

「大概吧，」我說，「但或許車晚了？」

我們笑起來。

「去他媽的，」我說，「至少現在我們有啤酒！」

我不會用打火機開瓶蓋，我把它遞給了揚．維達爾。他一聲不吭撬開了兩瓶啤酒，給了我一瓶。

「啊，太棒了。」我說，用手背在嘴上一抹，「我們現在可以喝個兩、三瓶，就當作給待會喝酒先墊個底。」

「我的腿他媽快凍僵了，」揚．維達爾說，「你呢？」

「一樣。」我說。

我把酒瓶湊到嘴邊盡最大的可能往肚子裡灌酒。放下時裡面幾乎只剩下幾滴。肚腹裡充滿了氣泡。

我試著打嗝，但沒有氣冒出來，只有返回到嘴裡的一連串小氣泡。

「再開一瓶？」我說。

「好。」揚．維達爾說，「不過，我們可不能整個晚上都站在這裡。」

他又撬開了一個瓶蓋，把瓶子遞給我。我把它放到嘴邊專心致志地閉上了眼睛。大半瓶啤酒又下了肚，緊接著一連串的氣泡湧出。

「喔，天啊，」我說，「在這裡喝這麼快可能不是件好事」

我們所在的這條路是南部城鎮之間的主要幹道。通常這裡車輛來往頻繁。但我們站在這裡的這十分鐘內，只過了兩輛車，還都是通往利勒桑的。

強烈的燈光下能看見雪花於空中飛揚。紛紛的雪粒凸顯了風的存在，它們猶如波浪般升降著，時而緩慢而連綿不絕，時而又如疾速的漩渦。揚．維達爾用他的一隻腳敲打著另一隻腳，用另一隻腳又敲打著這一隻腳，動作一再反覆……

「來喝吧。」我說。把剩下的半瓶灌了下去，把空啤酒瓶扔到了車棚後面的樹林裡。

「再開一瓶。」我說。

「你等下就要吐了，」揚．維達爾說，「喝慢點吧。」

「快點，」我說，「再一瓶。都快十點了不是嗎？」

他又撬開一罐啤酒給我。

「那現在怎麼辦？」他說。「路太遠了。沒有公車，也沒車可攔。附近連一個公共電話也找不到，要不我們還可以打電話給別人。」

「我們會死在這裡。」我說。

「喂！」揚．維達爾說。「車來了。一輛去阿倫達爾的公車！」

「你開玩笑？」我說著往山坡上望去。他沒胡扯，因為在山坡頂上的轉彎處，正駛出一輛高大美麗的公車。

「趕快，扔掉你的酒瓶，」揚．維達爾說，「笑得和氣點。」

他把手伸出去。汽車的前燈閃爍，車停下了，車門開啟。

「兩張去瑟姆的。」揚．維達爾說著，一邊遞給司機一張一百克朗的紙鈔。我往車中間一望，非常暗，完全是空的。

「你們要下車後才能喝了，」司機在從夾袋裡掏零鈔時這麼說，「明白啦？」

「當然。」揚．維達爾說。

我們坐在車中間的一個座位上。揚．維達爾往後一躺，用腳緊抵住擋住門的那塊隔板。

「啊，太棒了，」我說，「又暖和又舒服。」

「嗯。」揚．維達爾說。

我俯身開始解鞋帶。

「你有那裡的地址嗎？」我說。

「埃爾格斯蒂恩什麼的，」他說，「我大概知道它的位置。」

我脫下鞋把腳在手掌之間揉搓。我們來到了那個小小的無人加油站，這個加油站在我記憶裡始終都在那裡，我們住在阿倫達爾要去看望祖父祖母時，它一直是我們快到克里斯蒂安桑的一個標記。這時我把腳又放回鞋裡，繫好鞋帶，完成這一切時汽車剛好拐進瓦羅大橋面前的車站。

「新年快樂！」揚．維達爾朝司機喊了一聲，隨後緊跟著我消失於黑暗之中。

雖然我從這裡經過了無數次，但我的腳從未踏上過這塊土地，除了在夢中。瓦羅大橋是最常出現在我夢裡的其中一個地方。有時候我只是站在橋頭下，看著那上面遠處隱約顯現的橋柱，或者我朝橋上走去。往往是兩邊的橋欄杆消失了，所以我不得不在路上坐下試圖尋到一個讓我可以牢牢抓住的地方，或者整座大橋突然坍塌，我毫無抗拒地滑向路道的邊緣。在我年幼的那些日子裡，是特羅姆島橋填充著我那些夢中的場景。現在就是這瓦羅大橋了。

「我父親曾出席了大橋的通車典禮。」我說，朝那座橋點了點頭。

「真幸運。」揚・維達爾說。

我們的腳踩在雪地上無聲地往住宅區走去。通常從這裡望出去視野極佳，人們可以看到謝維克及另一端的峽灣，更遠處就是大海了。但這個夜裡一切都黑漆漆的像全在一個口袋裡。

「你看，這風雪是不是小點了？」過了一會兒我說。

「看上去是，」揚・維達爾向我轉過身來，「嗯，喝了這麼多啤酒你有沒有什麼感覺？」

我搖搖頭。

「沒感覺。這錢算白花了。」

我們走了一段後，周圍出現了房屋，四面八方都是。有些房子非常陰暗、空無一人，有些屋裡卻滿是盛裝的人們。一個陽臺上，一群人在放煙火，而一群小孩在另一處於風中揮舞著仙女棒，火光四濺。我的腳又凍僵了。沒有拎袋子的那隻手，在手套裡攥緊手指，不過這似乎用處不大。就快到了，揚・維達爾說。我們在一個十字路口處停下。

「現在這裡就是埃爾格斯蒂恩，」他指了一下，「那裡、那裡，還有這條也是。你可以選一下，我們要走哪條路？」

「有四條路叫埃爾格斯蒂恩？」

「看來是這樣。但我們要走哪條？現在動用下你那女性的直覺。」

女性的？為什麼他這麼說？他意思是說我有些女人味？

「你這什麼意思？」我說，「為什麼你認為我有女性直覺？」

「來吧，卡爾．奧韋，」他說，「哪一條路？」

我指著右邊的那條路。我們開始沿著這條路走下去。我們要去的是十三號。第一棟房是二十三號，接下去的一棟是二十一號，我們選的路沒錯。

幾分鐘以後我們站在了這家人的屋外。是七〇年代的老式房子，給人有點頹敗的印象。通往大門的路上沒有鏟雪，很久都沒鏟雪了，從小徑裡那些彎彎曲曲、深及至膝的腳印來看，就可以得出這樣的判斷。

「他叫什麼，那個辦派對的？」當我們在門前站下時我問。

「揚．龍尼。」揚．維達爾說，按下門鈴。

「揚．龍尼？」我說。

「他就叫這個名字。」

門開了，站在我們面前的應該就是主人了。剪得很短的淺色頭髮，兩頰和鼻樑上都有粉刺，脖子上一條金項鍊，黑色牛仔褲，伐木工的那種厚質棉襯衫，白色運動鞋。他笑了，指著揚．維達爾的肚子。

「揚．維達爾！」他說。

「正是。」揚．維達爾說。

「你是……」他說，用食指點著我，「卡伊・奧拉夫！」

「卡爾・奧韋。」我說。

「棒呆了。進來！我們都在這裡面！」

我們在走道脫下外套，跟他下了樓梯來到了地窖裡的客廳。有五個人坐在那裡。他們在看電視。他們的桌上放滿了啤酒瓶、薯片、香菸和菸絲盒。厄于溫坐在沙發上用手摟著他的女朋友萊娜。萊娜只是個七年級生，但看上去一樣成熟美好，又那麼的毫無顧忌，讓人不會考慮到年齡的差異。當我們進去時，她朝我們笑了笑。

「嗨，兩位！」他說。「你們能來真好！」

他介紹了其他幾個人。魯內，延斯和埃倫。魯內九年級，延斯和埃倫八年級，而揚・龍尼，厄于溫的表哥，上的是職業學校，學機械。他們沒有一個人打扮，就簡單地穿著一件白襯衫。

「你們在看什麼？」揚・維達爾說，在沙發上坐下來，拿起一瓶啤酒。我靠牆站在地窖低矮的窗檽下，戶外白雪覆蓋著一切。

「李小龍的電影，」厄于溫說，「馬上就結束了。但我們還有一部《光棍俱樂部》，一部《骯髒的哈里》。另外揚・龍尼自己還有一些。你們想看什麼？我們看什麼都行。」

揚・維達爾聳聳肩頭。

「我也無所謂。你說呢，卡爾・奧韋？」

我聳聳肩。

「這裡有開瓶器嗎？」我說。

厄于溫俯身向前從桌上拿起一個打火機，把它扔給了我。我不會用打火機開酒瓶。又不能問揚・維達爾是否可以幫我打開它，這太娘炮了。

我從袋子裡拿出一瓶啤酒把瓶口擱在兩排牙齒中間，再向外撬一點讓瓶蓋剛好掛在臼齒上，牙一咬。瓶蓋從瓶口上扭下了。

「別這樣！」萊娜說。

「沒事的。」我說。

我急匆匆一口氣喝完了它。除了所有的氣泡讓我的肚腹內充滿空氣，得把湧回到嘴裡的許多小氣泡吞咽下去外，我沒感受到一點酒的滋味。但我可沒法照樣再灌下一瓶。

不過腳有了反應，溫暖開始回到了腳部。

「這裡誰有烈酒呀？」我說。

眾人都搖著頭。

「只有啤酒，抱歉，」厄于溫說，「但你可以拿一瓶，如果你要的話。」

「我有，謝謝。」我說。

厄于溫把酒瓶舉到空中。

「一醉方休！」他說。

「一醉方休！」其他的人一起說，相互把酒瓶子一陣亂碰。他們笑了。

我從袋子裡掏出了一盒香菸，點燃一支。波邁淡菸，不是那種最有勁的，偏偏是這種，當我站在那裡手指間夾著這種純白色的香菸，連過濾嘴也是白色的，我就後悔沒買王子菸。但我腦子裡的念頭始終糾纏在十二點以後我們要去參加的派對，那是伊雷妮班上舉辦的，在那裡波邁淡菸比較不顯眼。再說這是英格威抽的牌子。至少曾經有一次我看見他抽過，某個週末晚上在花園裡，當媽媽跟著爸爸去他叔父阿爾夫那裡的時候。

我想再開一瓶，但不想再用牙齒磕了，有人告訴我說早晚會出事的，牙齒早晚會碎裂。現在，我已經讓他們看見了我是可以用牙齒來開酒瓶的，讓揚．維達爾幫我開瓶酒或許就不會被認為我太娘了。

我向他走過去，在桌上抓起一小撮薯片。

「幫我開一瓶？」

他點點頭，眼睛沒離開電視螢幕。

最近一年他在學跆拳道。我完全忘了這件事，每次他邀我去這種派對或類似的場合我都同樣驚訝無比。當然我總是婉謝了。但這是李小龍，看他的武打動作很重要，他可是入門者的先師。

拿著啤酒瓶我又回到了我窗前的位置。沒有人說話。厄于溫看見我了。

「你坐啊，卡爾．奧韋。」他說。

「我站在這裡就好。」我說。

「那至少乾一杯！」他說，朝我舉起了酒瓶。我向前兩步，用手裡的酒瓶跟他對碰一下。

「一喝見底啊，約翰！」他說。當他在喝這瓶酒時，他的喉結一上一下地滑動，就像在數點著他喝下的酒。

在厄于溫的同年裡他個頭最大，不同尋常的強壯。他有著成年人的體格。他也很友善，不太在意自己周圍發生的事情，或者說與他人的關係總是淡定放鬆。他是我們樂團的爵士鼓手，是啊，他可以幹這個。他跟萊娜在一起，是啊，就可以和她在一起。他與她談話不多，大多時候是把她扔在自己那幫人的圈子裡，這也行，她就是願意和他待在一起，比其他人都還願意。我曾一度小試過，就在幾個月前，只想試試能走多遠，但雖然我比她大兩歲，她卻對我毫無興趣。唉，說起來，這也奇怪了。在高中被女孩子們環繞的我想去接近她？一個七年級生？不過她T恤下面的乳房看上去如此美妙。我仍想去觸摸。我仍想知道她的乳房與我的手接觸時的感覺，不管她是不是國中生了。無論是她的身體或是她的舉止都沒有哪一點表現出她只有十四歲。

我把酒瓶放到嘴邊一飲而盡。現在我真的不能再這樣乾幾次了，我把瓶子放回到桌上又用牙齒打開一瓶時這麼想著。肚子裡充滿的碳酸氣頂得我胃疼。若再來一點，我的耳朵裡就會冒出小泡沫了。所幸很快就十一點。十一點半我們就要離開這裡，然後加入另一個派對度過整個夜晚。要不是要去那裡，我早就走人了。

那個叫延斯的突然從沙發上欠起半個身子，從桌上一把抓起打火機放到屁股後面。

「現在開始！」他說。

在他放出一個屁的同時點燃手中的打火機，噗地一股小火苗在他身後冒出來。他笑了。大夥也一起笑了。

「哎，別鬧了！」萊娜說。

揚．維達爾笑著，小心地不與我對視。我手裡拿著酒瓶穿過屋裡來到另一端的門那裡。門裡是個小廚房。我從桌上探出身子。房子建在一個斜坡上，這裡的窗戶比地面高出許多，面對著下面的花園。兩棵松樹在風中擺動晃蕩。下面有幾處房屋。通過其中的一扇窗戶我看見三個男人和一個女人站在那裡手裡握著杯子在談話。男人穿的都是黑色禮服，女人穿著一件無袖的黑色長裙。我走到屋裡的另一道門那裡打開了它。一個淋浴間。牆上掛著一件溼漉漉的衣服。還有些什麼吧，我想，關上門走回了客廳。他們還跟剛才一樣坐在那裡。

「你有感覺到了什麼嗎？」揚．維達爾說。

我搖搖頭。

「沒有。什麼感覺都沒有。你呢？」

他微笑著。

「一點點。」

「我想，我們很快就得走了。」我說。

「你們要去哪兒？」厄于溫說。

「到上面的那個十字路口。十二點時大家都去那裡。」

「但現在才他媽的十一點！我們也要去那裡。該死的，我們一起走。」

他看著我。

「你那麼早過去幹嘛？」

我聳聳肩頭。

「我和人約好了在那裡碰頭。」

「我們會一起的，別擔心。」揚．維達爾說。

十一點半時我們開始走過去。寂靜的住宅區，半小時前這裡除了一兩家的陽臺或是車道上有幾個人影外，都看不到戶外有任何人的跡象，但現在卻充滿了生氣。盛裝的人群不斷從屋裡湧出。女人們肩頭披著大衣，手裡握著玻璃杯，腳上是晚宴時穿的高跟鞋，男人們的西裝外面罩著大衣，穿著漆皮皮鞋，手裡的袋子裝著煙火，小孩穿梭在大人之間跑來跑去，好些手裡還拿著發出火光劈劈啪啪響著的仙女棒，空氣裡充盈著他們的笑聲和歡呼聲。揚．維達爾和我各自拎著裝著啤酒的白色塑膠袋走著，旁邊是和我們一起度過這個晚上的，一群穿著日常衣服、臉上有粉刺的中學生。我得說，「旁邊」這個說法不確切。為避免遇到學校裡認識的人，我一直保持走在他們前面幾步遠的地方，假裝東看西看，這樣看到我們的人就不會認為我們和他們是一起的。實際上我們也與他們有所不同。我看上去穿戴整齊，白襯衫，衣袖捲起，這種穿法是英格威這個秋天告訴我的；在西裝和黑色西裝褲外，套了一件灰色大衣，腳上是我的馬汀靴，手腕處繫上幾圈細細的皮革帶。頭髮長及脖頸但頭頂上的頭髮短得豎立起來。唯一壞事的就是手裡拎的啤酒袋。這事想著就讓人頭疼。這也是我和那幫晃蕩著走在我身後流氓樣的小夥子們捆綁在一起的原因，他們手裡也拎著裝啤酒的塑膠袋，都一個樣。

十字路口那裡的地勢較高，也就成為了人們聚集的中心，因為從那裡可以俯瞰整個海灣，這裡現在完全是一片混亂。大家人擠人地站在一起，絕大多數都喝得醉醺醺的，所有的人都要把煙火點上天。四處都是劈劈啪啪的煙火爆裂聲，火藥味撕裂著鼻腔，空中煙霧彌漫，在低雲垂掛的天穹之下絢麗多彩的煙花一個接著一個地爆裂開來。顫抖著的光束，彷彿任何時候它都將綻放出五彩繽紛的煙花光彩。

我們站在這喧鬧紛亂的圈子的外面。厄于溫自己帶著煙火，拿出一個巨大的、有炸藥粉的木頭座底放在自己的腳面前。他安排這一切的時候身體一前一後地搖晃著。揚·維達爾打開了話匣子，當他喝醉了的時候總是這樣話多，唇邊始終浮著笑容。現在他在同魯內聊著。他們是透過跆拳道認識的。他的眼鏡上仍然帶著霧氣，但他也不在意。我站在離他們幾步遠的地方，目光在人群裡掃視。當火箭發射器爆炸的這第一瞬間，一股紅色的火光噴射出來，就像是緊挨在我身旁，把我嚇了一跳。厄于溫樂得哈哈大笑。

「真不賴呀！」他吼道。「我們再來一個？」他說著在身旁又放下新的一枚，沒等到人回答他，自己又把它點燃。緊接著一串光球從發射器裡噴射出來，射出的光球的間歇均等而有節奏，他變得更加振奮，心急地在第一個光球沒有熄滅之前，就開始手忙腳亂地開始點這第三枚火箭。

「哈哈哈！」他大笑著。

我們身旁一個穿淺藍色夾克、白襯衫，繫著一根皮質領帶的男人跌倒在地上。一個穿著高跟鞋的女人向他跑過去抓住他的胳膊拉了一把，這力量沒有大到能把他拖起來，但足以使他能自己站起。他拍打著身體的同時眼睛盯著前面看，彷彿之前那瞬間他不是躺在雪地上，只是停下腳為了好好打量一下自己周圍的環境。兩個男孩站在車站的車棚頂上，斜伸出的手裡各自拿著一枚火箭，點著了卻仍握在手裡，火箭發出嗤嗤聲火光飛濺，男孩們側低著頭把腦袋扭開，直到最後把它們扔出去，火箭飛升了幾公尺，然後以一種巨大的力量爆裂開來，附近所有人都轉過來看。

「喂，揚．維達爾，」我說，「把這也打開吧？」

他微笑著把我遞給他的酒瓶的蓋子撬開了。我終於感覺到了什麼，但不是喜悅或者某種黑暗，較像是在意識裡快速增長的睡意。我喝了酒，點了支菸，看看錶。差十分十二點。

「還有十分鐘！」我說。

揚．維達爾點點頭，繼續和魯內談話。為了找到伊雷妮我決定要等到十二點以後。十二點以前他們會聚在一起，這我知道，互相擁抱互祝對方新年快樂，他們以前都互相認識的，他們是朋友，是一夥的，所有高中的同學都有自己的一群，我是遠離這種群體的，只是在這一刻裡與他們聚在一處。但十二點以後這種團體便解散了，他們會站在那裡喝酒，不急著回去，但很快地——在這種情況下，這稍稍鬆散的、沒有計畫的狀況裡，我可以繼續跟他們待著，不經意地談點什麼。或者至少不流露出對此有著強烈的意願，將自己融入其中成為他們的一分子。

問題是揚．維達爾。他真的願意和我一起混嗎？那都是些他不認識的人，和這些人我比他有更多的共同點。但他現在那裡看上去挺享受的，不是嗎？

呃，我要問問他。要是他不想跟我一起來，好，那就算了。但我絕不會再邁進他媽的那間地下室客廳裡去，這是毫無疑問的。

她在那裡。

她站在有點高的地方，或許離我們有三十公尺，被一群盛裝的人環繞著。我試著數他們，但稍微偏離那個核心圈子的，實在很難判斷究竟哪些是屬於她的派對而哪些又不是。我確定的大約只有十到十二人。這些人我以前幾乎都見過，她下課都跟他們混在一起。我想，她稱不上漂亮，稍微有點雙下巴，臉頰略顯豐滿，但不能算是胖，藍眼睛、金髮。她個子不高，從某方面來講有點像隻鴨子。但這一切毫不影響我對她的評價，因為她總有些什麼別的東西，最重要的是，她是一個中心人物。不管她去哪裡或講什麼，大家都會注意聽。每個週末她都會出去，進城或是參加一些私人聚會，除非她在滑雪中心的度假屋或是在其他大城市裡。她隨時都有一夥人跟著。我恨這些跟班，我真的恨，當我站在這裡聽她把所有最近做的事情都講出來時，我也恨她。

這天晚上她穿著一件深藍色的、長到膝蓋的大衣。大衣下面是微微發亮的淡藍色洋裝，膚色絲襪。她的頭上戴的是……是王冠，對吧？就像他媽的一個公主？

周圍興奮激動的氣氛逐漸濃烈。現在除了爆炸聲就是轟響還有人的大呼小叫，從四面八方傳來。接著，汽笛聲開始響了，就像來自天上一樣，彷彿是上帝要把自己對新年的歡樂賜予他熟悉的人們。周圍的歡呼聲變得更大。我一看錶，十二點。

揚・維達爾看著我。

「十二點了！」他喊道。「新年快樂！」

他開始步履艱難地向我走過來。

不，該死，他該不會是想來給我一個擁抱吧？

別，別，別這樣！

但他來了，用雙臂抱住我，把他的臉貼在我臉上。

「新年快樂，卡爾．奧韋，」他說，「謝謝過去的這一年！」

「新年快樂。」我說。他的鬍子在我光滑的臉頰上摩擦著。在我的背上捶了兩下，然後退開一步走了回去。

「厄于溫！」他朝他走去。

該死的他為什麼要擁抱我？這有什麼意義？我們從來沒擁抱過。我們不是那種會擁抱的人，從來都不是。

這真他媽令人不快。

「新年快樂，卡爾．奧韋！」萊娜說。她對我笑著，我向前彎下身擁抱了她一下。

「新年快樂，」我說，「你真美。」

她的臉，幾秒鐘前還是夜晚歡樂中的一部分，現在卻發生了變化，表情突然僵住。

「你說什麼？」她說。

「沒什麼，」我說，「謝謝過去的一年。」

她笑了。

「我聽到了你剛剛說的，」她說，「你也一樣，新年快樂。」

當她轉過身時，我下面的那個東西挺了起來。

喔，這來得真不是時候。

我喝完了剩下的啤酒。塑膠袋裡只剩下三瓶了。我得省著點，但我總要有什麼東西拿在手上，所以我打開了其中的一瓶，用牙齒撬開的，然後開始往喉嚨裡灌下去。我也點燃了一支菸。這是我的裝備，有了它們我整裝待發。一隻手裡夾著菸，另一隻手握著啤酒。然後我站在那裡把它們一起舉到嘴邊，先抽一口，然後喝一口。菸，啤酒，菸，啤酒。

過了十分鐘我在揚・維達爾背上敲了一下，說我要去我朋友那裡一下，很快就回來，在這裡等我一下，他點點頭，我開始穿過通往高處的道路朝伊雷妮走去。起初她沒有看見我，她背對著我站在那裡和其他人講話。

「嗨，伊雷妮！」我說。

她沒有轉過身來，或許是因為我的聲音被周圍的嘈雜聲給淹沒，所以我只好往她的肩膀上拍一下。但這可不妙，簡直是他媽糟透了，碰某人肩膀跟不經意遇見可不一樣，但我只能放手一搏。

不管怎樣她轉過身來了。

「卡爾・奧韋，」她說，「你在這裡做什麼？」

「我們在附近有個派對。剛好看到你在上面，想說要祝你新年快樂。新年快樂！」

「新年快樂！」她說。「過得好嗎？」

「當然！」我說。「你呢？」

「很好。」

一個短暫的沉默。

「你們有個派對，是吧？」我說。

「對。」

「在附近？」

「是，我就住在那上面。」

她用手斜指了一下上方。

「就是那棟房子嗎？」我說著朝了同一個方向點了點頭。

「不，在那棟後面。從這條路上是看不到的。」

「嗯，我可不可以參加？」我說。「要是我們可以再多聊一下，那就太好了。」

她搖了搖頭同時皺起了鼻子。

「我不這麼認為，」她說，「這不是什麼班級派對，你知道的。」

「我知道，」我說，「但就聊一下？不會更久的。我有一個派對離這裡不遠。」

「那你就去那裡好了！」她說。「新年後我們學校見！」

她總是這樣對我不留餘地，沒什麼好說的了。

「看見你真高興，」我說，「我一直喜歡你。」

然後我轉過身走了回去。我始終喜歡她，這句話有點難於啟齒，因為不是真的，不過至少將她的注意力從我試著要去她們派對這事上轉移開。現在她會相信我想去那裡只是試圖接近她。但我試圖想接近她只是因為我喝醉了。新年夜裡誰不是這樣？

婊子。該死的婊子。

當我回來時揚．維達爾抬頭望著我。

「沒有派對，」我說，「我們沒被邀請。」

「為什麼？你說你認識他們的。」

「只有被邀請的才能去。不包括我們啊。一群混帳。」

揚・維達爾吹了口氣一副不屑的樣子。

「我們回去就是了。那裡也不錯的。」

我兩眼空洞地望著他打了個哈欠，讓他明白那裡到底有多不錯。但我們沒有其他的選擇。兩點之前我們是不會給他父親打電話的。這就是為什麼在一九八四到一九八五年的這個颱風的新年之夜，我們在瑟姆和這群穿著日常衣服、長著粉刺的中學生再度混在了一起。

半夜兩點二十分，揚・維達爾父親的車停在了這棟房子的外面。我們已站在那裡等。我酒退了一點，坐在前面的位子上，而揚・維達爾，一小時以前他還戴著一個燈罩到處亂跳，則坐在後座，和計畫的一樣。幸好他已經吐過了，灌下幾杯水後又在水龍頭下把臉沖洗乾淨，這樣他才能勉強打電話給他父親，說明我們在哪裡。但並不是很可靠。我站在他旁邊聽他把每個詞的前半截給噴出去，又把剩下的後半截給吞回，但總之他把地址說出來了，而我想在這種日子裡，父母們恐怕也不指望我們滴酒不沾。

「新年快樂，孩子們！」當我們坐進車裡時他的父親說。「你們玩得開心吧？」

「當然，」我說，「十二點時外面有好多人。挺壯觀的。特韋特那裡怎麼樣？」

「還行，」他說，把手臂搭在我座椅後背上，半個身子扭過去開始倒車，「你們是跟誰在一起啊？」

「厄于溫認識的一個人。你知道的，他在樂團裡打爵士鼓。」

「知道，知道。」他父親說，換擋駛上了剛才他原先來的路。煙火碎屑蓋在一些花園的雪地上。也有些情侶沿著馬路在走。幾輛計程車開了過去。除此之外便是一片靜謐與安寧。坐在一個穩重、冷靜的人旁邊，從黑暗中緩緩駛出，儀板表發著光亮，我始終喜歡這樣的場景。揚．維達爾的父親是個好人。他既友善又有趣，但若是揚．維達爾臉上出現了適可而止的表情，他就不再打擾了。他帶我們去釣魚，幫我們解決許多事情，比如：一次我騎車到下面他們那裡去時輪胎破了，他替我修好了輪胎，沒多說一句話，當我要回家時車早就準備好等我騎上去了。還有，他們家庭旅遊時也邀請我加入。他會先問我的父母，揚．維達爾的媽媽也是，那些日子裡他載我回家的次數沒少過，假如媽媽或是爸爸在，他總是會和他們聊一會兒，邀請他們去他家做客。他們從來沒去過，這倒不是他的問題。但他也是個有脾氣的人，這我知道，雖然我從來沒看過任何的跡象，而這所有的感情也都承襲到了揚．維達爾身上，其中也包括了恨。

「也就是說現在是一九八五年了。」我說這句話時，汽車正拐進瓦羅大橋旁的 E 18 公路。

「是啊，沒錯。」揚．維達爾的父親說，「後面的那位你說呢？」

揚．維達爾一聲不吭。當他爸剛才從車裡鑽出來的那會兒他也沒吱聲。他只是兩眼僵直地瞪著前方，隨即坐進車裡。我在座位上轉過身去看他。他坐在那裡腦袋一動不動，視線固定在前方座位頭枕上的一點。

「你失去說話能力了嗎？」他父親說，向我笑了一下。

後面仍然沒有絲毫動靜。

「你的父母，」他父親說，「他們今晚在家嗎？」

我點了點頭。

「我的祖父母和我叔叔都來做客。魯特魚和阿克維特烈酒。」

「很高興你不在場吧？」

「對。」

開上了往謝維克的路，經過哈姆雷桑登，再到達賴恩斯勒塔頂部。黑暗，寂靜，暖和，舒服。我想，我可以像這樣坐在這裡一輩子。經過他們的房子，拐進一個彎往後上到達克拉格橋，過了橋後抵達另一端，再上一個斜坡。那裡沒有鏟雪，地面上鋪有一層大約五公分厚鬆軟的雪。最後這段路他父親緩緩地開著。過了蘇珊和埃莉澤住的房子，這兩姊妹是從加拿大搬到這裡來的，誰也不明白其中原因，經過轉角威廉的房子，下坡，往上開完最後的這一段路。

「我把你放在這裡了，」他說，「這樣避免吵醒他們，要是他們已經休息了的話。好嗎？」

「好，」我說，「謝謝你載我回家。回頭見，耶維！」

揚．維達爾眨了下眼睛，後猛地一下睜了開來。

「好，再見。」他說。

「坐到前面來吧。」他父親說。

「不用吧。」他說。我把車門關上，揮手向他們告別，當我轉身走上通往家裡的那條上坡路時，聽到車在我身後倒了回去。「耶維」！為什麼我這麼叫他？用他的暱稱，這意味著彼此成為了夥伴，我沒有必要證明這種關係，因為我們實際上已是夥伴，但以前我從來沒用過這暱稱。

房子的窗戶漆黑無光。他們一定已經睡了。我很高興，不是因為我有什麼要隱藏的，而是因為我不想要有人打擾我。把外衣掛在廊道後，我走進客廳。新年晚宴之後的所有跡象被清理得乾乾淨淨。廚房裡的洗碗機發出低低的單調的嗡嗡聲。我坐在沙發上，開始削一個柳丁。雖然壁爐裡的火已經滅了，但仍感覺到它散發出的溫暖。媽說得對，在這裡的感覺真好。那邊籐椅上的貓懶洋洋地抬起頭。與我的眼神對視時，牠立起身子輕巧地走過地板，跳到了我的膝蓋上。我把柳丁皮，牠最討厭的東西，扔到了一旁。

「你可以在這裡躺一會兒，」我拍著牠說，「可以的。但不是整個晚上，知道吧。我很快就要去睡了。」它開始滿意地呼嚕呼嚕叫了起來，在我身上捲縮成一團。頭慢慢地下沉，歇息在一隻爪子上，帶著一種心滿意足的神態閉上了眼睛，在幾秒鐘的時間裡睡去。

「你真幸運哪。」我說。

第二天早上我在廚房收音機的聲音裡醒過來，但我就想躺在那裡，再說今天沒有什麼事好早起的，一會兒我又睡去了。第二次醒來時，已經十一點半。我穿好衣服來到樓下。媽媽坐在廚房的桌子旁邊讀著什麼，當我進去時她抬頭望著我。

「嗨，」她說，「昨晚玩得開心嗎？」

「對啊，」我說，「玩得很開心。」

「你什麼時候回家的？」

「兩點半的樣子。揚・維達爾的父親開車送我們回來的。」

我坐下來開始給一片麵包抹牛肝醬，幾度嘗試後最後成功地用叉子挑起一片酸黃瓜，把它放在了牛肝醬上面，又拿起茶壺搖搖，看裡面是不是空了。

「還有嗎？」媽媽說。「我可以再燒點。」

「一小杯還是夠的，」我說，「但或許有點涼了。」

媽媽站起來。

「坐吧，」我說，「我可以自己來。」

「不用，」她說，「我就坐在爐子旁邊。」

她給壺裡灌了水，把它放在電暖爐盤上，很快水就開始響。

「你們都吃了些什麼啊？」她說。

「冷盤，」我說，「我想可能是她媽媽做的。就是那種……嗯，你知道的，蝦和蔬菜的肉凍，透明的……？」

「卡巴萊？」媽媽說。

「對，海蝦卡巴萊。還有普通的蝦、螃蟹、兩個龍蝦。其實不夠所有人分，但大家都嘗了一點。對，還有些火腿之類的。」

「聽上去不錯。」媽媽說。

「是啊，是不錯，」我說，「然後我們十二點就到下面的十字路口，所有的人都聚在那裡放煙火。但我們沒有放，都是些其他的人。」

「有認識些朋友嗎？」

我遲疑了一下。又重新拿起一片麵包，在桌上尋找可以配在一起吃的東西。香腸加蛋黃醬，這個搭配不錯。

「其實沒有，」我說，「大多都還是和以前認識的人待在一起。」

我看著她。

「爸爸在哪兒？」

「上面的糧倉房裡。他今天要去祖母那裡。要一起去嗎？」

「沒有吧，」我說，「昨天的人太多了。現在我想一個人待著。或許會下去佩爾那裡一趟。這就夠了。

你有什麼計畫嗎？」

「還沒想好。可能讀點什麼吧。然後開始收拾東西，明天一早的飛機。」

「是嗎，」我說，「英格威什麼時候過去？」

「我想，幾天以後吧。這樣就只有你和爸爸在這裡了。」

「嗯。」我說。把視線落在了祖母做的果醬上。或許下一片麵包就配著果醬吃，不錯吧？然後再來一片捲羊肉的。

半小時後我站在佩爾家住的房子外面按下了門鈴。是他父親開的門。他看上去是正要出門的樣子，在亮藍色的運動衫外，套了一件綠色的雙層軍用夾克，淺色靴子，手上拿著一條狗鏈。他們家的狗，一條黃色的老獵犬，在他的腿間慌忙地竄來竄去。

「啊，是你呀？」他說。「新年快樂！」

「新年快樂。」我說。

「他們都坐在客廳裡，」他說，「你就進去吧。」

他吹著口哨從我身旁經過走到院裡，朝打開的車庫走去。我在門外跺了跺腳後走進屋裡。這房子高大寬敞，屋齡還很新，是他父親自己造的，我知道的就這些，幾乎從所有的房間都可以望見那條河。從客廳可以看見廚房，他媽媽正站在那裡工作，當我經過時她轉過頭來，對我笑笑說嗨，然後就是客廳，佩爾和他的弟弟湯姆、妹妹瑪麗特，還有他最要好的朋友特呂格弗正坐著。

「你們在看什麼？」我說。

「《納瓦隆大炮》。」佩爾說。

「看多久了？」

「不久。半小時。我們可以倒回去重放，如果你想看的話。」

「倒回去？」特呂格弗說。「我們才懶得再看一次，對吧？」

「可是卡爾．奧韋還沒看過，」佩爾說，「很快就放完的。」

「很快？這要花半小時欸。」特呂格弗說。

佩爾朝錄影機走去，在它前面屈著一條腿。

「你不能一個人自作主張。」湯姆說。

「是嗎？」佩爾說。

他按下停止鍵，然後是返回鍵。

瑪麗特站起來往裡走到上二樓的樓梯那裡。

「你們看到剛才那個地方時叫我一聲。」她說。佩爾點了點頭。錄放影機裡啪噠啪噠一陣響動，同時發出一些小的敲打摩擦聲，就像那種液壓下發出的尖銳聲，然後一切就緒，錄影帶開始以越來越快的速度往回倒，快到頭的地方突然暫停，最後的一小段轉速減慢，這有點近似於一架飛機，可以這樣想像，在穿越空中的高速之後，制動器減速接近地面和跑道，極其平靜和謹慎地向著機場航站樓滑行。

「昨晚上你是跟爸爸媽媽一起在家裡過的吧？」我望著特呂格弗說。

「是啊，」他說，「你去外面喝酒了吧？」

「對，」我說，「我是在外面喝了點酒，但我情願我待在家裡。我們沒有派對可去，所以我們只好各自拎著一個啤酒袋，腳重得像灌了鉛，在暴風雪裡跌跌撞撞地到處晃蕩。直到最後我們去了瑟姆。就等著吧。很快就輪到你們了，手裡提著袋子不安地在夜裡到處流浪。」

「好吧。」佩爾說。

「這太有趣了。」特呂格弗說，那時我們面前的電視螢幕已經顯示出了電影最初的一組畫面。外頭一切靜寂無聲，只有在冬天才可能如此。雖然是多雲的天氣，天空灰暗，景色中卻仍閃著微光，完美的白色。我記得我當時在想，那一刻我只想待在那裡，在這新建的房屋，在這片樹林裡的亮光，讓腦子一片空白，盡情地裝傻。

第二天早上爸爸送媽媽去機場。當他回來後，我們之間的緩衝地帶消失了，整個秋季過那同樣的生活又回來了。他消失在糧倉的那個住所裡，我騎車到下面的揚·維達爾那裡去了，我們接入他的擴音器坐著彈了一會兒吉他，直到覺得煩了，再拖著沉重的雙腳到商店去，到那裡也沒什麼事，又拖著笨重的雙腳回來，在各個電視頻道間跳來跳去地看，聽幾張唱片，談論有關女孩子的事。在五點的時候我又乘車回家，在門口遇到爸爸，他問要不要開車送我進城。沒問題，我說。在半路上他建議我們可以到祖父祖母那裡去一趟，我肚子餓了，我們可以在那裡吃一頓。

當爸爸把車停在車庫外面時，祖母從窗戶那裡探出頭來。

「是你們啊！」她說。

一分鐘後她打開了大門。

「謝謝上次的晚餐！」她說。「真高興你們到這裡來了。」

她看著我。

「聽說，你那天玩得很開心？」

「是啊。」我說。

「來抱一個！你現在長大了，但還是可以抱一下你的祖母啊！」

我向前彎下身子，感覺到她乾枯的皺巴巴的臉貼在了我的臉頰上。她聞起來很香，是她常用的那款香水。

「你們吃過了嗎？」爸爸問。

「剛吃過，但沒關係，我這就馬上去給你們熱一點。你們餓了吧？」

「我們餓了嗎？」爸爸說，唇邊帶著一絲微笑看著我。

「至少我是。」我說。

在我心裡的那個聲音，我聽到的應該是那個沒有發出r的「我是」。

我們在走道裡脫下外套，我在打開了的衣帽間的地上把靴子規規矩矩地放好，把夾克掛在那些鍍金已有了裂紋的舊衣架當中的一個，祖母站住樓梯上看著我們，身體處於她總是有的那種缺乏耐心的狀態。一手托著腮幫。腦袋微側向一邊。身體的重心變換著從一隻腳轉到另一隻腳上。但在保持著這許多細小動作變換的同時她一直在和爸爸交談著。問及今年那上面的雪是否很大。媽媽什麼時候離開的，下一次又什麼時候回來。是的，是這樣，每一次他說什麼她就如此回應。正是這樣。

「還有你，卡爾．奧韋，」她說轉向我，「你什麼時候開學？」

「還有兩天。」

「一切都好吧，是不是？」

「對，都很好。」

爸爸對鏡子裡的自己投去短暫一瞥。面容平靜，但在眼裡能看到一絲不滿的陰影。它們看上去冰冷且毫無興致。他向祖母跨前一步，那時她已經轉身開始走上樓梯，步伐快而輕巧。爸爸跟在她的後面，腳步沉重，然後是我跟隨其後，目光直盯著他脖頸上濃密的黑色頭髮。

「來啦！」我們一走進廚房祖父就說。他坐在廚房桌子旁邊的椅子上，兩腿張開，身子往後仰著，黑色的褲子背帶在白襯衫外面，襯衫的鈕子一直繫到脖子下。一縷頭髮垂落在臉頰上，與此同時他用手把它撥了上去。嘴上叼著一截熄滅了的雪茄菸。

「路上開車怎麼樣？」他說。「路滑？」

「還不算太糟，」爸爸說，「新年夜那次最慘。更別提那路上的交通了。」

「你們坐吧。」祖母說。

「不，那就沒你的位子了。」爸爸說。

「我站著就好，」她說，「我去幫你們熱點吃的。我坐了一整天了，你知道的。現在坐下！」

祖父拿著一個打火機點燃那截雪茄。吸了幾口，屋裡飄升起一陣煙霧。

祖母扭開電暖爐開關，像她習慣的那樣，手指在廚房桌上敲著，嘴裡吹出低低的、輕鬆愉快的口哨。

爸爸坐在廚房桌子旁，從某一點上顯得過於龐大，我想。不是實體上的那種大，這椅子對他綽綽有餘。問題出在他自己身上，或者是由於他氣場過強，讓他顯得更有資格坐在客廳的餐桌旁。

他掏出一支菸點燃了它。

他更適合坐在外面的客廳裡嗎？假如我們坐在那裡吃東西的話？

是的，這樣好。那裡會更適合。

「一九八五年了。」在已經有幾秒鐘的沉寂後我開了口。

「對，是啊，又一年了。」祖母說。

「那個，你哥到哪兒去了呀？」祖父說。「他回卑爾根了嗎？」

「沒有，他還在阿倫達爾。」我說。

「對，」祖父說，「他已經是個阿倫達爾人了，你知道吧。」

「唉，他現在不常到我們這裡來了，」祖母說，「他小時候那陣子我們有多開心啊。」

她望著我。

「但你要來喲！」

「他現在在學什麼呀？」祖父說。

「不是政治學嗎，我想？」爸爸說看了我一眼。

「不，他現在學的是傳媒。」我說。

「你不知道你自己的兒子學什麼？」祖父說著笑了。

「知道。這我很清楚。」爸爸說。他把半截菸在菸灰缸裡熄滅了，轉身向著祖母。

「媽，我想我們現在可以吃東西了。不必弄得那麼燙，你知道。現在肯定夠熱了，你不覺得嗎？」

「肯定熱了。」祖母說，從櫥櫃裡拿出兩個盤子，把它們放在我們面前，從抽屜裡拿出餐具放在盤子旁邊。

「今天我做的就是這些。」她說，拿起爸爸的餐盤，把馬鈴薯、豌豆泥、肉餅和調味醬放進盤子。

「這樣就滿好的。」當她把盤子放到爸爸面前時他說，她又拿起了我的盤子。

我知道能和我吃得一樣快的人只有兩個，英格威和爸爸。祖母把餐盤放在我們面前沒幾分鐘，就全被一掃而空。爸爸身子後仰，又點起了一支菸，祖母端來一杯咖啡遞給了他，我站起來走進了客廳，看著城外萬家燈火閃爍著的光芒，地上灰色的積雪，在沿著碼頭倉庫的牆前堆積起來幾乎變成了黑色。那裡路燈投射出的光束在漆黑發亮的水面上顫抖著。

剎時間裡我的心裝滿了白雪映襯黑水的念頭。白色掩去了森林裡湖泊或者溪流週遭的細節，因此水面與周遭景色的差別更明顯了，躺在那裡陌生而深不可測的水，是世界的一個黑洞。

我轉過身來。另一個客廳離我站著的地方只有兩級階梯的距離，是用一道滑門隔開的，現在那道門半開著，我走上兩步樓梯到了那裡，沒有什麼特殊的原因，我只是心神不寧。這是間漂亮的客廳，他們只在特殊的場合才使用它，從來不允許我們單獨待在裡面。

一台鋼琴靠著一面牆，上方掛著兩幅早期宗教題材的油畫。鋼琴上放著他們三個兒子中學時代的照片。爸爸，埃爾林，居納爾。每一次看到沒有鬍子的爸爸，總是感覺怪怪的。他笑著，黑色的學生帽扣到後腦勺上。眼睛裡閃爍著快樂的光芒。

地板中央是兩個沙發，中間隔有一張桌子。在客廳最裡面的角落有個磚砌的白色壁爐，屋內最顯眼的是兩張黑皮沙發，和一個古老的、彩色花卉的角櫃。

「卡爾．奧韋？」爸爸在廚房裡喊了一聲。

我趕緊退了四步，回到了日常起居的那間客廳裡應聲。

「我們要走了嗎？」

「對。」

我走進廚房時，他已經站起來。

「那，再見了，」我說，「下次再見。」

「好的，再見。」祖父說。祖母像往常那樣隨我們一起下樓來。

「對了，」當我們站在下面走道穿衣服時爸爸說，「我有樣東西要給你。」

他走了出去，打開車門又再關上車門，回來的時候手裡拿著一個包裹，他把它遞給了她。

「生日快樂，母親。」他說。

「喔，你不用這麼做的！」祖母說。「親愛的孩子。我哪需要什麼禮物呀！」

「不，你需要，」爸爸說，「打開它吧，就現在！」

我不知道我的眼睛該往哪兒看才好。流露出的某種親密，這是我以前從未見過，也不知道是否存在過的私密。

祖母站在那裡，手裡拿著一塊桌布。

「啊，你太好了！」她說。

「我想這與上方的壁紙很配，」爸爸說，「你覺得呢？」

「太漂亮了。」祖母說。

「那就好，」爸爸說，他的語調回到了以前那樣，不再有多餘的點綴。「我們走了。」

我們坐進車裡，爸爸啟動了引擎，射出的燈光照到了車庫的門上。當我們在那小斜坡上倒車時祖母站在臺階上向我們揮手。和以往那樣，當我們車倒回來時大門在她身後關上，當我們再繼續往主幹道駛去時她已經不在那裡了。

接下來的幾天裡，有時候我會想起走道裡發生的那個小插曲，每一次的感覺都一樣：我看到了一些以前沒看到的東西。但這個念頭轉瞬即逝，我的腦子裡不光考慮爸爸和祖母，這幾週裡還發生了許多別的事。在新學年開始的第一節課，西芙就為所有人發出了請帖，下週六她要辦一個班級派對，這是好消息，班上的派對就是我一個我可以參加的派對，在那裡沒人可以指責我、藉機和我吵架，在那裡有對其他人的信任，這樣我的行為舉止更會相當於課堂上那個真實的我，將會被這個更大的世界所接納。換句話說，我可以喝酒、跳舞、歡笑，或許和誰在某個地方靠著牆親暱撫摸。但從另一方面來看，班級派對的檔次不高也恰恰是因為如此，被邀請參加這種派對不是因為你是某某人，而在於你屬於其中的一分子，1B的班級派對就是這種情況。但我不會以此讓自己掃興。這不僅是派對，還是1B的班級派對。問題是到哪去搞到酒，就跟新年前夜那次一樣，我琢磨著又有點想打電話給湯姆，但想想最好還是自己設法去弄。我十六歲是事實，但我的長相看起來比實際上要大些，若我裝作沒事，一般來說是不會有人想到要拒絕我的。要是被發現了，也不過就是難堪而已，到時我再與湯姆聯絡讓他去辦這件事。於是在星期三那天我走進了超市，拿了十二瓶比爾森啤酒放進購物籃裡，還有作為掩護買的麵包和番茄，我站在隊伍裡，把要買的東西放上自動輸送帶，把錢遞給收銀員，在她接過錢的同時幾乎沒有怎麼看我，一手拎著一個匡啷響著的食品袋，我興奮地匆忙地走在回家的路上。

星期五下午從學校回家時，爸爸已經去過我的住處。桌上留有一張字條。

卡爾．奧韋，

這個週末我要去參加一個研討會。星期天晚上回來。冰箱裡有新鮮的海蝦，麵包籃裡有白麵包。好好享受！吃好喝好！

爸爸

紙條上壓著一張五百克朗的鈔票。

啊，這簡直太棒了！

蝦是最我喜歡的食物。當天晚上我坐在電視面前吃海蝦，然後到城裡去逛了一圈，在隨身聽裡先放的是伊吉．帕普的《渴望生活》（Lust for Life），後來就是羅西音樂（Roxy Music）專輯中的一曲，這時候裡面的世界與外面存在的現實間便有了距離，我很喜歡這樣；當我看到聚在外面的地方所有那些喝得醉醺醺的人們的面孔，他們好像待在跟我不同的時空維度裡，那些行駛過去的車輛也一樣，在加油站外面從車上走下來又坐進去的司機，站在櫃檯後面的銷售員疲倦的微笑和機械的動作，還有在外面遛狗的人們。

第二天上午我到祖父祖母家去了一趟，和他們一起吃剛出爐的麵包，然後進了城，買了三張唱片和一大包糖果糕點之類好吃的東西，幾份音樂報刊和一本平裝版的尚·惹內的《竊賊日記》。看足球直播時我喝了兩瓶啤酒，沖淋浴和換衣服時又喝了一瓶，在我抽完最後一支菸要走之前又喝了一瓶。

我和巴森約好七點鐘在倫丁根碰頭。當我手裡拎著晃蕩著的袋子步履笨重地朝巴森走過去時他站在那裡面帶笑容。他背上有個裝著啤酒的背包，一看見這個，我就真想拍一下我的腦門。必須的！就是該這個樣子。

我們走進庫霍爾姆斯路，經過祖父祖母的房子，往上走進入環繞著體育場那一帶的住宅區，西芙居住的地方。

亂竄幾分鐘之後，我們找到了門牌號碼按響門鈴。是西芙來開的門，開門時她發出一聲尖叫。

在我清醒之前，我知道發生了一些美好的事情。當我躺在失去意識的深淵，彷彿有一隻手向我伸了過來，然後就是一個接一個的畫面在我眼前飄過。我抓住的那隻手，把我慢慢地抬升起來，我越來越接近自己，直到我睜開眼睛。

我在哪裡？

哦，是的，公寓下面的一間客廳。我躺在沙發上，身上穿戴整齊。

我坐起來，用手扶著血管突突跳的腦袋。

我的襯衫上聞到了香水。

一種濃郁的外國香水氣味。

我和莫妮卡撫摸親暱過。我們一起跳舞，我們走到一旁，在樓梯下站住，我吻了她。她也吻了我。

不是這個！

我站起來走進廚房，接了一杯水，一口氣把它喝了下去。

不，不是這個！

發生了一些非常美妙的事情，一道光明被點燃了，但這不是莫妮卡。是另外的什麼東西。

會是什麼？

任何酒精都會造成身體上的透支。但你會知道什麼可以使它重新恢復活力。漢堡、炸薯條、香腸。大量的可樂。我需要這些。我需要這些，就是現在。

我進走道裡，看著鏡子裡的自己同時把手伸進頭髮裡把它往後撥了一把。看上去還不算太糟，只有眼裡的血絲；還勉強可以見人。

我繫好靴子上的鞋帶，抓起外套穿在身上。

這是什麼？

一個鈕扣？

鈕扣上有個「笑臉」？

啊，就是它！

真太妙了！

最後的那一小時我是在和漢娜聊天。

就是這個！

我們聊了很久。她主導著話題，興致勃勃。她什麼也沒喝。但我喝了，是喝暈了，所以我能跟上她的情緒，處於一種輕鬆愉快的氛圍之中。然後我們一起跳了一支舞。

喔，我們跟著去好萊塢的弗蘭基（Frankie Goes to Hollywood）的〈愛的力量〉（The Power of Love）跳舞。

愛—的力量！

但和漢娜，是和漢娜！

感覺她和我是如此靠近。站著的時候也是同樣的靠近，我們談著話。她的笑聲。她那雙綠色的眼睛。她那個精緻的小鼻子。

就在我們要離開之前，在朝外面走去的路上，她把那個笑臉符號貼在了我的鈕扣上。

這就是一切發生的經過。沒有更多了，但這曾經的片段是美好無比。

我繫好外套的釦子走了出去。城市上空懸掛著低低的雲層，冷冽的風橫掃在街道間向海邊呼嘯而去。萬物都是灰與白，陰冷的、懷有敵意的天氣。在我的心中，卻是一片光明燦爛。當我沿著河向路邊的餐館走去，我一遍又一遍地聽著「愛—的力量」！

到底發生了什麼事啊？

漢娜就是漢娜，她並沒有改變，還是跟原本那個在秋天和冬天教室裡的她一樣。我喜歡過她，對她沒有覺得與其他人有什麼不同。但現在！看看這個！

就像有一道閃電一下擊中了我。快樂平穩地一波波傳入神經通路。心在顫抖，靈魂充滿光明。突然我覺得不可能等到星期一了，我不能等到上學的那一天。

我要打個電話嗎？

我要邀她出去嗎？

我不假思索地買了一個乳酪夾鹹肉的漢堡和一份炸薯條，大號的可樂。她跟一個人在一起了，這是她告訴我的，一個沃格區高中的三年級生。他們在一起很久了。但她看我的那種方式，突然就縮短了距離，這不可能沒有意義吧？這一定意味著什麼。她對我有興趣，她想接近我。這一定是這樣。

星期一，在星期一，我又能再見到她了。

但在那之前的這些時間我又他媽的該做些什麼？

還有**整整一天**啊！

她看見我的時候笑了。我也笑了。

「你還沒有去掉這個標記！」她說。

「沒有，」我說，「每次看到它我就想到你。」

她低下頭，撥弄著外套上的一顆鈕釦。

「你完全喝醉了。」她說著又抬起頭望著我。

「我是有點了，」我說，「坦白說，我差不多都忘了。」

「你記不得了？」

「記得，記得，我記得！比如，我記得弗蘭基到好萊塢……」

特內森，年輕留著鬍子帶著曼達爾口音的地理老師從走廊那端過來了，他是我們的班主任。

「嘿，孩子們，這週末過得不錯吧？」他說，把我們正站在外面的那道門打開了。

「我們有個班級派對。」漢娜說，對他笑了笑。

她笑起來真美。

「哦，這麼說沒有邀請我呀？」他說，他並沒有期待著解釋之類的話，因為他並沒有看著她，只是逕自穿過教室到了另一頭的講桌，放下手裡的一小疊書本。

我完全沒辦法在課堂上專心。我只想著漢娜，雖然她和我一樣也坐在同一間教室裡。但那是思考嗎？又比較像是腦袋裡被這樣的情緒占滿而毫無思考的空間。就這樣持續了整個冬天和春天。我戀愛了，不是平日裡的那種心動，而是一份巨大的愛，人的一生當中只會有三次或四次的那種愛。這是第一次，因為所有的一切都是全新的，所以或許也是最刻骨銘心的。漢娜成了我整個人的重心。每天早上醒來我快樂地去學校，那是有她的地方。要是她不在那裡，或許生病或許外出了，所有的一切便立刻變得了無生趣，剩下一天的時間就只讓它混過去。為什麼？我在等什麼，要等到什麼時候？至少這裡說的不是緊緊摟抱或深吻的這種事，因為人之間的關係不是如此簡單。不是的。我期待和準備接受的，只是在我肩膀上的輕輕一碰，當她望見我或者我說了什麼趣事時讓她心情愉悅的一個微笑，以及校外時間我們相遇時如朋友般的一個擁抱。就在那數秒鐘的時間，當我把手臂圍住她，感覺到她的臉貼近我的臉頰的時候，我聞到了她的氣息，她用的洗髮精，那種淡淡的蘋果清香。我知道，她朝我靠近了，但她的界限嚴格且分明，知道什麼是她可以做的，絕不會談及我們之間會有什麼可能。老實說，我也不太確定她是否真的吸引我，也許只是她被自己得到的關注、那些讚美與奉承寵壞了，願意玩一玩。但無論如何，當我回家以後，我都仍抱著希望，分析著她每天在學校裡的一舉一動，要不這使我墜入最沮喪痛苦的深淵，要不就是被推上快樂歡悅的頂峰，沒有之間的選項。

在學校裡我開始跟她傳紙條了。幾句簡單的評論，簡單的問候語，簡單的留言，這通常是我前一天晚上在家裡先想好的。然後她回紙條，我讀了再答覆，又把紙條扔回去，當她讀紙條的時候我仔細地觀察著她的一舉一動。要是她沒有再接著傳回來，我眼前就一片漆黑；要是她繼續傳回來，我的內心便顫動著彷彿我是一座鐘。慢慢地筆記本代替了紙條，往返於我們之間，但不是很頻繁，我可不想弄煩她，一天有兩三次也就足夠。我常常問她是否願意和我一起去看電影或是喝杯咖啡，每一次的答覆都是，**你知道的我不能**。

我們會在課間休息時討論，一點關於政治的，大多數是有關宗教的問題，她是基督徒，我是狂熱的反基督教分子，我的論點她進一步轉達給她那個教區的一個年輕的負責人，下一次她再把他的答覆帶來。和她在一起的那個人跟她屬於同一個教區，即使我沒有直接威脅到他們之間的關係，但我對她在那裡的生活同樣起了作用。不管怎樣，這課間休息時短暫的相遇，也將這份快樂謹慎而不留痕跡地進一步延伸到了校外，雖不是每天都發生這樣的事。我們是朋友、同班同學，我們就不能偶爾一起去喝杯咖啡？就不能偶爾一起走路去搭公車？

我為這些而活著。那些短暫不經意的一瞥，淺淺的一笑，那些極細微的動作。還有，啊，她的笑聲！當我把她逗樂了的時候！

我活著就是為這個。但我還需要更多，比這要多很多很多。我無時無刻都想看見她，想所有的時間都和她在一起，被邀請去她家，探望她的父母，和她的朋友一起出去，和她一起旅遊，把她帶回家……

**你知道的我不能**。

電影院容易讓人聯想到男女關係和戀愛，但總有其他活動可以替代，例如二月初的某天我邀請了漢娜，是在市中心一個地方舉辦的青少年的政治聚會。我是在學校的佈告欄上看到這個消息，早上我就寫信問她是否願意一起去？她看了信，然後遠遠望著我，沒有笑容，寫下些什麼，把本子又遞過來，我翻開來讀她的回覆。上面寫著「好」！

好！我心想。

好！好！好！

當她六點鐘來敲我家的門時，我正坐在沙發上等她。

「嗨！」我說。「你要進來嗎，我換一下衣服？」

「也好。」她說。

她的臉凍得紅紅的。一頂白帽子拉得很低，一直蓋到了眼睛，脖子上圍著一條寬大的白圍巾。

「你住在這裡啊！」她說。

「是啊。」我打開了通向客廳的門。

「客廳在那裡。裡面就是廚房。臥室在二樓。實際上這是我祖父的辦公室。就在裡面。」我說，往那裡點了點頭。

「一個人住不孤單嗎？」

「不會，」我說，「一點也不。我喜歡一個人待著。再說我經常上特韋特那裡去。」

我穿上外套，笑臉符號還在上面，戴上圍巾，穿上靴子。

「我去一下廁所，然後我們馬上就走。」我說。廁所的門在我身後關上。聽到她開始在外面低聲唱歌。這裡沒有隔音，也許她想蓋過這裡傳出的聲音，又或者她只是想唱歌。

我掀起馬桶蓋，掏出象鼻子。

就在同一瞬間我意識到她在外面我就沒辦法尿出來。走道很小，完全不隔音。即使我沒尿出來，她也會聽出來。

真該死。

我全力以赴地努力著。

一滴尿也沒擠出來。

她走來走去地唱著歌。

她會怎麼想？

半分鐘以後我放棄了，打開水龍頭讓水沖了幾秒鐘，這樣至少裡面是發生了些什麼，然後關上水龍頭，開門走了出去，與她那羞怯的、低垂著的目光相遇。

「現在我們走吧。」我說。

街道昏暗，刮著風，這個城市在冬天裡通常是這樣。路上我們沒有談得太多。說到一些學校的事情，在那裡上學的一些人，巴森、莫勒、西芙、托內、安妮。出於某種原因她開始講述她的父親，他是個很優秀的人。他不是基督徒，她說。這讓我很驚訝。信仰基督是遵從她個人主動的意願？她說我會喜歡她父親的。會嗎？我想。會的，我說。聽上去他是個不錯的人。簡練。簡練是什麼意思啊？她說，用那雙綠色的眼睛看著我。每一次她這麼做的時候，都幾乎使我窒息。我可以打破所有我們周圍所有玻璃，可以揪住所有路人把他們打倒在地，高高跳起再重重地踩下，直到他們奄奄一息，那雙綠眼睛能使我充滿如此巨大的能量。我也可以摟著她的腰順著大街跳一曲華爾滋，把鮮花灑向我們遇到的所有的人，引頸高歌。簡練？我說。這很難描述。簡潔與精練，直奔主題的意思，或許更注重於事實，我說，是一種輕描淡寫。是這裡，對吧？

應該是在女王街的一個地區。對，是這裡，門上掛著海報。

我們走了進去。

開會地點在二樓，擺滿了椅子，最前面有個講台，旁邊有個投影機。有一堆年輕人在那裡，或許十個，或許十二個。

窗戶下面有個大的保溫瓶，旁邊有一小盤小蛋糕和一疊白色的塑膠杯。

「你要咖啡嗎？」我說。

她搖搖頭微微一笑。

「要不來塊蛋糕？」

我給自己倒了一杯咖啡，拿了幾塊蛋糕回到她身邊。我們坐在最後面一排的座位上。

又來了五六個人，然後會議開始。這是由ＡＵＦ[11]組織的活動，是某種宣傳招募性質的會議。除了宣揚了ＡＵＦ的政治觀點，也討論了有關青少年政治的普遍性問題、為什麼組織起來很重要、事實上有多少能夠做的事情，以及作為個人，從中能夠受益什麼。

要不是因為漢娜坐在我身邊，一條腿擱在另一條腿上，如此靠近使我內心火熱，我會直接站起來走掉。預先的想像裡，這會是個人群密集的聚會，煙霧繚繞，詼諧機智、措辭巧妙的演講，爆笑聲震動全場，也就是那種米克勒[12]式的活動，米克勒的含義就是年輕的男女渴求一些東西，為著一些夢想，為著社會主義而燃燒，這個五〇年代神奇的詞彙，可不是現在這樣，穿著無聊毛衣和醜陋褲子的無聊男子，把跟他們自己同樣類型的一小群男孩和女孩聚在一起，談論那些無聊乏味的事物。

當一個人的內心深處已燃起熊熊大火，誰還會在乎政治？

當一個人渴求生命的燃燒，渴求充滿活力的生命，誰還會在乎政治？

至少我不會。

在三個發言後會有個短暫的休息時間，然後就是專題研討和小組討論。在休息的時候，我問漢娜我們是否可以撤了，行啊，她說，於是我們離開了這冷冰冰的晚間聚會。在會場裡她把她的外套脫下來掛在椅背上，看到的是裡面的毛衣，很厚的羊毛衣，曲線微露讓我不知怎麼的不斷地咽口水，她是如此的靠近我，我們之間的距離微乎其微。

在歸途中我談論自己對政治的觀點。她說我對一切都有自己的看法，問我都什麼時間研究這個。她說自己對所有的這一切幾乎一無所知。我說我也寧願幾乎什麼都不知道。但你是無政府主義者！她說。這是哪裡來的想法？我幾乎不知道這無政府主義者究竟是什麼。但你是個基督徒，我說，這是哪裡來的想法？你的父母並不是基督徒喲，你的姐妹也不是。只有你自己。是你信仰這個。是，她說，你說得對。但看上去你過於耽溺於沉思了。你應該多在乎些生活。我儘量試著這麼做，我說。

到了我家外面我們停住了一會。

「你在哪裡坐公車？」我說。

「在那上面。」她說，並把頭朝那邊點了點。

「要我送你去嗎？」我說。

她搖搖頭。

「我自己走就行。我有隨身聽。」

---

11 挪威社會民主工黨成立於一八八七年，自一九二七年以來一直是挪威的最大黨。AUF是工黨的青年組織。

12 阿格納．米克勒（Agnar Mykle，1915—1994），二〇世紀挪威最受爭議的作家，熱衷勞工運動。他最著名的作品《紅寶石之歌》（Sangen om den r.de rubin）被認為是挪威文學的里程碑式作品，卻被官方認為「不道德、淫穢」而成為禁書。

「好吧。」我說。

「今晚謝啦。」她說。

「沒有什麼可謝的，真的。」我說。

她笑了，踮起腳尖來吻了一下我的嘴。我把她摟住緊緊貼在懷裡，她也緊緊回抱了我然後鬆開自己。我們短暫地互相對視了一下，然後她離去。

這個晚上我不能再保持平靜，在公寓裡面兜圈子，在屋裡走過來走過去，上樓又下樓，在下面的房間裡進進出出。我感覺自己彷彿比世界還大，彷彿我心裡已擁有了所有的一切，現在再毫無伸展的餘地。人類是渺小的，歷史是渺小的，地球是渺小的，對，甚至宇宙，都說是漫無邊際的，也是渺小的。我大於一切，無與倫比。這感覺真是太棒了，但我仍感覺不安，因為心裡充滿著那份即將成為什麼的渴望，而不是我曾做過的或我已經做過的。

現在我內心的一切是怎樣地在燃燒著啊？

我強迫自己上床，強迫自己躺著不要動，一塊肌肉也不動，無論要花多久時間才能夠睡著。但奇怪的是才過了幾分鐘，睡意就悄悄向我襲來，有如一個獵手正對著一個毫不知情的獵物，我並沒有留意到自己被擊中了，但看見了自己的一隻腳突然抽動了一下，這使我在心裡起了戒心，不過卻已完全在另一個世界裡；我站在一艘船的甲板上，同時緊靠船邊一頭巨大的鯨魚迅猛地往下鑽入水中，我看見了什麼，儘管要確認它的位置並不可能。這是一個夢的開端，我理解了，夢的手臂將我一下拽了進去，在那裡面我周圍的環境全變了，這一切就發生在我的腳抽動的時候，我是一個夢，那夢就是我。

我閉上眼睛重新再來一次。

不要動，不要動，不要動……

第二天是星期六，青年隊的晨間訓練。

很多人不能理解為什麼我能跟他們一起踢球。我球踢得不好。少年隊裡起碼有六個，甚至七個或八個都比我強。只有我跟另外一個，比約恩，在今年冬季被選進了青年隊。

但我理解。

青年隊來了個新教練，他想要看看所有的新生，於是我們每人有一週的時間參加他們的訓練。有三次表現自己的機會。整個秋天裡我跑得很多，身體的狀態很不錯，儘管我以前從來沒有參加過田徑運動，仍被選進了校隊的一千五百米長跑。輪到我和青年隊一起訓練的那天，在科約塔旁的礫石跑道上已經鋪滿積雪，我知道我要做的就是拔腿奔跑。這是我唯一的機會。我就這麼跑啊跑。每一次抵達終點時，我都是第一名。每一次我都是竭盡全力。當比賽開打時也一樣，我跑啊跑，拚命地跑，不停地跑，像發了瘋一樣地跑，像這樣三次訓練以後，我知道效果極佳，然後我接到通知說我被選進隊裡，對此我並不感到意外。然而對於隊裡其他人那又是另一回事了。我聽到的是，我每一次的接球都很糟糕，每一次傳球都失誤，你他媽的來隊裡做什麼？為什麼他們要把你選進隊裡？

啊，我知道為什麼，因為我能跑。

那就只管跑吧。

訓練之後，和往常一樣，更衣時其他的人都會笑話我那鉚釘皮帶，我讓湯姆開車送我去桑內斯。他把我在郵局那裡放了下來，我往上朝房子走去。太陽低低地懸掛在天邊，天空清澈透藍，圍繞四周的盡是眩目的白雪。

我沒說過我要回來，也不知爸爸是否在家。

我小心翼翼地推門。門是開著的。

音樂從客廳聲傾瀉而出。他把音量開得很大，整個房子裡充滿了音樂聲。我聽出來了，這是艾嘉的歌聲，瑞典語版的《感謝生活》（Gracias a la vida）。

「有人嗎？」我說。

音樂的聲音太高太響，我覺得他不會聽到我的叫聲，便脫下了靴子和外套。

我不想突如其來地出現在他面前，於是在客廳外的走道裡又高聲喊了一次！沒人應答。

我走進客廳。

他閉著雙眼坐在沙發上。腦袋隨著音樂的節奏前後晃動著。他的臉頰上充滿淚水。

我安靜地退後幾步回玄關，在音樂休止的間歇之前，我盡可能快地披上衣服奪門而出。

我背著背包一路跑往公車站。很幸運幾分鐘以後車就到了。只用了四、五分鐘就到了索爾斯勒塔，我琢磨著是否應該下車到揚·維達爾那裡去還是直接進城。答案完全出自我的真心，我不想一個人待著，我想和別人待在一起，和人交談，想讓我的腦子完全被別的事情佔據，和揚·維達爾在一起，他的父母與我見面總是那麼和善，我想去的就是他那裡。

他不在家，和他父親去謝維克了，但他們很快就會回來，他母親說，問我是否願意到樓上的客廳裡去等他？

好，我說。在客廳裡，眼前是一份攤開的報紙，桌上的一杯咖啡和一片麵包，我坐在那裡直到一小時後揚·維達爾和他的父親回來。

傍晚時分我又往上回到了那棟房子，他不在那裡了，我也不想待在那裡。不僅是因為骯髒邋遢和不舒適——陽光把一切都美化了，所以那天早些時候我沒有注意到——還因為我發現水管已經結凍。用水處應該凍得有好一陣子了，至少已經開始要用桶子裝雪。在廁所裡有幾個桶子，裡面的雪已全化成了雪泥水，這一定是沖廁所用的。在電暖爐旁也放了一個盛有雪泥的桶子，想想可能是要讓它們融化之後拿來做飯用。

不，我可不要待在這裡。待在這城外樹林的一棟空屋子的房間裡，被雜亂髒污圍繞，再加上沒有水？他得自己想辦法。

但話說回來，他到哪裡去了呢？

我聳了聳肩，即便是獨自一人，我穿好衣服朝公車站走，沐浴在月光下的大地彷彿已經沉睡過去。

在公寓門外的那次吻別以後，漢娜退縮了一點，不再像以前那樣每次都會回傳我的紙條，我們也不像以前那樣在下課時會站在一起聊天。然而，一次沒有邏輯、不合常規的情形出現了：突然有一天她冷不防地接受了我的一個邀約，她願意在晚上跟我一起去看電影，七點前在電影院那裡碰面。

她一進門就四處尋找我，讓我嚐到了和她在一起會是怎麼樣的一種感覺。我願意每一天都像現在這樣。

「嗨，」她說，「你等了很久了嗎？」

我搖搖頭。我知道已經快要超越界限了，所以我得保持鎮定，好提示她我們現在做的實際上與其他一對對觀眾沒有區別。總之她不必後悔與我一起來到這裡。不必左盼右顧看是否有認識的人在附近。我沒有用手臂去攬她的肩膀，也沒有用手去握著她的手。

這是一部法國電影，坐在影廳裡時我對其所知甚少。但是我建議看這部片的。它的名字是《巴黎野玫瑰》（Betty Blue）。英格威看過這場電影，對它極為讚賞，現在到這裡的城裡放映了，我當然得看，這些有品質的電影可不是常能看到，通常大多數是些美國片。

我們在位置上坐下來，脫下外套，背朝後仰著。她顯得有點拘謹，是這樣嗎？好像她其實並不想來這裡。

我的手心汗涔涔的。我所有的力量都在身體裡鬆散了，在我的身體裡化解消失，全身軟綿，我變得毫無抵抗力。

電影開始了。

一對男女做愛的畫面。

喔，不。喔，拜託別。

我不敢再看漢娜一眼，但我猜她也和我一樣，不敢看我，我兩隻手緊緊抓著扶手，渴望著這一幕趕緊結束。

但它沒有。那對情侶在銀幕裡繼續做著絲毫沒有放手。

真是見鬼了。

該死，該死，該死。

在電影結束前我心裡一直這麼想，但事實上漢娜也許也和我一樣這麼想。當電影結束時，我只想趕緊回家。

這也合情合理，漢娜要搭的車從公車站往城裡開，我要坐的是反方向。

「喜歡這電影嗎?」我說,在電影院門口站著。

「喜——喜歡,」她說,「不錯吧?」

「是啊,相當不錯,」我說,「起碼,是部法語片!」

自由選修的語言課,我們兩人都選的是法語。

「你能聽懂一些他們的對話嗎,我的意思是,不看下面字幕的話?」我說。

「一點點。」她說。

沉默。

「好吧,我想,我差不多得回家了。謝謝你今晚和我一起!」我說。

「明天見,」她說,「掰。」

我回過頭去看她,因為想看她是否會回頭,但她沒有。

我愛她。我們之間什麼也沒有,她也不願當我女朋友,但我愛她。除了這個我什麼都不想,即使是在踢球的時候。球場是我唯一可以避免去思考的地方,在球場上所有一切關乎的是身體,但如今即便在那裡她也闖入了我的心中。現在要是漢娜坐在這裡看我就好了,我想,我會給她一個驚喜。每次只要我有了好事,或講出了什麼有趣的話引發笑聲,我就想,漢娜應該看見這一切。我們的貓,梅菲斯托,她應該看見。我們家的房子,裡面的氣氛。媽媽,她可以坐下來跟她一起聊天。外面的河流,她應該看見。還有我的唱片!她應該聽它們,一張一張地聽。但我們之間的關係沒走在這條路上,不是她想進入我的世界,而是我想進入她的世界。有時候我想這一切是不可能發生的,有時候我想這好事可能會在瞬間來個大顛覆。我始終都看見她,既不是搜尋,也不是探究的目光,和這些都毫不相干,不是的,這裡一瞥,那裡一瞥，就足夠了。然後巴望著我可以看見她的下一次機會。

在這心靈的風暴當中，春天來臨了。

在大地被積雪覆蓋著的寒冷日子裡很難想像出這樣的圖景，僅僅在幾個月之後，一個寂靜的毫無生機的清晨，戶外便會是一片綠色的、生機盎然的、溫暖的，顫抖著的各色各樣的生命，從飛翔在樹木間歌唱的鳥兒，到四處成群結夥彷彿是掛在空氣中群集的昆蟲。冬天的大地沒有給予任何警報，太陽溫暖著的石楠和苔蘚氣味都透出來了，樹木迸發出漿液，湖泊也為了春夏開始解凍，讓水流奔湧，再沒有比自由奔放更能概述這一切了。現在唯一能看到的白色，是在藍天中飄移的雲朵，是藍色河水上方掠過的雲彩，河流帶著它完美平滑的水面緩緩流入大海，不時有岩石、急流，和在沐浴的身體將它打斷。在冬天就不是這樣，這一切並不存在，一切都是白色和靜謐，打破這靜謐的，是一股寒風或是一隻孤獨烏鴉的聒噪。但它來了……它來了……三月的一個夜晚雪變成了雨，積雪堆緩緩移位互相擠靠。四月的一個下午樹上冒出了芽孢，地上青草出土，在一片黃色中硬生生切割出一方綠來。水仙花探出頭，白海葵、藍海葵也先後亮相。於是突然溫暖的空氣像柱子一樣把山坡上的樹木間隙填得滿滿。向陽的山坡上樹葉繁茂，綠葉間到處夾雜著櫻桃樹怒放的花朵。你在十六歲的時候，這一切都會留下印記，會沿著這一切去尋思探索，因為這是你所感知到的第一個春天，用人體所有的器官感受到春的來臨，但這也是最後的春天，因為較之人生這第一個春天，以後來臨的所有春天都將淡化褪色。除非你再次戀愛，是啊，那……這就涉及你是否能承受得住的問題了。承受這所有的喜悅，所有的美，所有未來前景的無限可能性。從學校走回家的路上，我看見一個在柏油馬路外融化了的雪堆，圖案看上去好像是一支箭正穿插入一顆心。我看見商店外面的遮陽篷下幾箱新鮮的水果，在離那裡不遠的地上一隻跛行的烏鴉走了過去，我仰起頭來看向天空，它湛藍明淨是那麼的美麗。我穿過一片住宅區，那時天上落下雨來，我的眼裡湧出淚水。

同時我仍然做著一如往常做的事情，上學，踢足球，和揚．維達爾一起在傍晚讀書，聽唱片，有時和爸爸碰頭——當然有幾次是出自偶然，比如有一次我在超市碰見他，在那裡偶然遇上他看上去有點難為情，又或者那是他對這種極不自然的情勢所產生的反應，在那裡我們各自推著購物車裝作若無其事，然後又各自走上歸路。還有一次是在一個上午，我正走上通往房子的那道坡，他開車下來，旁邊座位上是他的同事，我現在看到他已是滿頭的灰髮了，但仍顯年輕。不過我們通常的安排應該是這樣：要不他路過我的住所，我們一起去祖父母家吃晚餐，要不就待在他的房子裡面，盡可能地與我保持距離。看上去，他已經對我放手不管了，但也不是完全撒手不管，那種突如其來的訓斥也可能隨時發生，就像那一天我兩邊耳洞都戴了耳環，當我們在玄關撞見彼此時，他說我看上去像個蠢貨，他不能理解我為什麼會把自己弄得看起來像一個蠢貨，他說作為我的父親他感到羞愧。

三月裡還早的一個下午，我聽到一輛車在家裡外頭停下。我下樓朝窗外望去，是爸爸，他手裡拎著一個包。他的樣子看起來很高興。我趕緊回到樓上的房間裡，不想像那種好奇的傢伙把鼻子擠貼在玻璃窗上。聽到他在下面的廚房裡一陣翻箱倒櫃，我開始放起了門戶樂團（The doors）的唱片，那是揚．維達爾借給我的，在我讀了拉斯．薩比．克里斯滕森[13]寫的《披頭四》之後就想聽聽它。然後把一疊我收集的有關特雷霍爾特[14]間諜案在報紙上剪下的材料拿出來，因為我確信這次考試會用上，我坐下來開始讀它

13 Lars Saabye Christensen（1953—），挪威著名當代作家，也寫有大量的詩歌和戲劇。他的作品獲多個挪威和國際的文學獎項。一九八四問世的小說《披頭四》（Beatles）是他的代表作。

14 Arne Treholt（1942—），阿爾內．特雷霍爾特。前記者，公務員，政客。特雷霍爾特涉嫌為克格勃情報機關提供服務，一九八四年在奧斯陸機場被捕，以間諜罪、叛國罪判監禁二〇年。該事件是挪威歷史上最大的間諜案。

們，這時候聽到了他上樓梯的腳步聲。

我朝門那裡望去的時候他剛好走進來。他手裡拿著的看起來是張購物單。

「願意替我跑一趟商店嗎？」他說。

「沒問題。」我說。

「你讀的是什麼？」他說。

「沒什麼特別的，」我說，「就是一些挪威語課上要用的剪報。」

我站起來。強烈的陽光傾瀉於地板上。窗戶是敞開的，聽到外面的鳥兒在歌唱，它們停駐在只有幾公尺遠的那棵老蘋果樹上嘁嘁喳喳地叫著。爸爸遞給我那張購物清單。

「媽媽和我已經決定要離婚了。」他說。

「啊？」我說。

「對。但這不會影響到你。你不會覺得有什麼不一樣的。再說，你很快就是個大人了，再兩年你就要搬出去自己住了啊。」

「是沒錯。」我說。

「好嗎？」爸爸說。

「好。」我說。

「我忘了寫馬鈴薯。或許我們可以來點甜點？不，還是算了吧。這是錢。」

他遞給我一張五百克朗的鈔票，我把它塞進口袋走下了樓梯，來到街上，沿著河流走，進入超市。

我在貨架間來回走著，把要買的東西放進籃子裡。爸爸沒有說的，我也儘量放進去。他們要離婚了，好吧，那就讓他們離。我想，要是我再年少一些，八歲，九歲，或許這一切會有所不同，那確實會意味著什麼，可現在其實真的沒多大關係了，我有我自己的生活。

我把買回的東西交給他，他做的晚餐，我們在一起吃飯的時候沒有說什麼特別的話題。

然後他走了。

我為此感到高興。那天晚上漢娜要去教堂唱歌，她已經問過我是否想去看看，我當然願意。她的男朋友也在那裡，我假裝自己不知道，當我看見她站在那裡的時候，那麼聖潔，那麼美麗，這是我的那個她，沒有任何人對她的情感能像我這樣對她的如此靠近。外面的柏油路被塵土遮蓋著，餘下的積雪填滿了那些路面的坑窪處和沿著路兩旁陰涼的山坡，她歌唱著，我快樂著。

回家的路上我提早下了公車，走穿過這個城市的最後一段路，內心的躁動一點沒有減少，我的心充滿了那麼多強烈的情感以至於完全無法承受。當我回到家裡，我讓自己躺在床上，眼裡湧出了淚水。這眼淚裡沒有困惑，沒有悲傷，沒有憤怒，只是快樂與喜悅。

第二天我們兩人單獨在教室裡，其他人都走了，我們倆的動作都有點拖沓，或許是因為她也想聽聽我對他們昨天舉辦的音樂會有什麼看法。我對她說她唱得好極了，她完美無缺。她站在那裡收拾書包，臉上容光煥發。然後尼爾斯進來了。我不喜歡這樣，他就像一個影子一樣老是緊緊跟著我們。我們一起上法語課，他與其他一年級生有所不同，他和那些在城裡酒吧裡比他年齡大得多的那些人混在一起，他們對事物的看法及自己的生活都很獨立。他笑得太多了，對一切都奚落嘲笑，也包括對我。當他這麼做的時候，我總是感覺自己微不足道，不知道眼睛該往哪裡看，不知道該說什麼才得體。現在他開始和漢娜說話，就像有一個圈子圍住了她，注視著她的眼睛，笑著，向她靠近，在離她很近的地方站著。對他的這種舉動我並不意外，激怒我的原因不是這個，而是漢娜的反應。她沒有拒絕他，沒有排斥他的笑。

即使我在場，她也向他敞開自己。和他一起笑，與他的目光對視，當他靠近時，她坐在課桌那裡甚至露出了膝蓋。彷彿他已經施展迷魂術蠱惑了她。他站在那裡的瞬間凝視了她的眼睛深處，目光裡含著激動緊張與不安寧，隨即爆發出了邪惡的笑聲，他向後退了幾步，來了一番投降繳械甘拜下風的話語，舉起手對我做了個致意的手勢後就消失了。我懷著滿腔的妒忌之火望著漢娜，像重新審視一個老雇員一樣，但沒看出有任何變化，她在內裡以另一種截然不同的方式又恢復到平日的樣子。

到底發生了什麼事？漢娜，陽光、美麗、俏皮、歡喜，唇邊總是帶著讓人困惑的、常常是很幼稚的問題，她發生了什麼事？我看到的是什麼？黑暗、深沉，或許也有暴烈，在她身上含有這樣的特質？她已經回答了這個問題，儘管只是一點微光，但它畢竟還是顯現了。是啊，就在那一瞬間，我一文不值。我被羞辱了。我寫給她的所有的紙條，和她討論的所有的話題，我所有的那些極為簡單的願望和孩子氣的渴求，都變得一文不值，是校園裡的一聲喊叫，山麓中的一塊碎石，汽車發出的一陣喇叭聲。

我能對她怎麼辦呢？我能對她造成影響，讓她成為我的女友嗎？

我能讓**任何人**成為我的女友嗎？

不。

對她來說我一文不值。

對我來說她就是一切。

我試圖把一切看得更輕，對她和以前一樣，假裝一切都沒事。然而事實並非如此，我知道，這點無庸置疑。我只希望她不會察覺到。但我實際上生活在什麼樣的世界呢？我相信的到底又是什麼夢想？

兩天後，復活節假期開始了，媽媽回到家裡。

爸爸說離婚手續已辦妥，一切完全結束。但當媽媽回家以後，我知道對她來說可不是如此。她直接把車開回家，爸爸在那裡等著，他們在那裡待了兩天，當時我正在城裡四處晃蕩，試著打發時間。

星期五她把車停在外面。我從一扇窗戶看見了她。她一隻眼睛周圍有一塊巨大的淤青。我開了門。

「發生什麼事了？」我說。

「我知道你在想什麼，」她說，「但不是你想的那樣。我摔倒了。我暈過去了，有時候我會這樣，知道嗎，所以我就在樓上撞上了桌腳。你知道的，那張玻璃桌。」

「我不相信。」我說。

「真的，」她說，「我暈倒了。除此之外沒別的。」

我往後退了一步。她走進玄關裡。

「你們現在離婚了嗎？」我說。

她在地上放好箱子，把淺色大衣鉤上。

「對，我們離了。」她說。

「你難過嗎？」

「我難過？」

她驚訝地看著我，好像她沒有想過還有這種可能性。

「我不知道，」她說，「或許吧。你呢？你覺得怎麼樣？」

「很好，」我說，「只要別讓我和爸爸住在一起就行。」

「我們也談到了這件事。但現在我得先喝杯咖啡。」

我跟在她後面走進廚房，看著她把咖啡壺灌滿了水，在椅子上坐下，手提包放在膝蓋上，翻出一包菸，顯然，她在卑爾根那裡已經開始抽巴克萊了，她抽出一根菸點上。

她看著我。

「我會搬進來。我們住那棟正屋。爸爸在這裡住。大概我得先把他的那一半買下來，我還不完全知道怎麼樣才能把這件事給辦好，但肯定會有辦法的。」

「好。」我說。

「你呢？」她說。「你的情況怎麼樣？知道嗎，現在真的高興能看到你。」

「我也一樣，」我說，「新年之後我都沒有看過你。發生的事太多了。」

「是嗎？」

她站起來從櫃子裡拿出一隻菸灰缸，同時也把一袋咖啡一起拿出來放在了桌上，水開始發出低低的嘶嘶聲，靠著聽有點像接近大海的感覺。

「是啊。」我說。

「看起來是些好事吧？」她笑著說。

「對，」我說，「我戀愛了。就這麼簡單。」

「太好了。是我認識的人嗎？」

「你認識的，那會是誰呀？不是，是班上的一個人。這可能有點不明智，但情況就是這樣。這也不完全是你能計畫的事，對吧？」

「喔，當然。」她說，「她叫什麼名字？」

「漢娜。」

「漢娜。」她說著微微一笑，「我什麼時候能見到她？」

「問題就在這裡。我們不在一起。她和另外一個人在一起。」

「看來還真不容易。」

「對。」

她嘆了口氣。

「是啊，事情不總是隨人心願。但你看上去精神煥發，也很快樂。」

「我從來沒有這麼快樂過。從來沒有。」

基於某種瘋狂的理由，說這話的時候我眼裡湧出了淚水。不是眼睛溼潤，像平常看到感動的東西時那樣，不是，眼淚從我臉頰兩旁流了下來。

我笑了。

「事實上這是高興的眼淚。」我說。我抽泣了一下。最後我得用手把臉上的淚水抹去。幸虧這時水開了，我可以走過去把壺從電暖爐上拿開倒進咖啡，再把蓋子按下去，把壺在電暖爐盤上敲了幾下，倒進兩個杯子。

當我把它們擺在桌上，一切又都恢復到了常態。

半年以後，在七月末的一個夜晚，我搭最後一趟公車在瀑布前的車站下了車。肩上背著一個水手背包。我去丹麥參加了足球訓練營，之後，我沒有先回家，而是去參加了在群島舉辦的一個班級派對。我很高興。時間剛過十點半，夜幕已經降臨，像一片灰色的面紗籠罩著大地。在我底下的瀑布轟轟作響。我爬上坡，走向路邊磚石堆砌的公路。在傾斜的草地下是一排沿著河岸生長起來的落葉樹。上面有個老農場，糧倉已廢棄而大門朝路敞開。農場的主屋裡沒有燈光。我拐了個彎，下面是幢房子，一個老人住在那裡，坐在開著電視的客廳裡。河的對面開來一輛拖車。過了一會後我聽見了，但拖車往上開加速換檔的聲音卻是要更近了一點才聽見。樹冠的上方，天空陰霾，兩隻蝙蝠在空中飛，我想到了坐末班車回家時常常撞見的獾。當我邁步往上爬坡時它多半順著溪流朝著公路往下竄。保險起見我總是一手握著一塊石頭。有時候也會在路上遇到，那時它就停下來瞪著我，然後開始跑回它那極具特色的隱蔽處。

我站在那裡，把背包從肩上甩了下來，一隻腳放在路沿的石頭，點了一支菸。我不想在那一刻回家，想再延遲幾分鐘。我和媽媽一起在這裡住了一整個冬天和半個夏天，她現在在南伯沃格。她還沒有買下爸爸的那一半房產，依照他的權利，他和他的新女友溫妮一起住在那裡，直到學校開始上課。

樹林上空飛來一架巨大的飛機，它緩緩傾斜，從我頭上飛過的幾秒鐘後機身又再度恢復平衡。兩個機翼的尾端發出刺眼的閃光，機身下的輪子正在放下。我的眼睛追隨著它直到它在視野中消失，剩下轟隆隆的聲響，聲音越來越弱，在飛機於謝維克機場降落以前，那微弱的轟轟聲也消失了。我一直喜歡飛機，即使在航線下方住了三年，每次都還是帶著愉悅的心情看它們起降。

河水於夏日的黑暗中閃爍。我手裡菸的霧氣並沒有往上升，它流散開來，像空氣中懸浮著一層薄霧。沒有一點風。當飛機的轟鳴消失後，也沒有一點聲響。不，是有聲音的：是蝙蝠發出的聲音，它們上下盤旋地飛著，翅膀啪啦啪啦地鼓動。

我吐出舌頭接著把菸熄了，將菸蒂扔在斜坡上，背包往肩上一提，繼續往上走。有燈光的那棟房子是威廉住的地方。接下去拐彎處的上方，喬木龐大的樹冠把整個天空遮得密實。在下面道路與河流間的沼澤地能聽得見青蛙或者是蟾蜍的鳴叫。然後我看見下方的地上有一個活動的身影。是獾。牠還沒有注意到我，跑上了柏油路。我朝著路的另一邊走了幾步，不想驚動這位過路者，但牠看見了我立刻停下。啊，這獾實在太漂亮了，牠黑白相間的鼻子是多麼時髦。毛皮是灰色的，金色的眼睛透著狡黠。我繼續大步走著，跨越碎石路基，靜靜地站在下面的陡坡上。那獾發出嘶嘶的聲音，繼續注視著我。很顯然牠在判斷當下的情勢，以前幾次當我一撞上牠，牠會立刻掉頭馬上跑得了無蹤影。現在牠又這麼做了，驀地轉身跑開，我很高興牠跑回了山上。當我重走回路，我聽見了低微的音樂聲，這音樂聲從剛剛一直都在，只是我現在才聽到。

是從我們家那裡傳來的嗎？

我緊趕往下走完最後一段路，然後再爬上斜坡，房子被燈照得光亮。對的，音樂就是從那裡傳出來的。大概是從那道敞開的門，我想，那上面大概有個派對，草坪上有幾個晃動的黑影，在灰白色的夏季之夜，暗淡的光線中顯得朦朧而曖昧。通常我是沿著溪流的方向，往上抵達房子的西側，但現在那上面有派對，屋前屋後到處都是陌生人，我不想從樹林中就這麼直接闖入，因此沿著路繞了一大圈。

整個車道上都停滿了車，半個車身在草坪上，糧倉房的旁邊和院裡也停著車。爬到頂部後我停下來讓自己鎮定一會。一個穿白襯衫的男人從院落那裡走過來，他沒有瞧見我。屋後的花園裡人聲嘈雜。我透過窗戶望進去，廚房的桌子旁站著兩個女人和一個男人，他們面前各有自己的酒杯，互相笑著一邊喝著酒。

我深吸了一口氣朝著房子的正門走去。通往樹林的花園放著一張長桌子。上面雪白的桌布在樹冠下的幽暗裡發著隱約的白光。有六七個人坐在桌前，其中包括爸爸。他馬上就看到了我。當我與他的目光交會，他站起來向我招手。我放下背包，把它放在門邊朝他走去。我以前從來沒有看過他這樣。他穿著一件寬鬆的白襯衫，V字形的領口繡著花邊，藍色牛仔褲，淺棕色的皮鞋。他的臉，幾乎被曬成了深棕色，泛著黝黑的光。眼睛閃閃發亮。

「你來了，卡爾．奧韋。」他說著，把手放在我的肩上。「我們以為你會來得更早。這裡有個派對，如你所見。但你可以跟大家一起小坐一會吧？來，坐這裡！」

我照他說的在桌子旁坐了下來，背對著房子。這些人當中我唯一見過的是溫妮。她也穿著一件白色的襯衫或者類似於毛線衫的衣服。

「嗨，溫妮。」我說。

她給我一個熱情的笑容。

「這是卡爾・奧韋，我的小兒子。」爸爸說，在桌子的對面坐了下來，他的旁邊是溫妮。我向其他五個人點了點頭。

「這位是博迪爾，卡爾・奧韋，」他說，「我的表妹。」

我從沒聽過他有個叫博迪爾的表親，看著她的時候或許眼裡帶著一點疑問，她笑著對我說：「我們還小的時候經常在一起，你父親和我。」

「青少年的時候也是吧。」爸爸說。他點起了一支菸，吸了一口，又吐了出來，臉上帶著一種心滿意足的表情。

「這裡還有雷達爾，埃倫，瑪爾塔，埃爾林和奧耶。這些是我的同事。」

「嗨。」我說。

桌上擺滿玻璃杯和酒瓶，托盤與盤子。兩個大碗裡滿滿的蝦殼，毫無疑問他們才吃過。我父親提到的最後一位，奧耶，四十左右的年紀，一副碩大的眼鏡，鏡架倒是薄且細，坐在那裡望著我的時候他喝了一小口啤酒。他把酒杯放下，說：「是你去了訓練營啊？」

我點點頭。

「在丹麥。」我說。

「丹麥哪裡呀？」他說。

「尼克賓。」我說。

「在莫斯島的？」他說。

「對，」我說，「我想是的。是在利姆灣的一個島。」

他笑了，四處張望著。

「那就是阿克塞爾・桑德莫塞[15]的家鄉喲！」他說。然後他又直直地看著我。「你知道他創立的一條法則就是受那座城市啟發的嗎？」

現在是怎麼？我們難不成在學校上課嗎？

「知道。」我說。我不想再多說話，也不想給他機會多說話。

「那是？」他說。

當我抬起頭時與他目光相會了，眼神既挑釁又尷尬。

「詹代法則。」我說。

「這就對了！」他說。

「你們在那裡過得好嗎？」爸爸說。

「很好，」我說，「場地都很棒。城市也漂亮。」

15 Aksel Sandemose（1899—1965）著名的丹麥裔挪威作家，出生於丹麥，一九二九年移居挪威。以擅長寫心理小說著稱，代表作為《水手上岸去》（En sj.mann g.r i land）和《一個逃犯穿越舊日的蹤跡》（En flykting krysser sitt spor）。也有大量的詩歌和散文作品。下文提到的詹代法則（Jante Law）是斯堪的納維亞社群中對個人的一種看法，其特點是否定個人的成就，詹代法則首次出現是在桑德摩斯的《一個逃犯穿越舊日的蹤跡》中。

在丹麥尼克賓：我和一個初次見面的女孩在外頭過了整夜之後，朝住宿的學校走回去，她瘋狂地喜歡我。隊裡其他四人回去得早些，只剩下她和我。在回去的路上，我比平常更醉，我在城裡的一棟房子面前停住。所有的細節煙消雲散，我不記得怎麼離開她的了，不記得怎麼走到那裡的，但在那裡，就在我站在這棟房子門外的時候，好像又恢復了神志。我把冒著紅光的捲菸從嘴邊拿開，打開門上的收信口，把菸扔進去讓它掉在裡面走道的地板上。然後又是一陣暈眩，但不論如何我得回宿舍，進去之後倒頭大睡，第二天早餐時被喚醒，之後訓練了三小時。我扔進去的那菸，當我們坐在訓練場旁一棵大落葉樹下聊天時，我猛然想到了這件事。我起身，不免起了一陣寒顫。我把球踢了出去，開始去追它。要是著火怎麼辦？火災裡有人喪生嗎？我又該這麼辦？

在訓練的那些日子裡我一直都很快樂，但現在，當我回家後的第一個晚上坐在花園裡的長餐桌旁時，恐懼又襲上心頭。

「你在哪個球隊踢，卡爾．奧韋？」其中的一個人問話了。

「特韋特。」我說。

「在哪一區啊？」

「我在少年隊，」我說，「青年隊是第五區的。」

「那就不是史達俱樂部（IK Start）了。」他說。從他的口音裡我聽出來他來自文內斯拉，所以很喜歡較真。

「不是，比較是溫比亞特足球俱樂部（Vindbjart）。」我說。

大家笑了。我低下視線。覺得受到了太多關注。但這之後當我看見爸爸時，他對我笑著。

真的，他的眼睛閃閃發亮。

「你就不想來杯啤酒嗎，卡爾．奧韋？」他說。

我點點頭。

「好。」我說。

他朝桌面上掃視了一遍。

「這裡的酒看起來是喝完了，」他說，「但廚房裡還有一箱。你可以到那裡去拿一瓶。」

我站起來。當我往門那裡走過去時，又進來了兩個人。一男一女，兩人的身體扭纏在一起。她穿著白色的夏季連身裙。赤裸的雙臂和雙腿是棕色的。乳房看似沉甸甸，腹部與臀部臃腫。但在同樣豐滿的臉上她的眼神是溫柔的。而那男子，穿著淺藍色襯衫和白色褲子，有點小肚腩，但算得上是個身材不錯的人。他雖然笑著，醉意朦朧的眼睛四處掃視，但我看得出那張臉的表情是僵硬的。在這張凝固的臉上，只有皮膚的紋路清晰可見，就像乾枯的河床那樣。

「嗨！」她說。「你是那位兒子吧？」

「是，」我說，「嗨。」

「我和你父親一起工作。」她說。

「很高興見到你。」我說，很幸運不必再說更多的話，因為他們已挪步向前走了。當我來到玄關那裡時，浴室的門打開了。一個矮小、粗壯、戴著眼鏡的黑髮女人走了出來。她眼神掃了我一眼，然後低下視線走過去，進了屋裡。我謹慎地用鼻子嗅了嗅她身上飄出的香水味，隨即在她身後走進屋裡。鮮花的氣味。我走進廚房，到的時候從窗戶看見三個人坐在那裡。一個男人，大約四十歲，正朝著他右邊的那個女人低語。她笑了，但是那種出於禮貌的笑。另外一個女人也坐在那邊，翻著膝上的手提包。她抬起頭來看了我一眼，同時把未拆封的一盒菸放到桌上。

「嗨，」我說，「我只是來拿一瓶啤酒。」

靠著門的那面牆邊有滿滿兩箱啤酒。我從上面那箱取出一瓶。

「你們誰有開瓶器？」我說。

那男人站起來，在大腿上一拍。

「我有打火機。」他說。

他的輕輕拋給我，慢慢地，這樣我就還來得及準備，但還是一個不小心，打火機從空中飛過，撞上了門框哐當一聲落在地上。要不是有人丟給我什麼，我還真不知道該怎麼辦，我不想要讓他以長輩那樣的方式替我開瓶，不過這建議是他主動提的，雖然有點不順，但這樣一來情勢就有所不同。

「我不會用打火機開瓶，」我說，「或許你可以幫我開？」

我從地上拾起打火機，把它和啤酒瓶一起遞給了他。他戴著一副圓形的眼鏡，半個腦袋上沒有頭髮，頭髮多的那一側在頭頂上高高聳起，就像一波海浪在漫無邊際的沙灘上，它們永遠無法往上攀，這讓他多少有些氣餒，少了底氣。至少他給我了這個印象。他握著打火機，繃緊了的手指毛茸茸的。一隻銀鍊的手錶掛在他腕上。

隨著輕輕的一聲啪，瓶蓋打開了。

「好了。」他把瓶子遞給了我。我謝過，走進了客廳，那裡有四五個人在跳舞，我走出門來到花園。在旗桿前聚了一小群人，手裡都拿著自己的酒杯，他們談話時眺望著外面的河谷。

啤酒的味道是太美妙了。在丹麥的時候我每晚都喝，前一天也喝了整夜，現在我得灌上更多才可能讓自己醉倒。但我也不想弄成那樣。要是我喝得太醉，我就會滑進他們的世界裡，讓他們把我完全吸收同化，變得和他們一樣，或許我甚至會對他們的女人想入非非。這是我最不希望發生的事。

我朝外面望去。河流曲折地環繞著那塊立有一個球門網的狹長草坪，兩排高大的喬木沿著河岸長起，如今水面是映著樹林，是閃亮的鉛灰色。丘陵在另一處隆起，往下能延綿至海，水一樣是黑的。光從河流和丘陵間的一棟房屋傾瀉而出，強烈且明亮。而天邊的群星，與大地灰濛濛的色調過於相近，僅在夜空的更深處，才得以依稀見到一點。

在旗桿旁的那群人在笑著說什麼。他們站的地方只離我有幾公尺，但他們的臉仍模糊不清。有小肚腩的那個男人繞著屋子的一角走了過來，好像他是蹭著地面往前走。我堅信禮的照片是在那裡拍的，在旗桿前，站在爸爸和媽媽中間。我喝下一口酒朝花園另一端的深處走去，看來還沒有其他人發現這條路。在那裡，我靠近一棵白樺樹坐了下來，兩腿交叉在一起。音樂的聲音變得遙遠了，說話聲和笑聲也遠了，他們在那裡的活動顯得更加模糊。他們朦朧的身影像幽靈似的，繞著明亮的房子飄來飄去。我想起了漢娜。她在我心中確實佔有一席之地，彷彿我無時無刻都與她在一起。我隨時可以找她，只要我想，只要我覺得非去不可。先前班級派對的晚上，我們坐在一塊海邊的石頭上聊天。什麼事也沒發生，只是在一起。石頭、漢娜、有著低淺的小島嶼的海灣、大海。我們跳舞、遊戲，從房子的階梯走下來，在黑暗的海水裡游泳。那真是心曠神怡。這種心曠神怡永不疲倦，隔日是這樣，現在也一樣。我永存不朽。我站了起來，意識到這是憑著我自己身體裡每一個細胞的力量。我穿著一件灰色的T恤，齊膝的軍綠色褲子和一雙白色愛迪達，就這些，但這已足夠。我說不上強壯有力，但我細長瘦削、柔韌靈敏、英俊如神。

我可以打電話給她嗎？

今天晚上她應該在家。

但已接近半夜十二點了。即使她本人不在意被叫醒，對於她家裡其他人也會造成干擾。

如果那房子被燒毀怎麼辦？有人在火裡喪生嗎？

啊，該死，真他媽的該死。

我開始經過草坪，同時試著將這一切思緒拋在腦後，我目光滑過樹籬、房子、屋頂，直到停在遠處草地另一端的一大簇紫丁香叢那。它那沉重的、紫色的花朵，讓沿途的路上都能聞到濃郁的芳香。我走著並喝光瓶裡的最後一點酒，看見幾張紅撲撲的女人的臉，她們屈腿坐在階梯上，手裡夾著一截香菸，從桌邊經過時我認出了她們，微笑了一下。我穿過大門進入客廳，接著來到廚房，現在那裡一個人也沒有了。我又拿了一瓶啤酒，走上樓回我自己的房間裡，在窗前的椅子上坐下來，把頭後仰閉上了眼睛。

就像這樣。

客廳裡的擴音器就在我下方，整棟房子完全不隔音，每一個音符都異常清晰。

他們放的是什麼曲子？

昂內塔・費爾特斯科格[16]。去年夏天的熱門歌曲。但這首叫做什麼？

這天晚上爸爸穿的衣服有點不般配，不倫不類的。白襯衫或是上衣或不管他媽的那該叫做什麼。在我記憶裡他總是穿著簡單、準確得當，偏向保守。他的衣櫃裡滿是襯衫、西裝、西裝外套，多數是帶斜紋的，下裝是滌綸的、燈芯絨的、純棉的，毛衣是羊毛或羔羊毛的。他屬於那種比較老派的教師，而不是不太注重衣著的那種新老師。但也不是時代的老派，兩者的差異倒不在此，而是體現在柔弱與剛強之間，在試圖維持或打破距離之間。這是一個價值觀的問題。當他突然換上一套很文藝式的繡花上衣，或是帶褶襉的襯衫，就感覺與實際上的他相去甚遠。比如我在初夏時看見他的模樣，要不就是來一雙樣式很隨興的皮鞋，但他看上去與許多人一樣一副很享受的樣子。我自己是站在弱者這一邊的，我反對戰爭與威強權，反對階級與所有形式的權力結構。我不想在學校裡被課業壓榨，我希望我的想法能更具組織性，而不是死背硬記；政治觀點上我傾向於左翼，對於世界資源分配不均讓我想要罵髒話，我希望在社會財富是人人均等的，既然如此資本主義和財團就是敵人。我的意思是說所有人的價值應是均等的，而一個人的內在更比他的外在要重要得多。換句話說，我反對表面支持內在，反對邪惡支持良善，反對威權支持弱者。這樣來看，我應該感到高興才是，因為我的父親不已經是走到了柔弱的這一邊嗎？不，這只是柔弱的表象。我鄙視這圓框眼鏡、燈芯絨褲子、合腳的鞋、針織毛衣所製造出來的虛假。這跟我的政治理念和其他觀點有關，甚至是音樂。以音樂來說，要看起來酷或者有品味與其他的表現方式十分不同，這與我們的時代有關，卻不是以流行，而是以表述的方式為基準。和柔和、多彩或是否使用髮膠無關，那些都是膚淺的商業娛樂，不，不是的，音樂應該既創新又具有傳統意識；深入卻簡練；聰穎卻直率。真正的音樂不是為所有人的，不是最暢銷的，但它仍表達著一個時代，我的時代，我的經歷與歷程。啊，全新的時代。我站在新時代的一邊。回聲與兔人樂團的主唱伊恩．麥卡洛克在這種概念裡是先鋒。大衣，軍夾克，運動鞋，黑色的太陽眼鏡。這與我爸爸的繡花襯衫和薩米靴[17]相去甚遠。但這也無可厚非，因為爸爸是屬於另一個世代的人。想像著那個世代的人開始穿得像伊恩．麥卡洛克，開始聽英國的非主流音樂，對樂團美國景象（American Scene）感興趣，追著R.E.M.或Green on Red的首張專輯，甚至衣櫃裡可以找到他有波洛領帶……諸如此類，這幾乎是個噩夢。重點是這穿著繡花襯衫和薩米靴的人根本就不是他，但他依舊要以這種裝扮混入圈子裡。這個虛幻、不確定，幾乎女性化的世界，彷彿他失去了

16 Agnetha Fältskog，曾是著名瑞典樂團阿巴合唱團（ABBA）成員，但加入阿巴前她已經是暢銷歌手。

17 Samesko。薩米人是居住在斯堪的納維亞北部長達數千年之久的遊牧民族後裔，分佈在挪威、芬蘭、瑞典和俄羅斯地區。飼養馴鹿是他們的主要謀生手段，薩米靴由馴鹿皮製作，皮毛方向各異，靴型美觀。

掌控，他顯得強勢的聲音也完全被消弭掉了。

我睜眼回過頭去，這樣我就可以通過窗戶看到樹林邊的那張桌子。現在那裡只有四個人了。爸爸、溫妮、自稱為博迪爾的那個她，及另外一個人。丁香花叢後，有個人站在那裡撒尿，那是他們視線以外，但以我的角度卻能看見，他望著外面的那條河。

爸爸抬起頭來直往我這裡的窗戶看。我心跳加快，但沒有移動，因為他要是真看見了我——但我不能確定——這就等於承認了我在偷窺。相反的我等了一會，直到我確定他注意到了我正在看他，我才退開，在書桌前坐下來。

觀察爸爸總沒好事，他總會注意到，什麼都逃不過他的法眼，他能看見任何事。

我喝了幾口啤酒。若現在能抽菸就更好了。他從來沒看過我抽菸，要是他看見了可能會成為另一個問題。但話說回來，他不是才要我自己去拿一瓶啤酒嗎？

書桌，是我記憶以來擁有最久的一個東西，橘紅色的，和我的床及老房間裡的那個櫃子門同一個顏色。現在除了放唱片的架子外，書桌裡完全空了。在學期結束時我已把所有東西清理乾淨，現在只會在這裡過夜。我放下酒瓶把唱片架轉了個幾圈，讀著上面的那些名字，那是我自己還小時稚氣的筆跡，唱片盒上全是大寫字母：BOWIE—HUNKY DORY。LED ZEPPELIN—I。TALKING HEADS—77。THE CHAMELEONS—SCRIPT OF THE BRIDGE。THE THE—SOUL MINING。THE STRANGLERS—RATTUS NORVEGICUS。THE POLICE—OUTLANDOS D'AMOUR。TALKING HEADS—REMAIN IN LIGHT。BOWIE—SCARY MONSTERS (And super creeps)。ENO BYRNE—MY LIFE IN THE BUSH OF GHOSTS。U2—OCTOBER。THE BEATLES—RUBBER SOUL。SIMPLE MINDS—NEW GOLD DREAM[18]。

我站起身，拿起靠近那個小羅蘭Cube擴音器旁的吉他，撥出幾個和絃，然後把琴放回原位，再向戶外的花園望去。他們還坐在那裡，在樹冠下的幽暗中，那兩盞煤氣燈已經黯淡下來，但仍留有餘光，從遠處看去他們的面孔有點被燈光掩去了色彩。是暗黑的，差不多都是銅色的臉龐。

博迪爾一定是祖父另一個兄弟的女兒，我從未見過。出於某種理由祖父的這個兄弟很久以前就被家庭排除在外。我自己是幾年前因為一次偶然才知道此人，那是在家族的一個婚禮上，他發表了一場熱情洋溢的演講。他是城裡五旬節[19]教會裡的一名傳教士。同時也是位技工。他與其他的兩個兄弟在所有方面都截然不同，甚至包括姓名。這三個兒子，在他們莊嚴母親的勸導下，都規劃了未來要進入高等知識分子的教育殿堂，起步就在大學裡，甚至還決定更換了姓氏，讓看起來很一般的彼得森這個姓氏被稍有點與眾不同的克瑙斯高取代。唯有他拒絕了。可能這就是他與家庭決裂的理由？

我出了房間走下樓梯。到客廳時，爸爸站在衣帽間裡，那裡沒開燈，他看著我。

「你在這啊。」他說。「你不想加入我們嗎？」

「喔，當然想。」我說，「我只是到處晃一晃。」

「很棒的派對。」他說。

他微微扭了一下頭，用手把頭髮梳順，這個舉止是他的習慣。但那上衣和褲子，與他完全不搭調，

18 依次提到的唱片是：大衛．鮑伊《一切都好》，齊柏林飛船《一》，臉部特寫《77》，變色龍《橋的劇本》，THE THE《開採靈魂》，行刑者合唱團《溝鼠》，警察合唱團《異鄉之愛》，頭部特寫《留在光裡》，鮑伊《恐怖野獸（以及特別詭異）》，伊諾與拜恩《我在幽靈叢林的生活》，U2《十月》，披頭四《橡皮靈魂》，頭腦簡單樂團《新的黃金夢》。

19 Pentecost，二〇世紀初興起的基督新教運動。五旬節即基督教的聖靈降臨日，源自猶太人三大節期之一的七七節。大多數的五旬節教派承認聖經的首要地位和耶穌基督在信仰中的作用，及耶穌的死亡價值。

好像突然將他柔弱化了。衣著傳統保守、一絲不苟一向是他的習慣，這個梳頭的手勢彷彿是查覺到了他穿著的不對勁，而出來將之抵銷似。

「一切都還好吧，卡爾．奧韋？」他說。

「還好，沒事。」我說，「我待會去找你們。」

當我到了外頭，一陣風捲過。樹林邊的葉子微微擺動，有點不情願的樣子，像是從酣甜的夢中被喚醒。

還是只是他喝醉了？我想。我也不習慣那樣。我父親從來不喝酒的。我第一次看到他酩酊大醉，是兩個月前的一個晚上，我去埃爾韋街的公寓拜訪他和溫妮，他們請我吃起司火鍋，星期五晚上能在自己家裡想出這麼一道晚餐，這種事在以前還不曾有過。我到那裡之前他們已經喝過了，雖然他一副友善的樣子，但仍能感到一種威嚇；當然，不是直接的，因為我不是坐在那裡就感到懼怕，而是間接的，因為我不再能理解他。這就像我失去了整個童年時認識的他，原先可以判斷將會發生什麼事情的能力也因此失去了效應。怎麼會呢？那又有什麼是有效的？

當我轉過身繼續朝桌子那裡走去時，我與溫妮對上了眼，她對我笑著，我也報以微笑。又一陣風吹過，這次風強勁了些。糧倉台階前高大的灌木叢葉子沙沙作響。樹上那些最輕盈的枝條在餐桌上方搖晃著。

「你還好吧？」當我走到了他們那裡溫妮說。

「還好，」我說，「但我有點累，我想我很快就要去睡了。」

「在這大家正熱鬧的時候，你能睡得著？」

「喔，那沒關係的。」

「你相信嗎？你父親今天晚上說了不少誇獎你的話。」博迪爾說，在桌子上方她躬下身。我不知道我該說些什麼，於是謹慎地笑笑。

「是嗎，溫妮？」

溫妮點點頭。她的長髮完全是灰白色的，但她只不過三十出頭。當她在師範學院實習的時候爸爸是她的輔導員。她穿著綠色的寬鬆上衣，跟他身上款式相似，還戴著一條木珠項鍊。

「春天時我們在這裡朗讀了你的一篇短文，」她說，「你可能不知道。我讀了你的東西希望你不會不高興。知道嗎？他真為你感到驕傲。」

啊，我簡直無話可說了。我的短文他媽的跟她有什麼關係？

但很顯然，這話是在奉承我。

「你像你的祖父，卡爾・奧韋。」博迪爾說。

「像祖父？」

「對。一樣的頭型。一樣的嘴。」

「你是爸爸的表妹嗎？」我說。

「對，」她說，「你哪天應該來看看我們。你知道，我們也住在克里斯蒂安桑！」

我不知道。在我到這裡之前，我甚至不知道她的存在。我應該這麼說的。但我沒這麼做。相反地我說很高興有機會去拜訪，問她從事什麼職業，慢慢地也說到她有無孩子之類的話。就在她說話的當下爸爸回來了。他坐下來聽她的講述，像是為了要加入這個話題，但接著他身子往後仰，把一隻腳放在另一邊的膝蓋上，點起了一支菸。

我站起來。

「我一來你就要走嗎？」他說。

「不是，我只是去拿個東西。」我說。走到門邊我打開背包，掏出香菸，嘴裡叼了一根就往回走，半途中停住一瞬間把菸給點燃，這樣當我坐下的時候就已經開始抽了。爸爸一聲不吭。他感覺是想說點什麼，因為他的嘴邊已透露出了一絲不滿，但在這短暫的、邪惡的一瞥之後一切又全煙消雲散，好像他已經對自己說了一遍他不再是這樣的人。

至少我腦袋裡是這麼想的。

「那乾杯吧，大家一起。」爸爸說，向我們舉起了紅酒杯。然後他看著博迪爾，又加一句：「為海倫妮乾杯。」

「為海倫妮乾杯。」博迪爾說。

他們喝下酒的時候彼此看著對方的眼睛。

海倫妮又他媽的是誰？

「你還沒有來乾杯，卡爾．奧韋。」爸爸說。

我搖了一下頭。

「在那裡拿個杯子，」他說，「是乾淨的。是不是，溫妮？」

她點點頭。他在桌上舉起一瓶白葡萄酒把杯子斟滿。我們又乾了杯。

「海倫妮是誰？」我說，望著他們。

「海倫妮是我姐姐，」博迪爾說，「她已經過世了。」

「海倫妮是……對，小時候我們很親近。所有的時間我們都在一起，」爸爸說，「直到十來歲的時候。後來她病了。」

我又喝了一口。從房子後面走出剛才看見過的兩個人。穿著白衣裙的身材結實的女人和那個有小肚腩的男人。他們後面還有另外兩個人，我認出其中的一個，那男人之前在廚房裡。

「你們在這裡呀，」有小肚腩的人說，「我們還在想你們在哪裡。我必須說，你可沒有照顧好你的客人。」他把一隻手放在爸爸肩上。「我們到這裡來看的就是你喔。」

「這是我妹妹，伊莉莎白，」博迪爾低聲對我說，「和她丈夫，法蘭克。他們住在下面的萊恩，你知道的，就在河邊上。他是個房地產經紀人。」

爸爸認識的所有這些人，他們一直以來都生活在我們周圍嗎？

他們在桌旁坐了下來，立刻顯得生氣蓬勃。我剛到這裡時這些面孔空洞且毫無意義，因此我看見的只是其中的年齡和類型，可能跟看動物差不多，一群四十幾歲的獸群，其中包含死沉沉的眼睛、僵硬的嘴唇、下垂的乳房、顫抖的肚腹、皺紋及贅肉，現在我看到的是簡單的個體，我也是他們其中的一個親屬，他們血管裡流動的血和我是一樣的，他們是誰，突然變得有了意義。

「我們才談到了海倫妮。」爸爸說。

「海倫妮，是啊，」叫法蘭克的人說，「我從來沒有見過她。但我聽說了許多有關她的事。很遺憾，事情總是這樣。」

「她臨終時我坐在她的床邊。」爸爸說。

我驚愕著。現在又怎麼了？

「我很看重她。非常看重。」

「她是你能想像到的最美的人。」博迪爾對著我說，仍是那種低低的嗓音。

「她就這麼死了。」爸爸說，「唉。」

他在哭嗎？

是的，他哭了。他坐在那裡手肘支撐著桌面，兩手交疊放在胸前，同時眼淚順著他的臉頰上流了下來。

「那時是春天。她死的時候是春天。所有的花朵都在外面。唉。」

法蘭克的眼睛朝下，把玩著手裡的酒杯。溫妮把手放在爸爸的手臂上。博迪爾望著他們。

「你是跟她最親近的，」她說，「你就是她最親愛的人。」

「啊，啊。」我的父親說，閉上了眼睛用手遮住了臉。

又一陣風在院落上空刮過。桌布垂下去的邊角被吹得往上翻飛起來。一張餐巾紙被風刮走飄落到了草坪上。我們頭上的落葉樹喧鬧起來。我舉起杯子喝酒，那酸酸的味道充斥著口腔令人戰慄，並再一次的體認到將要醉酒的那種清澈和純粹，但又尚未來臨，於是我如往常那樣，渴求且追逐著。

# 第二部分

PART 2

我在奧克斯霍夫（Åkeshov），斯德哥爾摩的其中一個衛星都市，於一間地下室房間待了幾個月，那時我正寫著我期待的第二部小說，地鐵就在窗外幾公尺處，每天下午夜幕降臨時，一列車廂就像是亮著燈火的房間穿過樹林而來，直到二〇〇三年底，我才終於在斯德哥爾摩市中心得到一間辦公室。這是琳達朋友的房子，相當不錯。事實上它是一間公寓，有個小廚房、小淋浴間、一張沙發床，加上一個寫字檯和一個書架。我是在聖誕節到新年之間把我的東西搬過來的，一大堆的書和一台電腦，新年第一天就開始在那裡工作。小說事實上已經完成，一百三十頁的一個奇怪的事件，一個關於父親和兩個兒子一起在夏夜裡捕撈螃蟹的故事，慢慢轉變成一些關於天使的隨筆，又漸次進入其中一個兒子的故事。他現在已成年，某些時候他會在一個島上生活，在那裡他一人獨居，寫作，自殘。

出版社說他們想出版這本書，我為此心動，但同時又很不確定，尤其是在我讓埃里克．圖雷讀了書稿後。某個深夜中他打給我，聲音與說話的方式都不同於往，好像多喝了一點，為了將實話說出：太簡單了，這樣不行，這不是小說。你得說個故事，卡爾．奧韋！他說了好幾遍。你得說個故事啊！我知道他是對的，於是在二〇〇四年的第一天，我坐在新的書桌前望著這空白的螢幕。半小時後我把身子往後靠，目光掃過書桌後面的那張海報，這是多年前我和托妮耶一起在巴塞隆納看過的彼得．格里納韋[1]畫展，我過往生活的一部分。海報上有四張畫：一張是我一直以來以為是撒尿的小天使，還有一對鳥的翅膀、一九二〇年代的飛行員，及屍體的一隻手。我朝窗外望去。對面醫院上方的天空清澈湛藍。低低的陽光閃耀於窗戶、路標、欄杆和駛過的車上。走在路旁的人呼出的白霧讓他們看起來像著了火。所有人

1 Peter Greenaway（1942—）英國電影導演，編劇及藝術家。他電影的特色是由燈光與構圖來控制出鮮明的對比，如服裝與裸體，自然和建築，人與傢俱等，其畫面受到早期尼德蘭繪畫及巴洛克風格繪畫的影響。

衣服都包裹得嚴實。帽子、圍巾、手套、厚大衣。腳步匆匆，神情木然。我將視線收回房裡，在地板上飄移。實木複合地板，還算新，但這紅棕色卻與公寓裡原本十九世紀末的風格完全不符。離我椅子兩公尺的地方，我突然看見了地板上的樹結疤與木紋，那畫面有如一個戴著荊棘冠的耶穌。

其實這沒什麼大不了的，我只不過對它有點印象，所有建築都有類似畫面，不規則地形成於地板、牆壁，門與線腳上——這裡的天花板有塊潮溼的水痕，看上去就像一條奔跑的狗，那裡門階前斑駁的油漆，有如積雪覆蓋於山谷，周圍更遠處的群峰頂端也印著白雪，同時看起來有雲湧出——但我一定還看見了有什麼在移動，因為十分鐘後我起身去幫茶壺裝水時，突然想到了很久以前一個傍晚發生的事，久到要回溯我的童年。新聞裡有關一艘失蹤漁船的報導，我在水裡看到了類似這樣的畫面。在裝水的幾秒鐘裡，我家客廳裡的畫面突然出現在眼前，柚木框的電視機，窗外昏暗的山坡上雪花閃爍，螢幕裡的大海，那張臉突然在水面顯現。接踵而至的畫面也是當年的氣氛，春天裡，住宅區中，七〇年代裡，當時的家庭生活。那種氣氛與場景，幾乎令人懷念。

就在這時電話響了。我嚇一跳。沒有人知道我在這裡的號碼。

電話響了五次以後才終於停止。水快開了，發出了滋滋聲，我以前常覺得這聲音聽起來像是有人在慢慢靠近。

擰開咖啡盒，舀了兩勺到杯子裡再倒入沸水，杯緣的黑水翻滾冒出熱騰騰的蒸氣，接著我穿上衣服。出門之前我停了一下，想要再看一眼木板上的那張臉。看上去真的像耶穌。他的臉半側著，如身在痛苦中，目光望著田野，頭上套著荊棘冠。

但重要的不是我看到的這一張臉，也不是七〇年代那一次我在海裡看見的那一張，重要的是我遺忘了的事，如今卻突然再現。除了一些單獨事件，比如那些我和英格威常聊起的，對它們幾乎跟聖經裡的麼事。

那些故事一樣熟悉之外，其餘的童年我一概模糊不清。換句話說，我記不得事情發生的始末。但房間裡的那些陳設，我記得。所有我去過的那些地方，我到過的場所，我都記得。只是不知道在那裡發生了什麼事。

我手裡拿著咖啡杯來到了街上。在這裡看到它心裡有些微的不適感，咖啡杯屬於室內而不是戶外，外面讓這杯子有一種赤身裸露於眾的感覺。在過馬路時，我決定以後早上的咖啡都在7-11買，用他們的杯子，厚紙杯，那種專門在外面使用的。醫院外有幾張長凳，我走過去，在結了冰的長凳上坐下，點了支菸看著下面的道路。咖啡已經開始變得溫涼。今天早上家裡廚房外的溫度計上顯示著零下二十度，雖然現在有太陽，但並沒有暖和多少。零下十五度吧，現在。

我從口袋裡掏出手機看是否有任何人打給我。但也不是任何人，我們的小孩再一週左右就要出生了，我現在已經準備好琳達任何時候打電話給我說孩子要生了。

緩坡上的十字路口，號誌燈開始答答地響。緊接著下面的街上便沒有來往的車輛了。我下方的那個入口處走出兩個中年女子，各自點起了菸。她們穿著醫院的外袍，雙手貼緊著自己，因為怕冷而一直小步地走著。她們看上去像一種古怪的鴨子。這時號誌燈的答答聲停止了，下一秒汽車像一群氣喘吁吁的狗一樣，從坡裡的陰影飛馳而出，衝進下面陽光的道路。鑲釘的冬季輪胎輾壓在柏油路上。我把手機放回口袋，雙手握住咖啡杯。水霧緩緩地上升，與嘴邊散開的煙霧混在一起。夾在兩棟公寓樓之間的學校從我的辦公室往上走只有二十公尺，某個瞬間孩子的喧鬧聲停了下來，我就注意到了他們。上課鈴聲響了。這裡的聲音對於我來說既新又陌生，而聲音來源的環境也是如此，但我想我很快就會適應，這些聲音又會再一次的成為背景。知道的越少，它就不存在。知道得太多，它也不會存在。寫作就是將陰影裡我們所知的一切精神給呈現出來。這就是寫作。不是那裡發生什麼事，不是那裡事件如何展開，而是單純的**那裡**。這就是寫作的目標與方向。但又要如何到達那裡？

這就是當我坐在斯德哥爾摩的一個城區喝著咖啡，一邊正在思考著的問題。同時，我冷得肌肉緊縮，菸的煙霧升起又在我頭頂上散開。

校園裡的喧鬧每隔一陣會固定傳來，這是處於交通要道每天要體會的眾多節奏中的一種，早晨街道交通開始擁擠，直到另一個方向的車流變多了，這個方向的車輛才於下午或傍晚時減少。工人們於清晨六點半聚集在不同的咖啡廳和麵包店用早餐，穿著安全靴，捲尺插在褲袋裡，雙手強壯積滿了灰褐色的污垢，他們的手機沒完沒了地響著。但緊接著的一個小時，擠滿於道路上的男男女女就難以歸類了。從他們柔軟且質地優良的衣著外觀來看，只能推測他們的一天都在辦公室裡，但他們也可能是律師、記者、建築師、廣告公司的企劃，或者保險業的專案經理。

護士和助理士從醫院前的公車裡湧出，大多數是中年人，大多數是婦女，但其中偶爾也有年輕人。接近八點後人潮越來越多，再來就越來越稀疏，最後就只有一兩個退休老人拖著拉桿箱出現在人行道上。在這安靜的上午，母親或者父親分別推著嬰兒車出現了，這種時候路上便以貨車、大卡車、小噸位貨車、公車和計程車為主。

陽光於辦公室對面的窗戶上閃耀。此時聽不到，或者說很難聽到外面的樓梯上有腳步聲，走過去有動靜的都是一些幼稚園的小孩，不比一群羊高多少。他們穿著一模一樣的反光背心，臉有時正經，就像被山妖施了魔法要走進童話裡的人物。反觀如牧羊人一樣高高的、嚴肅的幼稚園老師，就顯得無聊許多。這段時間也有來自周遭工作時發出的聲響，聲音大到足以讓附近一帶都能察覺到他們的存在，園區裡有人於草坪上打掃落葉或修剪樹枝，讓草地乾淨美觀，道路那兒有人在鋪整柏油，或者屋主正在粉刷他附近一帶的租屋處。突然一群白領工人和商務人士湧上街頭，把路邊所有餐館擠得滿滿：是午餐時間了。

這一波人潮突然又很快退去，街面回到了與上午時差不多的空寂，但依然有其特性，因為這一模式將再度重複，只不過是反了方向：放學的小學生從我窗前經過，他們正準備回家，奔放且喧鬧。和清晨上學的時候不同，那時他們身上都帶有一股前晚未消的睡意，人與生俱來的那種小心謹慎在他們身上還沒有開始。陽光現在正好照到了牆上，外面走道開始有了上樓梯沉重緩慢的腳步聲，每一次我往窗外望，在醫院門口等候公車的人都不斷增加。路上車更多了，往高樓處的行人也是。整個活動的高峰位於五點，之後住宅區便是一片安寧，直到晚上十點的夜生活才將這種靜謐給打破。一群嘶吼的年輕男人與尖笑的年輕女人，甚至有一次是在半夜三點以後還在吵。清晨六點，公車又開始在路上行駛了，交通堵塞，人們從屋裡和門梯裡走出，新的一天於是展開。

在這裡，生活是如此嚴格地被規範及劃定，以至於可以從幾何學和生物學上理解它。很難想像與豐饒、野生、混亂的其他物種有關，比如過多且密集的蝌蚪、魚卵及昆蟲的蛋，生命似乎從那源源不絕的井底湧出。不過事實就是如此。混亂與不可預測是生命的開始與終結必然的要素，生命無法缺乏他者，即便我們所有的努力都會迎來終結；僅僅需要一個絕望的瞬間，我們就更能夠體會於活在光明，而不是在陰影裡。混亂就像是重力，而在歷史中能看見其中的節奏，文明的興起與消亡，或許就和這有關。很難想像兩種極端竟然彼此相似，某種意義上來說，在這巨大的混亂與嚴格的模式裡，展示出了世界的個體性不值一提；生命便是一切。正如心臟不在乎為哪種生命跳動一樣，城市也不在乎是誰佔據著各個區域讓這一切運轉。當所有城市裡的人在這一天死去，就說是一百五十年後吧，人們仍會繼續以相同的模式穿過路口。唯一的不同之處在於填滿這個城市的會是新面孔，但也不算全新，因為他們會和我們很相似。

我把菸屁股扔在地上，喝下最後一點已經完全涼了的咖啡。

我看見的是生命，思索的是死亡。

我站起身用手在大腿上搓了幾下，朝著下面十字路口的號誌燈那裡走去。經過的一輛車子尾從底部翻起了雪泥。下面駛來一台巨大的拖車，鐵鍊匡啷匡啷的響了一陣，一剎車就一個顛簸，在紅燈時，它剛好來得及在人行道前面停下。但若是車因為我而停下我總是會感到某種愧疚、不平衡感，彷彿覺得虧欠了他們。車越大，虧欠越多。因此當我從車前走過時總試著看向司機，這樣便能向他點點頭以糾正這個不平衡。但他望著自己的手，正在把一個舉起來的東西放回駕駛座——或許是張地圖，因為拖車來自波蘭——他沒看見我，不過這也無妨，無論如何他都得踩下剎車。

我站在大門口按下密碼，門開了，在走上通向二樓的階梯時我掏出了鑰匙，我的辦公室在那裡。電梯發出嗡嗡聲，所以我盡快開了門，靈巧地竄了進去，將門在身後關起。

我的臉突然熱了起來，手上有針刺的感覺。眾多救護車中的一輛鳴著刺耳的警笛從屋外駛過。我為新的一杯咖啡開始燒水，等待水開的時間裡我寫下了最陰鬱沉悶的東西。塵埃盤旋於寬闊的光線裡，不安分地追隨著空氣中每一次微小的流動。裡面那間公寓的鄰居開始彈鋼琴了。壺嘶嘶地響。我寫的東西，不好。不是拙劣，但也說不上好。我走到櫃子那裡，扭開咖啡盒，舀了兩勺到杯子裡把水倒入，深色的水在杯壁間冒起一股蒸氣。

電話響了。

我把杯子放在書桌上，讓電話再響了兩次才舉起話筒。

「哈囉？」

「嗨，是我。」

「嗨。」

「我只是想知道情況怎麼樣？你喜歡那裡嗎？」
她的聲音聽起來很開心。
「我不知道。我才剛待在這裡幾個小時。」我說。
沉默。
「你很快就要回家了嗎？」
「你不必催我，」我說，「該回去的時候會回去的。」
她沒有回答。
「要我買點什麼嗎？」過了片刻之後我說。
「不用。我已經買了。」
「好。待會兒見。」
「好。再見。不然買點可可？」
「可可，」我說，「還要別的嗎？」
「沒有了。就這樣。」
「好。再見。」
「嗨多[2]。」
放下話筒之後，我在椅子上坐了很久，不是在沉澱思緒，也不是沉澱情感，而是為了一種氣氛，一種空蕩屋裡的氣氛。當我不知什麼時候下意識地把杯子舉到嘴邊喝了一口時，咖啡已經溫涼。我動了一

2 Hejdå，瑞典語的「再見」。

下滑鼠關閉螢幕保護程式，想看看現在幾點。再六分鐘三點。然後我把寫在螢幕上的文字又讀了一遍，按切換鍵，將它存入草稿。我已為了部小說花了五年，總不能寫出只是乏味的東西。但現在還不夠好。要解決就只有回到文字裡，這我明白，蘊藏在這些字裡行間的精髓需要我去捕捉。我覺得我想要的一切都已經在那裡了，但又覺得它整個被壓縮。用一個想法讓文字運轉起來是很重要的，也就是說事件發生於一八八〇年代，但所有物品與角色源於一九八〇年代。多年來我試圖描寫我的父親，但沒能做到。這太貼近我的生活，很難迫使自己進入另一種形式，當然那前提還是文學。文學的唯一法則是：一切必須隸屬於形式。要是文學其他的元素強過形式，諸如風格、情節、主題，其結果將甚微。這就是為什麼有著強烈風格的作家常常會寫出反響不大的書。這也是為什麼有鮮明主題的作家常常寫出沒有影響力的書。主題和風格上的強烈與鮮明必須打破才能讓文學有一席之地。這一破除我們稱為「寫作」。比起創造，關於寫的更多是破壞。再沒有比蘭波更清楚這一點的了。他的卓越不是因為他在騷動煩亂的年少時期就有此頓悟，而是他將此一原則也付諸於自己的生命。蘭波崇尚一切自由，他在寫作上是如此，生活中亦如是，這是因為自由被奉為至尊，他可以把寫作置於身後，甚至可能是必須把寫作置於身後，因為寫作也成為一種羈絆，需要被打破。自由就是破壞加上行動。另一個熟諳此道的作家，是阿克塞爾．桑德摩斯。不幸的是他只是將其貫穿在文學這最後的一部分裡，而不是融匯於生活中。他破壞了，但駐足於這破壞之中。蘭波去到了非洲。

在這些潛意識裡的一種衝動讓我驀地一下抬起眼睛，我和一位女人的目光相遇了。她剛好就坐在窗外的一輛公車裡。已經是夜幕降臨的時候，房間裡唯一的光亮是書桌上那盞燈，它一定吸引了來自外面的注意，就像吸引蛾一樣。當她意識到我看見她時，她把目光轉向一旁。我站起來走到窗前，解開了百葉窗把它垂放下來，與此同時外頭的車也緩緩啟動。無論如何也差不多該回家了。我說過的「很快」，已是一個小時以前的事。

當她打電話給我時是那麼開心。

不愉悅的感覺在心上猛地一擊。當時我怎能以惱怒，來對待充滿著不安和思念的她？

我一動不動地站在地板中央，想把這種痛楚排出體外，讓它自行消失。但它絕不會自行消失。必須用行動來化解。我必須把一切做得更好。這想法有幫助，但不只是自己希望彌補而已，也需要付諸行動，要怎樣才能重新把這一切做好呢？我關掉筆電，把它放在後背包裡，用水沖了沖杯子然後把它放在水槽裡，拔掉鬆動的電源線，關了燈，穿上了外套，戴好了帽子，月光從百葉窗的縫隙中透出，在我心底的一雙眼睛裡，我總是想像著她在那間寬大的公寓。

當我走上街道時寒冷啃噬著我的臉。我把大衣的連衣帽拉上去罩住了頭上的帽子，低下頭以免雪花迎面襲來，然後開始邁步向前。心情好的時候我會沿著滕納爾街走到女王街，繼續走到達草場地（Hötorg area），再從那走上一段很陡的坡路到聖約翰教堂，最後抵達內閣街，那裡便是我們的公寓。這個地區有許多商店、購物中心、咖啡廳、飯店和電影院，總是被人擠得滿滿的。那裡街道上蜂擁著如流水般的風姿各異的人們。在耀眼的商店櫥窗內陳列著五花八門的商品，商城裡滾動著的扶梯像是轉動著的一個龐大的、神祕的機器，電梯上上下下，電視螢幕上那些漂亮的人物像幽靈般出沒，幾百個收銀台前人們排著隊，聚集又散去，這種聚散的形式無法預計，就像飄浮在城市上空那些變幻莫測的雲一樣。心情好的時候我喜歡這樣，如潮水般的人群，吸引人或不大吸引人的一張張臉，全顯露出一樣的神情。心情不好的時候，面對同樣的場景反而會使我反感，因此要是可能的話，我則會選擇走另一條路，一條更僻靜的路。最常是從羅德曼街，走到荷蘭街再到達滕納爾街，從那裡穿過瑞典路的十字路口，沿著德貝爾恩街往上走到聖約翰教堂。這條路線住宅區居多，絕大多數碰到的人，都是一個人急匆匆地穿過街道，那裡也有商店和餐廳，但不是特別好。駕駛學校的櫥窗被汽車排氣弄得灰濛濛，舊貨鋪門外擺放著裝有漫畫和唱片的貨箱，還有洗衣店、一家理髮廳、一家中國餐館和幾間破敗的酒吧。

這一天就是如此。為了避免陣陣雪花，我低著頭穿過街道，屋頂覆著雪而高高的公寓夾在兩側使這裡看上去像小山谷，在經過那些窗戶時我不時往裡瞅：小旅店櫃台空無一人，金魚在襯以綠色背景的魚缸裡游來遊去；一個做招牌、小冊子、貼紙、展示架公司的大型廣告；一間非裔人士開的理髮廳裡，站著三個黑人理髮師正在給三個黑人理髮，其中一個客人稍稍扭過頭去看最裡面坐在樓梯上笑的兩個孩子，理髮師不耐煩地把他的腦袋又扳了回來。

在街道的另一邊矗立著斯德哥爾摩天文博物館。那裡的樹木生長繁茂，從山頂上延伸出去，建築物裡透出的黯淡光線於樹冠下擴散開，因此看上去上方像罩著一個幽暗的王冠。樹葉是如此濃密，即使天文台上的穹頂，這個在十八世紀這座城市鼎盛時期完成的建築物，它自身發射出的光芒，也不為人所見。現在那上面是個咖啡廳了，在我第一次去那裡的時候，這裡的十八世紀風格和挪威的十八世紀是那麼接近，這是我最強烈的感受，或許特別體現在鄉村地區。從建立一個農場的地方，我們就說一七二〇年吧，聽起來已夠古老了，在斯德哥爾摩所有那些華麗壯觀的建築都出現在同時期，幾乎是同一個年代。我記得外婆的一個姊妹柏格希爾，她就住在自家農場裡的一幢小房子裡，一次我們坐在她家外面的陽臺上時聽說那裡的房子從十六世紀就在那裡了，一直維持到一九六〇年，後來為了興建更現代化的建築才把它們拆掉。這種轟動與當時這裡人們日日所見的這棟建築有著鮮明的對比。或許對我來說，這是一個有關是否與家庭親近的問題？約爾斯特市的過去較於斯德哥爾摩的在我看來是完全無可比擬。或許就是這樣一種關係吧，我這麼想著，把眼睛閉上了幾秒鐘，想要把自己如個傻瓜般的感覺驅趕走，顯然這些想法都建立於錯覺之上。我沒有歷史，於是我編造了一個，有點近似於納粹想在衛星城市做的那樣。

我繼續沿著街道走，拐彎後進入荷蘭街。沒有人在街上，兩排汽車車頂毫無生氣的堆滿積雪，被夾在這城裡最重要的街道，瑞典路和女王街之間，這應該是後街中的後街了。我將手提袋換到左手，用右手抓住連帽大衣抖落積雪，同時我向前微微勾下身以避免我的頭撞到人行道旁的鷹架。那上面高處的篷布在風中使勁地拍打著。當我走出那個隧道般的小街後，在我面前迎面走來一人。他做了個止步的手勢。

「你得走街對面的人行道，」他說，「這邊起火了。據我所知，房屋裡頭可能有東西爆炸。」

他掏出手機放到耳邊，然後又把手機放下來。

「情況很嚴重，」他說，「過馬路去對面吧。」

「哪裡起火了？」我說。

「那裡。」他說，指著前面十公尺外的一個窗戶。窗戶上半全敞開了，煙霧滲了出來。我斜著橫跨街道，這樣我可以看得清楚些，同時我也考慮到了他要我保持距離。房間裡面被兩個聚光燈照著，滿塞各種儀器設備和線路。油漆罐、工具箱、鑽子、一捲絕緣材料、兩把用來掛窗簾的短梯。煙霧從這些東西中瀰漫出來，緩慢得像是一種試探。

「你打給消防局了嗎？」我問。

他點點頭。

「他們已經在路上。」

他再次把手機放到耳邊，下一刻又把它拿下來。

我看見煙霧是如何在那裡面形成了新的模式，一點點地向屋外蔓延，同時那個男人在街的對面發瘋般地走來走去。

「我看不見裡面有火苗，」我說，「你看得見嗎？」

「它還在悶燒。」他說。

我又在那裡站了幾分鐘，感到一陣寒意，看來就這樣了，不會再發生什麼，我繼續往家走去。在瑞典路的十字路口前我聽到了第一輛消防車尖銳的警笛聲，緊接著出現在了坡頂上。周圍人們都轉過身去。警笛喚起了急迫感，在坡路上的大汽車卻與之相反，以不疾不徐的速度下了坡。這時綠燈亮了，我穿過了馬路進了對面的超市。

今晚我睡不著了。通常我幾分鐘之內就能入睡，不管今天過得怎樣，或者隔天將有許多煩心的事，除了我夢遊過的那幾次以外，我總是能熟睡到天亮。但今晚，我一靠上枕頭閉上眼睛時我就知道，今晚我沒辦法睡著。我躺在那裡，腦袋十分清醒，我聽著城市的聲音隨著在外面活動的人們起起伏伏，住在我們公寓上面和下面的，聲音都一點一點的消失，變得不重要，最後只剩下來自空調的嗡嗡聲，我的思緒來回飛奔。琳達睡在我旁邊。我知道她肚裡有了小孩，這也會影響到她的夢境，水就常常與不安連結在一起：巨大的海浪湧上岸淹沒了她正在散步的海灘；公寓遭洪水襲擊，水灌進所有地方，從牆面滴流而下，或者從水槽和廁所中漫出；城裡的湖泊挪了地方，比如說在火車站外面，而孩子可能在一個她勾不著的置物櫃裡，或者乾脆在她雙手提滿行李時直接消失。她也夢過她生下來的小孩有著一張成人的臉，或者根本就未曾有過這孩子，在生產的過程中從她身上流出來的除了水還是水。

我的夢呢，它們又會是怎樣？

我從來沒有夢過小孩。當你察覺到湧出的眾多意識裡，非自願的成分比那些自願的要真實得多，有時會感覺愧疚，我就是如此，很顯然等待一個孩子的出生，對我來講不具有特別重大的意義。換句話說，這不算什麼。有關我二十歲以後的生活，我幾乎沒有夢到過。好像在我的夢裡我沒長大，還只是個孩子，環繞於我四周的人和地方都是在童年時代裡。雖然事情的發生與展開每晚都是新的，但我心中感覺始終如一。永遠是被貶低的感覺。常常在我醒來好幾個小時以後，這種感覺才會慢慢消退。同時在醒過來之後我幾乎記不得任何有關童年的事情，那些微小的記憶，再不能從我身上喚起什麼，於是在過去與現實之間形成了一種對稱，黑夜、夢境與記憶聯繫在一起，對應著白日與遺忘，便是這樣的一種奇妙系統。

不過幾年以前它們之間的關係是完全不一樣的。直到我搬到了斯德哥爾摩，感覺我的生命裡有了一種連續性，彷彿它延伸著從我的童年時代裡決裂出來，進入到了現在，並不斷地與新的事物相關聯。我把每天看到的現象以複雜而巧妙的模式掛在一處，這樣便可以喚醒我的記憶，讓它在我的情感裡泛起小小的漩渦，有的會察覺出源頭，有的確不知來自何處。與我接觸的人，來自我曾住過的城市，也認識我遇過的朋友，這就是一個社會網，非常緊密地捆綁在一起。但當我搬到了斯德哥爾摩以後，這種回憶中的燃燒便越來越淡薄，有一天完全消失殆盡。也就是說，儘管我能回憶，但此後這些不再會在從我身上喚醒起什麼。沒有懷念，也不再希望時光倒轉，什麼感覺也沒有。只是回憶本身而已，對觸及到的所有的一切，甚至還擁有一絲幾乎難以察覺的厭惡。

思緒讓我睜開了眼睛。我一動不動地躺在那裡，盯著掛在床上方黑暗裡的那盞紙燈，猶如微型月亮。其實沒什麼好抱怨的。因為懷舊不只是種羞愧，也是一種古怪與瘋狂。一個二十多歲的年輕人從懷念的童年中掙脫出來，實際上得到的是什麼呢？從年少時的懷念中掙脫又是怎麼一回事？這有點近似於一種病態。

我轉過身看著琳達。她側身躺著，臉朝向我。腹部已經很大了，與她身體的其他部位又有點格格不入，雖然身體也已經膨脹起來。昨天前不久，她才站在鏡子前對自己大腿上疊起的贅肉哈哈大笑。

嬰兒在腹部裡是頭朝下對著骨盆的，他會保持著這個位置一直到生產。很長的一段時間裡不得動彈，這很正常，婦產科醫師是這麼說的。不久後，心臟會跳動，身體同時跟著長大，當該來的時間到了，自然會被生產下來。

我小心地起身，到廚房去倒一杯水。在外面納倫音樂廳的入口處站著幾群老人在講話。那裡每月會為他們舉辦舞蹈之夜，他們成群結隊地陸續前來，那些六十到八十之間的男人和女人們，大家都穿著自己最漂亮的衣服，當我看到他們在那裡排隊，那麼地躍躍欲試，會有一種刺入心底深處的痛楚。特別是他們其中的一個讓我印象深刻。他穿著淺黃色西裝，白色慢跑鞋，頭上一頂軟草帽，在一個秋天的夜晚他首次出現在大衛・巴加雷斯（David Bagares）的十字路口，步履蹣跚。不是因為他的衣著與其他人有多麼不同，而是他散發出的存在感。我注意到了其他人都是和伴侶出現，屬於集體的一部分，老人們都高興地帶著自己的妻子，成雙成對的，沒有例外，所以乍看之下沒有任何印象，但在這裡他是獨自一人，雖然他站在外面和什麼人說著話。最明顯的一點是他引人注目的那種力量，與其他人都相當不同。當他快步走進門廳裡的人潮，我心裡一亮，他是在尋覓什麼，而在那裡他是不能找到的，或許沒有任何一個地方可以找到。時光已離他而去，與之相伴的，還有世界。

外面的一輛計程車拐進了人行道。最靠近的一組收起雨傘，高興地把傘上雪花抖落，然後坐進車裡。在街道更遠處開來一輛警車。閃著藍色的燈光，但沒有警笛聲，沉寂帶來了一種更為不祥的預感。過了一會兒又開來一輛。車經過時都減慢速度，當我聽見他們在一個街口外的地方停下，我把手裡的杯子放在了桌上，走回了臥室的窗戶那裡。

兩輛警車一前一後緊挨著US VIDEO前停下。第一輛是普通的警車，第二輛是廂型車。在我瞥見的同時，後門關上了。六位警員朝大門跑去，消失於建築物中，還有兩個站在巡邏警車面前守候著。一個五十多歲的男人從那裡經過，沒有朝那些警員多看一眼。我猜他是想跟著進去，但看見門外的警員後他畏懼不前。從早到晚在這間US VIDEO的門口進進出出的男人不斷，我在這裡已經住了有一年之久，我多半能判斷出誰是想要走進去，誰只是路經此處。幾乎所有人都有他們自己的肢體語言。要進去的通常像那樣，當他們開門時，動作要看上去和前面那位一樣自然。值得注意的是，他們都很小心不東張西望。要保持住臉部的正常是很辛苦的。不只是他們溜進去的瞬間，從門裡出來的時候也一樣。門打開之後，不作任何停留，他們回到人行道上，給人的印象必須是他們屬於這街口上的路人。這包含了所有年齡的人，從十六歲到甚至有些是七十幾，來自社會的各個階層。有的看上去是替人跑腿的，另外有些人是下班回家經過，或者是在夜生活後的隔日清晨到那裡去的。我自己雖然沒去過那裡，但我很清楚那裡面的景象如何：長長的一段往下的階梯，進入很深的、昏暗的一間地下室，那裡有一個付款的櫃檯，一排附電視的黑皮沙發，許多影片可供選擇，關於人的一切性癖應有盡有，仿皮的椅子，旁邊的凳子上有成捲的衛生紙。

奧古斯丁．斯特林堡（August Strindberg）一次在他思路極度紊亂時嚴肅地宣稱，天上的星星是牆上的窟窿。當我瞧著這源源不絕的靈魂河流沿著階梯而下，想著他們各自坐在地下室長椅上的黑暗裡，一邊看著發亮的螢幕一邊手淫時，有時候我就會想到他說過的這句話。他們周圍的世界關閉了，他們看待外面世界的方式，就是通過這些視窗。而他們看見了的，絕不會向他人提起，這種不提及的行為，與普通人很不協調，絕大多數到那裡去的人，卻都是這種普通的男人。這種不協調並不只限於與上面那個世界的關係，不只是如此，它對下面的人也有影響，至少我們可以從他們的行為中判斷出來，他們所有人都與他人產生了某種隔閡，走在自己的軌道上，在階梯之間，在影片的層架間，在結帳處，在U型隔板間，然後又是階梯上，他們從不互相對話，也不對視。這一切想來當然難免令人感覺好笑，坐在那裡的一個男人褲子褪到膝蓋處，在自己的U型隔間裡煎熬、呻吟，拉扯著自己的生殖器，同時看著螢幕裡的女人和馬或是與狗進行交媾，或者一群男人同另一群男人交媾，他們不能視而不見，但也不能真的認同，因為這與真實的歡愉與情欲無法相比，卻又是情欲與色欲驅使他們前往那裡。不過為什麼要去那裡呢？他們在那下面看到的所有影片也可以從網路上看到，既能夠絕對私密，又不會有被其他人看見的危險。這種難以啟齒的處境一定意味著什麼，也許他們在尋求這一點。低下、粗俗、骯髒，或者是它的封閉。我對此毫不了解，對我來說這是陌生的，但我又沒辦法不去想著它，因為每一次我的目光投往下面的路上，總是有人朝那裡走去。

警察的出現並沒有不尋常，但往往與那間店外常有的示威遊行有關。警方不去動這個地方，讓這裡維持原狀，示威者對此極為不滿。他們除了站在那裡咒罵或是喊幾句口號外什麼也做不了，只是每次看見有人從那裡進去或出來時，他們會在警員的嚴密注視下發出輕蔑聲，警員們拿著盾牌肩並肩地站在那裡，頭戴鋼盔手持棍棒，監視著他們。

「發生什麼事啦？」琳達在我身後說。

我回過身去看著她。

「你醒了？」

「剛醒。」她說。

「我只是睡不著，」我說，「外面有幾輛警車，你再去睡會吧。」

她又合上了眼睛。下面街上那道門開了。兩個警員出現了。他們身後還有兩個。他們兩人之間架著一個人，由於貼得很近那個人的腳在地上不得動彈。看起來有點殘酷，但或許是有必要的，因為那人的褲子滑倒了膝蓋上。他們出門以後，就鬆開了他，那人跪在了地上。最外面的那兩個警員走出門來。那人站起身把褲子提了起來。其中一個警員用手銬把他的手銬在背後，另一個引著他坐進車裡。當外面的兩個警員坐進車裡時，在那裡工作的兩個人走到了街上。他們雙手插在褲兜裡站在那裡看著警車啟動，看著車往街道下方開走消失了，這時候落下的雪讓他們的頭髮一點點地變成了白色。

我走進客廳。在窗戶下面橫過街道的電線上掛著街燈，微弱的燈光淡淡地照射在牆壁和地板上。我看了一會電視。我一直在想琳達可能會醒來走進這裡。一切不規則和所有的模糊不清，都可能會讓她回想起成長過程中的那段該死的躁狂時期。我把電視又關上，決定用讀書來代替。我從沙發上書架的一疊藝術書籍中取下一本，坐下來開始翻閱。這是我剛剛買的一本關於康斯特勃[3]的書。多數是油畫速寫，對雲彩、風景和大海的一些作品。

我只是快速瀏覽這些畫作，眼裡卻已經滿含淚水。其中一些畫面把我深深地吸引住。其餘留給我的是漠不關心。說到繪畫藝術，我唯一的參照標準便是其中湧現的情感。永不衰竭的情感，美麗的情感，貼近的情感。所有這一切瞬間彙聚一處是如此強烈，有時可能難以承受。完全無法解釋。因為我曾研究過給我留下極為強烈印象的一幅畫，一張作於一八二二年九月六日的天空的油畫速寫，沒有任何東西能解釋它帶給我的強烈情感。最上方是一塊藍色天空。天空下是一層白色的霧靄。然後就是那些往前翻捲著的雲彩。白光刺射在雲朵上的地方，在最淺的陰影處顯現出了淡淡的綠色，深綠與幾近黑色的地方陰影最深，離太陽最遠。藍色、白色、松石色、綠色、墨青色。就這些。這幅畫的文字說明寫著：康斯特勃是在漢普斯特德的一個「下午」畫的，一位威爾科克斯先生對時間的正確性表示懷疑，理由是在同一天裡在十二點到下午一點之間畫的另一張速寫，顯示出的一切卻迥然不同，是一個大雨滂沱的天空，但據

3 John Constable（1776—1837）約翰·康斯特勃，英國浪漫主義畫家，他的作品描繪山水的語言使他成為英國最受喜愛的畫家之一。作品《乾草車》和《戴德姆穀》是其最著名的畫作。

倫敦地區當日天氣預報的一份資料顯示，這個質疑站不住腳，因為兩張畫的天空裡都有雲層。

我曾一度學習過藝術史，習慣於描述和分析藝術品。但從來沒有動筆寫過它們，唯一重要的是，感受及經歷藝術的過程。不是因為我不能寫，而是因為畫面於心中產生的激蕩，與我所學到的那些關於何謂藝術，以及藝術的目的及方向諸如此類的東西背道而馳。於是我將那些東西保留給自己。獨自一人在斯德哥爾摩、奧斯陸，或者是倫敦的國家博物館裡觀賞。在那裡我感到自由。我不須為我的情感找藉口，沒有人要我站在那裡去批評，沒有什麼事要讓我搬出一大套理論解釋出它們之間的關係。自由，但不是安寧，因為即使是那些田園牧歌式的繪畫，比如克洛德[4]的古典風景畫，當我離開它們時心裡始終難以平復，因為它們有一種綿綿不絕、無窮盡的東西，包含在人物、風格，以及畫的核心裡，這種無窮盡給我的可以說是某種貪婪。只是沒法把它說清楚。貪婪本身就是一種無窮盡的追尋與攝取。這個夜晚也是如此。我坐在那約有一小時，翻著康斯特勃的書。我不斷翻回有綠色雲彩的那張畫，每一次心裡的感受都一樣。卻有不同的思考在意識裡起落，一方面是思索和推理，另一方面則是情感和領悟，即或二者處在對立面，但雙方的見解並不因此相互排斥。這是一幅無與倫比的畫，和其餘所有卓越的畫一樣使我充滿情感，但當要我來解釋其緣由，來說明它的無與倫比基於什麼，我可是會詞窮的。這幅畫讓我內心戰慄，但為什麼呢？這幅畫讓我充滿思念，但我思念什麼？這裡雲朵足夠了。色彩足夠了。表達出瞬間的那個意境就足夠了。三者能夠結合也足夠了。我們當代的藝術——就原則上講它也與我相關，作為價值而言情感並不被看重。情感的價值也微不足道，甚至可以說是一種不被指望的副產品，一種廢品。或者說得好聽些，一種可被操控的材料。那種重現自然的寫實主義也價值不高，被視為幼稚，是一個早已過去了的階段。走回頭路是沒有什麼意義的。但就在我的目光投向這幅畫的同一瞬間，所有的論點於我心中湧起的力量與美麗的波濤中消失殆盡。**是的**，**是的**，**是的**，我聽到了這個聲音。**它們就在那裡**。**就是那個**

**地方我非去不可**。但這個「是的」指的是什麼？這個我非去不可的地方又在哪裡？

四點鐘了。依然是半夜。我不能三更半夜到我的辦公室去。但四點半，難道不算清晨了嗎？

我起身走進廚房，把裝有肉丸麵條的餐盤放進微波爐，昨天中午後我都還沒有吃東西。我走進浴室沖了個澡，主要打發微波時的這幾分鐘，把衣服穿好，找出刀叉，倒了一杯水，把餐盤端過來，坐下立刻吃起來。

外面街道還是一片沉寂。五點以前是一日中這個城市唯一休憩的時刻。在我早年的日子，在卑爾根的十二年當中，我通常這樣，確實是盡可能地在半夜起床。我從沒有想過要去控制，只要是我喜歡的事，我就去做了。開始的時候還有一種高中生的心態，由於是深夜，某種意義上來說是與自由相關。但這不在於自由本身，而是在於和白日裡這種朝九晚五的對立，像我，和我的幾個朋友，被認為是中產階級與循規蹈矩者。我們想要的是不受束縛，所以我們在半夜起床。我還依舊保有這種習慣，但這麼做與想要自由關係不大了，只是需要獨處。在這一點上，現在我明白了，我與父親有共同之處。在我們居住的那棟房子裡，他設置了一個完全屬於他自己的小公寓，在那裡的每一個晚上他都過得那麼舒心。那是他的夜晚。

我把餐盤在水龍頭下沖了沖，然後放進洗碗機裡，走進臥室。當我在床前停下時琳達睜開了眼睛。

「你還真淺眠阿。」我說。

「幾點了？」她說。

「四點半。」

4 指克勞德·洛蘭（Claude Lorrain，1600—1682），法國風景畫家。

「你一直都在上面嗎？」

我點點頭。

「我想到辦公室去一趟。行嗎？」

「現在？」

「反正我睡不著，」我說，「利用這時間做點事也不錯啊。」

「不要嘛……」她說，「來，躺下。」

「你沒聽見我說的話？」我說。

「但我不想一個人躺在這裡，」她說，「你不能明天早上早點去辦公室嗎？」

「現在就是明天早上。」我說。

「不，現在是三更半夜，」她說，「而且事實上現在我隨時都可能要生了。一個小時之後就有可能，你知道的。」

「再見。」我說，關上房門。在玄關裡我穿上外套，一把抓起裝電腦的背包走了出去。白雪覆蓋著人行道，冷冽的空氣襲來。街道上開過一輛鏟雪車。沉重的鐵犁轟轟地撞擊著柏油路。她總是要把我往回拉。為什麼就非得讓我待在那裡？她睡著了，我在那裡她還不是注意不到？

屋頂上的天空昏暗沉重，但雪停了。我往前走。鏟雪車開過去了，轟鳴的引擎，吱吱嘎嘎的鐵鏈聲，刮著地面的鐵犁。來自地獄的一連串聲音。我拐進空無一人的安靜的大衛．巴加雷斯街，往分水嶺街（Malmskillnadsgatan）走去，那裡引人注目的是一間KGB餐廳。在安養院的門口外我停住了。她說得沒錯。孩子任何時候都可能到來。她不喜歡一個人待著。那我為什麼要到這裡來呢？凌晨四點半我能在辦公室做什麼？寫作？過去的五年裡我都沒準備好，今天就有可能嗎？

我是如此愚蠢。她在等待的是我們的孩子，我的孩子，她不需要獨自一人承擔這一切。

我走了回去。當我在玄關裡放下背包開始脫外套的時候，我聽見她在臥室裡的聲音。

「是你嗎，卡爾．奧韋？」

「是我。」我說，走進去來到她的身邊。她看著我眼裡帶著疑問。

「你是對的，」我說，「我沒想清楚。很抱歉，我就這麼走了。」

「道歉的應該是我，」她說，「你當然應該去工作！」

「我晚點再工作。」我說。

「但我不想礙事，」她說，「這裡一切都好。我發誓。你就去吧。若是有什麼情況我再打給你。」

「不。」我說，在她的身邊躺下了。

「但，卡爾．奧韋……」她說，然後笑了。

我喜歡她叫我的名字，我一直都喜歡這樣。

「現在你要我做我剛剛要做的事，而我也要你去做你剛剛想做的。但我知道，你**其實**說的是反話。」

「這太複雜了，」我說，「我們不能一起睡覺就好了嗎？然後在我走之前我們一起吃早餐，好嗎？」

「好。」她說，朝我靠過來。她的身體如火爐般溫暖。我用手梳過她的頭髮，給她輕輕一吻。她閉上眼睛，頭往後仰著。

「你說什麼？」我問。

她沒有回答，抓著我的手放在她的肚腹上。

「在那裡！」她說。「感覺到了嗎？」

在我手掌下的皮膚突然突出了一塊。

「啊呀。」我說，把手舉起來一看。有什麼東西正從裡面往上頂，使得皮膚向外凸出。是膝蓋還是腳，手臂還是拳頭？那看上去就像是在平靜水面下的波動。然後又消失了。

「她失去耐性了，」琳達說，「我感覺得到。」

「那是腳吧？」

「嗯。」

「她好像是想從裡面走出來。」我說。

琳達笑了。

「你會痛嗎？」

她搖搖頭。

「我有感覺，但不會痛。只是覺得很奇妙不可思議。」

「我想也是。」

我讓自己緊緊靠近她，把手又放在她的肚子上。門外的郵筒啪嗒一聲。一輛貨車從外頭駛過，是那種重型大貨車，連玻璃窗都震動了。我閉上了眼睛。在意識裡所有的思想和畫面立刻開始朝著一個我無法掌控的方向移動，我就這麼躺在那裡想著它們，像一條思想懶洋洋的牧羊犬。我知道睡眠已在近處，只管陷下去沉入它的黑暗。

我被琳達在外面廚房翻東西的聲音吵醒。壁爐上的時鐘指著差五分十一點。該死。一天的工作時間就要沒了。

我穿好衣服走進廚房。電暖爐上的小咖啡壺正嘶嘶地冒著熱氣。桌上擺著果汁和配麵包的各種佐料。

盤子裡有兩片烤脆了的麵包。旁邊的烤麵包機這時又彈出兩片。

「你有睡好嗎？」

「當然。」我說，在桌邊坐了下來。我麵包抹奶油，油立刻溶化了，填滿了麵包表層上的許多小孔。

琳達把咖啡壺移到一旁，關掉了電暖爐開關。那碩大的肚子讓她看上去一直都是身體向後仰著的，當她移動她的雙手，看上去像是從一堵看不見的牆裡伸出。

外頭的天空一片灰色。但屋頂上一定又積雪了，因為屋內的光線要比平常亮一些。

她端來咖啡倒進她已經放在面前的兩個杯子裡，把一杯放在我面前。她的臉有些浮腫。

「你不舒服嗎？」我說。

她點點頭。

「我渾身不對勁。還有點發燒。」

她笨重地坐下來，給咖啡裡加了一點牛奶。

「越怕的事越要來，」她說，「現在我要生病了。正好在我最需要體力的時候。」

「產期也許會延遲，」我說，「身體恢復之前孩子不會來的。」

她眼睛望著我。我吞下最後一口麵包，喝光了果汁。若說最後的這幾個月我有學會什麼東西，那就是所有人說懷孕的女人情緒不可預測，這話千真萬確。

「難道你就不理解這是場災難嗎？」她說。

我和她的目光相會。喝下一口果汁。

「當然，當然，我知道。」我說，「但都會過去的。一切都會過去的。」

「當然會過去的，」她說，「但跟這個沒關係。我要說的是我生小孩的時候不想生病不想虛弱。」

「我知道，」我說，「但你不會生病的。還有幾天的時間。」

我們在沉默中繼續吃飯。

她又望著我。她有一雙極美的眼睛。灰綠色的，有時候，常常是那種很疲倦的時候，它們微微有點斜視。在她出版的詩集裡的照片，她的眼睛斜視著，裡面含有一種脆弱的東西，她神情裡流露出的自信與之對抗，但它依然沒有消除，這是一度讓我完全著迷的地方。

「對不起，」她說，「我只是太神經質了。」

「你不必這樣，」我說，「你是個對什麼都先做好充分準備的人。」

她確實是這種人。面對即將要發生的完全預備到心中有數；閱讀了大量的書籍，每天晚上她都聽冥想教學錄音帶，催眠曲一般的聲音一遍又一遍地重複：疼痛是不危險的，疼痛是件好事，疼痛是不危險的，疼痛是件好事。我和她一起參加了訓練班，到婦產科的實地現場去，在那裡按照計畫對將發生的事預演一遍。每次遇見助產士，她都早已準備好預先要問的問題，從那裡獲得的所有圖表及測試方法，她都仔細地一一寫在筆記本上。她進一步依照要求，預先給婦產科寄出一封信，上面寫她很緊張需要更多鼓勵，但同時她也很堅強，希望生產時能不使用痲醉。

這讓我既心痛又感動。我是去過婦產科的，雖然他們試圖把那裡營造出一個家的感覺，在將要分娩的屋裡設置有沙發、地毯、ＣＤ播放機，牆上掛著畫，另外還有可以看電視的客廳及能煮東西的廚房，在嬰兒出生後也有一間附浴室的臥房，但這同時也是另一位婦女在她生產時住過的房間。雖然以最快的速度打掃過，換下床單送上新毛巾，但這無數次的一再重複，裡面仍殘留著血與內臟的金屬氣味。嬰兒出生後我們將在這溫度還不算高的房裡住一天，另一對產下了新生兒的夫妻剛剛在這張床上睡過，對我們來說這生命的改變是全新的，但對在那裡工作的人來說卻是一種無止盡的循環。助產士總是在那裡負責一排排等候生產的孕婦，她們一直在不同的房間裡進進出出，那裡的婦女有各式各樣的哭喊、呻吟，各自等待著自己生產的時刻，如此這般不斷重複著，日出日落，年復一年。若要說她們真有什麼做不到的，那大概是照顧到像琳達這樣在信裡表達她強烈期待的心情。

她望著窗外，我追隨她的目光。對面那建築的屋頂上，與我們相隔約有十公尺，一個腰間繫著一根繩子的人站在那裡剷除積雪。

「這個國家的人都瘋了。」我說。

「你們在挪威不會這樣嗎？」

「當然不會，你在想什麼？」

在我來這裡的前一年，有個男孩被屋頂上掉下的一塊冰給砸死了。從那以後所有屋頂上的雪都要清乾淨，因為積雪會不斷從屋頂上滑落，且可能隨時發生意外。於是當溫暖的季節來臨時，有一週的時間所有的人行道都被紅色與白色的封條攔住去路，這倒不錯。到處都是一片混亂。

「但這些防範措施至少讓就業人數上升。」我說，大口把麵包囫圇吞下，站起來喝下最後一點咖啡。

「我現在要走了。」

「好吧，」琳達說，「回家路上去租幾部影片回來可以嗎？」

「當然。隨便什麼都可以嗎？」

「對。你挑吧。」

我到浴室去刷了牙。當我到玄關上穿衣服的時候，琳達跟在我後面。

「你今天要做什麼？」我說，一手從衣櫃裡取下大衣，同時用另一隻手把圍巾纏在脖子上。

「不知道，」她說，「或許去公園一趟。再沖個澡。」

「你還好嗎？」我說。

「還好，沒問題的。」

我彎腰繫鞋帶，此時的她，一隻手撐著腰部，在我上方顯得格外龐大。

「好，」我把帽子往頭上一戴就拿起裝電腦的背包，「我走了。」

「好。」她說。

「有事就打給我。」

「我會的。」

我們親吻道別，門在我身後關上。走道旁的電梯正在上升，當樓上那位鄰居往鏡子低下頭時，我瞥了她一眼。她是個律師，最常穿的是一條黑褲子或者是長及膝蓋的黑裙，打招呼很短暫，總是雙唇緊閉，顯得有些敵意，至少是對我而言。有一段時間是她的兄弟住在那裡，一個消瘦的人，眼睛陰沉，煩躁不安外觀有點兇悍，但仍算得上是英俊。琳達的一個朋友就已經注意到他並且愛上他了，他們之間有了某種關係，看上去他鄙視她的程度與她崇拜他的程度一樣深。他和她的女友住在同一間房子裡，看上去這讓他很煩。在走廊裡我們停住交談幾句的時候，我看得出他的眼睛遊移不定在追逐著什麼，雖然我想這跟我了解他比他了解我多有關，卻想可能還有其他原因——比如，他可能是個典型的吸毒者。但這種事我並不了解多少，沒有任何相關的知識。在這方面我確實有點像蓋爾——我在斯德哥爾摩唯一真正的朋友——認為的那樣，他常把我和卡拉瓦喬的《老千》那幅畫裡被欺騙的人做比較。

當我到外面走廊時，決定繼續走前先抽口菸，沿著地下室洗衣房長長的走道以後來到了院外，我把背包放在地上，背靠著牆望著天空。屋子的通風口在我正上方，靠近屋裡的空氣充滿了暖活的、剛洗乾淨的衣物的氣味。從裡面洗衣房還能聽到一些脫水時轉動的尖銳，與上方那遠遠的天空裡緩慢移動著的、灰色的雲彩相比，它是如此匆忙與急迫，令人感到不可思議。雲彩背後的藍天隨處可見，有如同雲僅是從表面輕輕掠過。

我走到院子最裡面，這圍牆與一間幼稚園相隔，對面空蕩蕩的，現在是小孩們在室內用餐的時間，我把手肘靠在那上面站在那裡抽菸，同時望著從國王街指向天空的那兩座塔樓。塔樓是以一種新巴洛克風格建造的，它們是一九二〇年代的產物，那讓我心裡充滿懷念。在夜裡塔樓光芒四射，白日時細節一覽無遺，人們便可以藉此清楚看見牆與窗戶的材質是何等不同，那些鍍金的雕像與有綠色鏽斑的銅板是何等不同，人工的燈光與其相互輝映。可能跟本身的光澤，或是與周圍的光線有關，無論如何那些雕像在夜裡彷彿會說話。不是他們活了過來，他們和以前一樣沒有生命，而像是他們死亡的表情有了改變，某種被強化了的感覺。白日裡他們面無表情，夜裡他們的這種漠然卻轉為了生動。

另外在白天還有著許多令人難以保持專注的干擾。所有街上的汽車，在人行道、階梯上或窗戶裡的人們，在天空中如蜻蜓般盤旋的直升機。小孩子們任何時候都可以跑出來在泥地或是在雪地上爬，騎著三輪車飛奔，或在操場中央的溜滑梯上快速滑下。他們也攀上裝滿了各種工具的「大船」，在沙坑裡玩，在「小房子」裡玩，相互傳球或是滿院子東奔西跑，喊著尖叫著，於是整個庭院裡就這樣，從一大清早到下午，都充滿了如山林中群鳥發出的那種刺耳聲音。但是現在，吃飯時間時將這一切將歸於平靜。其他時候是不可能待在外面了。但倒不是因為噪音，我很少留意這點，而是因為小孩子很可能朝我一窩蜂擁來。這個秋天我就遇到好幾次，他們開始攀爬這道圍籬，有四五個孩子懸掛在那裡，但要是他們覺得越過這道警戒線覺得無趣的話，就會跟路過的我搭話同時放聲大笑。爬在最前面的那個男孩，常常也是吊掛在籬牆上的最後一個。好幾次我從這條路上回家，多次看見過這樣的情況。要是他沒用手攀在門口的籬牆，就是坐在沙坑裡自己一個人玩，或者和另一個無精打采的傢伙待在一起。通常我看到會給他打聲招呼。若周圍沒有其他人，我甚至會舉帽致意。不全然是因為他，更多是為我自己，因為他每次看見我都給我了個一樣兇狠的表情。

有時候我想，若這些脆弱能像田徑員受傷的膝蓋那樣，將受傷周圍的軟骨組織一樣清除掉的話，會是何等的一種解脫。所有的多愁善感，憐憫以及同情，通通拋掉……

突然爆出了一聲尖叫。

啊啊啊啊啊啊啊啊啊啊啊啊啊啊啊。

我嚇了一跳。雖然常常聽到尖叫聲，還是很不適應這種聲音。這叫聲來自幼稚園對面，那棟安養院的公寓裡。我可以想像有一個人一動也不動的躺在床上，與周圍世界失去聯繫。這種叫聲在夜裡和早上或是下午一樣都能聽到。一個男人通常坐在外面的陽臺上抽菸，不停地咳嗽，咳得厲害，一咳就是好幾分鐘。除此之外，安養院將自己封閉了起來。當我去辦公室的時候，也有這樣的一些狀況出現。我看見對面房子裡玻璃窗後的幾個護士，她們在那裡有間休息室，有時在街上也能看見幾個住戶，幾次是警員領著他們回家的，有時則是他們在路邊獨自徬徨。但我一般不太想安養院的事。

如同那聲尖叫。

所有的窗簾都是拉上的，朝著陽臺的門也放下窗簾，門敞開著一條縫，聲音就是從這裡透出。我朝上面看了一會。然後轉身朝院子的大門走去。從地窖洗衣房的玻璃窗後面，我看見鄰居在收一條白色的床單。我抓住背包穿過了那條放置垃圾桶的通道，那狹窄有如洞穴。我打開金屬大門來到了街上，急匆匆地朝著KGB的方向走去，下了階梯直往隧道街（Tunnelgatan）。

二十分鐘後我辦公室的門在身後關上。我把大衣和圍巾掛在壁鉤上，鞋放在門墊上，煮了杯咖啡，把電腦連接上電源，坐下來喝咖啡同時盯著我書名的那一頁，直到螢幕保護程式跳出來，用無數個光點填滿螢幕。

「美國靈魂」。這是我的題目。接下來屋裡的所有東西焦點都轉向了這個題目，或者說指向了它在我心底湧起的情感。威廉．布萊克那幅著名，看上去有點模糊不清，彷彿於水底的牛頓畫像，它的複製品就掛在我身後的牆上。旁邊兩張鑲嵌於框裡的，是邱吉爾在十八世紀探險時代時的畫，都是在倫敦買下的。兩幅畫裡一張是一條死鯨魚，另一幅是解剖了的甲蟲，兩者都用多張圖將整個變化的過程給呈現出來。佩德．巴爾克[5]畫的夜色掛在那堵短牆上，綠黑色相間。格林阿維的海報。火星上的地圖是我在一份舊《國家地理雜誌》裡找到的。旁邊是湯瑪斯．沃格斯特倫（Thomas Wågström）的兩張黑白攝影，一張是有光澤的童裝裙，另一張是黑色水面下一隻水獺閃閃發亮的眼睛。那個綠色的小金屬海豚和那個綠色的小金屬頭盔，是我有一次在克里特島上買的，現在擺在我的書桌上。還有書：帕拉塞爾蘇斯，巴西利奧斯（Basileios），盧克萊修，湯瑪斯．布朗，奧洛夫．魯德貝克，奧古斯丁（Augustin），湯瑪斯．阿奎那，阿爾伯特．西巴（Albertus Seba），維爾納．海森堡（Werner Heisenberg），雷蒙德．羅素（Raymond Russell），自然還有《聖經》，及關於民族浪漫主義和珍寶櫃的，關於亞特蘭提斯的，關於阿爾布雷希特．杜勒（Albrecht Durer）和馬克斯．恩斯特的，關於巴洛克和哥德式風格的，關於原子物理和大規模殺傷武器的，關於十六世紀和十七世紀森林或科學的。這裡要談的不是知識本身，而是籠罩於它們之上的那種光暈令人嘆為觀止。這些知識的源頭，幾乎都發現於我們現在所處的這個世界之外。那是矛盾的空間，卻也是思想與歷史所在。

5 Peder Balke（1804—1887），挪威風景畫家。

近幾年，世界感覺變小了，一切能掌握在手的感覺要比以往要來得強烈，儘管理性上明白實際上這之間的關係剛好相反；世界是無邊無際、撲朔迷離的，變化恆久持續著，同時它又敞開一扇門讓歷史的風吹進。但感覺卻是另一回事。世界彷彿是已知的，不再去探索與印證，也不再朝這不可預測的方向前進，再沒有全新的和令人驚訝的事情可能會發生。我理解我自己，理解我周圍的環境，理解環繞著我的社會，要是有任何一種現象看上去不明朗或不明顯，我知道該怎樣做才能理解它。

理解不應該和知識混為一談，因為我幾乎什麼也不知道——比如說在亞洲某地方的一個前蘇聯國內發生邊界衝突，要是這些城市我以前從未聽說過，對這些居民理所當然也都是陌生的。從他們的服裝到日常使用的語言和宗教，事實也證明他們的爭端有著很深的歷史淵源，雙方開始發生爭鬥可以追溯到千年以前，但儘管如此我仍能理解所發生的事，個人的愚昧無知與缺乏學術知識並不會妨礙我去理解，因思想會對最陌生的東西自己歸類處理。同樣，它和其他所有事物的關係亦如此。假如我看見一個以前從未見過的昆蟲，我知道從某種意義上來說我見過它並在腦海裡編錄在冊。假如在天空中看見一個發光體，我知道這要不是一種罕見的現象就是一架飛機的軌跡，也或許是個氣象氣球，第二天的報紙會刊載出究竟哪一個推估是正確的。要是我忘了童年時期發生的一件事，這肯定是抑制反應[6]；要是我對什麼真的動怒了，一定是投射反應[7]；如果我總是試著對我所遇到的人友好，那一定和我與父親之間的關係有關。沒有誰不理解自己的世界。理解一點點的，比方說小孩，只是在這受限的世界裡與比自己了解更多的人相處。但對於那些能理解更多的人，洞察力總是很高，能夠體識到他們以外的世界。人們尚未理解的，不僅存在，且也總是比我們所知還要來得浩瀚。有時我想著這一切，至少對我來說，是一個孩童的世界，我知道一些，而對於那些我所不知的，則仰賴於其他人，那些有能力也有知識的人，而這種孩童世界對他們來講幾乎不存在，所知對於他們來講一直在擴展。十九歲時，當我面對有人說世界就是語言所構成，我拒絕了這個說法，同時認為這個否定是明智的。這完全是無稽之談。比方說，我手裡握住的筆，它會是一種語言？那太陽光照射下的玻璃窗？底下庭院路口穿著秋裝的學生？講師的耳朵，還有他的手？那剛剛走進門裡現在正坐在我旁邊的，她衣服上淡淡的泥土和樹葉的氣味？在聖約翰教堂外面給自己搭帳篷的修路工人，他們挖掘地面發出的聲響，那變壓器電流平穩的嗡嗡聲？來自城市下面轟轟的聲響，也是一種語言的轟隆聲嗎？我的咳嗽，難道是語言的咳嗽？不是。這只是一種荒唐的想法。世界就是世界，我觸摸它遭遇它，吸進和呼出，吃與喝，流血與嘔吐。多年後我首次看到了它的不同。在我讀到的一本關於藝術和解剖學裡，是尼采寫的引文，那裡這樣寫著：「物理學也只是對世界的一種解釋和分類，而不是對世界的詮釋。」也寫道：「我們衡量世界各種類別的價值，**說的也只是一個純粹的虛構世界**。」

一個虛構的世界？

是的，這個建構起的世界，這個精神世界，沒有重量而且抽象，就像構成我們的思想，所以它可以在其間任意穿越。回溯過去三百年自然科學的歷史，毫無神祕可言。一切都有所解釋，一切都有其概念，一切都在人們理解的範圍之內，從那巨大恢宏的宇宙，它那最古老的可以觀察到的光，那最遙遠的邊緣，追溯到遠古的一百五十億年前，到所有那些微小的質子、中子和介子。甚至對於那些致命的現象我們也知悉並且理解，比如侵入我們身體內的細菌和病毒，攻擊我們的細胞讓它們長大或者死亡。自然及其法則，歷來就是如此的抽象與透明，但現在，在這個推翻一切舊事物的時代，就不再只有自然的法則了，

6 即心理防衛機制，這是佛洛德提出的心理學名詞。是指自我對「本我」的壓力，形成的一種潛意識的自我防禦功能，以防止受心理打擊後引起的心理障礙。

7 心理學中的一種實驗法，人在特定的情景下，繞過內裡的心理防禦機制，不自覺地把真實情感與態度反應出來。

也有自然世界以外的地方和人。這整個的物質的世界被舉升到了這樣一個領域，一切都被納入虛構的王國，從南美熱帶雨林到地中海的島嶼，北非的沙漠到東歐的灰色頹敗的城市。我們想著那些未曾去過的地方圖景，但我們仍然知道，我們與那些人未曾謀面，我們仍然知道，並且很大程度上是依此而活。情感賦予我們的是讓世界變小，更加封閉與貼近自我，不向他人敞開，幾乎是一種亂倫，雖然我知道這也是極度的不真實，因我們其實對什麼都一無所知，所以也將難以擺脫情感的困惑。渴求始終是我最熟悉的，幾天以前，一個強烈的衝撞幾乎讓我難以把持，完全的勢不可擋。為緩解情緒，我開始寫作，但這也僅是部分原因，通過寫作我將為我自己打開世界，但這同時也讓我失敗。未來的情感不存在，它與與現實相去不遠，也就是說任何一個烏托邦都是毫無意義的，文學卻始終和幻想的王國靠攏。當幻想的烏托邦失去意義，那麼文學亦然。我試圖以小說來作為抗爭，我知道，或許所有的作家都在做這樣的嘗試。我應該要做的是斷言它們的存在，斷言它們現存的狀態，若是自己在這世界裡狂歡作樂而不是去尋求一條離開這裡的出路，以這種方式無疑地我會獲得一種更好的生活，但我沒法這樣，也不能這樣——在我身上有某種固有的、堅定的信念，雖然這是本質的東西，也就是說是一種標誌，外加上浪漫——我邁不出這一步，理由很簡單，這不僅是腦袋裡的思想，也是閱歷。通過這些狀態瞬間豁然許多，一切是如此熟悉，幾秒內看到了另一個世界，與前一秒自己所發現的那個世界迥然不同，這世界的躋身而入，是一種短暫的閃現，之後它又回縮恢復以往，留下的一切與從前一樣……

最後一次我體驗到這種感覺，是前幾個月坐在前往斯德哥爾摩的通勤列車上。窗外的風景是純白色，灰色的天空溼潤，我們正在穿越一個工業區。空蕩蕩的火車，天然氣罐，那裡的工廠一切都是灰色與白色，西邊太陽墜落，一片絢麗輝煌於雲霧中浮動。我坐的火車，不是這條路線上往常那種老式的、搖晃的破舊座椅，反倒是新的，能聞到一股嶄新的氣味。我面前那道滑門開關時毫無摩擦聲，我什麼也沒想，只是注視著天空中那鮮紅的燃燒火球，心裡充滿愉悅。那種愉悅在心裡是如此強烈，以至於很難把它與疼痛的感覺區分出來。我體驗到的這一切對我來說意義非凡。意義不可估量。當這一瞬間過去，這感情的重大意義並非被減少，它只是突然間變得不合時宜：確切來說，這重大意義是**什麼**？又**為什麼**？就這一輛火車，一個工廠區，太陽，雲霧？

我再度體會到了情感，彷彿它是一件獨特的藝術品，能夠讓我的內心甦醒。倫敦國家博物館裡林布蘭老年的自畫像就是這樣的一件藝術品。陳列在同一博物館內，透納的那張老碼頭外的海上落日也是這樣的一幅畫，還有卡拉瓦喬畫的耶穌在客西馬尼。維米爾的作品也同樣喚起情感，以及一些克洛德·莫內的畫，伊斯達爾（Ruisdael）和其他荷蘭風景畫家的畫，J·C·達爾（J. C. Dahl）的一些畫，漢提維格（Hertervig）幾乎所有的畫……沒有魯本斯的，沒有馬奈的，沒有法國還是英國十八世紀的畫家，但夏丹是其中一個例外。沒有惠斯勒，也沒有米開朗基羅，只有一個李奧納多·達文西。這種體驗情感的鍾愛與認可，沒有固定的時代，也沒有固定的畫家，這只跟某些畫家的某些作品有關，畫家所做的其餘一切就擱置一旁吧。這種體驗也與人們通常稱之為品質的東西無關；我可能站在莫內的十五幅畫面前無動於衷，也可能在揚名於芬蘭外的一位芬蘭印象派畫家作品前，感到自己體內血脈噴張。

這些畫為什麼會帶給我如此強烈印象，我不知道。但很明顯，這些所有在十九世紀以前完成的畫，都保持在這個藝術模式之內，它們絕不會脫離對世界的參照。也因此這其中總存在某個物體，也就是說，在現實與畫面之間保有一個距離，而一定是在這個距離、這個空間內「發生了什麼」。它出現在視野裡，我看見了它，這時候這個世界就好像往那個世界往前邁出了一步。人不僅在其中看到了難以理解的部分，也完全接近了它。這點無法表述，此時語言無能為力，總是感覺在我們的能力所及之外，但我們仍在其中，因為它不僅包圍著我們，我們就是其中的一部分，這就是我們自己。

事實上這些陌生與神祕，使我聯想到了天使，這神祕的物種不僅擁有神性，也有屬於人性的部分，因此在這陌生的自然界裡最好以另一種形式來表述這種雙重性。同時畫和天使也有些令人不滿意之處，因為基本上兩者都屬於過去，一些過往之事我們也已將它拋在腦後，它不再適合進入我們創造的這個世界裡，那裡是偉大、神聖、莊嚴、聖潔、美麗及真實，不再拘泥於任何尺度，相反的，這裡更趨於質疑甚至是荒誕可笑。這意味著外面的世界是浩瀚的，直到啟蒙時代神明來臨，它給我們帶來啟示，大自然的浪漫主義，而這啟示的思想是莊嚴崇高的，不再有什麼能為此描述。在藝術裡的那個外在世界就是社會的同義詞，也是人類經驗的積累，其中充滿了概念和相應的正確實踐。在挪威的藝術史裡是孟克[8]打破了這一規則，在他的畫裡是人首次佔據了所有的篇幅。在那個啟蒙時期裡，人屬於神明，在浪漫主義的範疇裡，人屬於描繪出的風景——山脈雄偉壯麗，氣勢磅礴，海洋洶湧澎湃，樹木高大粗壯森林寬廣無邊，同樣也是氣勢磅礴，但人卻是毫無例外的渺小而微不足道——人與自然的關係到了孟克時卻顛倒了過來。人彷彿飢腸轆轆地把所有的東西一口吞噬，一切以己為中心。山脈、海洋、樹木和森林，這一切是為人而生輝。不是人正在從事的活動及他們外在的生活，而是人的情感和他們內在的生活。當人們首先佔據了這個舞臺，看上去已經沒了回頭路，也沒有在我們時代最初的一百年裡開始如森林之火般擴展蔓延遍及整個歐洲的基督教的回頭路。孟克畫筆下的人物是創造者，他們的內心世界用外在形式表達出來，讓世界震盪，當這扇門被打開之後剩下的世界就是造物者：孟克之後的畫家他們讓自身有了色彩，有了形式，不是出於他們的想像，而是飽含激情。那時候我們在繪畫世界裡自己內心的表達就是一切，當然這就意味著在藝術的內與外之間不存在動態，只有一種分離。在高度現代化的時代，藝術和世界之間的區別極為接近，或者換一種說法，藝術就是一個自我的世界。佔據著這個世界的，自然是有關評判的問題，很快地這個裁定自身就成了藝術的核心，為了不自我消亡，因此會以可能的方式，並在某種程度上，它必須得為這個真實世界及我們現在所處的狀態敞開自己，在這裡藝術品的媒材已經不重要了，重點取決於如何表達。不是看它是什麼，而是看它如何思考，其作品承載著什麼思想，於是這樣一來最後剩下的就是客觀現實，這些人主觀外的東西也參與了進來。藝術品成了一張淩亂的床，一間屋裡的幾個影印機，天花板上掛著的一輛摩托車。藝術家反映的方式，讓他們自身成為了觀眾的一部分，報刊評論者如是說。藝術家是位扮演者。事實就是如此。藝術沒有來自外面的東西，科學沒有來自外面的東西，宗教沒有來自外面的東西。我們的世界把自己關閉了，把我們關閉了，再也找不到出去的路。在這種情勢下那些呼喚更多的精神，更多的靈性神靈的人，心裡只是一片空白，這就是問題，精神的東西已經佔領了一切。一切都成為了精神，即使我們自己的肉體，也不再是肉體，而是有關肉體的觀念，一些出現在繪畫裡的天空中、在我們的內心以及懸置在我們頭頂上方的那些想像裡可以找到的東西，它們越來越成為我們賴以生存的生活中的一大部分。為我們所不知的、令人費解的極限已被打破。我們明瞭一切，這是因為我們做的一切是為我們自己。極為典型的是所有這一切以其無性、無色彩、消極否定，為藝術中的非人性所佔領，在我們的時代面臨的是語言，在語言裡我們對不理解和陌生的東西已經進行了探詢，彷彿它已經到了人類所能找到的表達方式的邊緣，也是在我們自身能夠理解的邊界，實際上這也很符合邏輯：否則在外面那個不再熟悉的世界上將要於何處去尋覓答案？

在這束光亮裡我們一定看見奇怪曖昧的死亡角色已經步入。在另一端卻來自四面八方，我們鋪天蓋

8 Edvard Munch（1863—1944），挪威畫家，版畫家，被稱作是現代表現主義繪畫的先驅。著名作品有《尖叫》《聖母瑪利亞》《病孩》《橋上的女孩》等。

地的有關死亡的報導、有關死亡的畫面；對死亡的尊重是沒有極限的，它是巨量的，取之不盡，無處不在。但這是一種想像中的死亡，沒有肉體的死亡，死亡作為思想和圖畫，一種精神死亡。這類死亡如同名字的消亡，人們使用死者名字時指的是肉體消亡了的這人。因為當人活著時，名字表示的就是名字與肉體為一體，身體的所在，身體的行為，當死亡時姓氏就與其肉體剝離開來。姓名是與活人在一起的。提起名字時總是意味著他那時候是如何，絕非指現在一具躺在某處腐爛著的肉體。肉體死亡的部分是具體的、有形的、物質的，這種死亡被精心、瘋狂的隱瞞，這很有效果，只要聽聽人們如何訴說一場意外，或者是看看謀殺的目擊者如何講述事件，就能夠理解。他們的語言總是相同：「簡直不相信這是真的」，儘管他們的意思恰好與此相反。它是那樣的真實。但我們不再生活於這個真實裡。對我們來說一切都被顛倒了，對我們來說真實的就是不真實的，而不真實的就是真實的。死亡，死亡就是最後的跨越。這就是為什麼必須得把它給隱藏起來。因為死亡在這個詞彙之外，在生命之外，但它不在世界之外。

我自己是在近三十歲的時候第一次看到一具死亡的肉體。這是一九九八年夏天，七月的一個下午，在克里斯蒂安桑的一個小教堂裡。我的父親死了。他躺在房間中央的一張桌子上，天空陰而多雲，房間裡是灰色的光線，窗戶外的草地上一台鋤草機在草坪上緩慢地兜著圈子。我和我哥哥一起待在那裡。殯葬業者先出去，為的是讓我們和死者單獨待一會兒，我們站在離屍體幾公尺遠的地方，盯著那裡。眼睛和嘴閉上了，上身穿著一件潔白的襯衫，下身套著條黑褲子。想到這是第一次我可以毫無困難地審視這張臉，幾乎令人無法忍受。感覺像是我在猥褻他。同時又感覺到我是如此的飢餓，有某種貪得無厭的需求，我得一而再再而三地不斷地看著他，這死去的軀體幾天前還是我的父親。我熟悉這個面孔，我是伴隨著這張臉長大的，雖然最後這些年我沒有像從前那樣經常看見這張臉，但幾乎沒有哪一個晚上不夢見它。我熟悉這個容顏，但不是現在這副模樣。黝黑的、泛黃的膚色與這張僵硬的面孔使它看上去像是從樹上切割下的一塊木頭。活像樹一樣的臉使得沒有任何人想與他接近。我看見的不再是一個人，而是與人相似的物體。同時他來自我們當中，他曾經就是我們之間的一員，現在他依然在我的心裡，像是覆蓋在死亡上的一縷生命的面紗。

英格威緩緩地向走桌子的另一端。我沒有看他，當我抬起頭望出去的時候，只是注意到了他的動作。開著鋤草機的園藝工不斷地從座位上扭過頭來，控制車輪走到上一輪割過了的草地的邊界。沒有被捲起裝進袋子的那些草碎末，在他身體上方的空中旋轉。其中的一些草屑一定黏貼在了機器下方，因為這些溼潤的草碎末被擠壓成塊狀，規律地從機器中落出，這些溼漉漉的草團子看上去總是比同一片草坪裡的草要深綠許多。在他身後的礫石路徑更遠一點的地方相跟著過來三個人，都低著頭，其中一個穿著紅大衣，映襯著綠茵茵的草地和灰色的天空更加鮮豔奪目。再往後的公路上有接二連三的汽車在路上滑動，它們正向著市中心的方向駛去。

小教堂的牆外驟然響起了鋤草機馬達的轟鳴。猛地響起的巨大噪音是否會讓爸爸睜開眼睛？這想像是如此強烈，以至於讓我立刻後退了一步。

英格威朝我看了一眼，嘴邊浮起一絲微笑。我覺得死者會復生？覺得這樹會再變成人？

這真是令人驚駭的一刻。但當情緒平復下來後，我才明白事實上他已經不在了，即便這些聲音，即便腦袋裡翻騰著奇怪的畫面，他仍然靜止不動。那時胸中騰起的自由，如不久前所經歷過的悲痛一樣難以遏制，並且以同樣的方式，完全違反我的本意的，在下一刻裡又一聲抽泣，把它釋放了出來。

我與英格威相視，笑了。他走過來靜靜地站在我身旁。與他的貼近和靠攏的感覺一下子充滿我的全身。我是多高興他站在那裡，我得努力不要再失去控制，以免破壞了眼前的這一切。也就是說要去想別的事，也就是說要集中精力去搜尋那些與此毫不相干的事。

隔壁房間裡有人在翻東西。聲音不大，但打破了我們站在那裡的氣氛，朦朦朧朧的，就像人睡著的時候，在其周圍從現實世界裡闖入夢中的那種似幻似真的聲音。

我低頭看著爸爸。手指頭互相交叉在一起放在腹部，食指的邊緣是尼古丁暗黃的顏色，就跟泛黃的舊牆紙一樣。指關節上的皮膚是不成比例的極深的皺褶，現在看上去就如人造一般，不是天然的。再看這張臉，它還是看不透，儘管躺在那裡的他平和安靜，但不是空白一片，仍然在上面存留一些我只能用意志這個詞來解釋的痕跡。我想到，我以前總是試圖去確定他臉上有著什麼樣的表情。我總是在看著它的同時就試著去解讀它。

但現在它關閉了。

我向英格威轉過身去。

「我們現在走吧？」

我點點頭。

主持葬禮的殯儀館員站在外面的房間裡等候著我們。我出來之後仍然讓門開著。雖然我知道這不合禮儀，但我不想讓爸爸一個人單獨待在裡面。

我們和經辦葬禮的殯儀館員握手，討論了關於幾天後將舉行的葬禮可能出現的一些情況後，我們走出門外，向停車場走去時各自點燃了一支菸，英格威緊靠著汽車站在那裡，我坐在一塊磚石邊上。天上飄著雨。小教堂背後的樹木迫於愈來愈強的風勢都彎下了腰。在數秒裡震耳欲聾的樹葉喧嘩聲，蓋過了從草地另一端車輛行駛的聲音。接著兩邊都安靜了下來。

「啊，有點不可思議。」英格威說。

「是啊，」我說，「但很高興我們處理完了。」

「跟你一樣。我得見到了才能相信。」

「現在你相信了嗎？」我說。

他笑了。

「難道你不相信？」

我想回他一個笑容，卻又開始抽泣。用手拚命壓住臉，把頭低下了。一聲接一聲的抽泣使我的身體顫抖起來。當它們止住後，我抬起頭朝他看了一眼，輕輕一笑。

「在這裡就像回到了小時候。」我說，「我哭，而你都看著。」

「你確定……」他說，搜尋著我的目光，「你確定接下來你可以獨自一人待著？」

「當然。」我說，「沒問題的。」

「我可以跟家裡打個電話說我不回去了。」

「你開車回家吧。反正事情都安排好了。」

「好。那我現在走了。」

他把手裡的菸扔掉，從口袋裡掏出了車鑰匙。我站起來向前走了幾步，但沒有近到可以握個手或者可以互相擁抱的程度。他打開車門，坐進去，當他在插進鑰匙時向上方望了一眼，馬達啟動了。

「那麼，再見了。」他說。

「再見。開車小心。幫我問候家裡！」

他關上車門，車往後退進，停留了一下，把安全帶繫上，換擋，然後緩緩地向主幹道駛去。這之後我開始向前走。突然他的後車燈亮了，他把車又倒退開了過來。

「你最好拿著這個。」他說，手從搖下的車門裡伸了出來。這是殯葬業者交給我們的那個棕色信封。

「我把它一直帶到斯塔萬格去沒有意義，」他說，「最好還是留在這裡。好嗎？」

「好。」我說。

「那麼下次再見。」他說。車窗關上了，最後的幾秒鐘裡，停車場上空響起了高揚激蕩的音樂，聽上去彷彿是水底下傳來的聲音。我一動也不動地站著直到他的車轉彎拐上主幹道消失，這是自小有的一種衝動；要是我不這麼做的話就會有不幸降臨到我身上。最後我把信封裝進夾克內層的口袋裡開始往城裡走去。

三天前，下午兩點鐘左右，英格威打了電話給我。從他的聲音裡我立刻聽出了有些異常，我首先想到的是，爸爸死了。

「嗨，」他說，「是我。我打電話給你是想說出事了。對……有事發生了……」

「是嗎？」我說。站在走道裡一手撐著牆壁，另一隻手握著話筒。

「爸爸死了。」

「哦……」我說。

「居納爾剛剛打電話給我。是祖母今天早上在椅子上發現他的。」

「他是怎麼死的？」

「我不知道。應該是心臟的問題吧。」

走道裡沒有窗戶，天花板上的燈關掉了，那裡面唯一的光亮是廚房和另一端打開的臥室。我凝視著在鏡子裡的那張臉，朦朧不清，像是從一個遙遠的地方注視著我。

「那我們現在怎麼辦呢？我是說，具體該做什麼？」

「居納爾等著我們完全接手這件事。所以我們直接到那裡去。事實上應該是越快越好。」

「好，」我說，「我要去參加柏格希爾的葬禮，其實現在就該走了。所以我行李之前就收好了。我現在就可以動身。我們在那地方碰頭吧？」

「好，就這樣，」英格威說，「那明天我就開車過去。」

「明天？」我說。「現在我得想想。」

「為什麼你不坐飛機到我這裡來，然後我們可以一起開車下去？」

「好主意。就這麼辦。等我查一下我坐的是哪一趟班再打給你。好嗎？」

「好。明天見。」

我放下話筒，走進廚房，替茶壺灌好水，在櫥櫃裡取出一袋茶，把它放進一個新杯子裡，身體靠著廚房桌子，從上方望著屋旁的那條死胡同，在小花園盡頭生長起來的茂密翠綠的樹叢間，隱約看得見它像灰色斑塊那樣時隱時現，再往上直到公路的邊緣。另一邊矗立著一些碩壯高大的落葉樹，樹蔭下幽暗中一條小道往上蜿蜒直到主要公路，海於克蘭醫院的塔樓高高聳現。我唯一知道的，是我沒辦法去想那些我應該想的事。我覺得我沒有感覺到我應該要感覺到的。我想，爸爸死了，這是一件很重要的事，它應該完全佔據我的身心，但它沒有。因為我站在這裡看著燒茶的水壺，心裡惱怒著為什麼水還不開。我站在這裡望著外面，就像每次我看見花園時一樣，房東老太太還會整理花園，想著我們是多麼幸運有了這樣的一套公寓，沒想到爸爸死了，即便這是實際上唯一代表著什麼的事情。這應該是一種震驚吧，我想，我把水倒進杯裡儘管水還沒有燒開。這個貴重時尚的閃亮茶壺，是英格威送給我們的結婚禮物。杯子，這金色的赫格娜斯（H.ganas）陶瓷杯，不記得是誰送的了，只是列在了托妮耶的禮物心願單上。我抓住茶包上的線在水中晃了幾下，然後把它扔進水槽裡，袋子碰到槽底時發出噗嗒一聲，我手裡握著杯子走進了餐廳。還好現在是我一個人在家，謝天謝地！

我在客廳裡走了幾分鐘，試圖為爸爸的死尋找某種意義，但沒能做到。他的死沒有意義。我理解他的死亡，我接受他的死亡，不過這也不表示就沒有意義。已經顛覆了的一艘生命之舟跟它顛覆之前沒什麼區別，換句話說，這只是眾多事實中的一個，不應該讓它佔據著我的意識。

我手握著杯子在客廳裡兜圈，戶外的天色灰而輕柔，景色漸次往下延展，眼前滿是屋頂和綠意繁盛的花園。我們前幾週才從沃爾達搬來這裡，托妮耶在那裡研讀廣播新聞，我寫了一部小說將於兩個月後出版。這是我們第一個實質意義上的家。沃爾達的那個公寓不算，只是暫時的。這裡是永久的，或者說看起來像永久，這裡是我們的家。牆上油漆的氣味還在，油漆是那種餐廳裡牛血的紅色，是根據托妮耶母親的建議刷的，她是個藝術家，她絕大多數的時間都花在室內設計和料理上，這兩方面都是高水準——她自己的家看上去就像室內設計雜誌裡的房子，她招待客人的餐點，總是精緻，美味又擺盤兼具。她家的臥室跟其他房間一樣是蛋殼白的顏色。但我們這裡完全沒有室內設計雜誌裡的那種模樣，過多的傢俱、海報及書架，顯示我們才剛脫離學生生活。我是靠學生貸款完成這部小說的，因為我還掛著一個文學研究者的名號，到七月這筆錢就不再提供，因此我得向出版社預支稿費。爸爸死了，這一切的到來就像個徵兆，因為他有錢，應該是有錢吧？他們三兄弟賣了在埃爾韋街的房子，把賣掉的錢平分了，這是不到兩年前的事。他不可能在這麼短的時間把這錢都揮霍了吧？

我父親死了，我在想著我會從他那裡得到的錢。

那又怎麼樣呢？

我無法控制我想的事情，抱歉，但就是這樣，可以嗎？

我把杯子放在餐廳的桌上，打開那扇單薄的門，來到陽臺上，僵直的手支撐在欄杆上，向外望去同時呼吸著夏天溫暖的空氣，將滿滿一股充滿著植物、汽車和城市的形形色色各種氣味的空氣吸至肺底。接著我又回到客廳四下張望。我要吃點什麼、喝點什麼、出去買點什麼？

我來到走廊裡，朝臥室望進去，寬大的、還未整理的床，一道通向浴室的門。我想我可以沖個澡，這不錯，待會馬上就要出門了。

脫下衣服，站在水流下面，蒸騰的熱氣縈繞在我的頭上，熱氣沿著身體直通全身。

我要打一發嗎？

不，真該死，爸爸死了呀。

死了，死了，爸爸死了。

死了，死了，爸爸死了。

站在熱水下面也索然無味了，我關上水龍頭用大毛巾擦乾身上的水，在腋下抹了點除臭劑，穿上衣服來到廚房裡看現在幾點鐘了，同時用一條小毛巾揉搓頭髮。

兩點半。

還有一個小時托妮耶就回家了。

當她從門裡進來，這一切從頭到尾都還要再來一遍，我甚至連想這個都受不了，於是我進了走道，把毛巾扔進敞開著的浴室，拿起電話撥她的號碼。她立刻就接了。

「我是托妮耶。」

「嗨，托妮耶，是我，」我說，「你怎麼樣，還好吧？」

「嗯。實際上我現在正在剪輯，只是到辦公室來拿點東西。把手邊的事弄完了，我就回家。」

「好。」我說。

「你在做什麼啊？」她說。

「沒有，沒做什麼，」我說，「英格威打電話來。爸爸死了。」

「你說什麼？他死了？」

「對。」

「喔，真是太糟了。喔，卡爾．奧韋……」

「沒事的，」我說，「事實上，這還算意料之中。但不管怎樣今晚我都得過去。先到英格威那裡，然後第二天一早我們開車過去。」

「要我一起去嗎？我可以的。」

「不，不用。你得工作！待在這裡吧，之後再來參加葬禮。」

「喔，真是太糟了，」她又說了一句，「我可以讓其他人接手剪輯的事。然後我立刻回家。你什麼時候走？」

「別急，」我說，「還有幾個小時才需動身。我可以先一個人獨自待一會。」

「確定？」

「對，對。很確定。其實我心裡沒感覺。我們已經討論這事很久了，要是他繼續這樣的話不用多久就會死了，所以我是有準備的。」

「好吧，」托妮耶說，「那我就把事情做完，然後儘快回家。你自己要好好的。我愛你。」

「我也愛你。」我說。

當我放下電話時，想到了媽媽。她也應該知道這件事。我又拿起電話打給了英格威。他已經把一切告訴她了。

穿好衣服坐在客廳裡等待時，我聽到了托妮耶已在門口。她像一陣夏日的風那樣進到了公寓裡，那麼新鮮而又充滿活力。我站起來。她的動作有點慌亂，眼神裡充滿關切，她擁抱了我，說她願意跟我一起去，但我是對的，她最好還是留在這裡，於是我打電話叫計程車，和她一起站在門外的階梯上，等了五分鐘後車到了。我們是夫妻，我想，我們是丈夫和妻子，我的妻子站在屋外向要離去的我揮手，想著想著就笑了。這想像的畫面是從哪裡冒出來的呀？難道我們是在扮演丈夫和妻子，難道我們不是真的夫妻嗎？

「你在笑什麼？」

「沒什麼，」我說，「只是想到了一些事。」

我捏了捏她的手。

「車來了。」她說。

我朝遠處那一棟房子望去。黑色的，像是一輛車開動的樣子，計程車在那邊的坡上向上匍匐而行，在十字路口那裡車停住，猶豫著，然後謹慎地朝右邊的方向繼續向上爬行，那條街與我們現在站著的這地方同名。

「我叫他一聲？」托妮耶說。

「不，為什麼？我自己也一樣可以叫啊。」

我拎起箱子走上通向公路的階梯。托妮耶跟在後面。

「我到十字路口那裡去，」我說，「我從那裡上車。今天晚上打給你。好嗎？」

我們相互吻別，當我轉身朝十字路口走去時，計程車正從那條坡路上倒車下來，她揮著手。

「克瑙斯高？」當我打開門把頭探進車裡時司機說話了。

「對，是我，」我說，「到弗勒斯蘭機場。」

「進來吧，我去拿你的箱子。」

我佝僂著身子坐進後座，然後身體坐直。計程車，我愛計程車。不是酒醉之後坐車回家，而是旅遊時坐著它去機場或是火車站。還有比坐在計程車後座上，讓它帶著你穿梭在城裡城外往某個地方駛去更有趣的事情嗎？

「這裡的路，不好找啊。」當司機坐進來時他說，「我聽說過這裡，這路有岔道。但我自己從來沒來過。二十年了。這還真有點怪。」

「是啊。」我說。

「我想現在我是什麼地方都去過了。我想這一定是我沒走過的最後一條路。」

他在鏡子裡朝我笑了一下。

「去旅遊吧？」

「不，」我說，「剛好不是。我父親今天過世了。我要去處理一些後事。在克里斯蒂安桑。」

簡短的交談就這樣結束了。我一動也不動地坐在那裡望著窗外一路上出現的房屋，沒有特別想什麼，只是這麼注視著。明德（Minde）、凡托夫特教堂、霍普。加油站、車行、超市、獨立社區、樹林、水流、建築工地。當我們進入最後一段路時，我可以看到機場的調度塔樓，我從上衣的口袋裡找出銀行卡，彎下身去讀前面計程車上跳表的數字。三百二十克朗。聰明的人最好還是不要去搭計程車，搭公車到這裡只花十分之一的價錢，現在我手裡缺少的，就是這錢了。

「可以給我三百五十克朗的發票嗎？」我說，把卡遞給了他。

「可以，當然。」他說，從我手中把卡一把抓了過去。刷了表上的數字，緊接著發票劈啪冒了出來。他將它連同一支筆和一張厚卡紙遞給了我，我在上面簽字，他又撕下一張新發票給我。

「謝謝你。」他說。

「謝謝，」我說，「我自己拿行李。」

雖然行李箱很重，但我仍自己提著它走進了候機室。我討厭這些小推車，首先它們看起來很女性化，不適合一名道地的男子，一個男人就應該自己搬運，而不是去推車。再來是因為它們塑造出了一個便利、快捷、省力和明智的印象，這些我都厭惡，我情願任何事都盡可能地自己做，雖然在這裡是一件不足道的小事。為什麼活在這個世界上的人不去感受一下地球的引力？我們是生活在畫裡嗎？人們在節省力氣，但我們省這個力氣究竟又是為了什麼？

我把箱子放在這間小小的候機室地板的中央，抬頭看飛機的時刻表。五點鐘有一班開往斯塔萬格的班機，搭那班完全沒問題。但還有一班是六點鐘的。因為我喜歡坐在機場，或許比坐在計程車裡還喜歡，於是我決定搭後面那一班。

我轉過頭朝檢票口那裡望去。除了最裡面的三個外，那裡看上去混亂不堪，排著長長的隊伍，而我不像是任何一名旅行者，他們幾乎無一例外都是輕鬆愉快的，都是大大的行李箱，每個人看起來都很開心，有種興致勃勃的勁頭，只差一個可以端起酒杯的地方了。瞬間明白他們要坐的是去南方的旅遊包機。在我站著的櫃檯前只有稀疏幾個人。我買了機票，檢票進去，緩步走向牆那一邊的公用電話打給英格威。他立刻接了起來。

「嗨，是我卡爾．奧韋，」我說，「六點十五的班機。我四十五分會到蘇拉。你要來機場接我，還是……？」

「我來接你。」

「又有什麼消息嗎？」

「沒有……我打了電話給居納爾說我們會來。他也不知道更多的情況。我想我們可以明天一大早就出發，那我們就來得及在殯儀館關門以前去那裡一趟。明天可是星期六。」

「好，」我說，「聽上去不錯。那我們待會見。」

「好，再見。」

我放下話筒走上了去咖啡廳的樓梯，買了杯咖啡和一張報紙，找到一張可以從那裡俯視下面大廳的桌子，把夾克掛在椅背上同時看了一遍周圍有沒有我認識的人，然後坐了下來。

有關爸爸的思緒迴圈冒了出來，自英格威打了那通電話給我之後就開始這樣，但內心不帶有任何情感，始終像是在做一種清醒的確認。這就夠了，對此我早有準備。自從他和媽媽分手的那個春天起，他的生活便只朝著一條路了。只是那時候我們還不理解，但在某一時間的十字路口他越界了，從那時起我們就知道任何時候他都有可能出事，並且是最糟糕的那種。或許這也是件好事，就看你如何詮釋。我長期以來就巴望著他死，自從我明白他的生命很快就可能完結那一刻起，我就開始這麼期望。當電視報導有關他居住那一帶的死亡事故，可能是火災或是車禍，在樹林或是海洋中發現屍體，我立刻覺得有了希望：或許那是爸爸。然而那都不是他，他尚且活著呢，他繼續這麼活下去。

直到現在，我想。看著下面大廳裡四處走動的人們。二十五年後他們當中的三分之一會死去，五十年後將會是三分之二，而一百年後他們則全會死去。死後的他們又能怎樣回歸呢，那時生命還有什麼價值？就這樣嘴巴張開，眼眶裡空洞的兩個黑窟窿，待在泥土下最深處？

或許判決的日子終會到來。這些白骨、頭蓋骨在數千年後被屆時活在地球上的人們挖出，唏哩嘩啦地把它們都拼在一處，這些骷髏便立了起來，朝著太陽齜牙咧嘴。而上帝，牆上的天使都簇擁在他的上方及下面，這天庭的主宰，將會審判他們。大地上一片蔥鬱，寬廣富饒，神聖的號角吹響了，所有的平原及山谷，沙灘及平地，海洋及河流，這些死亡的人們立起身來，走向那權力無邊的神明，他們將被上升到上帝面前。審判後過重的、魔鬼的心將被遣放至燃燒烈火的地獄，審判後輕靈的、善良的心被引領到充滿光明的天堂。現在在那裡走動著的人群，拉著帶輪子的行李提著免稅商店的塑膠袋，帶著他們的錢包和信用卡，散發出香水味的腋下和他們的眼鏡，他們染過的頭髮和他們的助步車，所有這些人也都要在沉睡中被喚醒過來，他們和那些死於中世紀或是石器時代的人沒有什麼不同，不可能看出什麼區別。他們都是死去的人，死了就是死了，死了的人將在末日被審判。

在大廳後的行李傳輸帶那裡，一群日本人走過來，也許有二十個。我把冒著煙的香菸放在菸灰缸裡，喝了一口咖啡，同時我的眼睛看著他們。他們看上去是陌生人，不是因為他們的裝扮或者外貌，而是因為他們的舉止，非常令人著迷。住在日本，被一群陌生人包圍住，人們看見一切，但不能理解，或許能猜出它的含義，但又不能完全肯定，這是我長久以來的夢想。坐在一棟日式房子裡，斯巴達似的簡單生活，拉門和紙牆，這和我個人北歐式的浮躁相比算是極其遙遠的陌生，所以這當然是夢幻的事情。在那裡寫一部小說，觀望周圍，緩慢地構思我手邊寫的東西。思考的方式與我們身處的環境有著緊密關聯，我們談話、閱讀的書籍也是如此。日本，還有阿根廷，在歐洲人的眼裡來說完全就是另一種類型，都是移動到了另一地方，還有美國，比如緬因州那許多小城鎮中的一個，有著挪威南方海岸的風貌，若是在那裡又會是如何？

我放下杯子，又拿起了香菸，往椅背上靠了靠，朝那邊的街上看去，那裡已經坐著好些旅客，儘管現在還差幾分鐘才五點。

現在說的是卑爾根。

一股冷風從我身上穿過。

**爸爸死了**。

自英格威打電話給我後，這是我第一次在心裡想起他的臉。不是他最後幾年的模樣，而是我與他住在一起直到成年的那些日子。那時候冬天我們和他一起到特羅姆島外去釣魚，風在耳邊怒號著，巨大而灰色的波浪在我們底下洶湧著，又山崖邊撞得粉碎，空中飽含浪花的飛沫。他手裡握著釣魚竿，搖動竿柄同時朝我們笑著。濃密且黑的頭髮，黑鬍鬚，稍有不對稱的臉上掛著一層小水珠。藍色油布襯衫，綠色的膠筒靴。

就是這樣的景象。

我想看見的他是處於較好狀態之中的那個樣子，這就是典型的我。在潛意識裡我想要選擇那些我對他懷有溫暖之情的時刻。這是嘗試著想自我掌控，明確地說，就是想排除那種非理性、多愁善感的時刻，要是那個出口很快被打開，便會一發不可收拾，將我毀於一旦。潛意識就是這樣運作的，為慾望與思想清出道路，將所有破壞的可能基於敵對。但爸爸只是得到了他應該擁有的下場，他活該死，他死了是好事。除此之外都是謊言，至少我心裡現在是這麼想的。不僅是我成長時與他相處的那段日子，也包含他在途中切斷了那些所有舊識的聯繫，一切重新開始。他因為改變了自己的生活，所以也與我有所接近，但這無濟於事。他想變成如何，我不想知道。那個春天他與媽媽離婚以後，他開始喝酒，整個夏天他都坐在那裡一直喝，他們就是這樣，爸爸和溫妮，坐在太陽底下喝酒。那些漫長的、愉快的、令人陶醉的日子，然後開學了，情況仍然繼續，但只有下午、晚上以及週末。後來他們搬到了挪威北邊，在那裡的一間學校一起工作。那時我們已經在想他會怎麼樣了，因為我們有一次坐飛機去看他，英格威，他的女朋友和我。爸爸開車來接我們，卻臉色蒼白，手在哆嗦，他幾乎一句話也沒說。當我們回到他的公寓，他在廚房裡有節制地喝了三杯啤酒，彷彿又立刻活了過來，手不再抖，把我們招待進去，開始談話，繼續喝著。這段時間是放寒假的時候，他一直喝著酒，且自己強調因為是假日，所以人們可以喝一點兒，尤其是在這北邊，整個冬天是那麼的黑暗。那時候溫妮在帶孩子，所以現在他是獨自一人。同年春天，他到克里斯蒂安桑的一間學校視察，他邀請了英格威、他的女朋友及我一起去酒店共進晚餐。那是卡勒都尼恩酒店，但當我們在酒店前與他碰頭的地點時，他不在那裡，我們等了半小時。問了櫃檯，卻說他還在自己房間裡。我們上樓到了那裡，敲門，沒人回應，他一定睡著了，我們更大力地敲門喊著他的名字，仍沒有任何反應，就這樣我們空跑了一趟然後離開了酒店。兩天以後，卡勒都尼恩酒店失火，有十兩人喪生。那時我高二，在午休時間，與巴森一起開車來到了酒店，看到那裡正在滅火。要是我父親在那裡，依他的狀況，不用說，一定會是其中一名死者，我告訴巴森。但即便我或者英格威誰都不明白他到底出什麼事了。我們對酗酒的人情況毫無頭緒，家裡沒有人是這樣。雖然我們知道他喝酒，慢慢地也見識到了他許多醉酒的夜晚，最後總哭天喊地的，大吵大鬧，抱怨嫉妒，失去了所有人的價值及尊嚴，但這段時間用不了多久，到了第二天早上卻又一切恢復正常，他一直可以繼續工作，且引以為傲。我們不明白他為什麼不把酒給戒了，或許他根本就不管戒酒。現在這是他的生活，現在是他在過自己的日子，儘管那時候孩子已經出生了。在某些早上可以喝幾口讓自己腦子清醒過來，好可以去學校上班，但絕不會喝醉，一天當中喝幾瓶啤酒影響不大，不會有事的。瞧瞧那些丹麥人吧，他們吃中餐時也喝酒，丹麥那裡不是也挺好的，對嗎？

冬天他們去南方，旅行社負責人收到了他們的投訴信，一次我住在他們家時偷看到了這封信。事情的起因是因為他一下子癱倒在地，他感到胸口劇烈疼痛，被救護車送到了醫院，之後他投訴了這家旅行社，因為他認為醫院把他當作心臟病來處理，於是旅行社明確答覆，這不是什麼心臟病，引發父親倒地的原因與酒和藥物有關。

最終他們離開了北邊，搬回南部，仍終日飲酒，現在他的皮肉鬆弛肥胖，挺著一個碩大的肚子。為了接我們他得在車裡酒醒幾個小時，現在幾乎是難以想像的事。他們離婚了，爸爸再次搬到了另一個南方小城，在那裡他找到了新工作，幾個月後卻也丟了。那時他一無所有——沒有婚姻，沒有工作，也幾乎沒有孩子。因為儘管溫妮希望他跟孩子住在一起，事實上也讓他這麼做了，但結果卻很糟糕。他最後被取消了對孩子的探視權，其實這對他來講無所謂，但他仍然怒火衝天，或許因為這是他的權利。而這一點，關於他的權利，不管任何事他現在都不會放過。更可怕的事發生了，他所擁有的一切，就是南方的這套公寓，他坐在那裡喝酒，要是他不去城裡的酒吧的話，他就一直坐在家裡喝。他龐大的身軀像個桶子，雖然皮膚還是棕色的，卻已黯淡，就像上面罩上了一層失去了光澤的膜。加上鬍鬚、頭髮，還有懶散邋遢的衣衫，他看上去就像是一個野人，在那裡四處搜尋酒喝。一次他突然失蹤了，彷彿他沉入了地下好幾個星期。居納爾打給了英格威，通知他說他已經和警方報了失蹤。當他再度見到他時，那是在南方某地的一家醫院裡，他躺在那裡不能走了。但不過是暫時性的癱瘓，不是永久的。他又重新站立起來，在一家戒酒診所那待了幾週後，他又恢復以往。

這段時間我沒有跟他聯繫，而他越來越常去看祖母，每次待的時間也越來越長。最後他搬過去把自己封閉起來。他把他剩下的所有東西打包在一起，放進車庫。那時居納爾為單獨生活已經很困難的祖母安排了家庭護理，但他趕走了看護，把門鎖上。直到他死他都一直待在那裡和她住在一起。一次居納爾打給英格威時偶然提到了那裡發生的情況。其中一件事是，有一次他過去那裡看他們，發現爸爸躺在客廳的地板上。他的腿摔斷了，但他不叫祖母打電話叫救護車來，反倒威脅她不許把這件事告訴任何人，也不許告訴居納爾。就這樣，他躺在那裡，周圍滿是吃剩食物的餐盤，還有她幫他拿來的，一些啤酒與烈酒的瓶子，那是他自己留下來的酒。居納爾不知道他在那裡到底躺了多久，可能一天，或者是兩天。他打給英格威時說，不能再繼續這樣下去了，他認為唯一的辦法就是我們應該介入此事，把父親從那裡接出去，因為這樣他會死的。我們商量了這事，但仍決定就讓他這樣，他在自己的海裡航行，過著自己的生活，死也是自己的死。

現在就是這樣。

我站起身走向櫃檯想去再倒點咖啡。一個穿著高檔且品位良好，深色西裝的男人站在那裡，他脖子上有一條絲質圍巾，肩膀上落有頭屑，當我走到那裡時他正要倒咖啡。他把白色的杯子，放在紅色的托盤上，滿滿一壺黑咖啡，當他把手裡的壺舉起了一點時，用詢問的目光望著我。

「謝謝，我自己來。」我說。

「請便。」他說，然後把壺放回到兩個爐中其中的一個上面。我猜想他是屬於那種學院派類型的人物。服務生，一個五、六十歲之間身材寬大的女人，肯定是卑爾根人，因為我在那個城市住了八年，在城裡經常能看到這樣的面孔，公車或者街上，在商店的櫃台後，都是這剪得短短的、染過了的頭髮，戴著只有那種年紀才顯得合適的方形眼鏡。我伸出手讓她看見我杯子裡的咖啡。

「再一杯。」我說。

「五克朗。」她說，字正腔圓的卑爾根口音。我把五克朗放在她手裡，又回到我的桌子面前。我嘴裡發乾，胸膛下面的心跳得很快，好像我十分興奮，但我其實並不。相反的，我坐在那裡心情平靜而沉重，注視著懸掛在巨大的玻璃天花板上的那個小飛機，白日的光線正凝聚在上面，然後朝航班時刻表望去，那裡的鐘顯示現在正是五點十五，再將目光下移，看著那些聚在一起排隊、在地板上來來往往、坐著看報、站著談話的人。這是夏天，下方的人們衣著輕盈明快，棕色的身體，聲音輕鬆自在，旅行時聚集在一起的人們總是這樣的。有時候我也像他們一樣坐在那裡，可以感受到明亮的色彩、清晰的線條、棱角格外分明的臉龐。這是意義的儲存。沒有這些意義，就如同現在我與他們的關係一樣，那是遙遠的和某種方式的模糊不清，不可能抓住要領有所感受，就像沒有黑暗的陰影，只是灰濛濛一片。

我轉過身去看著出口。一群一定是剛剛抵達的旅客，正從飛機沿著地道般的空橋走上來。登機口的那道門開了，疊好的外套搭在手臂上，手提袋和塑膠袋在大腿上碰來撞去的旅客們進來了，抬起頭尋找有行李傳送帶號碼的看板，繼續向右前行，然後消失。

兩個男孩經過我身旁，每人都提著一個裝可樂的紙袋，手裡拿著冰棒。一個嘴邊及下巴處看得出有鬍鬚，應該是十五歲左右。另一個個子小些，嘴上無毛乾乾淨淨的一張臉，但也不一定因為這樣都就一定比較年輕。這大一點的有個不能合上的厚嘴唇，加上他一副空洞的眼神，看上去很蠢。小個子眼神靈動，有十二歲孩子的那種機靈。他說了點什麼，兩人哈哈大笑，當他們朝桌子那走去時，他一定又重複了這句話，因為坐在那裡的人也笑了起來。

我想知道他們究竟年紀多大，無法想像我也有十四、五歲那麼小的時候。但我也曾經歷過。

我把咖啡杯推開，站了起來，把夾克搭在手臂上，拎起箱子朝登機口走去，緊挨著檢票櫃檯坐下，那裡穿著制服的一男一女在自己的電腦面前工作。我身子後仰，把眼睛合上了幾秒。爸爸的臉又出現在我眼前，彷彿它躺在那裡等待著。霧靄中的花園，被踩過的帶一點泥土的草，一架梯子豎著靠在樹旁，朝我轉過來的爸爸一張臉。他用雙手扶著梯子，穿著長筒靴和一件厚針織衫。在他身旁兩側地上放著兩個白色的木盆，在梯子最高一層的鉤子上掛著一個桶子。

我睜開眼睛。我不記得有這樣的經歷，這不是什麼回憶，但如果不是回憶，又是什麼呢？

啊，不，他死了。

我吸了一口氣，站立起來。在驗票檯前面已站著一小群人，在這裡旅客們揣摩著工作人員的一舉一動，從他們的動作看來，顯然就快要登機。

死了。

我站到隊伍最面，一個男人在前，肩膀很寬，矮我一截，後頸上的頭髮亂蓬蓬的，耳朵裡也長著毛髮。他身上有股鬍後水的味道。我後面排了一個女人。我將頭微微轉過，為的是看她一眼，看看她的臉。精心打扮過的紅唇，眼線及粉底，看上去更像是張面具而不是張臉。不過她身上的氣味很好聞。

從飛機上下來的清潔工小跑著上了空橋。穿制服的女人講著電話。她放下話筒，拿起一個小麥克風說現在一切就緒開始登機。我打開手提袋外層，取出機票。我的心跳又開始加快，好像是它要獨自出外旅行。幾乎有點承受不了。但我必須忍受。我把身體的重心從一隻腳挪到了另一隻腳上，往前稍微低下頭，能看到窗外的跑道。小拖車中的其中一輛裝著行李開過去了。一個穿連身工作裝、戴著耳罩的人往那裡走去，他手裡拿著用來指揮飛機降落的那個像乒乓球拍的東西。隊伍開始往前移動。我的心臟怦怦跳。手心出汗。我盼望坐下，我盼望著坐在高空中往下看。我前面的那矮胖的小個子拿回機票票根。我把我的機票遞給穿制服的女人。不知出於什麼理由，當她接過我的票時直視著我的眼睛。她很漂亮，帶有一種嚴肅的美。五官端正，鼻子也許有點尖，一張小嘴，眼睛清澈碧藍，虹膜外的深色圈顯得格外分明。我也短暫地直視了她一會兒，然後垂下目光。她笑了。

「一路順風。」她說。

「謝謝。」我說，跟著前面的人走下那地道般的空橋進入飛機，艙門處有位中年女人站在那裡朝每位進去的旅客點頭，我接著通過中間的走道，直到最後一排座位。把手提袋和夾克放到上方的行李架裡，在狹窄的座椅上坐下，繫上安全帶，雙腳向前，上半身往後一仰。

就像這樣。

我坐在飛機上前往安葬我父親的路上，同時想著這件事，我的認知突然增強了。我所看見的一切，所有的這些臉孔和身體，在這裡經過機艙緩慢走過去把行李放上去的、在座位上坐下的，在那裡把行李放上去、在座位上坐下的，都被一個反射的陰影跟隨著，它必須告訴我，我看見了，同時我也意識到自己看見了，然後進一步陷入荒謬。同時這個無所不在的思想陰影，或者說思想的鏡子，也隱含著批判意味，指責我沒有感受到更多。我想著，爸爸死了——然後他的樣貌突然出現在我面前，彷彿我需要「爸爸」這個詞的圖解。我，坐在飛機裡是為了去安葬他，卻對這一切表現淡漠。我想著，當我看著那兩個或許只有十歲的女孩子在一排位置上坐下，走道另一側的那兩位一定是她們的母親和父親，我想著我想著我想著。這一樁樁事情以飛快的速度搶著肆掠全身，卻全毫無道理可言。我開始感到噁心想嘔吐。一位婦女把她的手提箱放在我座位上方，脫下外衣把它放在箱子上，與我的目光相視，禮貌性地笑了一下，然後在我的身旁坐下。她四十歲左右，有一張柔和的臉、溫暖的眼睛、黑頭髮，個子不高，身材略微豐滿，但不是胖。她穿的衣服是一套的，就是說，褲子和衣服是同樣的顏色同樣的款式，女人們穿這種衣服叫什麼來著？套裝？裡頭是一件白襯衫。當我看著她的時候，我想著，雖然我像是看著前方，但我的注意力並沒有放在目光投向的位置，而是眼角餘光之處，在那裡的才是這個「我」。她剛才手裡一定拿著一副眼鏡但我沒有注意到，因為現在她把它架在了鼻尖上，翻開了一本書。

她身上有一種與銀行工作相關的氣息。不是出自於她的柔和，然而也不是因為她皮膚白皙。當她在椅子上坐下時，包裹在褲子下的大腿彷彿要被擠壓出來，她的肌膚究竟有多麼白皙，只有在深夜某地的旅館房間內的朦朧中才能知曉吧？

我試著咽口水，但嘴裡那麼乾我的那點唾沫還不足以嚥下喉嚨。又一位旅客停在了這排座位，一個精瘦的中年男子，膚色蠟黃，面容恐怖，一身灰色西裝，他在最外面的位置上坐下，既沒看她也沒看我一眼。「登機完畢」，擴音器裡的一個聲音說。我往前弓下身，這樣我可以看見機場上方的天空。西邊天上的雲層裂開了縫，下面那一片在成長中的小森林在太陽的萬道光芒下，呈現出一片帶有光澤的、幾乎是閃動著的綠色。引擎啟動的聲音響起來了。窗戶微微震動。身旁的那位女人把手放在書頁上，凝視著前方。

爸爸一直有飛行恐懼症。在我童年的記憶裡，這是唯一他會喝酒的場合。通常他避免坐飛機，若我們要到什麼地方，總會開車而不是搭飛機，不管距離多遠。但有時他也得搭機，那時候他就強迫自己喝下在機場咖啡廳裡，能找到的任何一種含酒精的飲品。還有許多其他的事他也避免去做，但我從沒見過，那時我也從來沒有特別去想，因為一個人做的事總是比不做的事情明顯。那些爸爸不做的事，就很難察覺到，這完全不是因為他有什麼神經質的問題。他從不去理髮廳，他總是自己剪頭髮。他從不坐公車。他幾乎從不在就近的商店買東西，總是到郊外的大超市。所有這些能夠與人接觸，或者是可能被人看到的場合，他都盡量避免。儘管他是教師，每天也站在課堂上講話，週期性地召集家長開會，也每天在教師休息室與他的同事聊天。這些事間有什麼共同點嗎？或許他不想偶然地參與某個集體？在那種場合他會被看見一些他無法控制的東西？在公車上，在理髮廳，在超市的收銀台面前，他脆弱得容易受傷？這是可能的，但當我在那裡，卻沒能留意到。很多很多年以後，我突然想到了，我從來沒有看爸爸搭過什麼公車。他也從來沒有參加過英格威和我所參與的那些社會活動，也注意到他從來都不那麼引人注目。一次他參加了我們學校期末的聚會，他坐在靠牆的地方準備觀賞我們表演的劇，我在裡面扮主角，但非常遺憾，上一年的成功讓我還沉浸在小孩子的高大自傲中，使得我沒有下足夠的功夫去排練，沒把所有的臺詞都記得準確。一切都會順利的，我想。但當我站在那裡，或許也是因為受了我的父親就在眼前的影響，我幾乎一句也記不起來。這是個有關城市的長劇，我演的是市長，我們老師只能從頭到尾給我提詞。在回家路上坐在車裡時，他說他從來沒有這麼被羞辱過，他再也不會來參加期末聚會了。他守住了他的承諾。他從來沒有看過我踢球，儘管有過無數場，他從來就不是那種會開車載我們到外面比賽場地的那種家長，在當地比賽時也從來不和其他的家長一起站在球場邊觀看，對於這些我從來沒有什麼反應，或者認為這不正常。他就是這樣，我的父親，許多父母也都和他一樣。在七〇末至八〇初的這段時期，那時候作為父親與現在相比，意義要來得狹窄，且在許多層面上還有所不同。

對了，他看過我踢一次球。

那個冬天我九年級。他要開車前往克里斯蒂安桑，順道帶我去謝維克的土地球場，我們有一場和北部球隊的訓練賽。一如往常我們坐在車裡緘默無語，他用一隻手扶著方向盤，另一隻支撐著窗戶，我的雙手放在膝蓋上。我突然有一股衝動，就問他能不能去看這場球賽。不，他當然不行，他還得繼續往下往克里斯蒂安桑開。我也沒有指望著你會去看，我說。我的話裡沒帶有任何失望，實際上也沒有非常希望他去看這場比賽。這並不重要，只是說說，也沒認為他會去。但就在後半場快結束的時候，突然我看見他的車停在球場外的邊線，在幾公尺高的雪堆後面。擋風玻璃後面那團黑影，我想就是他。就在比賽還剩下最後幾分鐘的時候，球門前的哈拉爾從側邊給了我一個極漂亮的傳球，我只需要往前踢一下就行，我也這麼做了，可是我用的是左腿，不是慣用腳，球踢偏了，沒射進球門。在回家的路上坐在車裡他又開始評論。你沒把握機會進球，他說。在門前你有那麼好的一個機會。我真敢不相信你會踢飛。是的，我說。但不管怎麼說我們贏了。那比分是多少？二比一，我說，很快地看了他一眼，因為我希望他問這兩顆球是誰進的。他問了，謝天謝地。那你有進球嗎？他問。進了，我說，兩個球都是我踢進的。

我的額頭靠著窗戶，那時飛機在跑道盡頭停下來，在引擎開始加足馬力發出劇烈轟隆聲的時候，我開始哭了。淚水莫名其妙地湧了出來，直到滴落我才察覺，這真是愚蠢，我想。這是多愁善感，是愚蠢。但毫無幫助，我已經陷入柔軟、模糊、沒有邊際的情緒裡，無法走出，直到幾分鐘後飛機輕輕地離開地面，嗡嗡地開始爬升至高空。這時候，我終於又思緒清晰了，我朝胸前的T恤低下頭來，在我拇指和食指間握著的票根上揉搓我的眼睛，就這樣久久地坐在那裡看著窗外，直到我不再感覺到鄰座的目光。我把身體往後靠著椅背，閉上了眼睛。不過這不是結束。我注意到了，這僅僅是開始。

飛機上升到高空之後機身恢復水平位置，然後又調整鼻翼開始飛行。空服員急急忙忙地推著手推車於走道穿梭，幫所有旅客送上咖啡和茶。下面的大地，最初只是透過雲層難得的縫隙展現出幾個畫面，美麗而起伏有致的綠色島嶼及蔚藍的大海，陡峭的山壁與峰頂上斑斑的白雪，但漸漸地勢也變得平緩，與此同時雲層消失了，突然那平坦的羅加蘭郡盡收眼底。此時的我內心激動混亂。沒有意識到的那些記憶，潮水般向我襲來，我試著從中擺脫，因為我不想坐在那裡一直哭，一直分析這一切，卻又沒有實際的結論。他又出現在我眼前。一次我們一起去霍夫滑雪，穿越於樹林之間，每一光亮處都可以望見大海，灰色、厚重，浩瀚無際，要不就是總能聞到點什麼，聞到雪和松樹氣味的同時也聞到了鹽和海藻的味道，爸爸在我前面十公尺，或許是二十公尺遠的地方。雖然他的滑雪裝備是全新的，從羅特菲拉（Rottefella）固定器到斯普利特肯恩（Splitkein）滑雪板還有藍色的滑雪衫，可他不會滑雪。他蹣跚向前，老年人的步態，沒有平衡，沒有快進，沒有向前的衝刺。我不想和這個影子綁在一起，所以我總是讓自己落後一段，腦子裡裝的全是有關自己和個人風格的想法，彷彿我知道，有朝一日或許我會在這條路上走得更遠。簡言之，我為他感到羞愧。他購買了所有的滑雪裝備，開車帶我到特羅姆島外，為的就是想親近我。那時我當然猜不出這其中的含義，但現在，坐在那裡閉上眼睛假裝睡覺時，聽到廣播裡通知要繫好安全帶，把椅背調回原位，心裡又同時湧上一股新的悲慟襲遍全身。為掩飾突如其來的淚水，我再一次彎下腰，將頭抵在前座椅背上，不敢完全哭出來，因為在飛機起飛那時其他旅客就知道他們身旁坐著一位年輕人在抽泣。喉頭一陣壓迫感，我再也控制不住了，所有的情緒迸發出來，將自己敞開，不是往外面的那個世界，那裡我幾乎沒辦法去看一眼，而是朝向內心，我內心的情感完全掌控了一切，占了上風。為保持住剩下的一點價值和尊嚴，我唯一能做的是盡可能不要發出一點聲音。不要有一聲哭泣，一聲嘆息，一句怨言，一聲呻吟。每一次對爸爸死亡的醒悟又來到一個高點時，便只有流淌下的淚水，及臉上不停地抽動著，有如鬼臉。

唉。

唉。

然後突然地，低落哀傷的情緒消散，彷彿剛才完全占滿我的，那十五分鐘內所有的軟弱與模糊，就如漲落的潮水一樣，退了回去。那時我抵達了它最瘋狂的邊緣，這一切讓我突然發出一聲輕笑。

「哈哈哈。」我笑出了聲。

我把手抬起來，在眼睛上揉了幾下。想到坐在旁邊的女人看見我在那裡淌著眼淚，把一張臉扭來扭去地不斷地扮鬼臉，現在又聽到我在笑，於是我不禁又發出了一陣新的笑聲。

「哈哈哈。哈哈哈。」

我看著她。她專注地看著她面前的書。我們身後的兩個空姐在兩張小小的折疊椅上坐下，繫上了腰間的安全帶。窗外是太陽及一片綠色。地面上的陰影跟隨著我們，越來越近，像一條被網拖住的魚，直到機身的輪子觸到地面的那一刻，陰影完全進入了機身底下，像是被制動器和滑行的飛機牢牢地拽在了那裡。

周圍的人開始站起來。我深吸一口氣。感覺好多了，穩定了。說不上高興，但輕鬆許多，像擺脫了突如其來的重擔後總會有的那種輕鬆。這時我才有機會看到身旁的這位女人在讀什麼書，因為她把書合上，拿著它站了起來，在中間走道上踮起了腳尖，為了勾到上面的行李架。她在讀彼得・霍格（Peter H.eg）的《女人和猿猴》（Kvinnen og apen）。我曾經讀過一次。構思不錯，但整本書有點單薄。在正常的情況下我會和她討論這本書嗎？比如現在這樣？不，我不會，我情願就這樣坐著思考著我應該做的事情。我曾經跟任何陌生人聊過天嗎？

沒有，從來沒有。

沒有任何徵兆顯示出我往後會這麼做。

我彎下身朝窗外看去，望向下方塵土覆蓋的停機坪，就像二十年前那樣，我總是奇怪地清晰回憶起當時我看到的一切，沒有例外。當時也如現在在一架飛機上，如現在在蘇拉機場，但那時是去卑爾根的路上，再從那裡繼續飛去南伯沃格的祖父母那裡。每一次我坐飛機出行，都要強迫自己回想起這段記憶。以至於它成為我剛完成的小說的開頭，這部書稿現在就放在我底下飛機貨艙內我的箱子裡，是一部六百四十頁的書稿，我得在一個星期內做完校訂。

至少這是件好事。

我也將馬上與英格威見面。自他從卑爾根搬走後，先去的是巴勒斯特蘭，在那裡他遇上了卡麗・安妮，和她一起有了孩子，後來去了斯塔萬格，在那裡他們又有了一個孩子，現在我們之間的關係有了變化，他不再是一個我沒事時就可以隨時去串門的對象。不再能隨時可以一起去咖啡廳或是演唱會了，而是一個我偶爾可以去拜訪幾天的人，一切生活都是有關家庭的事。但我喜歡這樣，我總是喜歡在別人家過夜，有自己的房間和新鋪好的床，到處都是陌生的東西，浴巾和毛巾溫馨地備好，從這裡深入到了這個家庭內部，儘管也總是有那麼些不舒服的地方——不管我拜訪的是誰，有客人在家時，主人總會試圖避免那些令人不安定的因素，但這仍往往會被察覺到。你絕不會知道這種不安寧是因為自己，還是這屋子裡本身正在發生一些事情，卻因為你的到來而減輕了。當然還有第三種可能，顯然這些都是我腦袋裡自己在作亂而已。

走道上的人少了，我站起來，取下我的手提袋和外套，往前走出了機艙，進入大廳，這裡不算大，但有許多的通道，商店及咖啡廳，旅客來來往往，他們有的站著、有的坐著，吃東西或者看報。不管英格威身處哪一群我都能立刻認出他來，我不必看臉就能認他，一個後腦勺或一個肩膀就夠了，又或許什麼都不需要，因為面對與自己一起長大的人會有某種感應。那時你看著他的個性形成，看著它如何展現，因此甚至不需透過思考就能夠解讀那是什麼意思。我對英格威的認識從來就是依靠直覺的。我從來不知道英格威在想什麼，很難猜出他為什麼現在在做這個，也很難理解他的判斷，我只夠猜測而已，就這些方面來說他和其他人一樣陌生。但我了解他的肢體語言，我了解他的手勢，我知道他的氣味，我有自信理解他所有聲音裡的細微差異。還有，特別是這一點，我知道他會從哪裡冒出來。關於這一點我無法用言語形容，也很難在腦子裡去琢磨，但我知道他就在那裡。所以我不必用眼睛在披薩店裡搜尋，不必一一看過走道的椅子或者大廳裡所有走動的人群，因為只要我的腳踏進那裡，我就能知道他的存在。我朝上望了一眼，一間很老的愛爾蘭酒吧那，他真的就站在那裡。雙手交於胸前，穿著一條綠色的，但不是部隊裡的那種褲子，白色T恤上印著音速青春（Sonic Youths）的《Goo》專輯圖案，淺藍色的牛仔夾克，一雙深棕色的PUMA。他還沒有注意到我。我看著他的臉，對這張臉比對任何事物都熟悉。他的高顴骨遺傳到了爸爸，但稍稍有點歪著的嘴唇，與臉型與他不同，他的眼睛，也更像媽媽和我。

他扭過頭來和我目光相會。我是想笑一下，但同時我的嘴又扭曲了，以一種不可抵禦的壓力，最初盤踞在我心上的那種情感倏地一下子又往上湧起。在一聲哭泣裡它們迸發了出來，我開始哭了。手臂朝臉那裡舉到了一半，又垂了下來，又泛起一道情感波瀾，面孔又是一次新的扭曲。此時英格威看著我的目光我將永遠不會忘記。他一幅難以置信的樣子。但這目光不帶有任何的評判，比較像是看到了一些他不理解又沒有料到的事，所以那表情完全是一種猝不及防。

「嗨。」我含著眼淚說。

「嗨，」他說，「我的車在這下面。我們現在走吧？」

我點點頭，跟著他下了樓梯，經過機場大廳，來到外面的停車場。西部地區的空氣中有一種特殊的冷冽尖銳，不管是多麼暖和的天氣都一樣，當我們踏入巨大屋頂形成的陰影裡時，體會就更明顯，這讓我心情好了許多，很難形容，或許是我情感已經完全敞開的關係，原本完全是封鎖的。然而當我們在他的車面前停下，我也擺脫了我的情緒。此時英格威戴上了墨鏡，躬身向前，把鑰匙插進了車門裡。

「你就只帶了這一點行李？」他說，朝我的手提袋點了點頭。

「該死，」我說，「在這裡等等。我馬上去取。」

英格威和卡麗．安妮住在斯托爾海於格，一個離斯塔萬格市中心有一小段距離的社區，是一個連棟房末端的一套公寓，房屋的另一端有一條路，路後面是樹林，再往下的樹林邊有一道延續幾百公尺的海灣。在附近還有一個公共花園，在那後面，是另一個住宅區，英格威的一個老朋友阿斯比約恩就住在那裡，他們倆剛剛合夥開了一間平面設計公司。辦公室就在閣樓上，他們買的所有設備都放在那裡，正學著如何使用。他們倆沒有一個人是學平面設計的，而且他們都是卑爾根大學媒體專業的，與這個行業中的人也沒有任何聯繫。他們就這麼坐著，在各自的蘋果電腦後面，做著那些他們接到的工作。一份洪沃格節海報，一些折頁和宣傳單，到目前為止就這些。他們可是把所有的東西都押在了一張牌上。就英格威來講我可以理解。大學畢業後他在巴勒斯特蘭市裡做了幾年的文化諮詢，但這不是他想要的。不過這麼做仍有風險，他們唯一擁有的是自身的品味，且對於這點很有自信。他們漸漸地持續了二十年，對不同大眾文化的解讀也就變得很有經驗。從電影、唱片、封面到服裝與音樂，雜誌和攝影書籍，從不引人注目的到最具商業價值的，始終在致力於把好與次等品分別開來。包括現在與一切過去相關的那些東西。我記得，一次我們到阿斯比約恩家裡去，在那裡喝了三天酒，那時候英格威為我們彈奏小精靈樂團（Pixies）的曲子，一個當時很新的但不知名的美國樂團，阿斯比約恩躺在沙發上身子翻滾著，因為我們那時聽著覺得它相當不錯。太棒了！他在很大聲的音樂聲裡喊著。哈哈哈！哈哈哈！太棒了！在我十九歲到卑爾根時，在最初的那些日子裡的一天，他和英格威到我的學生公寓裡來，無論是我掛在寫字臺上方的約翰．藍儂照片，還是那張前景蔥鬱，與背後形成巨大反差的麥田海報，或者是傑瑞米．艾恩斯[9]主演的電影《教會》（The Mission）的海報，都比不過他們的眼神。一點機會也沒有。藍儂的照片是我對高中最後一段時間的回憶，那時候我同其他三個朋友一起討論文學和政治，聽音樂、看電影和喝酒，歌頌內在生活，並讓自己和外在的東西保持距離，藍儂是作為內在生活的使徒掛在我牆上的，雖然我始終是如此，遠從童年時代就開始了，最喜歡的是麥卡特尼的那種略帶甜味的風格。但在這裡披頭四完全不算是個符號，什麼情況下都不算，沒有過多久的時間藍儂的照片就從牆上被取了下來。他們的好品位不是在大眾文化上；是阿斯比約恩最先給我推薦了托馬斯．伯恩哈德[10]，他已讀過了在金穀出版社（Gyldendal）的維塔系列中的《水泥地》（Beton），早於所有挪威文學愛好者對他關注十年之前，而我，我記得，我不能完全理解阿斯比約恩對這個奧地利人為何如此迷戀，十年以後，最初是同挪威其餘的那些文學工作者一起，我才發現了此人的不同凡響。觀察力是阿斯比約恩最大的天賦，我還從來沒有碰到過有人像他那樣對自己的嗅覺確信無疑，除了名字在學生圈子裡被提起外，但它能派上什麼用場？觀察力的意義在於判斷，為了判斷，人必須置身於外，而不是在那裡創造什麼。在很大程度上英格威是身在其中，他在樂團彈吉他，寫自己的曲子，在那裡聽音樂，除此之外他也有分析能力，學院派的東西阿斯比約恩多半不具備或者派不上用場。從很多方面來講平面設計非常適合他們。

大約在我的小說被出版社接受的同時，他們成立了自己的公司，這樣就有了讓他們設計書封的可能性，然後以這種方式將一隻腳伸進出版界的領域。但事情沒這麼簡單。出版社可不這樣看。編輯蓋爾·古利克森提到他將聯繫一家設計公司，詢問我對書的封面設計有沒有什麼想法。我說我非常希望我的哥哥來做這個事。

「你哥哥？他是封面設計師？」

「嗯，他是，他剛剛開始。他和他的一個合夥人在斯塔萬格成立了一家公司。他們很有才華，我保證。」

「我們的程序是這樣，」蓋爾·古利克森說，「他們先提案過來，然後我們再來看。要是不錯，那就完全沒問題。」

9 Jeremy Irons（1948—），英國著名影視演員。國際影壇上一位傑出的男演員，無論飾演正反角色，他的表演都能抓住人物的精髓，具有極強的感染力。曾斬獲多項國際電影大獎，包括奧斯卡獎。

10 Thomas Bernhard（1931—1989），奧地利小說家，劇作家，詩人。被稱為戰後最重要的德語作家之一。

情況就是這樣。六月我到他們那裡，帶去了一本關於五〇年代以來的太空旅行的書，這書是爸爸的，裡面全是五〇年代那種樂觀、未來風格的插圖。我有個想法，就是利用奶油黃，我看過茨威格[11]《昨日的世界》那本書的封面。後來經過英格威的衡量之後選出了幾張飛艇的照片，我覺得很適合這本書。於是他們坐在閣樓裡辦公室的新椅子上，伴著戶外強烈的陽光，做著他們的初稿，我則坐在他們身後的扶手椅上看著。晚上我們喝啤酒看世界盃。我很高興，因為一個時期結束，總算有了新的開始，這一感覺在我心裡極為強烈。托妮耶剛好完成她的學業，在NRK電視臺霍達蘭郡分台找到了一份工作，我的首部作品即將問世，我們剛剛搬進了第一間實質意義上的公寓。在卑爾根，這個城市是我們初次相遇的地方。整個學期間始終和他們混在一起的英格威及阿斯比約恩，開始了自己的事業。他們首份最重要的工作就是幫我設計書封。一切都建立於可能的基礎之上，一切都指向了未來，像這樣的經驗應該是我生命中的第一次。

幾天下來的結果很好，我們有了六、七個很不錯的方案，我非常滿意，但他們還想試試其他完全不同的方式。阿斯比約恩拿來了一袋美國攝影雜誌，我們從頭到尾翻了一遍。他給我看了幾張喬克．斯特格斯（Jock Sturges）的照片，真是相當出色，我從來沒有看過類似的東西。我們選了一張，一名長腿女孩，或許十二歲，或許十三歲，赤身站在那裡，背對著我們望著一汪水。很美，也極為震撼。純潔清爽，也隱含著某種危險，擁有一種幾乎是標誌性的水準。在另一份雜誌裡找到了一張廣告，白色字樣背景是藍色的條形，或是正方形，他們決定抓住這個構想，但採用紅色，半小時後英格威就完成了封面樣圖。出版社得到了五個不同的封面方案，毫無疑問，斯特奇斯的這個變異是最佳選擇，這本書將在幾個月後出版，封面上將是這個年輕的女孩。也有可能是自找麻煩，斯特奇斯是個有爭議的攝影師，我讀到過，他家的房子被聯邦調查局翻了得徹底，在網上搜尋他的名字時，總是與一些兒童色情網站一同出現。當時我還沒有見過有攝影師用如此令人印象深刻的方式重現這個豐富多彩的兒童世界，莎莉・曼（Sally Mann）算其中的一個。為此我很高興。也因為是英格威和阿斯比約恩來完成這個工作而高興。

在這個不平常的星期五晚上離開蘇拉機場開車上了路，我們沒怎麼說話。討論了些即將到來事情的細節，比如葬禮。無論我還是英格威以前都還沒有過這種經歷。低低的太陽光讓我們開車經過的這些房子屋頂發出耀眼的白光。這裡的天空高遠，地勢平坦蔭綠，這一切空間給我一種荒涼的感覺，即使有眾多的人聚集在一起也沒法將它填滿。我們看見的都是小小的人兒，他們站在車棚外面等候著進城的汽車，他們沿著公路向前騎行，身子躬在車把上方，他們坐在牽引機上行駛在田野裡，他們從加油站商店的門裡出來，一手拿著一根臘腸另一隻手握著一瓶可樂。城裡也是一片荒涼，街道空蕩蕩的，一天結束了，夜晚還沒有開始。

英格威車裡的音響放著比約克[12]的音樂。窗外出現的商店和辦公樓越來越稀少，住房越來越多。小花園，籬牆，果樹，坐在三輪車上的小孩，跳繩的小孩。

「我不知道那時為什麼我開始哭了，」我說，「但當我看見你時某種情緒觸動了我。我一下子意識到他死了。」

「是啊……」英格威說，「我不知道到現在我是否明白了這一點。」

---

11 Stefan Zweig（1881—1942），奧地利小說家，劇作家，記者和傳記作家，生於一個富裕的猶太商家庭。著名的中篇小說《一個陌生女人的來信》讓他聞名於世。在他的自傳《昨日的世界》完成的前一天自殺。

12 Bjok（1965—），冰島歌手、作曲家和藝術家。

當我們在轉彎處時他換擋減速，開上最後一段上坡路。右邊有一個兒童遊戲場地，兩個女孩坐在那裡的長凳上，手裡拿著像是紙牌一樣的東西，再往上一點，在路的另一邊，我看見了英格威家房子前面的花園。花園裡沒有人，但客廳的拉門是開著的。

「到了。」英格威說，緩緩地開進了打開的車庫。

「我的行李就放在車裡好了，」我說，「我們明天一早還要繼續上路。」

屋子的門打開了，卡麗．安妮手臂裡抱著托耶走了出來。站在她旁邊的耶爾法抓住她的褲腿，朝我這邊看，就在同時我關上車門，朝他們走去。卡麗．安妮側著臉頰用一隻手臂圍住了我，我擁抱了她，在耶爾法頭上揉了一把。

「聽到你們父親的事我很難過，」她說，「節哀。」

「謝謝，」我說，「其實這倒也不是很意外。」

英格威把車庫門砰一聲關上，手裡拎一個袋子走了過來。他一定是在去機場的路上就把東西買好了。

「我們進去吧？」卡麗．安妮說。

我點點頭，跟在她後面進了客廳。

「啊，好香啊。」我說。

「這是我常做的，」她說，「火腿義大利麵和青花菜。」

托耶還抱在手裡，她用另一隻手把一隻鍋從電暖爐上拿下來放到旁邊，關了開關，彎下身去從櫃子裡取出一個漏勺，這時英格威進來了，把食品袋放到地板上開始把它們分類放到該放的地方。耶爾法除了一個尿布外身上一絲不掛，她站在外面的地板中央一動不動，眼睛在我和他們身上打轉兒。然後她向放在書架旁邊的那個玩具床跑過去，拿起一個玩具娃娃，手臂直直地向前捧著它同時向我走過來。

「瞧這個娃娃多漂亮啊，」我說，在她面前蹲下來，「給我看看好嗎？」

她把它緊緊貼在胸前，臉上是一種很決斷的神情，把身子向旁邊一扭。

「你得把娃娃給卡爾・奧韋看，知道嗎？」卡麗・安妮說。

我站起來。

「要是不礙事的話，我出去抽隻菸？」我說。

「我也去，」英格威說，「我把這裡收拾完就來。」

我從向陽臺敞開著的門走出去，關上門，在外面平臺上放著的三把白色塑膠椅子中的一張坐了下來。整個草坪上都是些玩具。最外面，靠近籬牆的地方，有一個圓形的充氣的塑膠泳池，裡面灌滿了水，水面上漂浮著雜草和小蟲子。一副高爾夫球桿抵靠著一堵背風的牆，它的旁邊還有一副羽毛球拍子和一個足球。我從衣袋裡掏出香菸，點燃了一支，把頭往後靠了靠。太陽已經躲在了一朵雲彩的後面，就在幾分鐘前還被陽光照射得閃著光亮的綠草和樹葉，陡然間變得灰濛濛一片，光澤盡失，沒有了生命的活力。鄰居花園裡傳來手推人工鋤草機的聲音，勻速的、向前推向後拉的聲響。在公寓的房間裡傳來了叮叮噹噹的杯盤餐具的碰撞聲。

啊，我喜歡待在這裡。

公寓裡的一切都是我們自己的，沒有距離；要是我煩躁，公寓裡的一切也都讓人煩躁。但這裡是有距離感的，這裡環繞著的一切與我和我做的事情不相干，所以就免去了這種煩擾。

我身後的門開了。是英格威。他手裡端著一杯咖啡。

「托妮耶讓我向你問好。」我說。

「謝謝，」他說，「她怎麼樣了？」

「不錯，」我說，「星期一她剛開始上班。星期三晚間她在新聞有一條節目。一樁死亡事故。」

「你說過了。」他說，他坐了下來。

這什麼意思，他生氣啦？

我們坐了一會兒，兩人無話。住房上方的天空中從我們的西側飛過一架直升機。引擎的聲音遙遠，幾乎是沉重的轟隆聲。在兒童遊樂場的那兩個女孩朝上坡路走過來。在下面遠些的一個花園裡有人在喊著一個名字。聽上去好像是，比約那。

英格威拿出一支香菸，點燃了它。

「你開始打高爾夫了是吧？」我說。

他點了點頭。

「你也應該試試。你肯定會打不錯。你個子高，又踢過足球，一定有競爭意識。你想不想打幾桿？我這裡有些較輕的訓練用球。」

「現在？不行吧。」

「開玩笑的，卡爾．奧韋。」他說。

「什麼玩笑，那我就揮一桿。不是讓我現在立刻就打？」

「你現在就打。」

鄰居站在把兩個花園隔開的籬牆內，停下手中的活兒，直起身子，手在脖子背後和冒著汗水的腦袋上抹了一把。陽臺上的一把椅子上坐著一個穿白色T恤和白色裙子的女人，她在看一本雜誌。

「你知道祖母怎麼樣了嗎？」

「不，其實不知道，」他說，「但是她發現他的。所以可以想像情況一定不太好。」

「在客廳裡，對嗎？」

「對。」他說，把菸蒂在菸灰缸裡熄滅，站了起來。

「不說了，我們進去吃點東西吧？」

第二天早上我被站在外面走道樓梯旁大聲尖叫的耶爾法喚醒了。我在床上撐起半個身子，打開了百葉窗，這樣才能看我的錶是幾點。五點半。我嘆了口氣，又躺下來。我睡覺的這間房裡，堆滿了搬家的紙箱、衣服和在這間房子裡找不到地方放的各種雜物。一個撐起來的熨衣板靠著一面牆放著，上面是一大堆疊好的衣服，旁邊是一個亞洲式樣的屏風，被合起來靠牆立著。我聽見外面傳來英格威和卡麗．安妮的聲音，接著聽到了他們在舊木樓梯上的腳步聲。樓下的收音機打開了。我們已經決定七點鐘出發，這樣可以在十一點左右到達克里斯蒂安桑，但我想，早點動身對我完全不是問題，我一腳踩到地板上，穿上褲子和T恤，站到穿衣鏡前照照自己的樣子，用手指把頭髮往後一梳。看不出昨天情感迸發後留下的任何痕跡，只顯得疲憊不堪。我已恢復到了最初的狀態。也因為昨天在心裡發生過的一點也沒留下來。情感如水，總是跟著環境而改變。甚至是巨大的悲痛也沒有留下；當情感氾濫且持續時間過長，這不是因為情感僵死，它不會的，它只是保持靜止，就如湖泊中的水。

該死，我心想。這是我腦子痙攣的表現之一。我操，還有他媽的別的什麼東西。它們以不定的間隔時間交替閃現在我意識裡，停不下來，為什麼我要阻止它們，反正沒什麼壞處。想這些的時候又不會被人發現。他媽的，我想著，一把拉開了門。直望進他們的臥室裡，我垂下眼睛，有一些我不應該知道的東西，我把那個小木柵門推到一邊，走下樓梯進了廚房。耶爾法手裡拿著一片麵包坐在自己高高的兒童椅上，面前放著一杯牛奶。英格威站在電暖爐前煎蛋，卡麗．安妮這時候在餐桌和碗櫃間走來走去，把桌上的東西擺好。咖啡機上的開關燈亮著。從咖啡濾紙滲下的最後幾滴正落入那幾乎已經滿了的咖啡壺裡。通氣扇呼呼地吹著，雞蛋在煎鍋裡劈啪作響，收音機正播著當日的交通資訊。

「早安。」我說。

「早安。」卡麗．安妮說。

「哈囉。」英格威說。

「卡爾．奧韋。」耶爾法說，指著她自己面前的那張椅子。

「我坐那裡嗎？」我說。

她點點頭，使勁擺動著腦袋，我把椅子拉開坐了下去。她最像英格威，有他的鼻子和眼睛，相當奇怪的是，她臉上有許多和他一樣的表情。她的身體還沒有完全從嬰兒時期的那種肉肉的體型脫離，所有的關節與身體其他部位都是柔軟、圓潤的，因此當她皺起眉頭，眼睛裡閃現了英格威的那種狡黠的神情時，你沒法不笑出來。這沒有讓她看起來年長些，但讓他年輕了些：突然間我明白他那些表情特徵之一不是來自閱歷、成熟或生活的體驗，而是來自他自己一成不變的簡單生活，並不依靠那張早已從六〇年代初期就形成的臉。

英格威用鍋鏟把蛋鏟起，一個個地放進一個寬大的盤子，端到桌上，放在裝麵包的籃子旁邊，再把咖啡壺拿來，給三個杯子倒好咖啡。早餐我通常是喝茶的，自我十四歲就這樣了，但真不忍心說出來，於是拿起一片麵包，用英格威放在托盤旁邊的鏟子把蛋放在了麵包上。

我的目光在餐桌上掃視了一遍搜尋著鹽。但沒找著。

「哪裡有鹽呀？」我說。

「這裡。」卡麗．安妮說，從桌上方遞給了我。

「謝謝。」我說，打開塑膠瓶上的小翻蓋，看著那些小小鹽粒慢慢滲入金黃色的蛋黃裡，一點點地在它的表層形成小孔狀，同時下面的奶油開始融化滲進了麵包裡。

「呃，托耶在哪兒？」我說。

「他在上面睡覺。」安妮說。

我在麵包上咬了一口。煎炸過的蛋白下面變得有點高低不平，當我咀嚼的時候，那很大一塊煎得焦黃的蛋白在上顎和舌頭之間被壓碎了。

「他睡的時間還是很長，是嗎？」

「嗯……大概一天十六個小時？我不知道。你說呢？」

她向英格威轉過身。

「不知道。」他說。

我在蛋黃上咬了一口，黃色的汁液熱乎乎地進入了我的嘴裡。喝下一口咖啡。

「挪威進球那會兒他嚇壞了。」我說。

卡麗．安妮笑了。當時我們在這裡看世界盃挪威隊的第二場比賽，托耶在房間另一端的搖籃裡睡覺。進球之後我們的狂呼大叫聲正緩下來，從那角落裡響起一陣歇斯底里的尖叫。

「跟義大利那場比賽太可惜了，」英格威加了一句，「我們到底聊過這事沒有？」

「沒有，」我說，「但人家知道該怎麼做。把球傳給挪威，然後就等著我們全軍覆沒。」

「在對抗巴西那場比賽後，可能是體力耗盡了吧。」英格威說。

「我也一樣精力耗盡，」我說，「對我來說，最糟糕的就是罰點球決勝負那會兒。差點不敢看下去。」

這場球賽我是在莫爾德看的，同托妮耶的父親在一起。當比賽一結束，我立刻打電話給英格威。我們兩人都哭了。在我們哽咽的嗓音後面是從童年時代起就追隨著的一個毫無機會、從未有建樹的足球隊。之後我和托妮耶一起去了市中心，整個城市充滿了汽車喇叭聲和揮舞的旗幟。陌生的人們互相擁抱，所有地方都是歡呼聲和歌聲，到處都是跑來跑去激動的滿臉通紅的人，挪威在一場關鍵性的世界盃比賽贏了巴西，而誰也不知道這個球隊還可能走多遠。或許能乘勝追擊？

耶爾法從她的椅子上蹭著滑了下來，拉起我的手。

「來。」她說。

「卡爾．奧韋得先吃飯，」英格威說，「吃完飯再說，耶爾法！」

「不，不用。」我說，跟她走了。她把我領到沙發那裡，自己從桌上拿來一本書坐了下來。她那短短的小腿兒還夠不到沙發座位的邊緣。

「要我唸嗎？」我說。

她點點頭。我在她身邊坐下來翻開了書。這講的是一個可以把所有東西都吃掉的毛蟲[13]。當我讀完了這本書，她從沙發上把自己挪動下來，又從桌上拿來一本新書。這講的是一個叫阿佛的老鼠[14]，它和其他老鼠不同，它在夏天裡不去搜羅尋找食物，而是坐在那裡做美夢。別的老鼠都說它是個懶蟲，但當冬天來臨，天寒地凍四處一片白茫茫時，是這只老鼠給它們的生命帶來了色彩和光明。這就是它所搜集的，也就是它們現在正需要的，色彩和光明。

耶爾法緊挨我坐著，非常的安靜，對每一頁書都全神貫注，時不時地指著一樣東西問，這叫什麼。和她一起坐在那裡很溫馨，同時也有點乏味。我想著去窗戶外的陽臺那裡待著，單獨一人，一支菸一杯咖啡。

故事到最後一頁，阿佛成了臉紅撲撲的英雄和救星。

「這個故事不錯喔，很好！」當這書讀完以後我對英格威和安妮說。

「在我們小時候也有一本，」英格威說，「你不記得啦？」

「好像記得，」我撒了個謊，「這是同一本嗎？」

「不是，那一本在媽媽那裡。」

耶爾法又朝著那一大摞童書走過去。我站起來到廚房的桌上拿起自己那杯咖啡。

「你吃完了嗎？」卡麗・安妮說，她手裡端著一疊盤子正走向洗碗機。

「吃完了，」我說，「謝謝招待。」

我看著英格威。

「我們什麼時候走？」

「我得先沖個澡，」他說，「再收拾點東西。或許半小時後？」

「好。」我說。耶爾法安安靜靜聽讀書的那個時間段已經到此結束，她現在到了走道裡，正在那裡穿我的鞋子。我打開通向陽臺的拉門走了出去。天空多雲，氣候很溫和。椅子上蓋滿了一層精緻美麗的露珠，在坐下之前我用手掌把它們抹去。我從來沒有這麼早起過，通常我的早晨開始於十一點、十二點和一點左右，現在我所有的感官全部打開呼吸，這讓我回想到了童年那些夏日的清晨，我六點半騎自行車到一個園藝師那裡去工作。天空時常是霧濛濛的，我經過的那條路上空無一人，灰色的空氣像一股洪流一樣撲面而來，涼颼颼的，很難想像這種天氣再晚些時候，在我們彎著腰工作的地方，可能會是那樣炎

---

13 指美國繪本大師艾瑞・卡爾（Eric Carle，1929—）創作的著名圖畫書《好餓好餓的毛毛蟲》（The Very Hunger Caterpillar）。

14 指美國兒童文學作家、畫家李奧尼（Leo Lionni，1910—1999）創作的著名圖畫書《田鼠阿佛》（Fredrik）。

熱。中午休息時，我們騎到了到耶爾斯塔湖浸在水裡，直到再開始工作前。

我喝了咖啡點燃一支菸。不是我一定要喝咖啡，也不是我想感受煙直灌胸腔，不是的，我很難將它們分開，這樣做的重點在於必須得這麼做，這是一個例行儀式，跟所有其他那些儀式一樣，它是系統中的一環。

當我還小的時候我是真恨菸味！在我們開車出遊時，坐在前排的父母於煙霧繚繞之中，後座的我們在炎熱的煙霧中飽受煎熬。清晨廚房裡飄散著的煙味從我房間的鎖孔鑽進來，在我睡著還來不及防備的狀況下，它們已充斥了我的鼻孔，我驚得一怔，感到很不舒服，直到我自己開始抽菸以前每一天都是如此，往後我才對菸味有了抵抗力。

不同的是那時爸爸抽的是菸斗。

現在那菸斗到哪裡去了？

叩擊菸斗把上那些黑黃色的菸垢，一切難弄乾淨的東西都倒出來，再用那白色彎曲的菸斗清潔器把菸斗清乾淨，裝進新的菸絲，坐在那裡咬著菸管開始點菸。火柴伸進去，啪嗒啪嗒，又一根火柴伸進去，再啪嗒啪嗒，然後身子往後一仰，把一條腿擱在另一條腿上，菸斗上飄出了煙霧。奇怪的是，我覺得這跟他的戶外活動有關。針織毛衣、連帽厚夾克、靴子、鬍鬚、菸斗。在國內的長途縱深旅行，就是為了冬天去採漿果，有時上山去尋找黃莓，漿果之最莓中之冠，但最常是從大路旁直接進入樹林深處。車停在路邊，大家一手拿著採莓簍，一手拿著鏟子，一路搜尋藍莓或者是小紅莓。在河邊或是更高處能俯瞰四周的地方，不斷翻弄出一些聲響。有時從山上往下走到河灘最低處，有時則走到裡面堆砌著木材的一個松樹林裡。沿途只要看見路邊有木莓漿果出現，就把車停下，拿著鏟子下車。因為這是一九七〇年的挪威，那時候的週末路邊都是一家一家人在採集木莓，後車箱裡放有方正、碩大的保冷箱及乾糧。

一九七四到一九七五年那個時候他也釣魚，在我放學以後一個人到島外去，或是週末的時候帶著我們一起去。冬天，站在這裡的水域裡，等著釣到大鱈魚。雖然我的父母沒有一個人與六〇年代的那些運動有關，他們二十幾歲就有了孩子，又因為工作，那些思想意識方面的東西我父親所知甚少。但他也不是沒有受到那個時代的精神影響，他身上也存在著這種意識，當人們看見他坐在那裡手上拿著菸斗，留著鬍子，雖不是長髮，但頭髮濃密，一件針織毛衣，一條喇叭褲腿的牛仔褲，一雙閃光的眼睛笑眯眯地望著人，人們就有可能把他視為新一代溫和型父母中的一份子。盡職盡責的，推著嬰兒車走、換尿布、坐在地板上和孩子們一起玩，想像著他對於這種事一點不陌生。然而事實與此相去甚遠。他和那群人的共同之處，僅有這支菸斗。

喔，爸爸，現在你在我心裡死去了嗎？

樓上敞開的窗戶突然傳來哭聲。我扭過頭。安妮坐在廚房裡，取出洗碗機裡的一個個杯盤，正把兩個杯子放上桌，接著急忙走往樓梯那裡。耶爾法推著一個載著娃娃的小推車，跟著媽媽在後面慢慢跑。接著我聽到窗戶裡傳出她哄孩子的聲音，上面的哭聲漸漸安靜下來。我站起來，打開門，走了進去。耶爾法站在樓梯前的小木柵門旁，朝上面望去。牆內水管一陣呼呼的響動。

「你想坐在我的肩膀上嗎？」我說。

「想。」她說。

我彎下腰把她舉起來，放到肩上，用手握住她的兩隻小腳，在客廳和廚房之間來回跑了幾趟，同時也學馬發出嘶鳴。她笑了，每一次我停下向前彎下身子假裝要把她扔下去時她就尖叫。幾分鐘後我覺得差不多夠了，但還是又跑了幾趟算特別服務，然後我蹲下來，把她從我肩上抱下。

「還要坐！」她說。

「下一次吧。」我說，朝窗外望去，下面的路上一輛公共汽車這時正拐彎駛進站，停下來讓從住宅區出來的數量不多的幾個乘客上車。

「現在就坐。」她說。

我看著她，笑了。

「好吧，那就再來一次。」我說。把她再舉到肩上，又跑過去跑過來，停下假裝要把她扔下，發出馬的嘶鳴。謝天謝地，緊接著英格威走下樓來，很快這就結束了。

「準備好了嗎？」他說。

他的頭髮溼漉漉的，剛刮完鬍子臉看起來更清爽。他手裡拿著那個舊的藍紅愛迪達手提包，他從高中開始就用到現在。

「好了。」我說。

「卡麗·安妮在上面，是吧？」

「是，托耶醒了。」

「我去抽根菸，然後我們就出發，」英格威說，「你看一下耶爾法，行嗎？」

我點點頭。看上去她好像已經找到事情做了，所以我一屁股坐進沙發裡，翻開那裡的一本雜誌。但音樂專輯的評論和樂團採訪我沒什麼興趣去看，於是放下了雜誌，拿起了他的吉他，它在沙發旁邊的一個架子上，在擴音器和光碟盒子前面。這是把黑色的芬德「播音員」（Telecaster），還算很新，不過電晶體擴音器是舊的，音樂人牌子。除此之外他還有一把哈格斯特倫吉他，放在上面的辦公室裡。我不假思索隨意地彈出一個和絃，這是鮑伊的《太空怪談》（Space Oddity），我開始自己低低地哼唱起來。我沒有吉他很長一段時間了，這些年來我彈吉他從沒有彈得比初級還要好，十四歲時我曾想過要去中級班學一個月。不過五年前花了高價買的爵士鼓還在閣樓上，這次我回卑爾根，或許會再來拿出來用。

我想，在這屋子裡只應該彈彈《長襪子皮皮》（Pippi Longstocking）這類東西。

我放下吉他，又拿起一本流行音樂雜誌，正在這時卡麗・安妮手裡抱著托耶走下樓梯。他咧嘴笑著，身子前後搖晃。我站起來，向他們迎上去，然後彎下身子，對著他「波」了一聲。我其實並不習慣這麼做，突然覺得自己很蠢，但托耶笑得很厲害，對他來說我怎麼樣一點也無所謂，當他笑聲停下來用充滿期待的目光盯著我，我知道他想再來一次。

「波！」我說。

「啊哈哈，哈哈，哈哈哈！」他笑著。

不是所有儀式都有正規的過程，不是所有儀式都有嚴格的規定，在日常生活中也能有這樣的儀式，可能是需要找出它並全心全意地投入，也可能是很平常地突然間就獲得了。當這天清晨我邁步走向屋前，跟在英格威後面朝車走去時，就在那一瞬間裡，我彷彿步入了一個比我自己故事還更大的故事裡。兒子們動身回去安葬他們的父親，當我站在車門邊，我意識到自己身處於一個故事。與此同時英格威正打開後車箱把包包放進去，卡麗・安妮、耶爾法和托耶站在門口看著我們。灰白色的天空，天氣溫和，整個住宅區靜悄悄的。關上後車箱的短促砰響，撞上房屋的另一端發出了回音，聲音急促、尖銳與清晰。英格威打開車門坐進去，彎腰幫我打開這側的門。我向卡麗・安妮和孩子們揮了揮手，然後鑽進車裡在座位上坐下，關上車門。他們也朝我們揮手。英格威發動引擎，手臂搭在我的椅背上開始倒車，再朝右邊往上開。然後他也向他們揮一下手，我們開上了公路。我往後靠著椅背。

「你累嗎？」英格威說，「你想睡的話就睡吧。」

「確定？」

「當然。如果我能放點音樂的話。」

我點點頭閉上了眼睛。聽到他按下CD播放機，在儀錶板下的那個小擱架上摸索一張光碟。引擎發出低低的轟鳴。然後光碟滑了進去，緊接著，是一段民謠式的曼陀林前奏。

「這是什麼？」我說。

「大衛・尤金・愛德華（Sixteen Horsepower）」他說，「喜歡嗎？」

「聽上去不錯。」我說，又閉上了眼睛。那種偉大故事的感覺煙消雲散。我們不是兩個兒子，我們是英格威和卡爾・奧韋，我們不是回家，是去克里斯蒂安桑，我們要去安葬的不是一個父親，是爸爸。

我不累，我不想睡著，但像這樣坐著真舒服，主要是沒有任何壓力。當我們一起長大的時候，英格威是一個我可以跟他隨便聊天，沒有任何祕密的人，但到了某個時期，或許是在我上高中以後，這一切就變了。從那時候起，當我們在一起談話的時候就很清楚地意識到他是誰，以及我是誰，所有自然的狀態都消失了。我要講的每一個觀點，要不是預先有所準備就是事後要加以分析，往往兩者都有，酒醉除外，那讓我又贏回了從前的自由。除了托妮耶和哥哥，我對所有人都是如此，我不能就這麼坐在那裡與他們聊天，要是意識到那個場合太大，那我就坐在圈外。至於英格威是不是這樣，我無從得知，但我覺得不是，當我看到他與其他人在一起的時候，感覺不是這樣。我也不曉得他是否知道我是如此，但有人告訴我他是知道的。我常常在想我是不是虛偽，或者不真實，因為我從不亮出一張公開的牌，總是坐在那裡預測及推估。如今這也不再打擾我了，這已是我生活的一部份，但眼下，當爸爸死去，在這長途公路旅程開始的時候，我所理解的是，我渴望逃離自己，要不然那就會緊緊地捉著我，死守著我不放。真他媽的。

我坐直身子，掃了他放在那裡的一疊光碟一眼。強烈衝擊（Massive Attack），波提斯黑（Portishead），Blur，左外野（Leftfield），鮑伊，勁草（Supergrass），水逆（Mercury Rev），皇后合唱團（Queen）。

皇后？

他從小時候就喜歡他們了，並且始終堅定不移，隨時隨地都準備好為他們辯護。我記得他是如何坐在自己的房間裡，用新吉他——那把黑色萊斯・保羅（LesPaul）的仿製品，一個音符一個音符地仿效布萊恩・梅（Brian May）的一段獨奏，這吉他是他用堅信禮得到的錢買的。那時候他還會收到皇后合唱團粉絲俱樂部寄來的會員期刊。他繼續等待著世界成為一個更理性的世界，給皇后一個應有的合理與公正。

我笑了。

自佛萊迪・墨裘瑞（Freddie Mercury）辭世後，令人震驚的並不是他被披露出是一個同性戀者，而是他是個印度人。

誰想得到呢？

窗外屋子開始變得有些零散。在快接近早晨的高峰期，另一條車道上的車流量有一段時間增加了，現在又開始緩下來，慢慢地我們駛進了城市間無人居住的地帶。經過了一些寬闊的金黃麥田，大片大片的草莓地，一方方的綠色牧場，一些剛剛犁過的農田裡裸露著深棕色的，幾乎是黑色的泥土。其間也穿插著小樹林、村莊、幾條小河和幾個水窪這樣的地方。接著地景變了，進入了山區，綠色植被覆蓋著，但沒有樹木，沒有耕地。英格威把車開進了一個加油站，把油箱灌滿，把腦袋伸進車內問我想買點什麼，我搖了搖頭，但當他回來時，遞給了我一瓶可樂和一塊邦蒂巧克力。

「我們抽根菸吧？」他說。

我點點頭，從車裡鑽出來。那塊地方最遠端有一張長凳，我們朝那裡走去。凳子後面有一條流動的小溪，在不遠處溪流上游有一座橋。一輛摩托車呼嘯而過，接著是一輛牽引機，然後又是一輛。

「媽媽到底說了些什麼？」我說。

「說得不多，」英格威說，「她需要時間把這些事好好理一理。但她很難過。我認為，想得最多的還是我們。」

「今天也是柏格希爾（Borghild）安葬的日子。」我說。

「對。」他說。

一輛從西邊來的重型卡車開進了加油站，伴著一聲低吟，車在另一端停下，一個中年男子從車上跳下來，他把被風高高吹起的頭髮壓下去，同時朝加油站的大門口走。

「最後一次看見爸爸，他說他考慮當一個卡車司機。」我說，然後笑了。

「喔，是嗎？」英格威說。「什麼時候的事？」

「冬天，對，一年半以前。那時候我在克里斯蒂安桑寫東西。」

我扭開瓶蓋，喝了一口可樂。

「你最後一次見到他是什麼時候？」我說，用手背在嘴上一抹。

英格威凝視著道路另一邊的草坪，抽了幾口那根很快就要燃盡的菸。

「應該是埃伊爾堅信禮的時候。去年五月。但你那時候不也在嗎？」

「媽的，我忘記了，」我說，「這才是最後一次。對嗎？」

現在我突然有點不確定了。

英格威把腳從長凳上放下，扭上瓶蓋，朝汽車走去，就在這時卡車司機從門裡出來了，胳膊下夾著一張報紙，手裡拿著熱狗。我把冒著煙的菸蒂扔在人行道上跟著走過去。當我到車那裡時，車已經發動了。

「好了，」英格威說，「我們現在到那邊大約還要兩個鐘頭。我們到了以後再吃東西，可以嗎？」

「好。」我說。

「想聽點什麼嗎？」

他啟動了車，前後張望了幾次，然後我們又駛上了主幹道，車加速向前。

「都可以，」我說，「你決定吧。」

他放了勁草的歌。這張專輯是我在巴賽隆納買的，是我跟著托妮耶去的，她要去參加一個歐洲廣播電臺的講座，後來在那裡我們真的看到了樂團團員，自那時候起在我寫作時我都會不間斷地方著這張專輯，當然還有其他幾張。那一年我猛地一下子感到心裡非常充實。我才驚覺這一切已成了回憶。於是這一切又到了那個時刻：我在沃爾達日夜不停地寫作，同時把托妮耶扔在一旁不聞不問。

不能再這樣了，後來她這麼說，那時是我們住進卑爾根新家的第一晚，隔天我們就要去土耳其度假。要是這樣的話我就離開你。

「事實上後來我又見了他一面，」英格威說，「去年夏天，當時我和本迪克、阿特勒一起在克里斯蒂安桑。你知道嗎，當我們的車經過，他坐在倫丁根車站的候車亭。本迪克看見他時說，他樣子看上去有點精明狡猾的樣子。這他沒說錯。」

「可憐的爸爸。」我說。

英格威看著我。

「要是有一個人不該憐憫的話，那就是他。」他說。

「我知道。但你知道我意思的。」

他沒有回答。默然幾秒鐘，繼續下去的便只會是沉默。我望著窗外的風景，這段貧瘠未被開墾的土地，風變得強勁，是接近海了。有漆成紅色的糧倉，白色的農舍，還有在田野裡帶著飼料收割機的牽引機。庭院裡有一輛沒有輪子的舊車，一個黃色塑膠球被風刮進院裡的籬牆下，放牧於斜坡上的羊群，離公路數百公尺遠的一輛火車從架高鐵軌上慢慢駛過。

我一直在想，我們各自與爸爸之間的關係有何不同。區別也許不是很大，但意義非同小可。我知道些什麼呢？有段時期我與爸爸很接近，我記得很清楚，那是媽媽去奧斯陸進修及在莫杜姆實習的那一年裡，我們和他一起住在家裡。當時他對十四歲的英格威好像已經完全放棄了，對我卻仍抱持著希望。至少不管怎樣，每天下午我得坐在家裡的廚房，陪他一起做晚餐。我坐在椅子上，他站在電暖爐面前煎著什麼東西，同時問我各種事情。受到老師表揚了嗎？今天我們英文課上學到什麼了？下午打算做什麼事？我是否知道這個星期六足球超級聯賽是哪兩個隊對抗？我簡單地回答並在椅子上扭動著。也是在那個冬天他帶我去滑雪。英格威他愛幹嘛就幹嘛，只要走的時候打聲招呼，晚上九點半以前回家就行。我記得，那時真羨慕他。另外媽媽不在的這一年，時間感似乎延長了，因為入秋後爸爸會在早上上學以前帶我去捕魚。我們在六點鐘起床，戶外還像是幽深的井裡那樣昏暗，很冷，特別是在外面的湖面上。我凍壞了想回家，但這是爸爸帶我出來的，抱怨沒用，說什麼都沒有用，只有堅忍住。兩小時後我們才又回到家裡，那時剛好趕上坐學校的公車。我痛恨捕魚，凍得要死，海水冰寒刺骨，去抓水面的浮標是我，把一段漁網從海裡提起來的也是我，他手裡操縱著船，要是我沒抓好浮標，他就衝著我劈頭一頓辱罵。對，這樣的情況多次發生難得有個例外，我含著眼淚努力地試著去抓住那該死的浮標，與此同時他駕著船忽前忽後地，在特羅姆島外秋天的陰鬱裡，他用那雙惡狠狠的眼睛盯住我。我知道他這麼做是為了我，他絕不會為英格威做這樣的事情。

但我也知道英格威四歲以前的生活，那時他們住在奧斯陸的特蕾澤街，爸爸在上大學，晚上工作值夜班，媽媽在上護士學校，英格威則已經開始上幼稚園，那是美好的，或許甚至是快樂的日子。爸爸高興，英格威也是，當我出生時，我們搬到了特羅姆島，先是在霍夫一棟原來是軍隊住的舊房子，在靠著海邊的樹林裡，之後又到了蒂巴肯住宅區的房子。從那段時間裡我唯一有印象且聽過的一件事情是，一次我在外面的階梯上摔倒了，呼吸上氣不接下氣，昏厥過去，媽媽把我抱在懷裡跑到鄰居家去借電話，聯繫醫院，因為我的臉色越來越紫，那一次我哭得沒完沒了，最後我的父親把我舉起來扔到澡盆裡，打開水龍頭用冰冷的水沖在我頭上直到我停止哭泣。媽媽告訴了我那段時間的事，這件事情以後，她給他下了最後通牒：再一次，她就要離開他。於是這種事再也沒發生過，她留下了。

爸爸試圖接近我，但這並不意味著他不揍我或是不衝著我憤怒地大吼大叫，他也會找一些最難以想像的方式來懲罰我，這一切意味著我對爸爸的印象是含混不清的，或許對英格威來說是很明確。他對他的仇恨更深，更簡單些。除此之外英格威和他的關係，我就不曉得了。想像著有了孩子的那一天對我來說這件事情會很複雜，當英格威告訴我卡麗．安妮懷孕了，我幾乎難以想像英格威會是怎樣的一位父親。如果爸爸的精神傳承給了我們，深入骨髓，或者說它們有可能——或許是以一種簡單的方式從內在釋放出來，那又會是什麼模樣？對我而言，英格威就是塊試金石：要是他沒問題，那我也沒問題。一切順利，在與孩子之間的關係上，英格威沒有半點爸爸的影子，一切都不一樣，而且似乎能一直保持下去。他從不拒絕他們，當他們需要陪伴或是需要幫助時，他總是給予他們足夠時間，但也從不試圖刻意接近他們。我的意思是他自己與他的生活沒有什麼是需要他們來填補的。他可以處理好耶爾法的各種突發狀況，比如當她雙腿亂踢，身子扭動翻滾，大聲尖叫不想穿上衣服時，他很簡單地就把問題解決了。他和她一起在家裡待了半年時間，那時的這種接近讓他們互相認可對方，現在看來仍繼續保持著這種關係。不過英格威和爸爸也是我手上唯一的分析範例。

我們四周的景物又發生了變化。現在我們的車正在森林裡穿越。南部地區森林的樹木間散佈著光禿禿的岩石，山丘上長著雲杉與橡樹，白楊樹與白樺樹，時不時有一塊暗黑的沼澤地，接著又突然是一片草地，平坦的荒原上有排列緊密、枝幹茂盛的松樹。我小的時候，常想像著海水升起將樹林填滿，這麼一來那些斜坡及丘陵就成了小島，人們可以在這些島嶼之間划船和游泳。在孩提期間所有的那些幻想之中最令我嚮往的是就是這個：想著一切都在我施了魔法的水面下，想著在現在人走路的地方可以**游泳**，在候車亭和屋頂上**游泳**，或者潛入水中從一道門滑進去，漂上樓梯，滑進一個客廳。或者就在樹林中穿越，游在斜坡、岩石與老樹之間。在童年的某段時期裡，我最熱衷的一個遊戲是在溪流中築起一道堤壩，看著水面上湧，再漫開流去，淹過苔蘚、樹根、青草、石頭，以及溪邊小徑上踩踏得發硬了的泥土。催眠下的臆想。更不要說我們發現的那個還未完全蓋好的房屋下的地窨了，那裡頭充滿了發亮的黑水，我們坐在兩個保麗龍箱裡航行，大約是五歲的時候。催眠下的臆想。還有那冬季裡的冰，當我們在凍結的溪流上滑冰前行時，在晶瑩剔透的冰面下已結凍的那些草葉及枝幹，細枝條和一些小植物，盡在腳下。

當初如此巨大的吸引力到哪裡去了？發生了什麼事？

那時候我的另一個幻想是從車子兩邊伸出兩根大鋸子，將開車所經之處的所有東西都鋸成兩截。樹木和街燈，房子和外屋，還有人和動物。如果有一個人正在等公車，就會將他從中斬斷，上半截像鋸斷的樹幹般倒落，而兩腿和腰留在原地，斷面不停冒出血。

至今我仍對這個幻想有所感觸。

「下面就是森納了，」英格威說，「老是聽說這個地方，但從來沒去過。你去過嗎？」

我搖了搖頭。

「上高中時有幾個女生是從那裡來的。但我從沒去過那裡。」

再十公里就要到了。

緊接著，景色開始從鄉野風光變成我依稀記得的風貌，然後越來越熟悉，直至我看見窗外的景色完全與我心裡的那些圖像相吻合，彷彿是我們駛進了一種記憶。我們驅車於其間移動的過程，就是一幅幅來自青年時代的場景。車道通向沃格區，那是漢娜住過的地方，亨尼格．奧爾森冰淇淋工廠，鷹橋鎳礦公司，暗黑而骯髒，被四周死氣沉沉的山峰環繞，然後右邊是克里斯蒂安桑港、公車站、輪渡總站、克里多尼亞旅館、奧德島上的大型筒倉。爸爸的叔父之前一直住在小鎮左邊那個區，後來因患老年癡呆住進了某個地方的安養院。

「我們先吃點東西嗎？」英格威說。「或者直接去殯儀館？」

「先把吃飯的事放著，沒問題，」我說，「你知道殯儀館在哪裡嗎？」

「埃爾韋街吧，還是哪一條街。」

「那我們得先在外面找到進去的路。知道是哪一條嗎？」

「不知道。我們就這麼往前開，路上會有指示牌的。」

我們在十字路口前的紅燈停下了，英格威彎身向前，朝各個方向瞅。綠燈亮了，他換擋跟在一輛蓋著灰色骯髒篷布的小卡車後緩慢向前開動，同時不斷地往兩邊張望，卡車加快了車速，他注意到兩車的間距增大了，他坐直身子，也加快了車速。

「往下到那裡，」他說，朝右邊點了點頭，「現在我們得穿過隧道。」

「這沒關係，」我說，「我們只要從另外一邊進去就行。」

但這還真有點關係。當我們從隧道出來，進入橋上時，我曾住過的學生宿舍就在右側，從路上就能看見它，而幾百公尺外，河的另一邊就是祖母的房子，我們這裡看不見，但爸爸前日就死於那裡。

他仍然在這座城市裡，他的屍體躺在某一個地方的地下室裡，在陌生人的手下照應著，但是我們坐在這裡，在駛往殯儀館的一輛車上。他就是在我們看見的這些街道上長大的，直到幾天前他還從它們中間走過。我的記憶也同時從這裡逐漸鮮明，因為就在那不遠的地方是我就讀的高中，那裡有每個清晨和下午我都要穿過的獨棟房住宅區。有愛便會讓人感到痛，在那所房子裡我有過那麼多的孤獨。

我哭了，但哭得不是很厲害，只是幾滴淚沿著我的臉頰流下。英格威在看我之前沒有留意到。我揮了一下手像是把什麼趕走了一樣，很高興自己能發出聲來，我說：「從那裡向左。」

我們開進托裡達爾路，經過兩個硬地球場，我十六歲的冬天在那裡與少年足球隊受過許多艱苦的訓練。經過舍於塔後到了東路的十字路口，我們過了橋，到了橋的另一端又再往右開，進了埃爾韋街。

「是幾號？」

英格威看著房子的門牌號碼，同時慢慢地往前開。

「在那裡，」他說，「現在就是停車的問題了。」

在左邊的一間木頭房子門前，掛著一塊寫著金色字的黑牌子。這就是居納爾給英格威那間殯儀館的名字。在祖父過世時他們造訪的就是這一家，據我所知，一家人總會使用同一家殯儀館。那一次我身在非洲，在托妮耶的母親和她的丈夫那裡待了兩個月，祖父的葬禮之後我才知道這個消息。爸爸是負責通知我的。但他沒有這樣做。不過在葬禮上他說他已經通知我，但我說我不能來參加。這個葬禮我是想來參加的，雖然實際上有點難，但也不是完全不可能。我想知道在他過世時發生什麼事情，而不是三週以後，那時候他已長眠地下。我對這件事很惱怒。但我又能做什麼呢？

英格威拐進了一條小岔道，把車停在了那裡的人行道上。我們很準確地同時鬆開安全帶的卡扣，很準確地同時打開車門，相視一笑下了車。車外的空氣是溫暖的，但比起斯塔萬格這裡有些悶熱，天空有將要變得更黑沉的跡象。英格威朝停車場自動投幣機走去，我點燃了一支菸。外婆的葬禮我也沒有參加。那時我和英格威一起在佛羅倫斯。我們搭火車去的，住在一間便宜的家庭旅館，因為這一切發生在手機還沒有普及的時候，根本沒法聯繫上我們。我們回家的那個晚上，阿斯比約恩坐在那裡喝著我們帶回來的酒，告訴了我們發生的事。所以我唯一參加過的葬禮是外公的葬禮。我是扶棺人之一，這是很完美的一個葬禮，教堂墓地在海灣上方的高地上，太陽照耀著，媽媽在教堂裡講話，一切程序結束，他已安葬入土，當她在那敞開的墓穴前停下來的那一刻，我哭了。她獨自一人站在那裡，低垂著頭，綠草茵茵，下面遠處碧藍的海灣，水面如鏡，另外一面的山峰沉重幽暗赫然聳現，墓穴中油黑的泥土閃出亮光。

之後我們喝了肉湯。在一起咕嘟咕嘟喝湯的五十人的嘈雜和喧鬧中，再沒有比鹽肉更能對付感傷的東西了，暖呼呼的湯水抵擋著情感的波濤。約恩．奥拉夫的父親馬格納講話時哭了，所以幾乎不明白他都講了些什麼。約恩．奥拉夫在教堂裡也試著要上臺講話，他與外公平時最為親近，但最終不得不放棄，因為他一個字也說不出來。

我帶著有點僵直的雙腿往前走了幾步，朝街的上方望去，那裡幾乎沒有一個人，除了街道另一端的盡頭，城裡的一條商店街在那裡穿過，隔著距離遠遠看去，那裡幾乎是黑壓壓的一片人群。煙霧在肺部裡彌漫開來有刺痛感，當我幾小時沒抽菸又抽上時它總會那樣。大約五百公尺遠的地方一輛車停下了，一個人走下車來。他向前微曲著身子，向車內讓他在那裡下車的人揮手道別。他有一頭黑色的鬈髮，有塊禿頂，可能五十歲左右，穿一條淺棕色的燈芯絨褲和一件黑色西裝，一副細細、四方形的眼鏡。當他走過來時我把身子扭到了一邊，這樣他就不能看到我的臉了，因為我已經認出了他，是我們高中一年級的挪威語老師，他叫什麼來著？菲耶爾？貝格？反正都一樣，我想，當他走過去以後，我又轉回身來。

他是個熱情的好心人，但也有嚴格銳利的一面，不常顯露出來。但一旦顯露，我想會是很惡毒的一手。為要看手腕上的錶，他把握在手裡的包包完全舉起來，加快腳步，消失在了路的轉彎處。

「我也得抽一根。」英格威說，他在我的身旁停下。

「我以前的一個老師剛剛走過去。」我說。

「是嗎？」英格威說，點燃了一支菸。「他沒有認出你，是不是？」

「我不知道。我轉過身去了。」

我扔掉了手裡的菸蒂，從褲袋裡去摸索口香糖。記得那裡還剩下一片。果然。

「剩這一片了，」我說，「不然會給你。」

「當然。」他說。

又快要哭了，我感覺得到，我做了幾次深呼吸，同時把眼睛鼓得大大的，為的是能看清楚些。剛才沒注意到在我們對面的階梯上坐著一位醉漢。他將頭抵靠在自己身旁的牆上，一副昏昏欲睡的樣子。他臉色黯黑，皮革般的皮膚，佈滿裂紋。油膩膩的頭髮，樣子就像頭上蓋著一堆抹布條，穿著很厚的冬季的夾克，雖然這時的氣溫至少有二十度，身旁還有一個裝破爛的口袋。他頭上方房子的樑條上停著三隻海鷗。當我的目光凝視著它們時，其中一隻揚起毛髮出一聲尖叫。

「好了，」英格威說，「我們走吧？」

我點點頭。

他用手一捻把香菸扔掉，我們繼續走。

「我們到底需不需要預約？」我說。

「不用，我們是不需要，」他說，「但用不著這麼急迫吧？」

「肯定會順利的。」我說。

在樹木間的一瞥裡我可以看到一點下面的河流，當我們拐過路口，所有的招牌，商店的櫥窗，還有在女王街上跑著的汽車，盡在眼前。灰色的人行道，灰色的建築物，灰色的天空。

英格威推開殯儀館的門，走了進去。我跟在他後面，把門在身後關上，當我再回過頭來，已是面對這個接待室一樣的房間了，一個沙發，幾把椅子，沿著一面牆放著一張桌子，另一面牆那裡是一張辦公櫃檯。那裡沒有人，英格威向那裡走過去，朝裡面的房間裡張望，用指關節在玻璃隔板上敲了幾下，那時我正站在地板中央。短一點的那堵牆上的那道門開了一條縫，我看見房間裡有個穿黑西裝的身影。他看上去年紀不大，比我還年輕。

一個淺色頭髮的女人走了出來，近五十歲，肥碩的臀部，她在櫃檯後坐下。英格威和她說了幾句話，我沒聽見他說什麼，只是聽到他的聲音。

他轉過身。

「很快會有人來，」他說，「我們得等五分鐘。」

「聽起來我們好像是去看牙醫。」當我們各自在椅子上坐下，往那屋裡看的時候，我這麼說了一句。

「如果是的話，他早該在我們的心口鑽洞了」英格威說。

我笑了。想起了口香糖，我把它從嘴裡拿出來，藏在手裡同時尋找著扔掉它的地方。沒地方可扔。我從桌上的報紙上撕下一小片，把口香糖放在裡面捲了幾下，然後把這小紙團放進自己口袋裡。

英格威的手指在椅子的扶手上敲打著。

想起來了，我還參加過一次葬禮。我怎麼能忘了呢？這是一個青年人的葬禮，教堂裡的氣氛喧鬧混亂，有啼哭、嚎叫，有呼喊、呻吟，有抽噎和啜泣，但也有哈哈笑聲和嘻嘻的竊笑，像波浪一樣時起時伏，一聲呼喚就可能觸發一輪新的情感風暴大崩潰，那裡面就是一場暴風雨，所有的一切都來自於放置於神壇上的那個白色靈柩，那裡面躺著謝蒂爾。他是車禍身亡的。一個淩晨，他伏在駕駛盤上睡著了，車衝到了馬路外撞進一道柵門，一根鐵棍從他的腦袋裡穿過。那年他十八歲。他是個大家都喜歡的人，總是開朗，對任何人都沒有威脅。我們中學畢業後，他同揚．維達爾一樣開始上職業學校，這就是為什麼他這麼早開車外出。他在一家麵包店工作，每天清晨四點鐘開始。當我在收音機裡聽到車禍消息時，首先想到的是揚．維達爾，當我明白不是他時鬆了口氣，但也難過，不過卻也沒有我們以前班上的那些女同學那樣難過，她們顯露出了難以抑制的悲傷，我知道，因為在出事以後，為了以班上的名義送花圈，我和揚．維達爾一起向大家登記名字和收錢。要說我完全適合這個角色還說不上，好像我這樣做需要有一種與謝蒂爾的交情，而我並不具備這種權利，於是我保持低調，當我和揚．維達爾一起開車在島上悠轉時，我盡可能把自己放在最不起眼的位置，而他悲傷、憤怒，心懷內疚。

我對謝蒂爾記得很清楚，彷彿任何時候他都可以出現在我眼前，在我心裡聽見他的聲音，但在我認識他的四年裡只有一件具體發生過的事情還留存於心，這完全是件不值一提的小事。在學校的公共汽車上有人用立體音響播放瘋狂樂團（Madness）的〈我們的房子〉（Our House），站在我旁邊的謝蒂爾笑那個主唱唱得太快。其餘事我全忘了。但在地窖裡我還有一本他借給我的書，《駕照考試ＡＢＣ》。扉頁上還有他，同時也是我們這一代人幾乎都有的那種幼稚的筆跡。我應該把這本書還回去，但還給誰？這書肯定是他父母最不想看到的東西。

他和揚．維達爾讀過的學校，離我和英格威現在坐在這裡等候的地方只有一個街區的距離，除了兩年前的幾個星期外，那次以後我幾乎再也沒有到過此地。一年在挪威北部，半年在冰島，在英國也是快半年，一年在沃爾達，九年在卑爾根。除了巴森我偶爾還保持聯絡外，再沒有與我住在這裡時的其他人有過接觸。我最老的一位朋友是埃斯彭．斯蒂蘭，是我十年前在卑爾根學習文學研究基礎課時認識的。這並不是一種有意識的選擇，但結果就是這樣。對我來說克里斯蒂安桑是個沉落了的城市。那時候我認識的幾乎所有人，都還繼續在這裡居住和生活，在我的腦海裡留存一些記憶，但並不含有情感因素，因為對我來講克里斯蒂安桑的時間已經停在了我高中結束的那個夏天，從那裡離開便算是一個了斷。

自從我們進房間門的那一刻起，那只蒼蠅就在玻璃窗戶上嗡嗡地撞來撞去，突然屋內的沉悶氣氛改變了。我用眼睛看著它在天花板下面兜了幾圈，然後停在黃色牆壁上，再輕輕起身，繞著我們劃出了一個小小的弧形，最後落在了英格威沒有用手敲打著的那個椅子的扶手上。前腿往前伸出又收回接著雙腿交錯，重複好幾次，好像它是在把什麼給撣落下來，然後向前走幾步，做了一個小小的姿勢躍入空中，翅膀簌簌有聲，接著落在英格威手背上。隨著手一個短促抖動再來是一揮舉，蒼蠅於是倏地逃逸而去，以一種幾乎是令人心煩的方式在我們身前身後亂竄。最後它又歇在了那頭的窗戶上，以令人困惑的軌跡在那上面爬上去又爬下來。

「實際上我們還沒討論過要怎樣安葬他，」英格威說，「我說，你考慮過這事嗎？」

「你是說是按照教堂傳統儀式還是一般的公民葬禮？」

「對。」

「沒有，我還沒想過這件事。有必要現在決定嗎？」

「不用。但我想也快了。」

當那個穿西裝的年輕人在半敞開的門那裡經過時，我又瞥了他一眼。我立刻想也許屍體就在這裡。他們把死者遺體運到這來安排換衣修容。不然他們會上哪去做呢？

裡面似乎已經有幾個人注意到了我，門關上了。好像門的移動是經由某個祕密系統調節的，所以在同一瞬間，對著我的那道門又打開了。一個可能六十五、六十六歲的胖男人從門裡跨出一步，黑西裝白襯衫，衣著完美無瑕，他看著我們。

「克瑙斯高？」他說。

我們點點頭，站起身。他說了他的名字，與我們一一握手。

「跟我來。」他說。

我們跟著他進入一個辦公室，面積大小適中，窗對著外面街道。椅子是深色的木頭，黑皮坐墊。他後面的那張寫字臺很大，也是黑色。他的左邊擺著一個放紙張的層架，它的旁邊是電話，除此之外桌上空空如也。

不對。幾乎是空的而已。靠近我們的這側，桌邊上放著一盒衛生紙。是啊，這很實用，但從效果上來說是否有點嘲諷？看著它，也就想到了一天當中所有到這裡來的那些哭哭啼啼的人們，於是明白了每一個人的悲傷並非皆不相同，不是獨一無二，因此也就不特別有價值了。衛生紙在這裡是對哭泣、對死亡的一種誇張了的標記。

他看著我們。

「我能幫你們做些什麼？」

他下顎一疊厚厚的、曬黑了的皮膚皺褶，掛在潔白的襯衫領外。頭髮灰白梳理整齊。一道陰影落在他的臉頰和下巴上。他的那條黑領帶不是掛著，而是貼著的，沿著他肚子隆起的曲線平躺著。他是個胖子，卻也結實，沒有什麼東西能讓他挪動，一副一言九鼎的架勢，所以也是安全和可信賴的。我喜歡他。

「我們的父親昨天去世了，」英格威說，「我們想知道，是的，你們是否能接手來協助這件事。葬禮以及接下去的一系列後事。」

「可以的，」殯儀館的這位職員說，「那我們先開始寫一張表格。」

他打開寫字臺的一個抽屜，拿出一張紙來。

「在我們祖父去世時就是找你們這家。覺得你們很專業。」英格威說。

「我記得，」他說，「他是個會計，對吧？我跟他很熟。」

他把放在電話旁邊的一支筆拿起來，抬頭看著我們。

「我現在需要一些有關你們的資料，」他說，「你們的父親叫什麼名字？」

我說出了他的名字。一種奇怪的感覺。不是因為他死了，而是因為有許多年我沒有說過這個名字了。

英格威望著我。

「不是……」他說得很謹慎，「他幾年前改名了喲。」

「哦，我把這事忘了，」我說，「的確如此。」

他換了一個很蠢的名字。

因為他自己就是一個蠢人。

我垂下眼睛，眨了幾下。

「你們有他的身份證號碼嗎？」殯儀館這位職員說。

「我想沒有，」英格威說，「抱歉。但他是一九四四年四月十七號出生的。我們會去找後面的那幾個號碼，若有這必要的話。」

「沒問題。地址？」

英格威把祖母的地址告訴了他。然後他看看我。

「不過，不敢肯定這是他對外正式的地址。他死在他母親的家裡。之前他住在那裡。」

「我們會弄清楚的。現在我也需要你們的姓名。一個我可以聯繫到你們的電話號碼。」

「卡爾・奧韋・克瑙斯高。」我說。

「英格威・克瑙斯高。」英格威說，把自己的電話號碼給了他。當他把這些都記下來之後，放下筆，又看著我們。

「你們考慮過如何來安排這個葬禮嗎？想沒有想過什麼時候舉行葬禮合適，以及什麼形式的葬禮？」

「沒有，」英格威說，「我們沒考慮過。但一般不是在逝世後的一週後安葬嗎？」

「對，通常是這樣。那麼可能下週五？」

「好，好，」英格威說，他望著我，「你呢？」

「星期五不錯。」我說。

「那我們先就這麼定了。要說到那些具體細節時，我們可以再碰面，對吧？要是這樣的話，假如葬禮是在星期五，那下週的前幾天就有事要安排。或許我們就在星期一把一切都決定下來。這時間合適嗎？」

「好，」英格威說，「或許我們可以早點開始？」

「可以。那我們九點鐘見？」

「九點好。」

殯儀館員把這些都記在了一個本子上。當他寫完以後，站起來。

「現在我們就接手這件事了。要是你們有什麼不清楚的地方，都可以打電話給我。任何時候都行。下午我會外出去我的小木屋，整個週末都在那裡，但我帶著手機，你們打過來就行。不用顧慮什麼。那我們星期一見了。」

他伸出手來，我們先後和他握手，然後我們走出房間，他簡短地笑了一下點點頭，門在我們身後關上。

當我們來到外面街道，開始朝車那裡走去時，有什麼東西發生了變化。我感覺被四周包圍住了，眼前的視線變得模糊，我就像是被捲進了背景裡。我的周圍彷彿有一個隔絕的地帶，所有的意義被抽去只剩下一片空白。世界陷下去了，這是我的情感，但我已對它完全不在意，因為爸爸死了。辦公室裡所有的那些細節完整無缺、生動而清晰地出現在我的意識裡，與此同時外面城市的景物卻一片灰濛濛，依稀模糊。我經歷了這些事，因為我別無選擇。我的想法沒有改變，但我的內心變了，唯一的區別是現在需要有更大的空間，因此要把外面的現實世界從自己身邊推開。除此之外我不能有別樣的解釋。

英格威彎下身去開車門。我注意到有一條白色的帶子繞著車的門邊直到車頂，帶子閃著亮光，就像人們用來包紮禮物的那種緞帶，但這是可能的嗎？

他幫我打開車門，我坐了進去。

「過程還算順利。」我說。

「是啊，」他說，「現在我們開車去祖母那嗎？」

「對，我們走吧。」我說。

他打了方向燈後將車開上路，先向右拐了個彎，又向左再拐彎，進入女王街，很快地，從橋那裡我們看到了祖父母的房子，黃色的，就在海邊停泊船隻的小碼頭上，那道坡的最高處。往上到庫霍爾姆斯路，進入一條小街，街面很窄，得先把車往下開出一小段然後再往後倒，到可進入這條街的街口，才可以再往上開，最後把車停在房子的階梯面前。這一整套動作在我長大時看過父親做過或許有上百次，看到英格威現在停車的過程也完全一模一樣，眼淚馬上又湧上了意識邊緣，不過腦袋裡猛地一個拉扯阻止了它的發生，一切又恢復正常。

當我們開上那個小坡時兩隻大海鷗從階梯上飛起。車庫前的那塊地方滿是垃圾箱和垃圾袋，海鷗正在這裡忙著，把各式各樣塑膠類的東西都撕扯了出來，四處搜尋著可以吃的東西。

英格威熄了引擎，但仍然坐在那裡。我也坐在原地不動。外面的花園枝葉蔓延、雜草叢生。草坪上野草及膝，灰灰黃黃，有些地方已經被雨水淋得倒伏塌下。荒草蔓延到各個地方，遮住了所有花圃。若不知道花原本是長在哪裡就沒法看到它們，現在只好從這裡或是那裡的顏色來隨意判斷。一輛生銹的小推車在圍籬最近的這一處，看上去已被野草藤蔓纏繞在一起。那些樹下面的泥土被腐爛了的梨和李子弄成了棕紅色，蒲公英生於四處。在某幾處一些小樹也長起來了。我們好像是停在了林間的空地上，而不是在克里斯蒂安桑市中心的一棟獨立房屋面前。

我微微向前躬身，朝上看那房子。防水板都溼透了，幾處油漆剝落，但房子沒有明顯要倒塌的跡象。幾滴雨水打在車窗上。車頂與引擎蓋上都有輕微的劈啪聲。

「看樣子，居納爾不在這裡，」英格威說，鬆開了安全帶，「但他時不時地要上這裡來的。」

「他應該在上班。」我說。

「休假時儘管降雨量數字會增加，但會計們手裡的數字不會增加。」英格威的語調乾巴巴的。他抽出車鑰匙，把鑰匙串放進了夾克裡，打開車門下去了。

我情願就這麼坐在這裡，但當然不可能，所以我也像他一樣下了車，又甩上了車門，朝上望著二樓廚房的窗戶，我們來這裡時祖母的目光總是在那裡與我們相遇。

但今天沒有。

「希望我們這時候來門是開著的。」英格威說。走上了曾經漆成深紅色，但現在已是灰色的六個階梯。兩隻海鷗站在鄰居的屋頂上，眼睛密切地追隨著我們的一舉一動。

英格威轉開門把，把門往裡面推開了。

「該死，我的天。」他說。

我爬上階梯，跟在他身後進了門，來到了前門廳裡，但我得立刻把頭別開。那裡面的氣味令人無法忍受。一股尿騷味和腐爛的氣味。

英格威站在廳裡四下張望。鋪在兩牆間的藍色地毯上滿是污穢的斑塊和漬印。與那牆壁相連的衣櫃敞開，裡面滿是酒瓶和或裝著酒瓶的袋子。衣服散亂地扔著。更多的酒瓶、衣架、鞋、沒有開封的信、廣告雜誌和塑膠袋散落於地板上。

最糟糕是那惡臭味。

該死，怎麼能有這種氣味？

「他把一切都毀了。」英格威說，緩緩地搖著頭。

「是什麼味道？他媽這麼難聞？」我說。「有什麼東西在哪裡腐爛發臭吧？」

「快走，」他說，朝樓梯走去，「祖母在等我們。」

樓梯走到一半，階梯上又是空酒瓶了，或許每一級階梯上有五、六個，但越是靠近二樓平臺，那裡瓶子就越多。二樓平臺的門外幾乎已經被酒瓶或裝著酒瓶的袋子填滿了。樓梯繼續往上通向三樓，那是祖母和祖父以前的臥室，這每一級階梯上也都是酒瓶，除了中間幾釐米寬的地方空著，那是為下樓而空出來的地方。大多數是一．五升的和伏特加酒瓶，也有些其他牌子的。

英格威打開了門，我們走進客廳。鋼琴上放著酒瓶，鋼琴下放著的一個袋子裡也滿是酒瓶。通向廚房的門開著。她總是坐在那裡，今天也如此，在廚房的桌子面前，望著桌上的花盆，手裡一支冒著煙的香菸。

「嗨。」英格威說。

她抬起眼睛。最初她的眼裡沒有認出人的反應，但接著眼裡有了閃光。

「**是**你們呀，孩子們！我想我是聽到有人進門來了。」

我咽下一口口水。她的眼珠完全陷入了眶裡，突出的鼻子就像枯瘦的臉上突起的一個鳥嘴。皮膚蒼白皺紋滿佈。

「我們聽到發生的事情後就儘快趕來了。」英格威說。

「是的，啊，簡直太可怕了，」祖母說，「但你們現在這裡。這就太好了！」

她身上穿的衣裙污漬斑斑，鬆垮垮地掛在看上去令人不舒服的瘦弱身體上。衣服的意義僅在於遮掩身體，胸部上方的一塊，顯露出了皮膚下冒出的肋骨。肩胛骨和臀骨也凸出在外。手臂只剩皮包骨。手背上流動著的血脈像細細的，一片深藍色的網。

她身上有股尿騷味。

「你們要喝點咖啡嗎？」她說。

「好，謝謝，」英格威說，「這主意不錯。但我們自己來弄吧。小壺在哪裡？」

「我其實是知道它在哪裡的。」祖母說，她朝自己身子周圍張望著。

「在那裡。」我說，指著桌子。壺的旁邊有一張紙條，我把腦袋稍稍偏了一點這樣我好看清楚上面寫的什麼。

*孩子們十二點鐘來。我一點左右下來。居納爾*

英格威取來燒水的小壺，走到水槽那裡去倒掉咖啡渣。那裡面堆滿了沒洗的髒餐盤和玻璃杯。沿著整個廚房的桌子都是食品的包裝紙或袋子，大多是用微波爐加熱就可以吃的那種食品，其中有很多剩下的菜飯。在這些亂七八糟的食物當中還立著酒瓶，一些喝得瓶底只剩下幾滴，一些還剩下半瓶，還有幾瓶沒開的，也有烈酒。在酒類專賣店賣的最便宜的伏特加，一些半升裝的Upper Ten混合威士忌。到處都有乾了的咖啡渣、奶油、沒吃完的乾縮了的食物。英格威把那其中一堆食物包裝紙或包裝盒推到一邊，舉起幾個餐盤，把它們放在桌上，然後把壺裡的咖啡渣沖掉，重新灌了水。

祖母還是像我們剛才進屋時那樣坐著，目光落在她面前的桌上，不過現在手裡的菸熄了。

「你知道咖啡在哪裡嗎？」英格威說。「櫃子裡？」

她抬起頭。

「什麼？」她說。

「哪裡有咖啡？」英格威又說了一次。

「我不知道他把它放到哪裡了。」她說。

他？是爸爸嗎？

我轉身走進了客廳。我一直記得，這裡只有在宗教日或其他有特殊意義的日子才使用。現在爸爸的大電視放在地板中央，大皮椅中的兩張被拉出來放在電視面前。一張小桌上擺滿了酒瓶、玻璃杯、菸絲盒，在這些東西之間是被塞得滿滿的菸灰缸。我走過小桌，進到了客廳的最深處。

靠著牆的組合沙發面前堆著些衣服。我看見有兩條褲子和一件夾克，一些衛生褲和襪子。它們發出惡臭的氣味。那裡也有幾個打翻了倒在地上的酒瓶，菸草盒，幾塊乾了的圓麵包，和其他一些雜物垃圾。我慢慢地走過它們。沙發上有糞便，屎像漿糊般抹得到處都是，也有些塊狀的。我向那些衣物彎下身，看到上面也糊滿了屎尿。地板上有一張床墊，上面好些地方侵蝕開大片的形狀不規則的痕跡。

是尿漬吧？

我感到有種想摔東西的衝動，想扯下層架、把桌子舉起來，扔到窗外去。但我是那麼軟弱、無力，我能做到的只是把自己一點點地挪到窗戶邊。把額頭抵在玻璃窗上望著下面的花園。翻倒在花園的傢俱，油漆幾乎完全剝落了。它們看上去倒像是從地面上長出來的什麼東西。

「卡爾．奧韋？」英格威站在門口那裡說。

我扭過身走了回去。

「那裡面完全一塌糊塗。」我說，聲音很低，這樣她聽不見。

他點點頭。

「我們和她在一起坐一會。」他說。

「好。」

我走進去，把桌旁邊她對面的一把椅子拉出來坐下。廚房裡充滿了撲哧撲哧的聲音，是從一個類似於恆溫器的裝置發出來的聲音，或許它將會自動關閉電暖爐。英格威在桌面短的那一側坐下，從不知為什麼還沒有脫下來的夾克裡掏出了一包菸。我注意到了，其實我也還穿著外套。

我不想抽菸，感覺它很髒，同時我又很需要它，我把香菸找了出來。我們倆在那裡坐下，對祖母起了一種鼓舞的作用。她的眼睛裡再一次閃現了光芒。

「你們今天是一直從卑爾根那開車過來的嗎？」她說。

「從斯塔萬格來的，」英格威說，「我現在住在那裡。」

「但我住在卑爾根。」我說。

我們背後電暖爐上的小壺噗噗地響著。

「原來是這樣，懂了。」她說。

屋內沉寂下來。

「孩子們，想喝點咖啡嗎？」她突然說。

我和英格威目光對視。

「我已經燒了一點水，」英格威說，「馬上就好了。」

「哦，是啊，你燒水了呀，」祖母說。她的眼神望回自己手上，一個很大的動作，好像她第一次發現到手裡拿著的是菸，她抓起打火機，把香菸點燃。

「你們今天是一直從卑爾根開車到這裡來的嗎？」她說，在看著我們之前，她吸了好幾口菸。

「從斯塔萬格來的，」英格威說，「只要四個小時。」

「是啊，現在的路好多了。」她說。

於是她嘆了口氣。

「啊呀呀。生活就是混鬥（奮鬥），這老太太這麼說，她不會發F的這個音。」

她笑了一下。英格威微笑了。

「喝咖啡最好有點東西吃，」他說，「我們下面車裡有點巧克力。我去拿來。」

我真想對他說他別去了，但當然這不可能。當他在門那裡消失時，我站起來，把剛剛點著的菸放在了菸灰缸的邊上，朝電暖爐那裡走去，把小壺往電暖爐盤上按了按想讓水快點開。

祖母又回到了原先的她自己，朝下凝視著桌面。她躬著背坐在那裡，耷拉著兩個肩頭，身子一前一後微微地晃動著。

她在想些什麼呢？

什麼都沒有。腦子裡面空空如也。不可能有什麼。只有寒冷與黑暗。

我鬆開放在小壺上的手，四下尋找著咖啡罐。在桌上靠冰箱的這邊沒有，在桌子另一端的水槽旁邊也沒有。或許在碗櫃裡？要不是在……啊，不，英格威早就把它找出來了，但他把它放在哪兒了呢？

在那，真見鬼。他把它放在排氣扇上面，那裡也放著好些舊的玻璃調味瓶。我把它拿下來，把燒水壺從電暖爐上拿開，雖然水還沒有完全開，打開蓋子，放進幾勺咖啡。咖啡很乾，看上去已經不新鮮了。

我抬起頭來時，祖母坐在那裡正盯著我看。

「英格威去哪了？」她說。「他不會走了吧，是嗎？」

「沒有，」我說，「他只是到下面他車那裡去一趟。」

「哦。」她說。

我從抽屜裡拿出一把叉子，在鍋裡攪了攪，把叉子在爐盤上敲了幾下。

「現在就讓它這麼煮一會兒讓味道出來，咖啡馬上就好了。」我說。

「那個早晨我上去的時候他坐在椅子上，」祖母說，「他一直這麼靜靜地坐著。我試著叫醒他，但他沒醒。一張慘白的臉。」

我有了一種想嘔吐的感覺。

聽到了樓梯上英格威的腳步聲。我打開碗櫃想找個玻璃杯，但那裡沒有。它們都躺在洗碗槽裡，我根本不想用它們來喝水，於是我向前彎下腰，直接就著水龍頭喝，這時英格威走了進來。

他已經脫下了夾克。手裡拿著兩塊邦蒂巧克力和一包駱駝牌香菸。坐下來撕下了一塊巧克力的包裝紙。

「你要一小塊嗎？」他對祖母說。

她看著巧克力。

「不用，謝謝，」她說，「你們自己吃。」

「我不想吃，受不了，」我說，「但至少咖啡好了。」

我把壺放到桌上，再打開碗櫃，找出三個杯子。我知道祖母咖啡是要放糖的，又把另一面牆上的那個長碗櫃打開，那是放食物的地方。有兩塊半截的長麵包，上面幾乎全長了綠霉，一袋發了霉的圓麵包，幾袋速食湯、花生，三包應該放在冰箱裡的加有麵條的微波食品，烈酒，同樣的廉價牌子。

還是別動它們的好，我想，我又重新坐下來，舉起咖啡壺，把它灌進了杯裡。咖啡沒有沖出味道來，只是淺棕色的水，裡面含有許多小顆粒。我打開壺蓋，把它倒了回去。

「你們在這裡實在太好了。」祖母說。

我開始哽咽了。我深深吸進一口氣，動作得非常小心，手捧著腦袋，來回地揉搓著，像是一副很疲倦的樣子，而不像在哭泣。但不管怎樣祖母也不會留意到的，她又消失於自我裡。這一次或許持續了五分鐘之久。英格威和我都沒吭聲，喝著咖啡，凝視著各自的前方。

「啊呀呀，」她說，「生活就是混鬥（奮鬥），這老太太這麼說，她不會發F的這個音。」

她一把抓起那個紅色的捲菸器，打開菸絲盒，彼得洛（Petter.e）牌薄荷菸絲，她把菸絲飛快地壓進捲菸器裡，把空紙捲放在一端的小捲筒裡，封好口，再用力把它推出來。

「或許我們該去把行李拿進來，」英格威說，看著祖母，「我們可以住哪裡？」

「下面那間大的臥室是空的，」她說，「你們可以在那裡睡覺。」

我們站起來。

「那我們現在到車那裡去一趟。」英格威說。

「是嗎？」她說。

在門前我站住了，向他轉過身。

「你在裡面看過了嗎？」我說。

他點了點頭。

當我們走下樓梯時我忍不住大放悲聲，這一次就別說是要去掩蓋自己的哭泣了。整個胸腔劇烈起伏，渾身顫抖，我呼吸急促，透過全身發出了深深的抽泣聲，臉部變形鬆垮下來，我完全失去控制。

「嗚嗚嗚……」我哭著，「嗚嗚嗚……」

我注意到英格威已經站在了我身後，我強迫自己繼續向下走完樓梯，經過走道，出門去汽車那裡，當走在房子和與鄰居相隔的籬牆間那狹長的草坪上時，我的心裡繼續翻騰著。抬起頭望著天空，我試著深深地均勻調整呼吸，做了好幾次以後身體不再顫抖了。

當我平復過來之後，英格威正彎腰站在打開的後車箱後面。我的行李放在他身旁的地上。我拿起行李，拎著它走上階梯，在走道的地板上把它放下，朝英格威轉過頭去，他肩上背一個包，手裡提一個袋子跟在我身後進了門。在戶外幾分鐘的新鮮空氣後，這屋裡的惡臭顯得更重了。我開始用嘴呼吸。

「我們，是不是要住在那裡面？」我說，頭朝著祖父祖母最後十幾年住的那間臥室點了點頭。

「先看看那裡面怎麼樣吧。」英格威說。

我打開門，朝裡面看。房間裡一片狼藉，眼前的畫面是衣服、鞋、皮帶、手提包、梳子和化妝包扔得到處都是，在地板上、床上、櫃子上，塵埃與灰塵結成的球到處都是，但倒不像上面客廳裡那樣不堪入目。

「你覺得怎麼樣？」我說。

「我不知道，」他說，「你覺得他睡在哪裡？」

他打開了旁邊的一道門，那曾經是埃爾林的房間，走了進去。我跟在後面。

地板上滿是垃圾和衣物。一張桌子看樣子是被擊碎成了幾塊，堆在窗戶下面。紙張和未開封的信一大堆。一定有人吐過了，一塊乾皺了的黃紅色陷痕，就在床前面那塊地板上。衣服上骯髒不堪，那暗紅色的污漬一定是舊的血跡。一件衣褲的內裡是黑色的糞便。所有東西都有一股尿騷味。

英格威大步走到窗前，打開了窗戶。

「這看起來就像是毒蟲在這裡住過，」我說，「看上去就是他媽該死的毒蟲住在這裡。」

「是這樣。」英格威說。

在床和門之間靠牆的那個櫃子很奇怪地並沒有被動過。上面放著爸爸和埃爾林戴著黑色的學生帽的照片，那一定是在大學錄取後照的。值得注意的是沒有鬍鬚的爸爸跟英格威樣子很像。同樣的嘴唇，眼睛上面那部分也一樣。

「他媽的我們該怎麼辦？」我說。

英格威沒有回答，他打量著屋內的四周。

「我們來收拾。」他說。

我點點頭，走出了房間。打開通向洗衣房的門，沿著樓梯有一個隔間，一直連到車庫那裡。當我吸進了那裡面的空氣時，我開始咳嗽。地板中央有一大堆衣物，與我的身高一般高，幾乎抵到天花板。腐爛惡臭味應該就是從那裡發出來的。我打開電燈。毛巾、床單、桌布、褲子、毛衣、裙子、內褲，他們把這一切都拋在了那裡。最下面的一層不僅發了霉，它們全腐爛了。我蹲下去，把手指戳進去攪了攪，裡面既溼又黏糊。

「英格威！」我說。

他來了，在門邊站下。

「瞧這裡，」我說，「臭味就是從這裡發出來的。」

在上面的樓梯上聽到了腳步聲。我站起身。

「我們得出去，」我說，「這樣她就不會覺得我們在四處窺探。」

她下來的時候我們正站在地板中央的行李前面。

「你們可以住在那裡嗎？」她說，打開了門，朝裡頭張望。「我們把裡面收拾一下，應該不成問題。」

「我們想了想還是閣樓上的那房間好了，」英格威說，「你覺得可以嗎？」

「當然，」她說，「但那上面我很久沒去了。」

「我們上去看看。」英格威說。

閣樓上的那個房間，以前曾是祖母和祖父的臥室，但在我的記憶裡，這裡一直是作為客房使用，這是整棟房子裡他唯一沒碰過的房間。那裡面所有的一切都保持著原樣。地板上蓋著一層灰，被褥或許有一點封塵已久的味道，但不比自上一個夏天就離開沒人待在裡面的那種度假屋更糟糕，在經歷了樓下的那一系列噩夢後來到這裡，覺得一陣輕鬆。我們把行李放在地板上，我把我的西裝掛在櫃子門上，英格威走到窗戶那，把手臂撐在窗檯上望著窗外城市的風光。

「我們可以先把所有的瓶子都清除掉，」他說，「趕快去商店把瓶子換了，這樣我們也可以出去透透氣。」

「就這樣。」我說。

當我們下到廚房那裡時，聽到了外面有一輛車開進來了的聲音。是居納爾。我們就站在那裡，等著他上來。

「你們來了！」他說，笑了。「上次見面後，好久不見了。」

他的臉被太陽曬黑，頭髮發亮，身上的肌肉發達。他身體保養得很好。

「孩子們到這裡來了，我真高興。」他對祖母說。然後他又轉身向著我們。

「太可怕了，一塌糊塗，一切就是在這裡發生的。」他說。

「對。」我說。

「你們已經到處都看過一輪了吧？你們看到了他是怎麼照顧這個家的？」

「是。」英格威說。

居納爾搖著頭，怨恨交加地。

「我不知我該說什麼，」他說，「但他是你們的父親。對於發生在他身上的一切我感到難過。你們知道了下一步該怎麼做吧。」

「我們要把整個子屋子徹底地刷乾淨，」我說，「從現在起我們接手這一切。」

「很好。今早我把廚房裡最糟的一部分都解決了，扔了些垃圾，但當然，還剩下一些。」

他簡短地笑了一下。

「我有一個拖車在外面，」他繼續說，「你能把拖車開出去嗎，英格威？那我們就可以把它弄到車庫旁邊的草坪上來。傢俱我們不能放在這裡了。還有衣服和其他所有東西。我們把它們都拖到垃圾處理場去。這樣可以嗎？」

「好。」我說。

「孩子和托薇都到小木屋去了，實際上我是中間抽了點時間來看看你們。也為了把這拖車弄來。但我明天上午會再來的。到時候我再來幫你們清理。太糟糕了，這裡的一切。但它就是這樣。你們能做好的。」

「我們會的。」英格威說，「可你的車停在我的車後面？我想你得先把車開出去？」

居納爾進來的最初的幾秒鐘裡祖母看著我們，然後對他笑了，接著她又回到了她原來的模樣，坐在那裡凝視著前方，就像她獨自一人的時候那樣。

「你也要一起去，卡爾．奧韋，」居納爾說，「我們得把拖車推上來，這很重。」

英格威往樓梯下走。我站在那裡，想著我要和她待在一起。

我跟著他下去了。

「她說什麼了嗎？」他說。

「祖母？」我說。

「是呀？發生了什麼事嗎？」

「幾乎沒發生什麼事，」我說，「她在椅子上發現了他，如此而已。」

「你父親總是和她在一起。」他說，「現在她也許只是嚇到了。」

「我們能做點什麼嗎？」我說。

「不用，你們還可以做什麼？只有時間能幫助這一切好起來。葬禮一結束，她就得進安養院了。你已經親眼看過她的狀況。她需要人照料。葬禮一結束，儘快把她送進安養院吧。」

他轉過身走下了樓梯，朝著明亮的天空瞇起眼睛。英格威把所有東西都放到車上了。

居納爾又對我轉過身來。

「我們想辦法給她安排了家庭看護，你知道嗎，他們每天來這裡照料她。然後你父親來了，把他們都趕走了。把門關上，把他自己和她一起鎖在裡面。就算是我到這裡也不讓我進去。但有一次母親打過來，那時候他摔折了腿，躺在外面客廳的地板上。他把屎尿都拉在了褲子裡。你可以想像一下。他就躺在那裡的地板上喝酒。她端菜端飯地伺候著他。在救護車來之前，我對他說，不能再這樣了。你在這裡是場災難。你得做出改變。你知道你父親怎麼說嗎？「你現在是想再把我往屎裡按呀，居納爾！你到這裡來，就是為了想把我往糞坑裡推？」

居納爾的頭搖晃著。

「這也是我母親，你得明白，現在就坐在那上面。這些年來我們一直設法幫助她。他把這一切全毀了。這裡的房子，她，他自己。全部。這所有的一切。」

他把手很快地放到我肩上。

「但我知道你們都是好孩子。」

我哭了，他看著遠處。

「好了，我們現在得把拖車安放就位。」他說，走到汽車那裡，坐進車裡，發動了車，把車緩慢地朝著下方左側倒了出去，道路讓出來後按響汽車喇叭，英格威跟著把車倒出來。然後居納爾再開車向前，走下車把拖車卸下。我往他們那裡走，抓住拖車上的掛鉤開始往坡上拉，同時英格威和居納爾他們在後面推。

「放在這裡就好。」當我們在花園裡走了一段距離後居納爾說，我把拖車的尾部放在了地上。

祖母站在上面二樓的窗戶那裡，望著我們。

在我們收集瓶子，把它們都裝進塑膠袋，再搬進車裡的時候，祖母一直坐在廚房裡。當我把所有還剩下半瓶的啤酒與烈酒都通通在水槽裡倒掉時，她注視著我。或許這些東西消失了她會感到輕鬆，或許她根本不在意發生過的事情。車裝滿了，英格威走進屋裡，跟她說我們要到商店去一趟。她站起身，一起到了玄關那裡，我們以為她要目送車子離開，但她走出門，立刻走下樓梯到了車這裡，抓住車的門把，打開了門，馬上要坐進去的樣子。

「祖母？」英格威說。

她停住了。

「我們想自己去。得有人看著房子。我想，你最好還是不要去，你就待在這裡。」

「是嗎？」她說，往後退了一步。

「對。」英格威說。

「好吧，」她說，「那我就待在這裡，我在這裡。」

英格威把車向下面的車道那裡倒出去，祖母又走進了屋裡。

「這真是場噩夢。」我說。

英格威的目光掃過我，盯著左側，車慢慢開出去了。

「顯然她的確是嚇到了，」我說，「或許我們應該打給托妮耶的父親聽聽他的意見？他一定可以開一點鎮定劑之類的東西。」

「她已經在服藥了，」英格威說，「廚房的架上滿滿一堆藥片。」

他的目光又掃過我一次，接著看著朝上的庫霍爾姆斯路，有三輛車正往下開了過來。然後他望著我。

「但你還是可以和托妮耶父親說這件事。這樣他也可以幫忙想個辦法。」

「等我們一回來我就打電話。」我說。

這最後一輛車，也是其中最新的一輛，大聲且不客氣地開了過去。幾滴雨打在了車窗上，我想著這開始下了的雨，就像是一個過客，遲早會後悔的，想下就讓它下幾滴吧。

這一次可是繼續下著，沒停。當英格威亮著燈把車往下開去後，車窗上的雨刷開始擺動。夏日的雨。

啊，落下的雨滴打在乾燥、炎熱的柏油路上，先是掀起一股熱氣，或是被塵埃吸進了，但雨水還是完成了它的第一道工序。因為接著落下的雨讓地面降溫了，灰塵溼潤了，然後在地面流散開一片深色，一片一片再相互連接，那裡的柏油路便成了溼漉漉的黑色。啊，這夏季灼熱的空氣頓時涼爽了，要是雨滴掉到了臉頰上，它就變得溫溫的。人們把頭往後仰，享受它給予的這種特別愉悅。雨輕觸的樹葉顫抖了，落在地面。或高或低的地方那輕微得幾乎聽不見的擊鼓般的嗒嗒聲，在路的兩旁、有裂縫的山崖下及溝渠裡的草葉上，在另一處的屋頂上，和最近的圍籬的旁鎖著的自行車坐墊上，在花園裡的吊床上及交通號誌牌上，在人行道旁的排水溝裡，和停在街邊的車的引擎蓋及車頂上。

我們在號誌燈前停下，雨下得更大了，現在落下的雨滴更為粗重，也更急更猛。在幾秒內整個倫丁根十字路口完全變了。天空黑沉沉的讓所有路燈顯得格外明亮，現在落下的雨甚至在地面上濺起了水花，形成一片雨霧。行駛的車的雨刷都在左右擺動，行人們把報紙舉在頭上遮擋，或者把連衣帽拉起來蓋著頭在路上飛奔。只有那些有傘的人，他們像沒事一樣繼續走在路上。

號誌燈變成了綠色，我們開下了坡路朝橋那裡駛去，經過了那家老唱片行，很久以前它就關門了，那時候我和揚·維達爾曾每個星期六早上固定地要去那裡一趟，我們會把城裡所有的唱片行走遍，然後經過隆橋。我最早童年的記憶都是從這裡開始的。我曾和祖母一起走過這座橋，在那裡我看見了一個很老很老的人，他長著白鬍子白頭髮，拄著拐杖走路，佝僂著背。為看他我停住腳步，祖母繼續拉著我向前走。我父親的辦公室裡掛著一張海報，一次我和父親在那辦公室裡，還有鄰居奧拉·揚，他和爸爸在同一所學校教書，羅利赫登初級中學，他也教挪威語，我指著那張海報說，我見過照片上的這個人。因為是同樣的白鬍子白頭髮，也佝僂著背。掛在我父親辦公室海報上的那個老頭，在我看來一點也不奇怪，我四歲，世界上沒有什麼我不理解的，所有事情對我來說都一樣。但爸爸和奧拉・揚笑了。他們笑著說，這是不可能的事。這是易卜生呀，他們說。但我非常肯定，這是同一個人，我說就是他。可他們還是搖著頭，當我再指著易卜生說我見過他時，爸爸不再笑了，把我推出了辦公室。

橋下的河水是灰色的，雨滴在水面上濺起無數的水紋。同時水裡中也含著些綠色調，這裡一直如此，來自奧特拉河的河水在這裡與海水交匯。我曾經有多少次站在這裡凝視著下面的水流？有時候它們就像一條河那樣奔瀉向前，水兜著圈形成了許多小漩渦。有時候它們繞著橋柱濺起了白色的水花。

然而現在它們靜靜的。上面蓋有篷布的兩隻小艇，在朝外面靠近海灣口的水面上相互碰撞。兩艘生銹的廢船靠在碼頭的另一端，它們的背後，一艘潔白的帆船閃亮奪目。

英格威在路口的號誌燈那裡停住了，與此同時又換成了綠燈，我們繼續向左開，那裡有一間小超市，屋頂是停車場。我們開上坡道，根據指示燈開過水泥車道，上到了屋頂，這是國家節日期間的星期六，運氣真不錯，在最遠的那邊有一個空車位。

我們下了車，我把頭向後揚起，讓溫熱的雨落在臉上。英格威打開後車箱，我們盡可能地多拿起些塑膠袋，提著它們進了電梯一直下到商場的第一層。我們覺得把烈酒瓶拿去回收沒有意義，決定待會拉到垃圾場去，現在我們手裡提著的這一堆東西大多數是塑膠瓶，不重，只是體積有點礙事。

「你先把瓶子放進去吧，我再去拿一些？」當我們站在空瓶回收器面前時英格威這樣說。

我點點頭。把瓶子一個一個地放到傳送帶上，在塑膠袋空了之後把它們捲成一團扔進特意放在旁邊的一個垃圾桶裡。可能會有人會看著我，對這麼大量的啤酒瓶產生懷疑，但我無所謂。我對一切都無所謂。自我們從殯儀館出來後，所有環繞著我的盡是死亡，或者毫無意義，且這種感覺變得更為強烈。商場沐浴於耀眼的光線之中，所有商品是如此五彩繽紛，我幾乎沒注意到，我情願站在外面某個地方的沼澤裡，對我來說都一樣。基於原則，我總是知道我大概看起來怎麼樣，以及其他人看見我後大概會怎麼想，有時候我情緒高漲很自豪，有時候則很自卑，變得痛恨自己，但絕不會是無所謂，也從沒有一次是別人看著我他們雙眼裡不含有任何意義的，這有若我整個人被逝去一般。就像現在這樣，麻木了，這種麻木的感覺把所有的一切都驅逐於外。世界如同一道陰影包圍著我。

英格威拿著更多的塑膠袋從屋頂下來了。

「換我來弄吧？」他說。

「不用，」我說，「你可以趕快去買點東西。我們至少需要清潔劑、橡皮手套和黑色垃圾袋。還有食物，該死。」

「車裡還放著一堆。我先把它們拿下來。」他說。

「好。」我說。

當最後一個瓶子送進回收器後，我得到了一張收據，我走到英格威那裡去，他正站在放有各種清潔劑的貨架前。我們從架子上拿了日夫（Jif）浴室清潔劑、日夫廚房清潔劑、阿雅克斯（Ajax）全效清潔劑、阿雅克斯清潔玻璃水、克洛林（Klorin）抗菌消毒水、綠香皂、專門對付頑固污漬的威猛先生、電暖爐清潔劑、沙發專用清潔劑、含清潔劑的鋼絲捲、海綿、廚房抹布、地板拖把，還有兩個水桶和一把掃帚；到食品櫃拿了些新鮮的肉餅，蔬菜櫃那裡拿了些馬鈴薯和一個青花菜。另外還有塗抹麵包的各種乳酪、牛奶、咖啡、水果、一盒優酪乳、幾包餅乾。當我們去商場時我所渴望的，就是用這一切嶄新、新鮮、發出光澤又沒人碰過的東西，把廚房填滿。

當我們回到屋頂上，雨已經停了。在車的後輪周圍，水泥地面有一個小凹坑，已經形成了一片水窪。上面的空氣清新，聞起來有海洋和天空的味道，而不是城市的氣味。

「你覺得實際上發生了什麼事？」我說，那時我們正從光線黯淡的停車場穿過把車往下開出去。「她說她發現他坐在椅子上。他就只是坐在那裡睡覺？」

「大概是這樣。」英格威說。

「心臟就這麼停了？」

「對。」

「對。或許這也不奇怪，就像他活著時那樣。」

「不奇怪。」

回家的路上沒有再說什麼。我們把買來的東西扔到了上面的廚房，祖母透過窗戶往下看著我們進門，她問我們去哪了。

「去了商店一趟，」英格威說，「現在我們得吃點東西了！」

他開始把買的東西從口袋裡拿出來。我拿了一副黃手套和一捲垃圾袋下了樓。首先要清出去的，是地窨洗衣房裡那堆腐爛了的衣物。我朝手套裡吹氣，然後把它們戴上，開始把那些霉爛的衣服往垃圾袋裡塞。我一直在用嘴呼吸。垃圾袋漸漸填滿了，我把它們拽出去，堆放在車庫門口邊那兩個綠色的大垃圾桶前。我幾乎把所有的爛衣物都扔光了，只剩下最下面，黏接在一起的滑膩的那一層還沒弄，這時候英格威喊著該吃東西了。

他已經把廚房桌上的垃圾及穢物收拾乾淨，餐桌也收拾了，上面擺著一個裝有烤肉餅的大餐盤、一碗馬鈴薯、一碗青花菜、一小罐棕色調味醬。桌上他擺放的是祖母最老的那套餐具，這幾年它們一定一直放在碗櫥裡沒有動過。

祖母什麼都不想吃，但英格威還是把半塊肉餅、一個馬鈴薯和一朵青花菜放在了她的餐盤裡，試著說服她嘗嘗。我自己餓得像隻狼，吞下了四個肉餅。

「你在調味醬裡加了奶油是嗎？」我說。

「嗯。也加了點棕色乳酪。」

「太好吃了，」我說，「現在我最需要的就是這個。」

吃完飯後我和英格威走到了外面陽臺上，抽支菸，喝杯咖啡。他提醒我要打給托妮耶父親，我已經忘得一乾二淨，或許排除了這念頭。我不大喜歡這麼做，也不習慣，但我必須，於是我走到房間裡，在行李袋裡找出了我的簿子，用餐廳的電話撥了他家的電話號碼，同時英格威在廚房裡收拾桌子。

「嗨，是我，卡爾．奧韋，」當他接了電話後我說，「我想問你是否可以幫忙我一件事？我不知道托妮耶有沒有跟你說過，不過我父親昨天去世了……」

「說了，她打電話來告訴我的，」他說，「聽到這事我很難過，卡爾．奧韋。」

「是啊，」我說，「但至少現在我已經在克里斯蒂安桑這裡了。是我祖母發現的他。她已經八十多歲了，看上去受到了驚嚇。她幾乎不講話，只是坐在那裡。我想幫她找些鎮定劑或者其他能讓她情況減緩的藥物。但是她已經在服藥了，其中大概也包含這種鎮定的藥物，但我想……嗯，你知道的，她正飽受煎熬。」

「你知道她服用的是什麼藥嗎？」

「不知道，」我說，「但我可以馬上去看看。等一下。」

我把話筒放在桌上，走進廚房，來到她放藥物的架子那裡。在那下面，我依稀記得見過幾張黃色和白色的紙，想必就是處方籤吧。

在那裡，可只有一張。

「你有看到這些藥盒嗎？」我對英格威說。「那些包裝盒？我正在和托妮耶的父親講電話。」

「你後面的櫃子裡有幾個。」英格威說。

「你在找什麼？」祖母從她坐著的地方出聲了。

我不想淩駕於她，在我站在那裡翻東西的時候，敏銳地察覺出她的目光就在我的背後，但我也顧不到那麼多了。

「我在跟一位醫生講電話。」我對她說，這就可以解釋一切了。但令人意外的是她安靜了下來，我把處方和藥盒半掩著拿在手裡走出了廚房。

「哈囉？」我說。

「我還在。」他說。

「我找到了一些藥的名字。」我說，把這些藥名一一念給他聽。

「了解了，」他說，「她已經有很多抗焦慮的藥了，我可以再寫一樣給你，會好的。我們這裡一掛電話我就打電話給藥房。你住的地方附近有藥局嗎？」

「有，在隆那裡就有一家。那是一個城區。」

「好，我這就去安排。那你自己要多保重。」

我掛了電話，又回到陽臺上，朝海灣通往大海的那邊望去，天空仍然多雲，但有了變化沒那麼厚重，雲層裡透出光亮。托妮耶的父親是個熱心腸的人，是個好人。他絕不會做出任何粗鄙的事，或者在任何一方面做得太超過，他是個行為端正的可敬之人，但也不死板或中規中矩，相反地他常常熱情奔放，像個男孩子那樣。他不把事情做得過了頭，不是因為他不想或是不能夠，而是因為在他的字典裡找不到這種事，我曾經這麼想過，總而言之這對他來說就是不可能。我喜歡他這點，這裡面包含著什麼，才能做到那麼完美又恰到好處，這是我一直在追尋的。當我找到了，我喜歡接近他，雖然同時我也體識到，我這麼喜歡他的其中一個點是，他就像我父親以前的樣子。我二十五歲時結婚，是因為我想過那種布爾喬亞式的生活，既穩定又有保障，但我們實際上的生活與此大相徑庭，不是這種布爾喬亞式，既沒穩定也沒保障。事實上大家也不再這麼早結婚了，因此這雖然不是當時的初衷，但至少能被看作是一種激進或與眾不同。

這就是我當時的想法，當然也因為我愛她，在莫三比克馬布多城外的一個陽臺上，我和她單獨在一起的一個夜晚。在煤黑色的天空下，空氣裡充滿著蝗蟲的嘶鳴，幾公里外的一個鄉村裡傳出了遙遠的擊鼓聲，我向她單膝跪下，問她是否願意嫁給我。她說了一些我沒聽懂的話。至少我我沒聽見「我願意」。你說什麼？我問。你是不是問我是否願意嫁給你？她說。你真的在問我嗎？你是在問我這句話嗎？是的，我說。願意，她說。我願意嫁給你。我們互相擁抱，兩人湧出了淚水。就在此時天空裡發出轟隆隆的聲響，深沉奇妙，隆隆聲飛跑而過，托妮耶顫抖了一下，然後就開始了一場傾盆大雨。我們倆笑了，托妮耶跑進去拿相機，當她出來以後，她一隻胳膊摟著我，拿相機的那只手伸出去拍照。

我們是兩個孩子。

透過窗戶我看見英格威走進客廳。他朝那兩把椅子走去，盯著它們一會兒，然後繼續往裡走不見了。

就連在這外面也到處都充滿著瓶子，一些被風刮到了擋風柵欄那裡，一些起碼是在春天時就被放在這裡的兩把生鏽躺椅給卡住了。

英格威又出現於視線裡，我看不見他的臉，只有他穿過客廳時的身影，他又消失在廚房裡。

我走下階梯來到花園。下方沒有其他的房子，山峰太陡峭了，但在最下面的底部有一個停泊小船的地方，那裡朝外對著一個狹長的海灣。然而在東邊的地界是靠著鄰家的一個花園。那裡還像從前那樣完好，籬牆修剪美觀精緻，草坪上的草剪得又短又整齊，五顏六色的鮮豔花朵開得燦爛，顯示出一切都在人的精心照料下，我們這裡的花園看上去是一片頹敗，像是病了。我含著淚在那裡站了幾分鐘，然後又繞到了房子的前面，到地窖裡去繼續工作。當最後一包衣物搬出去後，我在地板上潑灑上克洛林抗菌消毒水，用去了半瓶，然後用長柄刷子刷地板，再用水管把它們都沖進排水道裡。接著往地板上四處潑灑綠色皂液，重新清洗地板，這一次用的是抹布。洗完後再用水管把地板沖乾淨，我想差不多了，又上樓回到廚房那裡。英格威正在擦洗碗櫥內側。洗碗機開始運轉了。廚房的桌子已經收拾完畢。

「我要休息會了，」我說，「你也休息一下吧？」

「我先把這裡弄完再說，」英格威說，「或許你可以燒點咖啡？」

我照他的話做了。然後突然想起了給祖母的藥。這可不能等。

「我去趟藥局，」我說，「你想要點什麼嗎，那裡有個報亭。」

「不用，」他說，「呃，還是要好了，一瓶可樂。」

當我來到外面的階梯上繫上了夾克的釦子，那個極漂亮的五〇年代的木質車庫大門前堆著一大堆塑膠垃圾袋，在夏日灰色的光線下微微泛著光。深棕色拖車的連接桿傾斜著靠在地上，像是受了點屈辱，我想，當我從它旁邊經過時它就彷彿是個鞠躬的僕從。我把手插在口袋裡朝車道走去，經過人行道上了主幹道，現在路面的雨水已完全乾了。但在那邊的斜坡上還有許多地方是溼的，那裡長著青草，在暗黑的背景下這些葉片顯得格外蔥翠，比起乾焦焦的、被塵土掩蓋著的那些要鮮綠得多，色彩間的反差也較小，在天空底下，所有事物看上去是那麼無動於衷，毫無特徵，就這麼裸露著，廣闊而空洞。有多少像這樣裸露而空洞的日子，我在這裡徘徊？看著房子黑漆漆的窗戶，望著穿越於田野間的風，太陽光芒耀眼，在陽光底下的一切似乎變得刺眼及了無生氣？啊，就在那時候人們在這城裡開墾種植，就在那時候人們看見的是城市最好的時節，它顯得如此富於生機。藍色的天空，眩目的陽光，蓋滿塵土的街道。一輛敞篷車把音響開音量開到了最大經過了這裡，兩個戴著墨鏡，只穿著泳褲的年輕人坐在前排，他們是要去海灘。一個牽著狗的老太太，全身被衣服遮得嚴實，戴著一副很大的太陽眼鏡，套著牽繩的狗一蹦一跳的，想往一戶人家的籬笆那裡撲。一架飛機身後拖著長長的一面幡旗，體育館明天有場比賽。一切都裸露無遺，一切都空洞洞的，世界死了，到晚間的時候戶外便到處都是這些讓太陽曬黑了的，穿著淺色衣服歡天喜地的男人和女人。

我憎恨這座城市。

沿著庫霍爾姆斯路走一百公尺，來到了十字路口，藥局往前再走一百公尺就到，正位於這座小城的中心。背後是片長著青草的斜坡，坡頂上是幾棟五〇年代或是六〇年代的建築。路的另一邊，再往坡道上走一段，那裡是艾勒維涅（Elevine）餐飲公司分店。葬禮結束後或許我們可以用這個地方聚會？

想一想不只是對我來說他死了，對他的母親，他的兄弟，他的叔叔和嬸嬸們來說也是一樣，這又不禁讓我開始掉眼淚。那時正在人行道上，人們一直來來往往，我顧不了這麼多，幾乎沒看他們，還是用手將淚水抹去，主要是因為這樣實際，我得看清楚腳下的路，同時一個念頭湧上：葬禮後的聚會我們不辦在艾勒維涅那，而是辦在祖父祖母的這棟房，這棟被他毀壞了的房子裡。

這個想法讓我激動起來。

我們要清洗這該死的每一個房間裡該死的每一寸的地板，扔掉他毀壞的所有東西，從剩下的找出還可以使用的東西，讓整棟房子更像個樣，然後再把大家集中在那裡。他可以毀壞一切，但我們會使它重新恢復原貌。我們是受人尊重有擔當的正派人。英格威會說這樣做不行，這麼做有什麼意義，但我還是會堅持這麼做。我和他有相同的權利去決定該如何辦這場葬禮。這他媽肯定行的。需要的只是清洗房子。清洗，清洗，清洗。

藥局裡沒人排隊，在確認身分以後，穿白衣的店員立刻走進藥架之間把藥找出來了，寫好標籤貼在藥盒上，把它放在一個袋子裡，通知我去對面的收銀台付款。

這裡我感覺到了一種愉悅，或許只是被一陣觸摸到肌膚的涼爽空氣給喚醒的一種預感，我在階梯上停下腳步。

灰色，灰色的天空，灰色，灰色的城市。

閃著光澤的車身。明亮的窗戶。電線從一根燈柱跑到另一個燈柱。

不，這裡什麼也沒有。

慢慢地我開始朝那邊的報亭走去。

爸爸多次談起過自殺，但總是作為一個話題來講。他認為自殺的統計數字在撒謊，很多獨自駕駛的車禍就是為了掩飾一起自殺。他常常提到，通常開車撞到山崖上，或是與對面開過來的車相撞，就是為了避免暴露其實是自殺這一恥辱。那時候他和溫妮在挪威北方居住多年後又搬回了南方，兩人繼續相處在一起。爸爸的皮膚全曬黑了，他吸進所有日光，身體圓得像一個桶子。他躺在屋後面花園裡的躺椅上喝酒，他坐在屋前的陽臺上喝酒，晚上他往往已喝得爛醉，像在水裡游泳的動作一樣，只穿著短褲站在廚房裡烤肉餅。他就只吃這個，沒有馬鈴薯，沒有蔬菜，只有烤得焦黑的肉餅。一個這樣的晚上他說，延斯・比約布[15]是腳朝上自盡的，人頭朝下腳掛在屋樑上，他就這樣結束了自己的性命。但這個步驟和過程聽起來不可能，在韋厄蘭的那間房子裡，他怎麼能一個人完成這一切？無論是他還是我都不理解這一點。最不給人添麻煩的辦法，他說，就是找一家旅館，寫一封信給醫院，說在哪裡可以找到這人，然後喝酒吞下藥物，躺在床上睡過去。現在我想，當初把他講的這些話題當作一般談話而不去想是否帶有其他含義，實在是太難以置信了，但事實上就是如此。這時我已接近車站後的報亭了。有關他的那些畫面是那麼強烈，以至於眼前除了他我什麼也看不見。現在的他，與曾經逆行的他完全不相吻合，無論在外貌還是性格上，幾乎看不到有任何相似的地方，而那個曾經的他始終與我聯繫在一起。

我走上階梯打開門進了報亭，除了銷售員那裡沒有一個人，在櫃檯前的報架上取了一份報紙，把冰櫃的玻璃門拉到一邊拿了瓶可樂，兩樣東西放在櫃檯上。

「日報和一瓶可樂，」銷售員說，同時他把它們舉起來對著條碼機，「還需要別的嗎？」

說話的時候他沒有與我目光相視，當我進門時他大概看到了我在哭。

「不用，」我說，「這樣就好。」

我從口袋裡掏出一張皺巴巴的紙鈔看著它。是五十克朗。在遞給他以前我把鈔票弄平整。

「謝謝。」他說。他的手臂上長著濃密的淺色汗毛，一件愛迪達T恤，藍色運動褲，肯定也是愛迪達的牌子，他看上去不像在報亭裡工作的人，更像是替夥伴在這裡頂替幾分鐘的角色。我抓起我的東西轉

15 Jens Bj.rneboe（1920—1976），挪威五〇到六〇年代期間著名的作家之一，他同時也是一位詩人、散文家和劇作家。他自稱為無政府主義者，他作品裡的叛逆行為和藐視權威，讓他在年輕一代中擁有很大的讀者群。他生活動盪，後來酗酒和患上了憂鬱症，最後以自殺結束生命。

身就走，這時兩個十歲左右的男孩進來了，已經把錢都捏在手裡。他們的自行車扔在外面倚靠著階梯。馬路上兩邊都堵了車在慢慢向前移動。在今晚之內我得打給媽媽。還有托妮耶。我沿著人行道往前走，過了報亭前面一點的很窄的人行道，又轉進庫霍爾姆斯路。葬禮當然要舉行在那裡。在……六天之後。那時候就得萬事俱備。在此之前我們要在報上登個訃聞，計畫安排葬禮，邀請客人，把整個房子弄得像樣點，花園得粗略地收拾一遍，搞定餐飲的事。要是我們早起晚睡，其他什麼事都不做只幹這個，肯定會順利的。只需要讓英格威一起。還有，居納爾也算一個。雖然關於這葬禮的事他沒有怎麼表態，但這是關於房子的事。不管他媽的這麼多了，肯定可以的。他會理解的。

當我走進廚房時，英格威站在那裡用鐵刷刷洗電暖爐。祖母坐在椅子上。椅子底下有些尿濺出來的痕跡。

「你的可樂，」我說，「我把它放桌上了。」

「放那裡吧。」他說。

「你那袋裡裝的是什麼？」祖母說，她看著藥局的袋子。

「這是給你的，」我說，「我岳父是醫生，當我告訴他這裡發生什麼事以後，他給你開了一些藥。我想這不是個壞主意。畢竟你經歷了這麼多。」

我把那個四方形的紙盒從袋裡拿出來，打開盒子，取出裝在裡面的塑膠盒。

「上面寫什麼？」祖母說。

「早晚各服一次，」我說，「你現在要吃嗎？」

「好，要是醫生這麼說的話，那就吃吧。」祖母說。我把盒子遞給她，她打開它拿出一粒藥。目光於桌上搜索著。

「我去倒點水來。」我說。

「用不著。」她說，把藥放在了舌頭上，舉起裝著涼咖啡的杯子送到嘴邊，腦袋這麼一縮就把藥給吞下去了。

「哦呀。」她說。

我把報紙放在桌上，朝英格威看了一眼，他已經把所有東西都清洗過一輪。

「你們在這裡真好，孩子們。」祖母說，「但你不休息一會啊，英格威？你不應該把自己累垮了呀。」

「好吧。」英格威說，他摘下手套，把它們掛在電暖爐前的手把上，手掌在自己T恤上搓了幾下，然後坐了下來。

「我想去下面沖個澡。」我說。

「或許我們倆都該待在同一樓，」英格威說，「這樣我們可以隨時聯繫？」

我理解他不想一個人與祖母待在一起，我點點頭。

「那我就去收拾客廳。」我說。

「你們兩都這麼努力工作，」祖母說，「沒有必要啊。」

為什麼她這麼說？是因為她對這房子目前的狀況以及她自己沒辦法改善它而感到羞愧？還是她只是不想要我們離開她？

「清洗一下不會怎麼樣的。」我說。

「嗯，好吧。」她說。然後她看了一眼英格威。

「你們和殯儀館聯繫過了嗎？」

我的脊樑骨一陣發涼。

她心裡一直都知道的嗎？

英格威點了點頭。

「我們上午路過時去了那裡。一切都辦妥了。」

「那就好。」她說。她靜靜地坐著，沉陷了一刻。然後她繼續講下去。

「我看見他的時候不知道他是死了還是活著。我要下去睡覺了，給他說一聲晚安，他沒有回答。像往常那樣，他就坐在那裡面的椅子上。然後他死了。蒼白的一張臉。」

我與英格威的目光相遇。

「你是要去**睡覺**？」他說。

「對，我們已經看了一整晚的電視，」她說，「在我要下去的時候他一動不動。」

「外面的天是黑的嗎？你記不記得？」英格威說。

「是，我想是吧？」她說。

我差不多快吐了。

「但你打給居納爾時候，」英格威說，「那是在早上啊。你記得嗎？」

「被你這麼一說，那可能是早上，」她說，「對，那就是早上。我上樓來，看見他坐在那邊的椅子上。就在那裡面。」

她站起來，走出了廚房。我們跟在她後面。她走進了客廳的一半時停住腳，指著電視前面的那把椅子。

「他坐在那裡，」她說，「他死在那裡。」

她把臉捧在了手裡一小會兒。然後她快步走回了廚房。

這完全搭不起來啊，我想。沒辦法了。我可以放一桶水再繼續清潔，可以清洗這該死的整棟房子，但毫無用處，我們要征服這棟房子讓葬禮後的聚會在這裡舉行的這個主意，也是毫無用處，我找不到任何有用的辦法，我無處遁逃，誰也救不了我。

「我們需要談談，」英格威說，「到外面的陽臺上去好嗎？」

我點點頭，跟著他到了另一個客廳，走到了陽臺。一點風也沒有。天空如從前一樣灰，但城市上空有了光亮。在房子下面那狹窄的巷子裡有一輛車正往上開，低低的馬達聲。英格威兩手握在陽臺的欄桿上站在那裡，朝外面的海灣望去。我在那個被曬得褪色的躺椅上坐下，緊接著又站起來，把在那裡的瓶子撿在一起，彙集到牆邊，四處想找一個袋子，但沒看見。

「你跟我想的一樣吧？」英格威說，他終於直起了身子。

「我想是。」我說。

「只有祖母看過他，」他說，「她是唯一的證人。居納爾沒看見他。她早上打給他，他打電話叫救護車。但他沒有看見他。」

「對。」我說。

「這表示，他有可能還活著。祖母怎麼能理解這一點呢？她在沙發上發現了他，她跟他說話時他沒有回答，她打電話給居納爾，然後救護車來了，滿屋子裡都是醫生和救護人員，他們把他用擔架抬走，消失了，這就是一切經過。但有想過他沒死嗎？他可能只是爛醉如泥？或者休克？」

「對啊，」我說，「我們來時，她說她是早上發現他的。現在她又說是晚上發現他的。就是這點吧。」

「她開始老年失憶了。同樣一件事她一直問了又問。當滿屋子裡都是那些救護人員時，她到底理解多少？」

「都是那些該死的藥物害她這樣的。」我說。

「對。」

「我們必須要弄清楚，」我說，「我的意思是，保險起見。」

「哈，該死，想到他有可能還活著。」英格威說。

我自小時候起就不知道的一種恐懼，充滿了我。我沿著陽臺的欄桿走過來走過去，停下來通過窗戶看看祖母是否在那裡，轉身走向英格威，他現在已經兩手交疊放在欄桿上望著地平線。唉，該死，該死。

這個推理很清楚。這唯一見過爸爸的，是祖母，我們僅有的只是她的證明，而她又是那麼困惑迷茫，完全糊塗了，沒有任何理由相信她說的都是正確的。當居納爾下來的時候，這裡的一切都已經完結，救護車已經載走了他，之後沒有人同醫院或是來過這裡的工作人員聯繫過。殯儀館還不知道這一切。從她發現他到現在只有一天多一點的時間。在這段時間他本來可以躺在一家醫院裡。

「我們是不是給居納爾打個電話？」我說。

英格威轉過身來對著我。

「他知道的不比我們多。」

「我們再和祖母談談，」我說，「或許給殯儀館打電話。他應該會把這事搞清楚。」

「我也是這麼想的。」英格威說。

「你打嗎？」

「我可以打。」

我們走進去。猛地刮來一陣風把掛在門前的窗簾高高掀起，飄進了屋裡。我關上門，跟著英格威走到二樓的餐廳，進了廚房。下面的大門砰的一聲響。我和英格威對視。出什麼事了？

「能是誰啊？」祖母說。

是爸爸？

他回來了嗎？

我感到了從未有過的恐懼。

樓梯上的腳步聲。

是爸爸，我知道的。

媽的，該死，現在他來了。

我轉過身走進了客廳，走到通向陽臺的門，準備穿過門出去，從草坪上跑過，跑到城裡去，永遠不要再回來。

我強忍住，靜靜地站著。聽著那腳步聲在走到樓梯的轉彎處那裡時扭動了一下。走上樓梯的最後幾步，進入了客廳。

他一定是氣得發狂了。我們在他媽的做什麼啊，用這種方法把他的東西翻得徹底，跑這裡來，大步走進他的生活？

我往後退了一步，看見居納爾走過去，進了廚房。

當然，當然是居納爾。毫無疑問。

「我看見你們已經處理一些。」他說著走進去。

我上樓到他們那裡去。我不再感到自己蠢且輕鬆些了，因為假如爸爸若又突然出現，現在居納爾在場，對我們來說也容易許多。

他們圍坐在廚房的桌邊。

「我想今天下午我可以拉一趟去垃圾場，」居納爾說，「這去度假時屋順路。然後明天上午我再把拖車拉回來，幫你們再繼續弄一點。我覺得車庫前的那堆垃圾差不多就夠裝一車了。」

「我也覺得。」英格威說。

「我們可以再裝幾袋，」居納爾說，「他房間裡的衣服或之類的東西。」

他站起來。

「那麼我們現在立刻動手吧。這用不了多少時間。」

他在客廳裡停下了，往那裡面看。

「可以馬上把那裡面的衣服拿走，你們說呢？這樣你們在這裡的時候就不用再看著它們……這讓人起雞皮疙瘩……」

「可以拿走，」我說，「但我覺得最好戴上手套。」

我戴上那雙黃手套同時朝裡面走去，把所有堆在沙發上的東西都裝進了一個黑色的垃圾袋裡。手裡抓起那些乾了的糞便同時閉上眼睛。

「那些枕頭也拿走，」居納爾說，「還有毯子。感覺也不乾淨。」

我照做，把它們都搬下樓梯，走出來到屋前，把它們都扔進拖車裡。英格威也拿來一袋，我們開始把堆在那裡的垃圾袋，一個個地扔進車裡。居納爾的車停在另一處，這也是為什麼我們沒聽到他來。拖車很快就裝滿了，他和英格威又重複一次車往前再倒車的過程，直到居納爾的車尾對著拖車停下，只需要和拖車的掛鉤套上就結束了。當他把車開走後，英格威又把車停在車庫面前，我坐在階梯上。英格威倚靠著門框。他額頭上是閃亮的汗水。

「我還以為走上樓的是爸爸。」過了一會兒他說。

「我也是。」我說。

一隻喜鵲從花園另一頭屋頂飛下，在我們上方平滑飛來。扇動了幾下翅膀，發出叫聲，聲音很不真實，像是在學著什麼。

「他肯定是死了，」英格威說，「他死了。但我們需要確定。我要去打電話。」

「我知道，該死的。」我說，「畢竟只有祖母知道發生了什麼。這屋裡有太多酒，他完全可能只是喝醉了。事實上很可能就是如此。越怕的事越要來，你說是不是？他回來的同時我們卻正在這裡翻弄、窺視、搗亂他的東西？但她又說……不過怎麼可能先是在早上發現他，然後又是在晚上？這兩件事怎麼能說得通？」

英格威看著我。

「或許他是在晚上死的。但她認為他只是在睡覺。然後她在早上發現了他。這是一種可能。她為此受挫所以她不想承認，於是編造出他是在早上死的這件事。」

「嗯，」我說，「這有可能。」

「但這關鍵的點還是沒有改變，」英格威說，「我去打電話。」

「我也去。」我說，跟著他走到了二樓。當他在錢包裡翻找殯儀館那人的名片時，我關上了通往廚房的門，祖母坐在裡面，所以越小心越好，往下走進第二間客廳。英格威在打電話。我幾乎受不了聽他們談話，但又忍不住想聽聽。

「嗨，是我，英格威．克瑙斯高。今天一早我們到你那裡去過，要是你還記得的話……？對，是這樣。現在我們想知道……對，想知道你們是否知道他在哪裡？知道嗎，這裡的情況有點不清楚……在他出事的地點唯一在場的，是我們的祖母。她相當老了，神志時常不清，以至於我們不是很知道發生的事情。你是否能為我們調查一下？……對……對……對。很好。謝謝你……太感謝了。好……再見。」

英格威放下話筒時朝下望著我。

「他在木屋。但他說，他會打幾個電話，把事情弄清楚。然後晚些時候他會給我們打電話。」

「好。」我說。

我走進廚房放了一桶水，裡面倒了些綠肥皂水，找到一塊抹布，走到客廳裡，我在那裡站了一會兒，完全不知道該從哪開始。在我們把這些傢俱扔出去之前，清理地板毫無意義，接連幾天我們也繼續在上面踩來踩去。洗窗框和門框，門和踢腳線，書架，桌子和椅子……這些東西都太瑣碎了，我想做點有用的事。下面的浴室和廁所是最好的選擇，那裡每一釐米都得刷洗。這也很符合邏輯，因為我是從地窖的洗衣房那裡開始的，浴室就在它的正上方。在那邊我也可以獨自一人。

我察覺到左邊有什麼東西「嗖」地一下過去，我轉過頭。一隻巨大的海鷗站在窗外往裡面瞧。它用尖嘴敲打著玻璃，敲了兩下。站住不動了。

「你看到了嗎？」我高聲對在廚房裡的英格威說。「有隻很大的海鷗站在窗外，在用嘴啄玻璃。」

我聽到裡面的祖母站起來了。

「我們得給牠找點吃的東西。」她說。

我朝開著的門那裡走過去。英格威正在清空碗櫃裡的東西，在櫃子下面的桌上一大堆玻璃杯和餐盤。祖母站在他旁邊。

「你們看見海鷗了嗎？」我說。

「沒有，」英格威說，「我從來都不看海鷗。」

他笑了。

「牠常到這裡，」祖母說，「牠想要點吃的。不過如此。在這裡牠可以得到一點食物。」

她把一塊肉餅放在一個小盤裡，腰佝僂著，瘦骨嶙峋的她站在那裡，一縷黑髮垂掛下來遮在眼睛上，已經凝固了的調味汁把肉塊淹沒了一半，她把肉餅切割成塊，動作迅速。

我視線跟著她在客廳裡。

「牠常來這裡嗎？」我說。

「對，」她說，「差不多每天都來。已經一年多了。你知道，牠總是會得到點吃的。這個牠懂。所以牠來這裡。」

「你確定是同一隻海鷗？」

「對，當然。我認得牠。牠也認得我。」

當她打開了陽臺，那海鷗跳到了地板上，朝她放下的那餐盤走過去，毫不懼怕。我站在門框那裡，看著牠怎樣用啄吃那些小肉塊，看著牠咬了一大口時怎麼樣把頭往後一甩。祖母站在牠身旁，注視著遠處城市的上空。

「對，就是這樣。」她說。

裡面電話響了。我往後退了一步，這樣我可以看到電話，確認英格威是否去接電話了。談話時間很短。當他放下電話時，祖母從我身邊走過去了，海鷗跳到了欄杆上，在那裡站了幾秒鐘後牠展開巨大的翅膀，一個撲身向前，搧動了幾下翅膀，海鷗高高地飛在草坪上方。我用眼睛看著它平穩地朝著海那邊飄移而去。英格威在我身後停下。我關上門朝他轉過身來。

「他死了，」他說，「他躺在醫院的地下室。星期一早上我們可以看他，要是我們想的話。另外我得到了來過這裡的那個醫生的電話號碼。」

「我要眼見為憑。」我說。

「那我們就去吧。」他說。

十分鐘後我把裝有熱水的一個桶子，一瓶克洛林和一瓶日夫洗滌劑放在了浴室外的地板上。我把帶去的一個垃圾袋拿在手裡抖了幾下，把袋撐開，然後開始將浴室裡的所有東西倒空。先是地板上用過的、乾了的肥皂，再來是黏膩的洗髮精瓶子、衛生紙的捲筒、有著褐色斑痕的浴室板刷、錫箔或塑膠的藥物包裝、一些零散的藥錠，也有幾隻襪子、幾個鬈髮器。當把這些雜物弄完之後，我開始也把牆上的櫃子裡清空，除了那兩小瓶看上去很貴重的香水外。刮鬍刀片，刮鬍刀，髮夾，更多的香皂，以及陳舊的、裡面都乾了的護膚油及乳液。一個髮網，刮鬍泡，除臭劑，眼線液，唇膏，幾個上面有裂紋的我不知道做什麼用的小粉撲，大概跟化妝有關。頭髮，有小而捲的，也有長而直的，一把指甲刀，一捲塑膠，牙線、梳子。當我把全部清空以後，隔板上留下了一層棕黃色的，也是很厚的污垢，我決定最後來清洗這裡。在廁所馬桶座旁邊掛著衛生紙捲的瓷磚上，滿是棕色的污漬，下面的地板黏糊糊一片，這裡對我來說是當務之急，於是我在瓷磚上噴了一層日夫清潔劑，開始刷它們，有條不紊地清洗，從上面的天花板開始一直到下面的地板，右邊的牆壁到鏡子旁邊，再沿著浴缸旁邊的那面牆一直來到門邊。我把每一塊瓷磚都洗乾淨了，全部花一個半小時。我還記得祖父是在這裡摔倒的，六年前，一個秋天的夜晚，他喊著祖母，她幫他打電話叫救護車，她坐在這裡握著他的手直到救護人員到來。這是我第一次明白，直到那一刻來臨以前，這裡一切都和從前一樣。他一直以來有大量的內出血，他去到醫院以後才知道。只要幾天，他就會死亡，他身上幾乎再也找不到血了。他一定知道身體裡有什麼不對，但他拒絕去看醫生。

然後他倒在了浴室的地板上，差一點死去，雖然及時送往醫院，在危急時候搶救了過來，但身體的傷害過於嚴重，他日漸衰竭下去，直到最後死去。

在我小時候，很怕到樓下的這個浴室裡來。一個蓄水箱，應該是五〇年代那時候的產物了，是金屬外殼旁邊還有個小黑球的那種類型，總是豎著放，有人用水後，在那黑暗深處，它就發出簌簌的聲音。一樓沒人使用衣帽間，裡面空蕩蕩的，藍色而潔淨的地毯，在衣帽間裡整齊擺放著的女人的外套和男式大衣，放帽子的架上是祖母和祖父的帽子，鞋櫃上是他們的鞋。在我的想像裡，它們全代表著芸芸眾生，那時候它們對我無所不及。朝二樓張大嘴的樓梯，總是以某種力量使我懼怕，我必須要說服我自己來戰勝這種膽怯，進入浴室的房間。我知道那裡什麼也沒有，我知道簌簌聲只是水聲，外套只是外套，鞋只是鞋，樓梯只是樓梯，但大概就是這種隻到更加深了膽怯，因為我不願獨自與這些東西在一起，這些不具生命的東西讓我心生恐懼。我會繼續以這種態度來體驗這個世界——馬桶蓋看上去是個有生命的東西，還有水槽、浴缸，及這個在地板上杵著的，一個有貪婪大肚子的黑色垃圾袋。

然而恰巧就在這個晚上這種不快的感覺又接近了，因為祖父是在這裡倒下的，因為父親一天前死在樓上的客廳裡，這樣死去的生靈們就和死去的他們，我的父親和祖父，捆綁在了一起。

怎樣才能排解這種情緒呢？

喔，那就只有清洗。刷了又刷，擦了又擦。看著這一塊又一塊的瓷磚是如何變得潔淨而光亮。想想這裡被毀壞掉的，將會重新再放光彩，這裡所有一切，每一樣東西。無論在任何情況下，我都不會在他結束的地方結束。

當我刷完牆和地板後，我把水倒進馬桶，按開關放水沖走，褪下那黃色的手套，把它們搭在紅色空桶的邊緣上，同時我想著得記住儘快買一把洗廁所的刷子。要是另外一間廁所也沒有放一把的話。我打開門進去。啊哈，那裡有放著一把。現在我就用這個，不管它狀況如何，星期一再去買把新的。但走到一半時我停住了。祖母臥室的門開了個縫，不知出於什麼原因，我朝那裡走去，推開門，往裡頭看。

啊，我的天。

她睡的床上沒有床單，就直接睡在那粗糙的、上面到處都是斑斑尿漬的床墊上。床旁邊放著一張類似於馬桶座那樣的椅子，一個桶子放在了它的下面。衣服扔得滿地。窗檯上有一排盆栽。一股氨水的氣味直刺鼻腔。

這裡真他媽臭氣沖天。該死，我操，真他媽的。

我把門開到跟剛才一樣的位置，露個小縫，慢慢地走上二樓的樓梯。樓梯扶手上有的地方幾乎是一層烏黑。我把手放在上面，感覺出了它的黏膩。當我走上最後一級階梯聽見了電視的聲音。我走進客廳，祖母坐在地板中央的椅子上盯著電視。她看的是電視二台的新聞節目。那時間應該是六點半到七點之間。

她怎麼能就坐在那個死了人的旁邊的椅子上？

我的肚腹緊縮在一起，眼淚流出來了，連續不斷，我不能夠控制臉上肌肉的各個部位扭曲，發現自己遠不能避開那嘔吐的反射症狀，那失去了平衡、不對稱的感覺，以一種近乎驚惶失措的方式將我擊倒了，彷彿我被撕成了碎片。如果可能，我願意跪下，兩手十指交握在一起，向上帝呼喊，呼喊，但我不能這樣，這毫無憐憫可言，一切最糟糕的事情已經發生，它也結束了。

當我走進廚房，那裡已經清掃一空。所有的櫃子都洗過了，雖然那裡仍有許多東西，牆和地板、抽屜、桌子和椅子，裡面看上去清爽多了。桌上有一瓶半公升的塑膠瓶裝啤酒。細密的水氣遮蓋了瓶子的標籤。它旁邊是棕色乳酪，一個乳酪削片器放在上面，黃色乳酪和一盒奶油，一把抹奶油的刀斜放在下面，刀柄有點朝向桌子的邊緣。菜板拉出來了，上面放著一塊可奈普麵包，半截還裝在紅白色的紙袋裡面。它的前面是切麵包的刀、麵包皮、奶油。

我從最下面的抽屜裡拿出一個塑膠袋，把桌上兩個菸灰缸裡裝滿了的菸蒂倒進去，繫緊袋口，把它扔進了屋角已經裝了一半的黑色垃圾袋裡，找來一塊抹布，把桌上的菸灰和沾上的奶油弄乾淨，把她的菸絲盒和捲菸器放到桌子另一端放有煙紙捲的盒子上面，就在窗框下方，順手打開玻璃窗，用窗閂固定。然後去看看英格威在什麼地方。他坐在外面的陽臺上，正如我所預料。他一手握著一瓶啤酒，另一手夾著一支菸。

「你要來點嗎？」當我過去後他說。「在廚房的桌上有一瓶。」

「不用，謝謝，」我說，「這裡的所有東西我以後都不會要的。我絕不再喝塑膠瓶裝的啤酒。」

他看著我笑了。

「你太敏感了，」他說，「那瓶酒沒開過。是放在冰箱裡的。他沒有喝過，完全不是你想的那樣。」

我點燃一支菸，背抵著陽臺欄欄杆站在那裡。

「這花園我們怎麼辦？」我說。

英格威聳了聳肩。

「只靠我們也不可能把這裡所有的事給做完啊。」

「我可以。」我說。

「是嗎？」

「對。」

我想過現在要告訴他我全部的計畫。但我沒說出來。我知道從出現對立的那一刻起，英格威就會拿出一個相反的安排，一個我既不願聽到也不想去參與的計畫。對，都是些小事，是些微末細節，但在我的一生裡曾有過一次決定嗎？當我們還是孩子的時候，我敬佩英格威，就像弟弟總敬佩他們的哥哥那樣，再沒有人比我了解他，雖然我們在外面因為年齡差距的關係不能相處在一起，但在家裡時我們是。不是出於什麼平等的原因，當然，通常都是依照著他的意願辦事，但也不比我所想的差多少，因為那時我們擁有共同的敵人，那就是爸爸。

童年的許多細節我記不清了，但它們無數次地一再重現。我們怎麼能為了那麼一點小事笑得那麼開心？就像一九七六年夏天在英國的那一次露營，那時是難以預料的炎熱，有一天晚上走在我們營地附近的一個坡上，一輛車從我們身邊駛過，英格威說，裡面的兩個人在親嘴。我聽成了兩個人在「撒尿[16]」，我們站在那裡爆出笑聲，持續了有好幾分鐘，聲音比平日高出兩倍。剩下的整個晚上若有一點點最小的機會，笑聲又再度爆發。

要是童年有什麼值得讓我懷念的話，那就應該是這個了，與自己的哥哥對不具任何意義的一些事情毫無節制地大笑。同一次的露營旅行中，我們也和兩個英國小孩一起，在帳篷旁邊的草坪上踢了一晚的足球。英格威戴著他的里茲聯俱樂部帽子，我戴著我的利物浦俱樂部帽子，太陽從整個大地上沉下去，環繞著我們的夜色愈加凝重，從附近帳篷裡傳出低低的談話聲，我說的話他們一句也聽不懂，英格威驕傲地為我翻譯。在我們就要繼續往前趕路的前一天早上，我們去了游泳池，那時我還不會游泳，但仍進到了深水區，摟著一個塑膠球，冷不防地，球從手裡滑開了，於是我沉到水下。游泳池裡只有我們兩人，英格威呼喊著救命，一個年輕人跑進來，把我從水裡拉了上來。當我喝下了幾口游泳池裡的氯化水後，當時湧出的第一個念頭是，幸好爸媽不必為了這一切擔心。這種意外的、開心的日子，不計其數，建立於我們之間，牢不可破。他可以對我比對其他人更惡毒一些，但這改變不了我們的關係。這是一種依屬，在我們的這種生活環境中，我對他的感覺不會有恨，更是像一道溪流之於大海，黑夜裡的一道光明。他很清楚知道說什麼話會讓我氣得完全失去理智。他非常安靜地坐在那裡，臉上帶著一種調侃戲謔的笑意，讓我的腦袋轟地一下發熱什麼也看不清楚了。毫不誇張，我眼前是一片黑，完全不知道該做什麼，手足無措。我可以用盡全力，把手裡的杯子向他砸去，或者是麵包，再不然就是一個柳丁。要是那時我沒有衝過去攻擊他，朝著他一陣拳頭地瘋捶狂打，只是氣得噙著淚水，渾身發抖，他就會把這一切都收起來，緊緊地握著我的手說，**好啦，好啦，小朋友，現在你生氣了，可憐的小東西**……他也知道所有我害怕的事情。在媽媽上夜班，爸爸去市政委會開會時，電視裡又在重播《偷渡者》[17]，這個電視劇總在深夜播出，就是為了不讓我們這種小孩子看。但對他來講這些再簡單也不過。他關掉屋子裡的燈，鎖上大門，向我扭過身來說：**我不是英格威，我是一個偷渡者**，我立刻嚇得大叫，央求他說他是英格威，**說啊，你說啊，你是英格威，我知道的，英格威，英格威，你不是什麼偷渡者，你是英格威**……他也知道我怕的另一件事，那就是擰開熱水時水管裡發出的聲音，先是一陣刺耳、尖銳，緊接著便是咚咚的重錘聲，對我來講，除了趕快逃開外幾乎不可能有別的處理辦法。這麼一來我和他之間就有了一個約定，每天早上他在水槽裡洗完臉後不要放掉水，把水留給我。或許有半年的時間，每天早上我就是在英格威的洗臉水裡洗我的臉和手。

16 在挪威語裡親嘴（kysse）和撒尿（tisse）兩個單詞的發音極為接近。

17 Blindpassasjer，一九七八年挪威製作的第一部科幻題材的電視系列劇，在一艘太空船上載有一位不明身份的乘客而發生的一系列怪異事件，其中的音樂與畫面含有恐怖和驚悚的元素。

他十七歲時搬出了家，自然我們之間的關係發生了改變。當日常生活裡的他消失了，他和他的生活狀態卻在我心裡增長了許多，特別是他在卑爾根的那陣子，在那裡他慢慢開始自己的學業。他就這樣走過來了，我也希望自己能這樣。

要上高一的那個秋天我去看他，他在阿勒克學生宿舍那裡有一個房間。從前往市中心的機場班車下車後我首先做的一件事情是找到一家報亭，買了一包王子香菸和一個打火機。我以前從來沒有抽過菸，但長久以來一直計畫著有一天要這麼做，我想過了，一個人在卑爾根，就可能有這種機會。於是我站在那裡，在聖約翰教堂綠色的尖頂下，我前面是市中心的集市廣場，到處都是人和車輛，閃閃發光的玻璃。天空蔚藍，背包放在人行道上，我把香菸叼在嘴角，當我用手想要擋風，用這黃色打火機點菸的時候，有一股強烈，幾乎是不可抵擋的那種自由感覺。我獨自一人，我可以為所欲為，整個生活在我眼前敞開。我咳嗽了一下，煙在撕裂我的咽喉，在這資格認證後一切順利，在這劇烈的過程中自由的感覺一點沒少。當我抽完以後，把這紅白兩色的菸盒放進了夾克的口袋裡，將背包往肩上一甩，去和英格威碰頭。在克里斯蒂安桑的高中沒有是我的，但英格威是，他有的，我也就有了。所以不單單是高興，同時我也感到了自豪。一小時後我跪在他房間的地板上，翻遍他搜集在靠近牆壁那的三個酒箱裡的唱片，那時太陽光從窗戶的排氣窗裡透射進來。當天晚上我們和他認識的三個女生一起出去，我借用了他的老香料牌體香劑，他的髮膠。我們出門之前站在走道的鏡子面前，他把我穿的黑白格紋襯衫衣袖往上摺起，就像U2樂團的刀刃[18]在許多照片裡穿的那樣，又把我的西裝領子理正。我們在其中一個女孩子的住處和她們碰頭，她們真是太好玩了，我只有十六歲，他們認為當我們經過保全面前時，我應該挽著其中一個女生的手，這是我第一次去年滿十八才能入內的地方。第二天我們去了歌劇院咖啡廳和畫廊咖啡廳，在那裡我們也和媽媽見了面。她和她的姨媽約翰娜住在南斯科格路的一個公寓裡，英格威後來接手了那個住處，後來我去卑爾根時就去那裡找他。這一年後的一次，我帶著答錄機去採訪美國的伏都之牆樂團（Wall of Voodoo），那個晚上他們在夜總會「洞穴」(Hulen）演出。我沒有提前預約，但我憑著記者證在調音時順利進去了，我們站在進入舞臺的走道處等他們。我穿著白襯衫，黑色的牛仔裝，飾帶扣環是一隻巨大發亮的鷹，黑褲、皮靴。但當樂團成員來到時，我突然不敢跟他們搭話了，他們看上去令人膽怯，像是一個來自洛杉磯的三十多歲吸毒團夥，是英格威挽救了這個場面。**嘿，先生！**他吆喝了一句，貝斯手轉過身走了過來，英格威說：**這是我弟弟，他從南邊的克里斯蒂安桑市大老遠的專程來這裡採訪你們，你們覺得行嗎？**

**漂亮的飾帶！**貝斯手說，緊接著我紅著臉跟他們進了樂團的休息室。他一身黑上衣，手臂上有一大片刺青，黑長髮，牛仔靴，極其友好，給了我一瓶啤酒，對所有我寫下來的類似學校報刊的那些問題都詳盡地回答。還有一次，是剛剛離開了燕尾服月亮（Tuxedomoon）的布萊恩·賴寧格（Blaine Reininger），我在卑爾根採訪了他，在畫廊咖啡廳裡一張柔軟的皮沙發上。就是這裡，這個大都市，還有它的那些咖啡廳、音樂廳和唱片行，在高中畢業以後我將遷往此地，對這一點我絕沒有半點猶豫。

在伏都之牆後，我們坐在「洞穴」，決定等我來這裡後就組一個樂團；英格威的朋友波爾可以彈貝斯，英格威是吉他，我是鼓手。樂團主唱到時候再找。英格威可以作曲，我寫歌詞，就在那個晚上我們對彼此說，有一天，我們將在這裡，在「洞穴」演出。那時候對我來說，走進卑爾根就是走進我的未來。離開我現在的生活，到未來裡去過幾天，然後又再返回原地。在克里斯蒂安桑我是獨自一人，我得單槍匹馬為一切戰鬥，在卑爾根我是與英格威在一起，他所擁有的，也提供給我。不僅是外出的地

18 The Edge，U2樂團的吉他手。

方、咖啡廳、商店及公園，閱覽室和禮堂，也包括他所有的朋友。當我遇見他們的時候，他們不僅知道我是誰，同時也知道我在幹些什麼，我在地方電臺有自己的一個音樂節目，在當地的《家鄉友人》報（F.drelandsvennen）上推廣唱片和演唱會。和這些朋友見面之後，英格威總是告訴我他們都對我說了些什麼，往往是些女生的評價，說我長得帥或者好時尚等等。但也有些男生的評語，特別從阿爾維德那裡冒出來的一個評語是，說我跟維斯康堤[19]執導的《魂斷威尼斯》裡的那個男孩很像。我在他們眼裡是號人物，這多虧了英格威。他把我帶到維尼爾度假屋，他們每一年的跨年夜都在那裡聚會。有一年夏天我在阿倫達爾的街上賣了磁帶，手裡有了很多錢，我們幾乎每天晚上都出去。有一個晚上，我記得，我一下子喝了五瓶酒，之後舉止還未失態，英格威為此大感驚訝，同時也很驕傲。夏天結束以後，我和英格威女友的妹妹在一起了。那段時間他用他的尼康單反相機替我拍了些照片，全都是黑白的，全都糟透了。但一次我們也一起去了照相館，原本是要在聖誕節送給祖父母和外婆外公的照片，他們都得到了照片，但這照片也掛在了攝影師在克里斯蒂安桑電影院門廳裡的櫥窗中，那裡所有人都可能看到我們，兩個八〇年代裝扮和髮型的青年。英格威穿淺藍色襯衫，一隻手腕上纏著皮革細繩，頭髮長及肩上，頭頂的頭髮剪得很短。我是黑白條紋的襯衫，黑西裝的袖子捲了起來，鉚釘皮帶和黑色下裝，到脖子的頭髮比英格威更長些，頭頂的頭髮又更短些，除此之外，一隻耳朵上還吊著個十字耳環晃來蕩去。那段時間我常去電影院，最常常跟我去的是揚・維達爾，或者其他來自特韋特的朋友。當我看著掛在明亮櫥窗裡的照片時，幾乎無法把自己與它聯想在一起。也就是說我在克里斯蒂安桑的生活，有一些外在的、可顯示於人的特性，在這種意識裡它與一個固定的空間聯繫在一起，如像學校、體育場、市中心，以及到固定的人群那裡去，我的朋友、同學、球隊夥伴，但照片上的那個我完全是以另一種方式，和一些親密的、被隱藏著的相關聯。首先最重要的也就是家庭，我也曾一度身在其中，只是我從這裡面脫離了出來。英格威和他的朋友們談到我，但我從來沒有向我的朋友提及過他。

在這外在的空間當中注視到這內部的世界，會令人撲朔迷離與煩亂。但除了幾句評論外沒人在乎，因為我就是一個沒人在乎的人。

一九八七年，當我高中畢業後，由於某種原因我並沒有搬到卑爾根，而是去了挪威北方一個島上的小鎮，我在那裡當了一年的老師。我的計畫是可以在晚上寫我的小說，用教書賺的錢去歐洲待一年。我買了一本書，上面寫的是在歐洲國家做小工的所有可行和不可行之處，我早就想好了，從一個城市到另一個城市，從一個國家到另一個國家，幹點工作，寫點東西，過一種自由和獨立的生活，但我這一年裡寫出來的文字讓我進了霍達蘭郡新設立的一個創意寫作學院，我對被能接納入學極為滿意，因此改變了所有計畫。儘管十九歲時我向卑爾根發進，也仍懷著所有夢想和到外面世界去當一個流浪漢的種種想像，我在那裡一待差不多就是九年。

開始的時候一切都不錯。當我從魚市場的機場班車上跳下來時，陽光普照，英格威週末和假日在歐萊恩旅館當接待人員，但當我走進旅館前臺時，他興致很好，他還要工作半小時，之後我們倆買了些蝦和啤酒慶賀我開始了新生活。我們坐在他宿舍前的階梯上喝酒，從客廳裡的音響那裡傳來低調樂團（Undertones）的音樂，洶湧澎湃地灌進我們的耳朵裡。到了晚上，我們已經有點暈了，叫了輛計程車，開往英格威的一個朋友烏拉那裡去，在他那裡又喝了一點，然後我們去歌劇院咖啡廳，我們一直坐到打烊，不斷有人來我們這桌旁邊。這是我的弟弟，卡爾．奧韋，每一次英格威都這麼說，他搬到卑爾根來

19 盧契諾．維斯康提（LuchinoVisconti）（1906—1976），義大利戲劇、歌劇和電影導演。一九七一年執導的《魂斷威尼斯》為他最著名的其中一部電影。

了，剛開始上創意寫作學院。他要當作家。英格威幫我找到了一個學生宿舍，在桑德維肯外，原本的女住客要去南美一年，到房間騰出來以前，我和英格威住一起睡在他的沙發上。他為許多小事情斥責我，就跟他以前一樣，只要我們住在一起超過幾天他總是那樣，自從他的阿勒克時期就如此了。比如他指責我棕色羊乳酪片刮得太厚或者是沒有把唱片歸回原位，同樣的許多細節的糾正這次也發生了，我淋浴後沒有拖乾浴室地板，吃飯時把奶油弄到了地上，我放唱片時放下針頭時不夠小心，直到有一天我突然受夠了，我站在他的車旁邊，他告訴我說上次我坐進車裡時如何把車門摔得太重。我一下子氣炸了，朝他生氣地大喊別對我發號施令。他照做了，這次以後便再沒有過這樣的事。但在關係的平衡上依舊如此，我踏入的是他的世界，在這個世界裡我是小弟。學院裡的生活很複雜，在那裡我沒交到什麼朋友，一部分是因為所有人都比我年長，一部分是因為我與他們之間完全找不到共同點，於是絕大多數時間我就晃悠悠地去找英格威，打電話問他這週末要做什麼，他倒是總有事情可做，問我是否能來參加。我當然可以。星期天獨自一人在城裡晃了一整天，或躺在宿舍床上讀書後，晚上太想去他那裡了。雖然我告訴自己不應該這樣，我應該自己解決問題而不是依賴他人，但這個誘惑太強烈，因此我還是經常陷入他電視機前的沙發上。

後來他搬進了集體宿舍，對我來說這就是件壞事，我對他的依賴因此也就顯現出來了。幾乎沒有哪一天我沒進他的房間，他不在的時候，我就坐在他們的客廳裡，不是他其中一個室友出於盡責陪我聊天，就是我一個人在待在那裡，翻一本音樂雜誌或是一份報紙，活像一個該死不快樂的卡通人物。我需要英格威，但英格威不需要我。就是這樣。當他在那裡的時候我完全可以和他的朋友們談上一輪，這裡存在著一種關係，但我一個人呢？單獨一個人到他其中一個朋友那裡去？這只會顯得很詭異，有點過於糾纏不休的意味，這行不通的。另外再加上我個人行為舉止不是很儉點，說得委婉一點，我常常喝醉，而且每次我腦子裡冒出一個念頭就忍不住想跟他們找碴。特別是他們的外貌，或是我在他們身上觀察到的那些微小的、愚蠢的特性。

當我在學院寫的小說被退稿後，我開始上大學，提不起精神地主修文學，再沒法繼續往下寫東西，但我仍希望能返回到那個寫作的狀態。這回歸的意願強烈，但在大學中又有多少人不是如此？我們的樂團，卡夫卡製造者[20]，在「洞穴」演出，在「車庫」演出，我們演奏的一些曲目在電臺裡播出了，在音樂報刊上我們獲得了好評，這不錯了，但同時我知道，我能參與其中的唯一理由是，我是英格威的弟弟，因為我確實是個很糟糕的鼓手。當我二十四歲的時候，突然一下子意識到事實上這就是我的生活，它準確地展現出了這一狀況，或許它原本一直就是這樣的。學生時代，人的一生當中令人困惑而又被提及最多的這個時期，從那以後人們總是會愉快地回想起它，但對我來說除了一連串慘澹的、孤獨和不完美的一些日子外什麼都沒留下。在上大學的目標實現以前，我心裡一直希望滿滿，所有那些二十歲的年輕人都有的可笑的那些夢想，有關女人和愛情，朋友和歡愉，自身有的祕密天賦突然間得以突破和發揮。但當我二十四歲的時候，我看到了它的真實樣貌。那就這樣吧，就這樣了，我也有許多自己的小快樂；但也不是這樣的，我可以忍受它將有的那些孤獨和退化，我這裡是無底的，儘管來吧，這些日子，我可以思考，我可以接納，我是一口井，我是那倒楣、糟糕、可憐、渺小、尷尬、不快樂及可鄙的一口井。儘管來吧！向我撒下一泡尿！要是你們願意，也對我拉屎！我都接著！我受得住！我自己就是個忍者！我想得到的這些女孩子，她們在我眼睛裡看到的一定就是這個，雄心壯志，希望甚微，對此我從未懷疑過。但是英格威，在這整個的時期裡都有他自己的朋友、他的學業、他的工作和他的樂團，就別提他的那些

20 原文Kafkatrakterne，將卡夫卡（Kafka）和挪威語的咖啡機（kaffetrakter）諧音組合在一起。

女朋友了，沒一個他得不到的。

他到底有什麼我沒有的？為什麼他總是有機會，而在我與那些女孩子談話的時候，看上去不是嚇著了她們，就是遭她們白眼？不管怎樣，我還是和他靠得很近。那些年裡我得到的唯一朋友，是埃斯彭，在文學院裡念書時他比我低一年，在上文學基礎課的時候我們相識了，他請我幫忙看下他寫的詩。對詩我一無所知，但我還是閱讀了，說了一下他表達不通暢的某些含混之處，在這之後，我們逐漸地成為朋友。埃斯彭是在高中時期就閱讀貝克特作品的那種類型，聽爵士音樂，下象棋，留著長頭髮，有某種緊張、焦灼不安的樣子。他很內向，帳篷裡有超過三個人的聚會他會閉口不言，但他的聰慧是顯而易見。在我們相識後的第二年他的處女作詩集出版，從我這方面來講自是豔羨不已。英格威和埃斯彭代表了我生活中的兩面，很典型的二者不會交匯一處。

埃斯彭本人當然不知道，是他把我帶進這個更高層次的文學世界裡，因為我總是裝作對多數事情都無所不知。在這裡人們可以憑但丁的一行文字寫一篇文章，沒有一件事不足以書寫，以極繁雜為能事，在這裡藝術是至高無上的，不是因為他們是現代主義的經典，而是更接近一種難以描述的理由，這或許最好用布朗肖[21]對奧菲斯凝視的描述來詮釋，夜之夜，否定之否定，當然，這比追求平凡要困難得多，並且在許多方面令人不安，但同時我也體認到了我們可笑的、無關緊要的生活，我們總無法得到我們想要得到的，任何東西都一樣，一切都在我們的能力與力量之外，然而這又是世界的一部份，也是世界最好的一部份，而書的存在，卻只需要我們去讀，除了我自己沒有任何人能阻擋我。你僅需伸手一拿。

現代文學是一個帶有全部零件的機械，是一種認知形式，當它一旦被吸收，他所帶來的見解可能會被拒絕，但其本質不會消失，形式依舊存在，而這也適用於你個人的生活以及幻想，屆時它將會以一種全新的、充滿象徵意義的光芒重新出現。埃斯彭走的是這條路，我跟著他，像一條愚蠢的小狗，但確實如此，我追隨著他。我看了一點阿多諾，讀了幾頁本雅明，在布朗肖上面伏案幾日，瞥了一眼德希達和傅柯，研究了一會克莉斯蒂娃、拉康、德勒茲，在詩歌方面則有埃凱洛夫[22]、比約林、龐德、馬拉美、里爾克、特拉克爾[23]、艾希伯里[24]、曼德爾施塔姆、倫登[25]、湯姆森、豪格[26]，把這些都瀏覽了一番，每個人我用的時間絕沒有超過幾分鐘，閱讀他們像閱讀散文，像一本麥克林或是巴格利[27]的書，什麼也沒學到，什麼也不明白，但僅僅是與他們接觸，有他們的書在書架上，讓他們在意識裡引導著我，知道了他們的存在，就感受了滋養；若他們不提供給我見解或知識，我的直覺與情感就越發強烈。

在一次考試或是討論當中宣揚自己的觀點很容易，但那不是我——一個善於預估的人——所追求的。我追求的是豐富。比如當我讀阿多諾的時候，這種豐富的感覺並不存在於我閱讀的字裡行間，而是當我讀他的時候產生出的認知。我是一個讀阿多諾的人！在那些沉重、費解、繁瑣、極為精準的語言中，尋求思緒的不斷飛升，那每一個句號處彷彿就是一個登山者的繩扣，其中也存在著別的東西，一種對現實氛圍的獨特理解，在這些語句的影響下，喚醒了我心中模糊的欲望，想使用這種獨特氛圍的語言來說出

---

21 Maurice Blanchot（1907—2003），法國作家，哲學家和文藝理論家。

22 Gunnar Ekel.f（1907—1968），瑞典現代詩歌的領軍人物。

23 Georg Trakl（1887—1914），奧地利著名詩人。

24 John Lawrence Ashbery（1927—），美國詩人，一九七六年獲得普利策獎。

25 Eldrid Lunden（1940—），挪威詩人，也是挪威第一位創意寫作教授。

26 Olav H. Hauge（1908—1994），戰後時期最重要的挪威詩人，用新挪威語寫作。他的詩被稱為現代主義，就他而言，是指由實驗過渡到了自由詩。他一生居住在農場，一直過著園丁般的生活。

27 指英國小說家阿利斯泰爾．麥克林（Alistair MacLean）以及德斯蒙德．巴格利（Desmond Bagley），兩人均以寫作大眾喜好閱讀的軍事、間諜小說著稱。

某些真實的、有生命力的東西。不是用來描述一個論點，而是具體的，比如說一隻山貓、一隻烏鴉，或是水泥攪拌機。語言不是被包裹在現實的氛圍裡，恰好相反，現實是從語言當中被體現出來。

我沒有把這一點明確表達出來，它不存在於思想，也幾乎難以預知，比較像是某種模糊的動力。我沒有讓英格威知道自己的這一面，首先他對這一點不感興趣，同時他也並不相信。他學的是媒體，在這個學科裡全力證明的是不存在客觀的特性，一切的評估都是相對的，一切受歡迎的與不受歡迎的是理所當然的一樣好，但慢慢地出現了差別，我向後退回，更加充實自己，逐漸地，就我們兩個人來說，我和英格威之間的距離其實相當大，我不想要這樣，與世界上所有的東西相比我也不願如此。我有計畫地漸漸疏離了關係。假如我遭挫折，假如我在某件事上失敗，假如我誤解了某些重要的事件，我會毫不躊躇地告訴他，因為把我往下拽的一切在他眼裡都是好事，而對於那些我理解的含有深意的事情，我卻常常並不提及。

從這件事本身來講或許不要緊，不過一旦開始在意識裡覺得這很重要，就糟糕了，因為我坐在這裡想著，當我們在一起的時候，我表現得不再自然，也沒了衝動，不再坐下來就說個沒完，以前和他在一起時我總是這樣，如今我開始盤算、估量、思考。和埃斯彭一起的時候也是如此，只是反過來，我表現出隨和、生活方式偏重娛樂的一面。在這一個時期我還有個從沒愛上過的女友，不是真愛的那種，她對這些當然都一無所知。我們在一起有四年。於是我坐在那裡，扮演著一個角色，始終都在演戲。然而好像這還不夠，我也在一間心理康復機構工作，我不僅跟隨那裡的工作人員，他們都是有護士專業背景的人，也跟著去參加他們的聚會，在有鋼琴師和各種歌者的大眾酒吧裡。城區裡的學生總回避這種事，在那裡我逐漸適應了他們的觀點、他們的娛樂方式及場所。對於個人的那些想法我並不當一回事，我只是把那意見藏在心裡而不言及。這就是為什麼我的性格上有些鬼祟和含糊其辭，對在這個時期我所遇到的人當中我所敬重的那些人，談不上有什麼確定的態度和純淨的情感。我與英格威過於相似，若要做比較，我想的、看到的，卻也只會是好甚至優秀的一面，這是一大弱點，也就是說，比較與觀察要保持某種距離才能有效果。在這個距離之內得摒棄情感因素，這就是為什麼我對他的感情開始往後縮了一點。他不被允許失敗。我母親會失敗，這對我無礙，我父親和我的朋友會失敗，這也無所謂，尤其我自己，我失敗了，我他媽的絕不會在乎，但英格威不應該失敗，他不應該顯得很蠢，他不應該暴露弱點。若他這麼做了，我會懷著羞恥看著他，但癥結不在於此，而是儘管我懷著這樣的情緒，他也絕不會發現，不過這種時候我會用躲閃的目光來掩飾自己的情感，而不是把它們表現出來，否則這一定會引人注意，那就很難解釋了。要是他說了些愚蠢或者是油嘴滑舌的話，不會改變我與他的關係，我仍舊按照心中對他的基本的、固有的看法評判他，只是**他**可能會認為我為他感到羞愧。

就像那一次，一個深夜，我們坐在車庫酒吧討論著一直以來我們計畫要做的一份期刊，我們周圍是一群能寫作能拍照的人，且所有人還有一個共同點，那就是像信任法蘭克福學派成員一樣信任一九八二年度的利物浦隊，像信任挪威作家一樣信任英國樂團，像信任美國電視連續劇一樣信任德國表現主義電影，創辦一份有新聞導向的雜誌，對多方面的興趣都嚴肅看待，足球、音樂、文學、電影、哲學、攝影、藝術，只要有創意的都要關注。這個晚上同我們坐在一起的有英加．米金，她當時是學生報《斯杜威斯特》（Studvest）的編輯，還有漢斯．米耶爾瓦，除了在我們樂團唱歌以外，他還是英加他們那個學生報的前任編輯。當英格威開始說起辦雜誌時，我突然聽到他在對著英加和漢斯兩人說話。聲音聽起來乾巴巴的，當然，我垂下眼睛望著桌子。英格威講話的時候幾次朝我使眼色。我要說說我的看法呢，還是去糾正他的觀點？或者我他媽的什麼都不用管，不講自己的想法，就支持他講的？那英加和漢斯就會認為我坐在這裡就只是為了附和他。我不想這樣。於是我選擇了一種折衷的辦法，什麼也不說，試圖用這種沉默來認可英格威，又同時接受他們對他的評價。

我常常就是因為膽怯，誰也不想支持，把想法收回來，但這一次的情況危急，不僅是因為英格威——在家裡我倆的位置中，我總是把他看高一等，也是因為這場景引發出的虛榮心，即這種隸屬感，這樣我就不想去特別附和誰了。

在英格威說了算的前提下，大多數是我和他一起完成一件工作，而閱讀和寫作方面絕大多數是我自己一個人獨立而為。有時候這兩個世界也會相撞，無法回避，因為英格威也很熱衷於文學，雖然他和我的觀念不盡相同。就說那一次我為學生雜誌去採訪作家希亞爾坦．弗勒格斯塔[28]，英格威建議我們一起去，我很快答應了。弗勒格斯塔在大眾化的同時也是理智知性的，他的理論有深奧有淺顯，他那非教條的、獨立的，近乎貴族的、左傾的觀點，尤其是他的雙關語，使他成為英格威最喜愛的作家。英格威自己也是因這雙關語和低級笑話有個壞名聲，他大學裡所修的專業導致他的想法是，一件作品的價值不在於作品本身，而是取決於社會上產生的認知，就形式而言，真實表述與非真實表述具有相同的分量。對我來說，弗勒格斯塔首先是一位偉大的挪威作家。去採訪他是新挪威語的一份學生小刊物TAL安排的，以前我曾採訪過詩人奧拉夫．H．豪格，散文作家卡琳．穆厄。採訪豪格我是同埃斯彭一起去的，還有英格威的朋友阿斯比約恩，他負責拍照，所以英格威這次想要參加，也是當然的。那次採訪豪格開頭很糟糕，但之後一切順利。一開始採訪豪格時，我沒有告訴他我們有三個人，於是當我們的車拐進他的院子時，他只期待會有一個人，所以根本不放我們進他家的門。**你們的人太多了**，他站在門口這麼說，那種堅決的、西部地區人的口吻，讓我突然感到自己像個快樂的、輕鬆的、傻乎乎的、過分熱切的、衝動的、臉色紅潤的南方人。豪格是智者星球的永駐者，他堅守自己，不為所動，而我是那個世界的一個行者，隨身攜帶著已知的問題將接近我的一切收入行囊。是我的情緒，我以粗暴的、幾乎是帶有敵意的態度來判斷豪格，但他對我們大概也是如此。最後他說，你們進來吧，在我們前面躡手躡腳地走進了客廳，我們在那裡放下了背包及攝影器材。阿斯比約恩把相機拿出來，對著光線舉起了相機，埃斯彭和我各自掏出了筆記本，豪格坐在靠牆的長凳上，眼睛望著地板。**或許你可以坐在窗戶面前的那地方**，阿斯比約恩說，那裡光線很好，**我們可以拍幾張照**。**豪格**抬起眼睛看著他，一縷灰白的頭髮遮在額頭上。**這裡沒什麼該死的照片要拍**，他說。**好吧**。阿斯比約恩說。**很抱歉**。他退到了一旁，把相機放回了背包裡。埃斯彭坐在我旁邊，翻著筆記本，另一隻手握著一支筆。我了解他，知道現在他沒辦法專心看或讀出筆記本上寫的那些東西。很長一段時間沒有人說話。埃斯彭望著我。望著豪格。我有一個問題，他說。可以請教你嗎？豪格點了點頭，用手把那縷頭髮撥了去，讓它回到原處，這個手勢是如此出乎意料的輕柔，與他那份陽剛、沉穩的坐姿相比，竟有點女性化了。埃斯彭開始提問題，他讀出了本子上記下的那些東西，又長又複雜，內容是對一首詩的小小分析。當他讀完之後，豪格表示他不會對這些詩說什麼，說話時他也沒有抬起眼睛。

我讀過埃斯彭的那些問題，所有問題都與豪格的詩相關，要是豪格不願意談他的那些詩，那所有問題都沒用，全是白費。

接下去又是沉默，且持續的時間更長。現在的埃斯彭像豪格一樣沉著臉。他們是詩人，我想，他們就是如此。與他們的沉重和黑暗相比較，我感到自己輕快多了，對什麼東西都沒有見解，一個外行，一切只是表面的浮光掠影，看足球賽，知道幾個哲學家的名字，喜歡最簡單變化的流行樂。我替我們樂團

---

28 Kjartan Fl.gstad（1944—），用新挪威語寫作的挪威知名作家，詩人和散文家，他的作品不僅數量豐厚，且獲得多個文學獎項。

寫的一首歌〈你搖曳的步態多麼優雅〉，是我寫過最接近詩一類的東西。但我不得不介入，因為我很清楚埃斯彭不會再說些什麼，於是我提出了一個有關約爾斯特的問題，那是我母親的居住地，且畫家阿斯圖普來自那裡，豪格對這人很有興趣，甚至為這地方寫過一首詩。在兩者之間顯然這是個選擇。不過他也不想談這個。他反倒開始說起了很久以前他去那裡的一次旅程，他提到的那些名字，聽起來像來自六〇年代，他眼睛盯在地板上，用一種很肯定的口吻說起一個個名字，好像我們都認識他們一樣。我們從來沒聽說過這些人，其實這一切看上去並不神祕，除了含有個人因素外至少並未有任何特殊意義。我提出了一個有關翻譯的問題，埃斯彭提了另外一個問題，他都是用同一種方式回答，一種決斷的口吻，彷彿他就是坐在那裡自己跟自己說話。或者，是在跟地板說話。以採訪來說，這簡直是場災難，但這樣持續一小時後，又一輛車開進了院裡。是挪威國家電視臺霍達蘭郡台，他們想請豪格讀一些詩，但他們才要開始，就發現忘了帶某條電線，得開車回去取，這時候新的情況出現了，豪格變了，他突然對我們非常友善，笑著說些幽默的話，現在是我們在和電視臺對著幹了，冰河解凍，當他們完成他們的採訪任務開車走後，豪格依舊保持著他的友善，是那種平易近人的態度，他完全敞開了心靈。他的夫人端著剛剛烤好的蘋果蛋糕走了進來，當我們吃完蛋糕後，他領著我們參觀了他的整個房子，把我們帶到了二樓的藏書室，平日他也坐在那裡寫作，我看見寫字臺上放著一個筆記本，封面上寫著「日記」。他拿來了幾本書，對我們談起它們，我記得其中一本是克莉斯蒂娃的書，因為我想，**至少這本你沒讀過**，豪格可從來沒上過大學，**即使你上過大學，至少你不會明白這本書**。然後，我們就走下樓梯，他講了一些聞所未聞、飽含著有深刻意義的關於死亡的話，語調簡潔帶有一點無奈，但又不乏幽默，我想著這我得記住，這很重要，我將終生銘記，但後來我們坐在車裡沿著霍達蘭海灣回家的路上，我早已把它們忘了。他在我身後還有幾步時，埃斯彭和阿斯比約恩已經在外頭等著了，這是拍照的時間。豪格坐在石凳上翹起了二郎腿，阿斯比約恩在同一瞬間蹲下，接著又站起來，從不同的角度按下快門，我和埃斯彭站在幾公尺外的地方抽菸。這是個秋季裡美麗的一天，寒冷清澈；那天早上我們從卑爾根開車出來的時候，海灣上飄蕩著一層寒霧。山腰上的樹葉子黃紅相間，海灣的水面猶如一幅鏡面，一道道寬大的白色瀑布直瀉而下。我很快樂，採訪結束了，進行順利，也有些許的觸動，豪格讓我心裡充滿了騷亂，有某種無法平靜的東西，我不知道它來自何方。他是個老人，著裝像老人，絨布襯衫和老爺褲，拖鞋和帽子，老年人的步態，但他身上看不出那種老人的跡象——比如像外公或是我父親的叔父阿爾夫。恰好相反，當他突然向我們敞開他自己，想要給我們看什麼東西時，是一種率真的、孩子氣的方式，非常友好，同時也非常容易受傷害，就像一個沒有朋友的男孩在突然有人對他表示出興趣時會有的反應，你可以想像，若是外公或是阿爾夫，這簡直就是不可思議，他們這麼向人敞開自己恐怕是六十多年前的事了，要是他們曾這樣做過的話。或者不是，這不是他在向人敞開自己，比較像是顯露出他的本性。當我們剛抵達時，他的表現不過是一種自我保護。我看到了一些我不想看到的，因為這個人並未察覺自己向我們顯露了什麼。他已經八十多了，不過在他身上沒有任何死亡或者僵化的跡象，這樣活著實際上很痛苦，我現在這麼想。這只會讓我心裡不安寧。

「可以在蘋果樹那邊也拍幾張嗎？」阿斯比約恩說。

豪格點點頭，站起身跟著阿斯比約恩去了蘋果樹那裡。我彎下腰在地上熄滅了菸蒂，然後直起身子四處張望看有沒有丟菸蒂的地方，在他的院裡是不能隨便扔菸蒂的，我沒找到一個合適的地方，於是就把菸蒂放進了口袋。

四面都是山峰，感覺我們好像站在一個巨大的拱頂上面。空氣裡仍然含著一絲柔和溫暖的氣息，我知道，西部的秋天往往就是這樣。

「你覺得，我們可以問他是否能為我們讀點詩嗎？」埃斯彭說。

「要是你敢的話就問。」我說，看著阿斯比約恩在那邊微笑著。若豪格對埃斯彭來說是個詩人，對阿斯比約恩就是個傳奇了，現在他站在那裡用世界上所有的時間來為他拍照。當他拍完之後我們一起回到客廳去拿我們的背包。我拿出在往這裡路上時買的一本書，一本豪格的詩集，問他能不能替我在上面寫一句給我母親的問候語。

「她叫什麼名字？」他說。

「西塞爾。」我說。

「全名呢？」

「哈特洛伊。西塞爾．哈特洛伊。」

他寫下「致西塞爾．哈特洛伊，來自奧拉夫．H．豪格的問候」，之後交還給我。

「謝謝。」我說。

我們要走的時候他把我們送到了門口。埃斯彭把要給他看的書拿在身後先做好了準備，等待著，突然，他臉上有著羞澀和滿懷希望的光輝。

「你可以為我們讀一首詩嗎？」

「嗯，可以的，」豪格說，「你想聽什麼詩？」

「就是那首關於貓的？」埃斯彭說。「在庭院裡那首？太適合這裡了，嘿嘿。」

「讓我看看吧，」豪格說，「在這裡。」

他開始讀詩。

貓坐在
庭院裡
當你回家來時。
跟貓說點什麼吧。
在花園裡最警覺的就是他。

大家笑了，豪格也笑了。

「這只是一首短詩，」他說，「你們想再聽一首嗎？」

「當然！」埃斯彭說。

他再往下翻了幾頁，然後又開始念起來。

收穫的季節來臨
九月裡這些溫暖陽光的日子。
收穫的季節來臨。林中的酸果蔓
簇簇依舊，沿石築堤壩的玫瑰果
漸漸變紅，堅果鬆散墜落，
還有樹籬上閃亮的串串黑莓，
固執的畫眉尋覓著最後的醋栗，
蜜蜂吮吸著甜美的李子。

傍晚時分我放好一架梯
把籃子懸掛在棚屋。單薄的冰川
已蓋上一層新雪。
睡下後，耳聞布里斯靈漁民駛船轟轟的馬達聲，
漁船出了海。整夜裡我知道它在海面飄搖
伴隨強烈的探照燈光航行在峽灣的海上。

站在院裡眼睛望著地面聽他讀詩，我想這是一個屬於我們的偉大瞬間，但想法一閃而逝，詩歌佔據了全部，作者在作品的創作之地朗誦它們，兩者俱全的這一刻，比我們偉大多了，是無窮的浩大，我們這麼年輕，不比三隻麻雀聰明，我們怎麼能接受這一切？我們不能，不管怎樣，當他讀詩的時候我微微側身。這幾乎有點讓人承受不起。就像開了個玩笑，不過至少我們在日常生活中捕捉到了某種形式。啊，是如此美好，怎麼對待它呢？又如何面對它？

我們離開的時候豪格給我們一個舉手禮以示告別，在阿斯比約恩把車啟動開上馬路時，他已經消失在了屋內。我感覺自己就像在夏天的太陽下待了一整天，疲倦而沉重，雖然除了閉上眼睛躺在某個地方的礁石上曬太陽以外什麼都沒做。阿斯比約恩把車開到一個咖啡廳那裡去接他的女朋友卡麗，在我們採訪豪格時她就坐在那裡等我們。大家談論了一會兒今天發生的事，接著車裡一片靜寂，我們沉默地坐著望著窗外，外面的陰影延展擴張，顏色愈加濃重，風從海灣那裡刮過來，吹亂了戶外行走著的人們的頭髮，報亭外面售報的旗子被風刮得呼呼的響，孩子都坐在自己的自行車上，永遠都會有這些小地方上的孩子們坐在自己的自行車上。一回到家我就開始把錄音帶裡的採訪內容寫出來，因為根據以往經驗我知

道這問與答的兩方的聲音及所提的問題和發生的一切經過，時間越長問題就會迅速增加，所以要是我現在就做，當接近有關的問題時，我的疑惑和羞愧是可以設法克制的。我立刻明白了，既然一切都進展順利，問題就出在錄影帶以外的範圍。解決的辦法是，寫出發生的事情，一切都渲染一下，我們獲得怎樣的第一印象，他說話時如何喃喃自語，他是如何一個內向之人，日記本的封面，蘋果蛋糕，藏書室。埃斯彭寫對作家的介紹，其中穿插有許多細節分析，這對發生的那些事會是個很好的反差對照。從TAL的編輯、哲學系學生、耶奧耶·約翰南森的弟子，及《新挪威語》漢斯·馬里烏斯·漢斯廷那裡，我們聽到了豪格很喜歡這篇報導，他甚至還對約翰南森說，這是他遇過最好的採訪之一，儘管這大概不是真的，我們只不過才二十歲。當豪格評價某人時，客套話總是多於事實，不過這次看來他是真心喜歡，還讓他的夫人打電話來要索取更多的那期刊物，說可以給他的朋友和認識的人看看，這就足以讓我認為他講話不只是奉承了，在讀了他的那些日記後我這麼想。當然豪格對自己那種老年所帶有的敵對情緒及慣性很清楚，但在人們對他的敬重裡，他的這一面是消失了，深深被包裹在文明與正派這層層外觀後面，然而他又是那麼真誠，他不總是喜歡這樣把它們都掩藏。

半年以後輪到了希亞爾坦·弗勒格斯塔。當我打電話給他，他說他讀了豪格的那篇採訪，因此願意接受TAL的訪談。要是我一個人單獨前往，我會真的非常緊張，會懷著尊敬讀完他所有的著作，寫下足夠多的問題可供幾個小時的採訪，把他所有話都用答錄機錄下來，因為我的問題可能會很傻，但他的回答卻不會，要是我把它們弄砸了，他的話會負責貫穿整個採訪，不管如何欠缺我都要把它完成。但當英格威要加入時，我擔心的就不是這些，我會依賴他，沒讀完所有書，只寫下了些必要的問題，同時我也注意到了我和英格威在工作中的關係，我不想被看作一個挑剔的人，也不願意想我可能比他更強。出發去奧斯陸與弗勒格斯塔見面時是個初春將至的日子，在三月末或是四月的第一天，我們約在一間比約爾森的咖啡廳外面。我以前從來沒有這麼準備不全過，無論是事前或事後。我和英格威的計畫是，不使用錄音筆或者答錄機，採訪全程也不做記錄，我們認為，這樣會顯得很生硬，過於形式化，我們情願談更多，再憑藉著當時的印象寫出當時的氛圍。我的記憶力不怎麼樣，但英格威的記憶力跟大象一樣好。我們想好了，採訪結束後我們會馬上把說的一切話都記下來，我們可以相互補充，這樣，在雙方共同的協助下，整個工作就算大功告成。弗勒格斯塔很禮貌地領著我們進了咖啡廳，那種昏暗的、典型的喝啤酒的地點，我們在一張圓桌前坐下來，把衣服掛在椅背上，找出寫上了問題的紙單，然後我們說我們想採訪時不做筆記也不用答錄機，弗勒格斯塔說他很尊重我們的意見。一次他自己接受在瑞典報紙《每日新聞》採訪時，一位記者也是沒有做記錄，文章刊出來後完全無可挑剔，因此給他留下了深刻的印象。在採訪進行的過程中，我把注意力一分為二放在對英格威說的話和弗勒格斯塔的反應上，不只是弗勒格斯塔的回答，還有他的語調和他的肢體語言，以及訪談的內容。我自己的問題和大部分談論弗勒格斯塔著作的這些問題佔有同樣的分量，相比起來，這些問題更像是在對一些情況的補充或者添加。採訪時間佔了一個小時，之後我們和他握手告別，謝謝他願意接受採訪，他的回答也切中我們希望的要點，我們相當振奮高興，因為一切進展順利。難道不是嗎？我們和弗勒格斯塔交談過了！實在是太興奮，以至於我們倆當中沒有一個人想坐下來就剛才大家講的那些話寫一點摘要，我們可以明天再做。現在是星期六，電視上很快就要播挪威足球聯賽了，我們可以到一個酒吧去看這場球賽，然後再去到處逛逛，我們又不是經常到奧斯陸……第二天是乘坐火車，那天我們也沒時間寫什麼，當我們回家後，又是各奔自己的地方。這已經過去了三天，那我們就不能再等三天？然後又是三天，又再是三天？當我們最後總算坐下來的時候，已沒有多少能記得了。所幸提過的問題還留著，這幫助很大，然後我們對他可能會對這些問題有什麼看法做了些猜測，一部分基於事實上我們還記得一些，一部分則是我們覺得他會這麼回答。我的任務是把這些都寫下來，是我想到了如何讓這一切能夠順利進行的辦法，但當我這麼拼湊了幾頁之後，立刻明白這樣做是行不通的，意思很模糊、不精準，於是我向英格威建議我們應該打給弗勒格斯塔，問他可不可以通過電話再補充問幾個問題。在布勒克巴肯英格威公寓的房間裡，我們坐在桌前草草寫下幾個新的問題。我在撥弗勒格斯塔的電話號碼時，心臟劇烈地跳動起來，當他的聲音在電話線的另一端響起時，心裡的狂跳還沒有緩下來。因為我們又再度佔用了他半小時的時間，我懷著敬畏之情向他做了一番解釋，儘管從他的聲音中我猜得出來他已開始明白了原委。在我提問題他回答的同時，英格威像一個特工人員那樣坐在旁邊，耳朵緊貼著另一個話筒記錄下他所講的每一句話。所以我們就全有了。在所有的細節材料和選擇材料之間，我把它們重新組成句子，從某種意義來講是很認真的，其他的文句也都帶有真實可信的痕跡。在我額外寫下了有關弗勒格斯塔的作家生涯，搜集了更多的具體事例或者是一些作品分析的印象之後，看上去覺得很像回事。事實感覺相當不錯。弗勒格斯塔提出在我們付印之前他要閱讀整個採訪稿，於是我把文章，同時加上一些友好的話語，寄給了他。要是預先知道他是需要讀採訪稿子的作家，或者只是針對我們，我想，當時不做筆記我真的是蠢到家了，但因為我最後做了這麼一個補救，所以也就不必再擔心。對那些不明確的部分，不舒服的感覺肯定有那麼一點，但我不在乎這個，據我所知沒有必要把被採訪者的每一句話都重複。幾天後來自弗勒格斯塔的回信躺在了家裡的郵筒中，我杵在那把信拿在手裡，想著是平安無事萬事大吉。不過我的手心還是有點出汗，心跳加速。春天來臨了，太陽暖暖地照著，站在那裡的我腳上是跑鞋，身上穿T恤、牛仔褲，正要出門去一所音樂院校，我堂兄的一個朋友約恩·奧拉夫在那裡幫我上打擊樂。或許最好放下這封信不拆開它，因為我快來不及了，但我太好奇，在我開始慢慢朝往車站走去的路上，我把信拆了。抽出這次採訪的文稿。上面劃滿了紅線，在紙頁邊上寫滿了紅字的評語。我看見「我從來沒有這麼講過」。我看見「不準確」。我看見「不，不」。

我看見「？？？」。我看見「你這些都是從哪裡想出來的？」幾乎每一個句子都以某種方式做了標記。我站在那裡完全愣住，盯著這張紙，感覺自己已經完全倒下，直接墜入黑暗之中。他附上一封短信，我以飛快的速度將它讀完，好像讀完最後一個字時羞辱就會結束。「覺得這封稿件最好什麼地方也別刊出」。「友好致意，希亞爾坦．弗勒格斯塔。」當我再步履蹣跚地開始往前走時，心裡是一片翻江倒海。羞愧讓我渾身發熱，幾乎哭了出來，我把信塞進後褲袋，到公車站時，車於同一時間開了過來，上車後在最後一排靠窗的座位上坐下。當車慢慢往上朝著霍達蘭地區蝸牛般地爬行時，羞恥在我身上竄燒，在我的意識裡囓咬著。我太差勁了，我不是什麼作家，永遠都不會是。這讓我們那麼興奮不已的、與弗勒格斯塔交談過了的自豪，現在只是可笑及痛楚。回家後，我打給了英格威，我很驚訝他沒把這事看得很重。這有點遺憾，他說。你確定不能再修改一下稿子，然後再寄去給他改稿？當這最低落的心情過去以後，我又再次讀這些評語和這封信，看見弗勒格斯塔對我的評論也做了評論，比如形容詞「科塔薩爾式的」。確定他不能這麼做嗎？我在裡面表達了我對他書的看法了嗎？我的評論？我把這些寫在一封信裡寄給了他，採訪稿的某些地方，有些不確切之處，正如他提到的那樣，但我知道，有些話他事實上是講過了的，因為在電話的採訪裡我做了記錄，另外他也有些針對我的反對意見，對記者的，對評論，這些都超過出了他的工作範圍。如果他願意的話，我會以他的修改為基礎，或許再做一次電話採訪，然後把新寫的稿件寄給他？幾天以後收到了他的一封客氣但態度很明確的信，在信裡他表示，我有對他關於我的一些評論的解釋權利，但這核心的問題仍然不改變，即採訪稿不應該付印。於是我被羞辱和自我貶低所鞭撻，這持續了整整半年。在這期間無論我是看見弗勒格斯塔的面容、他的書或者是他的文章都沒有不覺得深深羞愧，這時期成了我生活中的一段笑料。我們付出了代價，但英格威不喜歡這樣看，在這貶低之中他看不到可笑之處，或者更正確地說，他在其中並沒有看到什麼貶低。我們的問題很有水準，與弗勒格斯塔的交談很有意義，這是他想從中獲得的東西。

在卑爾根的四年裡幾乎平淡無奇，什麼事也沒發生過，我想寫作，但寫不出來，似是而非的什麼都不確定。英格威選了大學裡的學科，過著他想過的那種生活，至少從外面來看是這樣，但在某個時間點上停滯了，他沒完成學業，也沒怎麼在那上面花工夫，或許因為他總是生活在一套規避的模式裡，或許他的生活裡有正在進行的許多其他事情。在最後交了一個有關明星匯集的論文後，他有段時間失業了，與此同時我作為義工開始在學校電臺裡工作，慢慢進入了一個與他不一樣的環境。尤其是與托妮耶的相遇，我是那麼瘋狂地愛她，就在那個冬天我們在一起了。我自己都還沒意識到，我的生活有了一個根本的轉折，在卑爾根最初的這些年裡，有很多年我就固定在這樣的一個形式裡。那時英格威突然離開了這座城市，在巴勒斯特蘭找到了一份文化顧問的工作，這可能不是他自己所期望的，但在他的那個部門中沒有多的人，所以實際上他是文化部門的一個頭頭，那裡的爵士音樂節就是他自己一手操辦，後來他的朋友阿爾維德也搬到那裡，他把他招進了部門。他遇到了卡麗·安妮，他在卑爾根就認識了她，她在那裡當教師。他們後來結了婚，有了個孩子，耶爾法，一年以後又搬到了斯塔萬格，英格威也一頭紮進了他未來的職業——平面設計中。我很高興他這麼做了，但也有點替他擔憂，一張給紅沃格音樂節的海報和當地聚會活動的飛機宣傳廣告，這些難道就夠了？

我們很久沒見，見面也從來沒握過對方的手，一次都沒有，我們也很少互相對視。

在一九九八年這個溫暖的夏夜，祖母家外面的陽臺上，一切湧上了心頭，我背對著花園，他坐在靠牆的一張躺椅上，思考著我剛剛說的話，我想把這裡的一切事情都接管過來，包括這花園，或許他對這一切無所謂吧，但從他臉上不太可能讀出他的想法。

我轉過身，把菸蒂按在黑鐵欄杆裡面的方向。細微的火花連同餘燼一起飄散在水泥地上。

「哪裡有菸灰缸？」我說。

「據我所知是沒有，」他說，「可以用那裡的瓶子。」

我照他的話做了，把菸蒂塞進了那個綠色的喜力啤酒瓶的瓶頸裡。我若建議在這裡舉行葬禮，他肯定會說這不可能，我們將會有分歧，顯而易見，我不願如此。他做事很現實，我卻習慣以理想或是感情用事。爸爸對我們兩個人來說都是父親，但意義上卻各自不同，我想把這個葬禮當作是一種再現，連同我那些一直不斷的眼淚一起，而英格威至今沒有掉過一滴眼淚，這容易被解釋為我是較柔軟、感性的，而英格威則是把批判都隱藏起來。我不認為如此，但我確實害怕會被理解成這樣。同時希望我們的意願互為支持。唉，這事情其實也不算大，我不希望我們之間彼此還有隔閡。

一縷青煙從靠牆的瓶子裡飄升出來。可能菸還沒有完全熄滅。我尋找著可以放在瓶口上的東西。或許，用祖母給鳥餵食的那個菸灰缸？那裡面還有兩小塊肉餅和一點凝固了的調味醬，上面已罩著一層露水，我掌握住平衡把它小心地放到了瓶口上。

「你到底在幹什麼？」英格威看著我說。

「做一個小小的雕塑，」我說，「花園中的肉餅和啤酒，或者叫 Carbonade and beer in the garden。」我說。

我直起腰，向後退了一步。

「最精巧的就是這嫋嫋升起的煙，」我說，「從某方面來講，這是在與世界相互作用。這不僅僅是個普通的雕塑。剩餘的食物，是一種腐敗衰變，也是一種互動，一種過程，有些東西在運動中。或者是自身運動。與靜止逆向。啤酒瓶是空的，它就不再有任何用處，一個容器有什麼理由不容納東西？空了那它就什麼都不是了。但這個什麼都不是也有它的形狀，明白嗎？這個形狀我已經試著在這裡展現出來了。」

「是嗎。」英格威說。

我從放在圍欄上的菸盒裡又掏出一支菸，雖然我沒有想再抽一支，卻還是點燃了它。

「我想說。」我說。

「什麼？」他說。

「我在想一件事。事實上，想得很多。我們是否要在這裡舉行葬禮。在這棟房子。一週的話我們應該來得及全都弄好，要是我們同心協力的話。這跟他把一切毀了有關。在這裡我們找尋不回自己。你理解我說的意思嗎？」

「當然明白，」英格威說，「但你認為我們來得及嗎？星期一晚上我得趕回斯塔萬格。而星期四以前我不可能返回這裡。或許是星期三，但很可能是星期四。」

「可以的，」我說，「你加入嗎？」

「加入。但，問問看居納爾是否也願意參加。」

「這不關他的事。這是我們父親。」

我們抽完菸沒有再說一句話。在我們的下方，夜晚開始把景物變得柔和；它清晰的線條，也包括那些人們的活動，都漸漸地淡化下來。許多小船正駛回海灣，我想到了它們甲板上的那些氣味，塑膠、鹽、汽油，它們都是我童年裡一個相當重要的部分。從西邊那裡來的一架客機在城市上空掠過，它飛得很低，以至於我能看見機身上布拉森航空[29]的字樣。在一陣輕微的轟鳴中它從視野裡消失了。下面的花園裡，幾

29 由船王Ludvig G. Braathen創辦的挪威航空公司。公司經營始於一九四六年，直至二〇〇四年部分與北歐斯堪的納維亞航空公司（SAS）合併。

隻小鳥躲在一棵蘋果樹的葉子裡，嘰嘰喳喳地叫著。

英格威喝光了飲料，站起來。

「再做一點，」他說，「晚上我們就休息。」

他看著我。

「你在下面弄多少了？」

「我把整個地窖的洗衣房，還有浴室的牆都洗過了。」

「好。」他說。

我跟著他回去。我聽到樓上傳來電視機很高的但壓縮了的聲音，於是我想到了坐在裡面的祖母。我沒辦法為她做點什麼，沒人能，但我想要是讓她看見我們，可以提醒她我們在這裡，這或許會輕鬆一些，於是我走了過去，站在她椅子的旁邊。

「你需要什麼嗎？」我說

她迅速地抬頭看見我。

「是你？」她說。「英格威在哪裡？」

「他在裡面的廚房。」

「哦。」她說，她的目光又轉向電視。她具有的靈敏還沒有消失，但她消瘦了，這是個變化，或者可以這麼來解釋，這種靈敏只與她的動作有關，而不是像從前那樣，還能從性格中體現。祖母以前靈活敏捷，快樂，社交廣泛，語速很快，在她為了把她講的一個問題與另一個問題區別開來時，常擠一下眼睛。現在在她的身上卻是黑暗。她的心裡是黑暗。我看到了這一點，這很明顯。但或許這黑暗一直都在那裡？她一直以來都在把黑暗填入？

她的兩隻手臂放在椅子的扶手上，雙手握住它的末端，彷彿她正在飛快的旅行途中。

「我下去清一下浴室。」我說。

她把頭扭向我。

「是你嗎？」她說。

「是我，」我說，「我下去洗一下浴室。你需要什麼嗎？」

「不用，謝謝。」她說。

「好吧。」我轉身就要走。

「你們，通常在晚上的時候不喝兩口嗎？」她說。「你和英格威？」

她自己要喝酒也拽著我們一起喝？這不僅是毀掉了爸爸的生活，也要他的兒子跟著一起毀掉？

「不喝，」我說，「絕對不喝。」

祖母看上去還想說更多，但我走下樓梯去地窖了。雖然臭氣的來源已清除，不過那裡仍有著很燻人的惡臭。我洗了紅色桶子，又換上新的、滾燙的水，繼續擦洗浴室。先是擦鏡子，那上面有一層棕黃色的印痕，幾乎不可能把它去掉，我跑到樓上廚房取來一把刀，我用刀子刮，用很粗糙的清潔泡沫在上面搓，算弄乾淨了。其次是水槽，然後是澡盆，澡盆上方的窗戶窗櫺，坑坑窪窪的、又長又窄的玻璃窗，馬桶、門、浴室門檻和門框，最後我擦洗地板，把這汙黑的髒水倒進馬桶裡，拎著垃圾袋出浴室走上樓梯，我在那裡站立了幾分鐘，望著外面夏季朦朧的黑暗，那其實不算什麼黑暗，比較像缺乏光線。

大街上喧鬧忽高忽低，大概是一群進城去的人，這讓我想到現在是星期六晚上。

為什麼她要問我們喝酒的事？是因為爸爸的命運導致這一切發生，還是她聯想到了什麼？

我想到了十年前，在這城裡我曾經是茹斯[30]的那陣子，在遊行隊伍裡我喝得酩酊大醉，祖父祖母站在沿街兩旁的人群中招呼我到他們那裡去，當他們明白我處於什麼樣的狀況時，他們臉上的表情緊張得要命。在那一年復活節我開始猛喝酒，當時我正隨著足球隊一起去瑞士訓練，那個春天，總是有機會，總是有派對、或想參加的場合，讓我們一直這麼繼續喝下去，穿著茹斯的服裝，為所欲為，一副天經地義的樣子。對我來說，這真是天堂裡的日子，但對於與我單獨住一起的媽媽來講，那就大不一樣了，最後她把我趕出了家門。在這世上我最不在乎的事，也是最簡單不過的事，就是找個睡覺的地方，在一個同伴家地下室客廳裡的沙發上，在茹斯的公車裡，或者在一個公園的樹叢下，對我來說都一樣。祖母和祖父也經歷過從茹斯時期過渡到大學校園的日子，祖父是這樣過來的，他的兒子們也是這樣過來的，這是一個很重要的時期，我毫無意義的爛醉毀壞了這一切。那時我是《茹斯報》的編輯，幫主要報導做插圖說明，一次是有關從弗勒克島放逐猶太人的事件，有一張猶太人從貧民區被驅趕出來送進集中營的照片。這也是一種傳統；當我父親在學校的最後一年也是《茹斯報》的編輯。是我把這一切都拖下了水。

但當時我根本沒想過這些，我當時的一些日記裡有很清楚的描述，那時我唯一注重的是，情感上的愉悅。

現在我把所有日記本和那些記錄下的文字都燒掉了，在我二十五歲以前的那些日子幾乎沒有留下痕跡，這麼做一點都沒錯；那裡面全都是些混帳事。

空氣裡預示著一點涼意，在工作以後我的皮膚熱熱的，我注意到了，空氣是如何包覆著我，觸及著我的肌膚，當我張開嘴時它如何湧進。包裹著我面前的樹木、房屋、車輛、山崖。當一個地方的氣溫降低時它如何流動著去填補。這些一直在天空中，卻又看不見的氣流，它們怎樣如一種巨大、膨脹的波動在我們上方漂流，始終處於運動狀態，緩緩下降，疾速飛轉，在所有的這些肺葉裡進進出出，碰撞著所有的這些牆壁及邊緣，始終不為所見，又始終存在。

但爸爸不再呼吸了。在他身上發生的就是這件事，與空氣的聯繫被中斷了，現在它壓迫他如同壓迫任何一樣東西，一根木棍、一個汽油罐、一張沙發。他不再需要進入空氣裡，因為當人在呼吸時才需要空氣，需要連接，人需要一而再再而三地與世界連接。

現在他躺在這城裡的另一個地方。

我轉身走進屋去，這時候街道的對面有人打開了窗戶，音樂聲和高聲的說話聲噴湧而出。

雖然另一間廁所小一些，也不是那麼破舊骯髒，但刷洗它還是用了一樣多的時間。清完以後，我拿上洗滌劑、抹布、手套和桶走上二樓。英格威和祖母坐在廚房的桌子旁邊。他們後面牆上的鐘正指著九點半。

「現在你應該刷完了吧！」祖母說。

「對，」我說，「今晚我的部分弄完了。」

我看著英格威。

「你今天打給媽媽了嗎？」

他搖搖頭。

---

30 Russ，一年一度的茹斯慶典（russefeiring）是挪威的一種傳統的文化現象。自一九〇五年起每年五月就有了這種應屆高中畢業生的歡慶活動。他們穿特製的紅色（根據不同學科也有藍色的）茹斯服裝、戴茹斯帽，有自己的組織機構，經費，車輛等。在此期間茹斯們可盡情享受自由，飲酒、聚會，做些荒唐的事，直至五月十七日挪威的國慶結束。

「昨天就講過了。」

「我答應過今天要打給她。但我現在沒力氣，可能也有點晚了。」

「明天再打吧。」英格威說。

「但我現在得跟托妮耶說點話。現在就得說。」

我走進餐廳，把廚房門在我身後關上。在一把椅子上坐了一會兒貯備精力。然後我撥了家裡電話。她立刻就接了，好像她就坐在電話前等著一樣。我熟悉她聲音裡所有細微的差別，現在我在意的是這個，而不是她所講的內容。首先是一種溫暖、傳遞、思念，然後好像這一切捲在一起變得小，好像它們想完全地貼近我。我自己的聲音裡含著一種距離。她想靠近我，我也需要她靠近我，但我沒有靠近她，我不能。我簡單告訴了她這裡發生的事，沒有說到細節，只是說糟透了，我一直在哭。然後說了一下她在做什麼，雖然她原本不太想說這個，然後也說她大概什麼時候過來。當我放下電話，走進廚房，那裡沒人了，我喝了一杯水。祖母又坐在那裡看電視。我向她走過去。

「英格威在哪裡，你知道嗎？」

「不知道，」她說，「他不是在廚房裡嗎？」

「沒有。」我說。

一股騷臭味在鼻孔裡撕扯著。

站在那裡不知道我應該做什麼了。拉出的屎，這是最簡單的解釋。他一直醉得那麼厲害，失去了對自己身體功能的控制。

但那時候她在哪裡？她又做了些什麼？

我這時真想衝到電視那裡一腳把那螢幕給踹了。

「你和英格威不喝酒啊？」突然她說，眼睛沒看著我。

我搖搖頭。

「不喝。或者說，這種情況很少見。要也只喝一點點。絕不多喝。」

「那今天晚上呢？」

「不喝。你瘋了嗎？」我說。「不要把我算進去，英格威也一樣。」

「什麼絕不會把我算進去？」英格威的聲音在背後響起。我轉過身。他從上面的那個客廳走下來，向前走過兩步。

「祖母問我們是不是習慣喝酒。」

「偶爾也喝一點吧，」英格威說，「但不能經常。現在我有兩個小孩，知道吧。」

「有**兩個**？」祖母說。

英格威笑了。我也笑了。

「是呀，」他說，「耶爾法和托耶。你見過耶爾法喔。托耶你會在在葬禮上見到。」

在祖母臉上顯現出了的微小活力和生機消失了。我和英格威的眼神相遇。

「這一天夠長了，」我說，「或許該睡了？」

「我先到陽臺上去一趟，」他說，「你也去嗎？」

我點點頭。她走進了廚房。

「你晚上常常熬夜嗎？」我說。

「什麼？」祖母說。

「我們很快就要去睡了，」我說，「你還要熬夜嗎？」

「不。啊。不。不。我也要去睡了。」

她向上望著我。

「你們要在樓下我們的舊房間裡睡嗎？那裡沒人。」

我搖著頭，抱歉地揚起眉毛。

「我想我們還是會在樓上睡，」我說，「在閣樓。我們已經把行李放在那裡了。」

「好，那也可以的。」她說。

「你來嗎？」英格威說，他站在下面的客廳手裡有一杯啤酒。當我來到陽臺上，他坐在戶外跟桌子相連的木椅上。

「你在哪找到這個的？」我說。

「它藏在這下面。我記得之前在這裡看過。」

我把自己倚靠在陽臺欄杆上。在那邊很遠處丹麥渡輪的燈光在閃爍著。它正橫渡海面。我可以看到那些小船，所有的燈都亮了。

「我們得搞到一把那裡的電動大鐮刀，」我說，「或者現在叫它什麼來著。一般的那種割草機在這裡是不行的。」

「星期一我們可以在黃頁[31]上找一間出租農具的公司。」他說，並看著我。

「和托妮耶談過了？」

我點點頭。

「對了，我們人不多，」英格威說，「我們、居納爾、埃爾林、奧爾夫和祖母。如果把小孩也算進來，約有十六個人。」

「嗯，那種國葬他是不會有的。」

英格威放下杯子，身子往後朝椅背上一靠。樹木上方高處，朝向罩著一層灰色輕紗的天空，一隻蝙蝠撲閃著翅膀。

「我們要做什麼，你有想過嗎？」他說。

「葬禮嗎？」

「是啊。」

「沒有，目前沒有。但至少我不想有他媽的什麼人文主義協會的葬禮。這點我很確定。」

「同意。那就是教堂的了。」

「對，但還有其他方式嗎？他已經不是挪威教會的了。」

「他不是？」英格威說。「我知道他不是基督徒，但他沒有退出教會啊？」

「退了。有一次他說過。滿十六歲那一天我退出了教會，在他住河街時的一次晚餐上我告訴了他。他很生氣。溫妮說他自己也已經退出了，所以也就不能對我的決定生氣。」

「他不會喜歡的，」英格威說，「他不會想讓自己跟教會有任何關係。」

「但他死了，」我說，「至少我是想這樣。我不想以一種虛假的儀式站在那裡，朗讀幾首他媽的詩。我要那種正經的儀式。很鄭重其事的。」

「我完全同意。」英格威說。

我又轉過身去，向前方的城市望去，一種均勻的喧囂從那裡升起，時而在這背景聲裡突然冒出一聲

31 電話簿，裡面可以找到許多企業的電話。

摩托車加速的聲音，這時年輕人在以超速為樂，通常是從橋頭那裡，有時也來自那筆直長長的女王街。

「我去睡了。」英格威說。他走進客廳，沒有把身後的門關上。我把菸蒂在地板上熄滅，也跟著進去了。當祖母明白我們要去睡覺了時，她要站起來去給我們找床被單。

「我們會弄的，」英格威說，「沒問題。你去睡吧。」

「你確定嗎？」她說，站立一會兒，在通向樓梯的門口那裡，身子彎著朝他看。

「確定，」英格威說，「我們自己可以。」

「好吧，」她說，「那晚安。」

然後她慢慢走下樓梯，沒有再轉過身。

我不愉快地顫了一下。

我們這層樓沒有水，所以我們上去拿牙刷，站在廚房的水槽前刷牙，在水龍頭那裡向前彎下腰用水漱口，就像我們又回到了小孩子的時候，在夏季的假日裡。

我用手抹去嘴上的泡沫，在褲子上擦手。十點四十分。多年來我從沒有這麼早睡過。但這一天相當漫長。我疲倦得身體都麻木了，腦袋裡亂糟糟的彷彿像是一鍋粥。然而現在還有很長的路要走。我可以預見，心裡也早已有數。

上去以後，英格威打開窗戶，把窗鉤搭上，床頭燈打開。我在床的另一邊也一樣打開了床頭燈，把天花板上的燈關掉。一種封存已久的氣味充斥於房間裡，但不是來自於空氣，而是這些久未移動的傢俱，以及地毯和地板上，那些幾年來未曾清理的塵埃裡滲透出來的。

英格威在雙人床另一邊脫下了衣服。我也做了一樣的動作。睡在同一張床上感覺有點過分親密，就連在我們小時候都沒有這麼做過，我們完全是以另一種方式互相接近。但至少我們有各自己的棉被。

「你有沒有想過爸爸絕不會讀你的小說？」英格威說，把頭轉向我。

「沒有，」我說，「沒想過這件事。」

在小說寫完後，在六月初的時候，英格威得到了書稿。他讀過之後對我說的第一句話就是，爸爸將會起訴我。他就是這樣說的，一字不差。那時我站在機場電話亭旁，和托妮耶正要一起去土耳其度假，我不知道他是要發怒還是支持，猜不到我寫下的這些東西會對我身邊的人起怎樣的反應。「我不知道是好還是不好，」他說了，「但爸爸一定會起訴你。我敢保證。」

「有個句子在書裡講了一遍又一遍，」我說，「我父親死了。你記得這句嗎？」

英格威把被子掀到一邊，腿往床上一撩，背朝下躺在了床上。又探起半個身子，順了下枕頭。

「大概記得。」他說。然後又躺下了。

「那時候亨里克正逃離鄉下。他需要一個託辭，這就是他唯一能想到的。我父親死了。」

「對。」英格威說。

我脫下了褲子和襪子，直接就上了床。先是平躺著，雙手疊在肚腹上，但突然覺得自己竟像個死人一樣躺著，便又扭動到側睡的姿勢，於是我就直接看到了我的衣服，在地板上就像一個包袱。該死，我心想，衣服怎麼這樣丟在那裡，於是起身雙腳著地，把褲子和T恤上疊在一起，放在旁邊的椅子上，襪子堆在衣物上面。

旁邊的英格威把燈打開。

「你要讀書？」他說。

「不，沒有。」我說。用手摸著燈的拉線開關，卻找不到。我知道了，開關在電燈上。對，就在那裡。

我按下開關，手很重，因為這老式的機械不靈活得用力按。電燈一定來自五〇年代，他們搬到這裡時買的。

「那晚安了。」英格威說。

「晚安。」我說。

啊，我真高興他在這裡。要是我獨自一人，我的腦袋裡會全塞滿爸爸的影像，所有我想到的一切，都是關於他的死亡，他的身體，手指和腿，瞎了的眼睛，頭髮和指甲還在繼續生長。他躺在那裡的房間，那種抽屜式的盒子，就跟美國電影裡面總會有的那種停屍房一樣。但現在英格威呼吸的聲音和他身體的那些微小動作給了我安寧。只需閉上眼睛讓睡眠來臨。

幾小時後英格威起身走動把我給驚醒了。起初他有點遲疑地張望著四周，然後他抓住被子，把它捲在一起夾在腋下穿過房間走出門，轉身又走回來。當他開始要重新再這麼做一遍時，我說：「你夢遊了，英格威。躺下來睡覺。」

他看著我。

「我沒有夢遊，」他說，「被子必須要經過門框三次。」

「好吧，」我說，「你說了算。」

他又這樣在地板上一來一回地走了兩遍。然後他在床上躺下，打開被子把它蓋在身上。腦袋往左右兩邊甩了幾下，嘴裡咕噥著什麼。

他不是第一次夢遊了。在我們小的時候，英格威常常夢遊。一次媽媽在澡盆裡發現他，他赤身坐在那裡腳踩踏著水。另一次他正要走出屋外，到羅爾夫那裡，說要去問他要不要一起去踢足球，幸好媽媽及時攔住了他。當時他竟然還把被子直接從窗戶扔出來，甚至後來的整晚就凍縮著躺在那裡。爸爸也夢遊，三更半夜跑來我的房間裡，只穿著一條內褲，可能還會打開一個櫃子往裡面看，或朝著我這邊看，眼裡一片茫然。有時候我聽到他在客廳裡面翻箱倒櫃，或是在挪動傢俱。一次他睡在客廳的桌子下，當他起身時腦袋狠狠地撞到桌子，撞了個頭破血流。在他睡覺沒夢遊時，他就說夢話或者叫喊，不說夢話不叫喊時，他就磨牙。媽媽常說她是跟一個打仗的士兵結婚。我自己則曾晚上的時候朝櫃子裡撒尿，或者講夢話，但當我十幾歲時，有段時間我做出的事情誇張多了。一年夏天我在阿倫達爾街上賣磁帶，住在英格威的宿舍裡，我拿著他的文具盒，赤身裸露地來到了外面的草坪上，站在每一扇窗戶面前朝裡面張望，直到英格威想辦法找到我。我是在夢遊，但我拒絕承認這一事實，證據就是這文具盒，看看這個，我說，這是我的錢包，我正要出去買東西。我有無數次站在窗戶面前，看著地面陷落或者膨脹而起，看著牆壁倒下或是水面漫升。一次我站在那裡，雙手撐著屋子的牆壁同時高喊托妮耶，要她在房屋坍塌之前趕快跑出來。又一次我就認定了她被鎖在櫃子裡，為救她出來我把所有衣物都丟了出去。當我需要和其他人過夜的時候，我會提前警告他們，晚上我有可能要夢遊。兩年前，我跟我朋友托雷一起，為了寫一個電影劇本在緊挨著克里斯蒂安桑外的一個大農場裡租了一個叫做作家公寓的地方，我們被安排在同一間。半夜，我朝他走過去，掀開他的毯子，抓住他的胳膊對他說，**你只是個木偶**，當時的他驚駭萬分地瞪著我。但最常出現的場景是一隻水獺或狐狸鑽進了我的被窩，於是我試著把牠踢到地板上用腳去踩，直到我確信牠是死了。也有可能有一年當中什麼事也沒發生，但突然又會進入了另一個階段，那就是每晚我都會到處走動。醒來的時候我可能在閣樓上，在走道裡，在草坪上，在夢裡我總感覺自己正在完成某種看似極有意義的事情，可是醒過來之後卻發現一切毫無意義。

英格威夜間生活裡最奇葩的一件事是，在夢裡有時候他會說南方口音。他四歲離開奧斯陸，將近有三十年沒有說那裡的方言了。但當他入睡之後這種口音卻仍然可以從他的嘴吧冒出。這有點讓人恐怖。

我看著他。他平躺在那裡，一隻腳伸在被子外。大家說我們倆很像，但這應該是從總體的印象來看，我們都一副容光煥發的樣子，不過若分別是從一個個的表情來看，我們又並不是很像。形成這種錯覺的唯一可能是在眼睛，我們的眼睛都像媽媽。當我搬到卑爾根以後，遇到英格威還不是很熟的朋友時，他們有時會問「你是英格威嗎？」我不是英格威，我說。但那接著有了一個問題，因為要是他們認為我是的話，自然就不會這麼問了。他們問是因為他們看到了我們倆明顯的相似之處。

他把頭扭到了枕頭的另一邊，好像他預感到有人在注視著他，而他不喜歡這樣。我閉上了眼睛。他常說爸爸用某種機會徹底地摧毀了他的自尊，爸爸竭盡所能地讓他感到屈辱，在他一生中的很長一段時期，他感到自己一無是處，毫無價值。而後來，在其他時期裡，一切都那麼順利，輕鬆容易，沒有半點質疑困惑。現在看到的就只是他最後的這種形象。

我的自信當然也受到爸爸的干擾，或許影響不同，不過我從來沒有過質疑接著之後是信仰的這種時期，對我來說始終是二者相伴著。這質疑，很大一部分是受我思考的影響，我從不只想大局，反而從與我正在做的那些事情、周遭的環境、朋友、認識的人、女孩子等開始思考。我總是先關注局部，也許就像個傻子，內心懷有一些東西在燃燒，每天都在燃燒，但也因為如此，一旦回過頭來思考大局，更遠的目標，我從不懷疑能夠抵達它。我知道我身上具有這股能量，因為我的渴求是巨大的。它絕不會有半刻的安寧。要怎麼樣才能安靜下來？要怎麼樣才能脫穎而出？擊敗所有人？

第二次我醒來時，英格威站在窗前繫上他襯衫的釦子。

「幾點了？」

他轉過身。

「六點半。還有點早？」

「對，可以這麼說。」

他已經穿上了一條輕便的卡其五分褲，到膝蓋下一點，一件灰色條紋的襯衫，沒有繫在褲子裡，寬鬆地擺蕩著。

「我下去了，」他說，「你會來，對吧？」

「對。」我說。

「你不會再睡著吧？」

「不會。」

聽到他的腳步在樓梯上消失，我腳一晃站在了地板上，一把抓起椅子上的衣服。不滿意地看了一眼肚子，肚腹的兩邊有兩道肉褶子就像掛著了兩個游泳圈。用手去感覺下背部，還好，沒捏住一手的肉。但不管怎樣一回到卑爾根我就要開始跑步，至少這一點我很確定。每天早晨都要仰臥起坐。

我把T恤往頭上一套，衣服蒙住臉時我聞到了臭味。

不，這可不行。

我打開行李箱找出一件白色的布蘭得利（Boo Radleys）T恤，那是幾年前他們在卑爾根演出時我買下的，剪下了褲腿的深藍色下裝。雖然外面沒有太陽，空氣還是很悶熱。

英格威在下面已經開始煮咖啡，從冰箱裡找出了麵包和要放在麵包上的那些肉和乳酪。祖母坐在桌旁，抽著菸，她還是穿著昨天的那件衣裙。我不餓，猶豫著端了杯咖啡到陽臺上去抽一支菸，然後拎起水桶，拿著抹布和清潔劑，到下面一樓去開始工作。為了看看昨天的工作成效我先走進了浴室。除了一些斑點跟昨天不知道為什麼就讓它掛在那裡沒動的黏膩的浴簾外，看上去都還不錯。當然，陳舊與磨損無法改變，但至少乾淨了。

我取下了横掛在牆與牆之間浴缸上方的那根棍子，扯下浴簾把它扔到了垃圾袋裡，把桿子及兩端的固定處都洗乾淨，才把桿子放回原位。現在的問題是我下一步該做什麼。洗衣房和兩個浴室都洗完了。剩下樓下祖母的房間、外走道、內走道，爸爸的那間房與最大的房間了。祖母的房間我不想去碰，感覺會像是對她的一種攻擊。這裡有兩個原因，其一，她的生活方式將會暴露在我們面前，她所有祕密將會被我們發現；其二，這情況有點超過了應有的許可權，孫輩去清洗祖母的臥室。爸爸的房間我也受不了現在就開始清洗，也因為那裡還有我們必須要先整理分類的紙張和其他東西。所有的地毯我們還得等弄到了地毯清潔機再說。最後就是樓梯了。

我把桶子裝滿水，拿上一瓶克洛林、一瓶綠肥皂水和一瓶日夫結合霜，開始工作，首先解決這個陽臺欄桿，它至少有五年沒洗過了。在欄桿的空隙之間堆積著各種污垢或垃圾，碎裂的葉子、小石子、乾枯了的昆蟲、陳舊的蜘蛛網。欄桿有些地方幾乎接近黑色，到處黏膩膩的。我噴上了日夫霜，擰乾了抹布，徹底搓著每一寸。用這種方法弄乾淨一段後，終於一部分又回到了它原有的棕黃色，我再把另一塊抹布浸入克洛林裡繼續用它擦洗。克洛林的氣味和那藍色的瓶子將我的思緒帶回了七〇年代，我好像看到了廚房裡的水槽下方那個放清潔劑的櫥櫃。那時還沒有日夫這牌子。但有阿雅克斯洗衣粉，紙盒包裝，有紅、白、藍三種。綠肥皂放在那裡。克洛林放在那裡；那藍色塑膠瓶上設計了兒童安全瓶蓋，從那時起就沒改變過。一種叫做奧妙的洗滌劑牌子。一個裝著洗衣粉的紙盒，盒上的圖畫裡有個孩子手裡拿著同樣的紙盒，這紙盒上自然是這同一個男孩手裡拿著同樣的紙盒，然後這麼繼續再繼續。可能這是布蘭達吧？不管怎樣我常常是在這追索上被打斷思緒，原則上來講這漫無邊際，就好像我們到了另一個地方，比如站在浴室的鏡子面前，再舉起一面鏡子放在腦後，這樣鏡子裡的圖像前後無限照應，畫面不斷往裡頭縮，越來越小，遙遠到視線無可觸及。但我們看不見的那些地方又發生著什麼呢？在那裡繼續縮小？

整個世界處於那時與現在的產品名稱之間，當我想到它們的時候，世界帶著自身的聲音，味覺和氣味登上了一個新的臺階，完全不可抗拒，正如人失去的一切，所消失的一切，實際上始終存在著一樣。當夏天的一個午後訓練之後，站在足球場上，聞著那剛除了草的草皮又重新澆上水後的氣味，樹木靜止拖曳著長長的陰影，道路另一邊池塘裡游泳戲水的孩子們的尖叫聲和歡笑聲，品著XL-1飲料那尖銳但仍甜的味道。或者會嚐到難以避免的滿嘴的鹽味，那就是當人跳水進海裡時，雖然水面之下是緊閉嘴唇，水下是混亂的激流和泛著泡沫的水，也有發著光亮的海藻、海草或光禿的山崖，一簇簇的貽貝和一方方的藤壺，都微微發光，舉止安靜，因為這是萬里無雲中仲夏的一日，太陽在這藍色高高的海洋上燃燒。當攀住了山崖上的一個孔洞躍身而起時，水從身體上流下來，水珠在被熱氣蒸發之前還會在肩胛骨上短短停留幾秒鐘，然而游泳褲上的水還在繼續滴滴答答地往下流，直到人在大毛巾上躺了下來。快艇於波濤中滑行而過，碎浪動盪起伏，船首的雙弓推進器在水面上拍擊，馬達的轟鳴發出短促的嗵嗵聲，這小艇顯得像是一種虛幻，因為周邊的環境是如此浩瀚，它一接近才能夠在腦子裡留下印象。

這一切仍然繼續著。裸露著的岩石就跟這一樣，海水以同樣的方式，往裡拍擊著，水下的景物，那些小的低谷和洞穴，陡峭的石壁懸崖，散落著的海星和海膽，螃蟹和魚兒，它們全都一樣。人們可能繼續買史萊辛格網球拍、特萊頓網球和羅西尼奧爾滑雪板、特雷歐卡固定器和科弗萊雪靴。我們居住的房屋，還繼續矗立在那裡，全都在那裡。唯一的不同是，孩子和成人現實世界的唯一區別是，後者不再充滿意義。一雙法國公雞（Le Coq）足球鞋，就只是一雙足球鞋。當我現在握著一雙球鞋在手裡，我只會感到一種來自童年的餘韻，除此之外再沒別的，它自身已不再含有任何意義。對海洋來說也一樣，這一樣的岩石，夏天的半年裡天天都還能嚐到那擺脫不了的鹽味，現在嚐到的也就只是鹽味，沒其他的。世界雖然相同，但它卻不是同樣的世界，世界裡的意義發生了錯位，錯位繼續著，它將越來越失去意義。

我擰乾抹布，把它搭在桶子邊沿，觀察著我勞動的成果。漆上的光澤顯現出來了，雖然這裡或那裡還有些黑色污漬，像是蝕進了木料裡。我擦完了一樓到二樓的樓梯扶手，大概完成了三分之一。然後再來是到三樓的扶手。

外面聽到了英格威的腳步聲。

他手裡拿著一個桶子出現了，腋下夾了一捲垃圾袋。

「你下面弄完了對嗎？」當他看見我時說。

「沒有，你記錯了。我只清完了浴室和洗衣房。想說等等看要去弄哪裡。」

「我開始收爸爸房間了。」他說。看得出來，那裡呀，是最需要花時間的。

「廚房你打掃完了？」

「對。還差一點點。櫥櫃裡還得收拾。但看上去不錯。」

「好吧，」我說，「我現在休息一下。我想，吃點東西。祖母在廚房裡嗎？」

他點點頭，從我身邊走過去。我在靠著大腿的襯衫上擦了擦手，水在上面留下了皺褶和柔軟，朝樓梯的扶手望去最後的一瞥，然後上樓到廚房。

祖母靜默著坐在椅子上。當我進去時也沒抬頭望我一眼。我走到藥那裡去。她自己吃藥了嗎？肯定沒有。

我打開櫃子，拿出藥盒。

「你今天吃這個了嗎？」我把盒子舉起來問她。

「是什麼？」她說。「藥嗎？」

「對，昨天給你的。」

「沒有，我沒吃藥。」

我從碗櫃裡拿出一個玻璃杯，倒水，把它和藥錠一起遞給了她。她把藥錠放在舌頭上用水沖了下去。她看上去不想再多說什麼，為了不陷入一片沉默，我把幾個蘋果拿出來，而沒有拿一開始想要的麵包，又倒上一杯水和一杯咖啡。灰色的天，溫和的，跟昨天一樣。從海那邊吹來一陣輕風，有幾隻海鷗在海洋的上空中尖叫，近處聽到金屬的錘擊聲。碼頭裡面街區的屋頂上方矗立著一個高高的建築起重機。最上面的部分，是黃色的、帶有操作員坐在裡面的白色操作室或者叫做機艙。奇怪的是我剛才怎麼沒有看見它。我很難找到有比塔式起重機更美的東西，那像骨架般的構建結構、伸出的懸臂上下運動著的鋼纜繩、碩大無比的吊鉤，那些重物被提升在空中緩緩地晃蕩著的狀態，而人們看見臨時支架在那裡的這機械裝置永遠都是背襯藍天。

我剛剛吃下了一個蘋果，連核帶莖一起全解決了，正要準備吃第二個的時候，英格威穿過花園走了過來。他手裡握著一個厚厚的信封。

「看我找到什麼。」他說把信封遞給了我。

我開啟了封口，往裡瞧。信封裡裝滿了一千克朗面值的鈔票。

「這裡差不多有二十萬。」他說。

「我的天，」我說，「它們原本放在哪裡？」

「床底下。一定是賣埃爾韋街的房子剩下的錢。」

「該死，」我說，「就剩下這些了？」

「大概。他從不把錢放進銀行，只把它們塞到床底下。然後就把它們都拿去喝酒了，很乾脆。一千一千的。」

「他媽的，這些錢，」我說，「但他在這裡生活真的太慘了。」

「可以這麼說。」英格威說。

他坐下來。我把信封放在桌上。

「我們拿它怎麼辦？」他說。

「不知道，」我說，「把它們分了？」

「我想的更多的是遺產稅和諸如此類的事。」

我聳聳肩。

「問問別人，」我說，「比如，約恩・奧拉夫。他是個律師。」

在房子下面的小街上響起了引擎的轟鳴聲，從它停下、倒車和再往上開的這種方式，我知道它這是要往這裡來。

「這會是誰？」我說。

英格威站起來，抓住信封。

「誰保管這個？」他說，

「就你吧。」我說。

「至少現在葬禮的費用算解決了。」他說，從我身邊走過去了。我跟在他的後面進去了。下面的走道裡聽到了聲音。是居納爾和托薇。他們上樓來時我們站在走道門和廚房門之間，感覺有點不自在，好像我們還是孩子那樣。英格威的一隻手攥著信封。

「嗨，你們倆！」她說，笑了。

「嗨，」我說，「好久不見了。」

「對，」她說，「很遺憾我們在現在這種情況下見面。」

「是啊。」我說。

他們到底年紀多大了？快五十了吧？

在廚房裡的祖母站起來了。

「你們來了啊？」她說。

「坐吧，坐吧。」居納爾說，「我們只是在想我們可以幫英格威或卡爾·奧韋收拾一下這裡。」

他向我們眨了眨眼。

「那你們可以喝點咖啡吧？」祖母說。

「我們不用咖啡，」居納爾說，「我們要繼續趕路。男孩們還在小木屋裡等著。」

「好吧。」祖母說。

居納爾走幾步進廚房。

「你們已經清理很多了啊，」他說，「佩服。」

「我們在想也許葬禮後能在這裡辦一個會後聚。」我說。

他看著我。

「恐怕行不通吧。」他說。

「可以的，」我說，「還有五天的時間。可以的。」

他把眼睛看向別處。或許是因為我眼裡的淚水。

「這還是由你們來決定吧，」他說，「若你們認為可以，那就去做。但目前我們得馬上行動！」

他轉身走進了客廳。我跟在他後頭。

「我們把壞掉的東西全扔了。在這裡要省下什麼沒有任何意義。這些沙發，看看怎麼樣？」

「這一張還行，」我說，「我們可以把它洗一洗。但另一張，我想……」

「那就丟了吧。」他說。

他站在那張寬大的、木頭座底的皮沙發面前。我走到沙發的另一端，彎下腰去摟住了底部。

「我們從陽臺那裡把它抬出去吧。」居納爾說。

「你可以幫我們把門打開嗎，托薇？」

當我們搬著沙發經過客廳時，祖母站在廚房門那裡。

「你們要把沙發怎麼啦？」她說。

「我們要把它扔了。」居納爾說。

「你們瘋了吧！」她說。「為什麼你們要丟掉它？你們不能把我的沙發就這麼扔了！」

「它已經壞了。」居納爾說。

「這跟你們沒關係！」她說。「這是我的沙發！」

我停住了。居納爾看著我。

「我們必須把它扔了，你明白嗎？」他對她說，「動手，卡爾・奧韋，我們把它弄出去。」

祖母朝我們走出幾步。

「你們不能這樣做！」她說。「這是我的房子！」

「不，我們得這麼做。」居納爾說。

我們來到通往下面客廳的那道小樓梯。我往旁邊走了幾步，沒有看祖母，她正佇立在鋼琴旁邊。她的心正灼燒著我的心。居納爾看來沒留意到。或許他也一樣的心情？他也在努力克制嗎？這是他的母親。

他倒退著兩步走下樓梯，慢慢地在地板上移動。

「不能這樣！」祖母說。在最後的幾分鐘裡她完全變了。她的眼睛閃閃發光。剛才她那被動的、把自己封閉在內的身體，現在朝外擺出了姿勢。站在那裡的她手臂夾緊身體放在臀部，嘴裡發出恨聲。

「喔！」

然後轉過身去。

「不，我可不想看見這個。」她說，又走進了廚房。

居納爾對著我笑了。我走下樓梯，腳落到地板上，往旁邊走了幾步這樣才可以正對著門。沙發通過了門，我感到風吹過了我裸露著的腿、手臂和臉的肌膚上。窗簾飄拂飛揚。

「怎麼樣，行吧？」居納爾說。

「還行。」我說。

我們把沙發放在了陽臺上，休息了幾秒鐘然後我們抬著它走完最後一段，下了階梯，走過花園，來到了停在車庫門外的拖車那裡。當我們把沙發放到了拖車上一切就位後，沙發的一端或許有一公尺左右伸在了車外，居納爾從車後車箱裡拿出一根藍色的繩子，把它捆綁固定好。我完全不知道我該做些什麼，就站在那裡看著他，看它是否需要幫助。

「你別再去想她的事了，」他一邊捆著一邊說，「她現在還不知道什麼對她最好。」

「當然。我不想了。」我說。

「你考慮得肯定比我多。還有什麼東西得扔掉？」

「他房間裡有一些。還有客廳跟她房間裡都有。但都沒那麼大件。不像沙發那樣。」

「她的床墊？」他說。

「對，」我說，「還有他的。但要是我們要把她的扔了，我們得找一個新的。」

「從你們那間老臥室裡拿一個就行了。」他說。

「好，我們來處理。」我說。

「你們單獨在這裡的時候，要是她有什麼抗議之類的事，不用管她好了。就做你們該做的事吧。這是為她好。」

「好。」我說。

他把剩餘的繩子集中在一處，打了一個結，又把它在拖車上固定好。

「這樣就行了。」他說，直起身子。看著我。

「對了，你們看過車庫裡沒有？」

「沒有。」我說。

「他所有的東西都在那裡。滿滿的一個收納箱。這你們得處理下。先把它檢查一遍。這裡很多東西一定已經丟了。」

「我們會的。」我說。

「拖車上已經快裝不下了。但我們能裝多少就裝多少，把它們都拖到垃圾場去倒掉。拖車開走後裡你們把東西都搬出來，然後我們再搬一趟。我想這就可以了。要是還有，可能我下周會再來一趟。」

「謝謝你。」我說。

「在這裡，你們也不容易，」他說，「這我理解。」

當我和他的目光相遇時，他注視著我幾秒鐘，然後把目光轉到別處。在那太陽曬得黝黑的臉上他的眼睛看上去幾乎和爸爸的眼睛一樣清澈、碧藍。

他拒絕接納的東西實在太多了。比如，從我這裡湧出的一切情感。

他把手放在我的肩頭上。

有什麼東西在我心裡滿出。我一陣抽泣。

「你們倆都是好孩子。」他說。

我得把身體從他身邊轉過去。往前傾斜，把臉埋進了手裡。身體顫動著。等這一陣過去後，我又直起身，深深地吸進一口氣。

「你知道有什麼地方可以租用機器嗎？就是地板砂光機和更大的鋤草機這一類的機器？」

「你們要打磨地板？」

「不，不，只是舉個例子。但我想過了，若要把這裡的草剪了，用一般的鋤草機不行。」

「野心不小啊？不覺得最好還是先集中精力解決那裡面的東西嗎？」

「當然。只是之後如果還有時間的話。」

他的頭微微前傾，一根手指在頭髮上撓了撓。

「在格里姆有個出租機器的公司。他們應該有類似的東西。但還是看看電話黃頁。」

我們旁邊房屋的那白色的基牆開始微微發出光亮。我抬起頭來。雲層裡出現了一道裂縫，太陽光從這道縫中傾瀉而下。居納爾走上臺階進到了屋子裡。我跟隨其後。爸爸房間外走道的地板上有兩個垃圾袋，裡面裝滿了衣服和垃圾。它們的旁邊還放著那把污穢不堪的椅子。英格威站在房間裡，朝外望著我們。他手上戴著黃色的橡皮手套。

「我們或許得把床墊扔了，」他說，「有地方嗎？」

「現在滿了，」居納爾說，「我們下一趟載吧。」

「另外我們在床底下發現了這個。」英格威說，他抓起放在貼牆的那個玄關桌托架上的信封，把它遞給了居納爾。

居納爾啟開了封口，往裡看。

「這裡是多少？」他說。

「大約二十萬。」英格威說。

「好，它現在是你們的了，」他說，「但分錢的時候得記得你們的妹妹。」

「當然。」英格威說。

他想過這事了嗎？

我沒想過。

「要不要通知稅收部門是你們自己的選擇。」居納爾說。

一刻鐘後居納爾把裝得滿滿的拖車開走了，留下托薇幫忙清理。所有的門窗全打開了，空氣在屋內流通，和投射於地板上的陽光以及清潔劑氣味混合，至少二樓變化極為明顯，這使得整棟的房子好像完全敞開，成了一個像世界那樣暢通無阻的地方，這深深觸及了我，我不只觀察出了這些變化，還非常地喜歡。我繼續打掃樓梯，英格威在清爸爸的房間，同時托薇清理上面二樓的客廳，那間當時發現了他的客廳。窗框、牆壁條、門、層架。過了一會兒我到樓上廚房去換水。當我在倒髒水時，祖母抬起了頭，但眼神空洞毫無興趣，很快的眼光又轉向了桌上的那盆植物。水在水槽裡慢慢地兜著圈旋轉而下的同時越來越少，灰褐色的、渾濁的，到最後，白色的泡沫沉下消失，只留下了一層沙粒、頭髮和各種的雜物碎片映襯著水槽底發光的金屬板。我打開水龍頭，讓水沖了一會桶壁，將髒污沖去，再用新的、冒著熱氣的水裝滿它。當我緊跟著走出客廳時，托薇向我轉過身來，笑了。

「天啊，這裡樣子全變了。」

我停住了。

「至少，開始有改觀。」我說。

她把抹布放在架上，用手迅速地理了一下頭髮。

「她從來沒有清理過。」她說。

「這裡平常就不乾淨嗎？」我說。

她輕輕一笑，搖了搖頭。

「喔，不。或許看上去是這樣，但不是……只要我來到這棟房子，這裡總是髒兮兮的。對，但不是所有地方，是在那些牆的角落、傢俱下面、地毯底下。你知道的，那些不被看見的地方。」

「是嗎？」我說。

「就這點來講她絕不是什麼家庭主婦。」

「或許不是。」我說。

「但她應該過得比這更好。我們原想在祖父去世後讓她過上幾年的好日子。我們替她找了家庭護理，你知道，他們替她把屋裡所有事都包下了。」

我點點頭。

「我聽說了。」我說。

「我們也做了些事。以前通常是我們去照顧他們的。無論是什麼事情。他們早就上年紀了。你父親他是那樣，埃爾林又在特隆赫姆，所有的事就落到了我們身上。」

「我知道。」我說，攤開兩隻手臂同時揚起眉毛做了個對她表示同情，但自己又無能為力的手勢。

「但現在她得進安養院，那裡有人照顧她。看到她現在的模樣真是太不忍心了。」

「是。」我說。

她又展開笑容。

「西塞爾怎麼樣了？」

「很好，」我說，「她住在約爾斯特，我想她很喜歡那裡。在弗勒的護士學校工作。」

「你跟她通電話時替我問候一聲。」托薇說。

「一定。」我說，也對她笑笑。托薇又拿起抹布，我走下了樓梯，當我走到大約一半時，把桶子放下，一把擰乾抹布，在樓梯扶手上面噴一些日夫。

「卡爾．奧韋？」英格威說。

「嗯？」我說。

「下來一趟。」

他站在走道的鏡子前。一大疊紙片放在他身旁的燃油型壁爐上。他眼神炯炯發光。

「瞧這裡。」他說，把一個信封遞給我。上面的地址是寄往斯塔萬格，給耶爾法．克瑙斯高的信。裡面有一張紙上面的抬頭寫著「親愛的耶爾法」，除此之外是一張白信箋。

「他給她寫信了？從這裡？」我說。

「顯然是，」英格威說，「一定是想寫給她生日祝福什麼的。然後他寫了一半又停下了。你知道吧，他沒有我們的地址。」

「我幾乎很難相信他知道有她的存在。」我說。

「但他知道，」英格威說，「他一定也想過她的事情。」

「她是他的長孫女。」我說。

「對，」英格威說，「但我們說的是爸爸不是別人。不需要一定包含著什麼意義。」

「該死，」我說，「這太可悲了。」

「我還找到了另一樣東西，」英格威說，「看這個。」

這一次不是機器印刷的字體，他遞給我的信外觀上看去是一封公函。這是來自國家教育貸款基金的一封信。知會他已還清了他的教育貸款。

「看這日期。」英格威說。

我讀著。六月二十九日。

「他臨死前兩週。」我說，與英格威的目光相遇。我們開始放聲大笑了。

「哈哈哈。」他笑起來。

「哈哈哈，」我笑起來，「現在自由多了。哈哈哈！」

「哈哈哈！」

當居納爾和托薇離開一小時後，房子裡的氛圍又變了。只剩下我們和祖母在一起，剛剛發生過的一切又感覺沒發生過，好像是我們太柔弱而不能讓它敞開。或許也是因為這樣，我們發現這一切其實與我們緊密相關，甚至比居納爾和托薇要相關得多。無論如何，那裡流動著的生命及動作都在消退，那裡面的每一樣物件，那裡的電視、椅子、沙發、客廳間的拉門、黑色的鋼琴、掛在牆上的兩張巴洛克油畫，都以其自身合情合理、沉重而堅定不移的，飽含著昔日的風姿而展現了出來。外面的天空是雲層疊起。

天空底下那層灰白的雲，讓大地所有景物色彩褪減。英格威在把紙張清理分類，我擦洗著樓梯，祖母坐在廚房裡沉陷於她自身的黑暗中。四點鐘時英格威要開車出去買晚餐的食物，整棟房子環繞著我，我心裡希望祖母不要在這房子裡四處走動，走到我這裡來，因為我感到我的心是那麼的脆弱敏感，現在其他人很容易給我施加影響，我會無法承受她靠近的這種壓力，而將隨之相伴，那幾乎就會像她一樣被憂傷和陰鬱撕成碎片。但希望也是徒然，因為只過了一會我就聽見了樓上的桌子在地板上的摩擦聲，緊接著是她的腳步聲，先是她走進客廳裡，然後出來到了樓梯口。

她牢牢抓住樓梯的扶手，彷彿是站在懸崖邊上。

「你在這裡呀。」她說。

「對，」我說，「但我很快就要弄完了。」

「英格威在哪裡？」

「他去買東西了。」我說。

「對，當然了，當然。」她說。久久站在那裡看著我的手，捏著抹布的手指沿著扶手一上一下地搓。然後她又瞅著我的臉。我與她目光相會，一陣寒噤沿脊樑而下。看上去她對我懷有恨意。

她嘆了口氣。把蓋住一隻眼睛的一縷頭髮撥到了一邊。

「你很勤快，」她說，「你確實很勤快。」

「唔，」我說，「我們已經開始打掃，能清理些是好事，不是嗎？」

外面響起了馬達的轟鳴。

「他回來了。」我說。

「誰？」她說。「居納爾？」

「英格威。」我說。

「他不是在這裡嗎？」

我沒有回答。

「啊，對，」她說，「我已經開始糊塗了。」

我笑了，把抹布扔進了幾乎完全變得渾濁不清的水裡，抓住桶的把手。

「我們來做點吃的。」我說。

我在廚房裡把桶子的水倒掉，擰乾抹布把它搭在桶子邊緣，祖母這會兒又坐到了自己的座位。我拿起放在桌上的菸灰缸時，她撩開窗簾最下面一截往外張望。我沖洗菸灰缸，又走回去取杯子，把它們放在水槽裡，再把廚房用的抹布浸泡在水裡弄溼，餐桌上噴了一點清潔劑，然後開始擦洗桌面。這時英格威一手提著一個購物袋走了進來。他放下袋子開始把買的東西一一取出。首先是我們晚餐的食物，他把它們放到了桌上，四塊真空包裝的鮭魚、一袋帶有泥土的馬鈴薯、一個青花菜和一袋冷凍的豆子，然後就是剩下的其他東西，一．五公升的雪碧、一．五公升的CB啤酒、一袋柳丁、一盒牛奶、一盒橙汁、一個麵包。他把它們分類，一些放在冰箱裡，一些放在旁邊的一個櫥櫃裡。我扭開電暖爐的開關，在桌下的櫃子裡找出一隻煎鍋，在冰箱裡拿出一點奶油，切下一小塊放在鍋裡，把一隻煮水鍋裡放滿水，把它放在後面那個電熱板上，剪掉塑膠袋開口，把那些馬鈴薯倒進水槽裡，扭開水龍頭開始搓洗它們，同時奶油塊在煎鍋黑色的鍋底裡慢慢地流動。這讓我又想到了這些包裝有多麼的乾淨，眼前的東西都有理由顯得一副開心的樣子，如裝著豆子的綠白色塑膠袋，還有上面的紅色字樣和紅色標誌，色彩那麼清晰。或是那個包裹著麵包的紙袋，開口那端有個圓圓的暗色的麵包硬殼像是向外探出的腦袋，就跟住在自己殼裡的一隻蝸牛一樣，或者在我看來，它倒有點像套著一件斗篷的僧侶。裝在袋子裡的柳丁都往外凸顯。怎麼能知道它們的數量，又怎麼能將每一個單獨的柳丁與其他那些區別開來，它們看上去就像教科書上的一個分子模型。它們在被削皮或是被切開時立刻在房間裡散發出的那種氣味，總是讓我想到爸爸。在他居住過的這些房間裡，總是菸與柳丁的氣味。當我一走進我自己的辦公室，聞到了這氣味，心裡總是充滿愉悅。

但為什麼會這樣？這種「歡愉」是什麼構成的？

英格威把兩個空購物袋綁在一起，把它們放進最下面的抽屜。奶油在鍋底吱吱作響。從水龍頭沖下來的水柱在我手裡握著的馬鈴薯上飛濺開來，沿著水槽邊沿流下的水，沒有足夠的力量把馬鈴薯上所有的泥都沖洗掉，所以在底部繞著那些圓孔的周圍留下了一層薄薄的泥沙，直到馬鈴薯洗乾淨我把它從水流下拿開，在極短的一瞬間裡，水流帶走了一切，於是水槽底部的金屬板又變得乾淨明亮了。

「唉，唉。」祖母在那邊的桌旁說。

她那深陷的眼眶，生輝的眼睛裡是一團黑暗，整個身體到處都只剩下骨頭。

英格威站在地板中央喝著一杯可樂。

「有什麼需要我幫忙的嗎？」他說。

他把空杯子放在桌上，打了幾個嗝。

「沒有，一切都好。」我說。

「那我出去走一圈。」他說。

「去吧。」我說。

我把馬鈴薯放在水裡，變熱了的水裡已經開始有了動靜，小水圈直往上冒。我在油煙機上找到了鹽，裝在一個小小的銀質維京船裡，船槳就是一隻小勺。我撒了一點鹽在水裡，把青花菜切好，又重新拿來一隻鍋在裡面裝好水，把青花菜倒進去，然後用一把刀子打開鮭魚的包裝，取出四塊魚塊，撒好鹽，把它放進一個盤子裡。

「晚餐吃魚，」我說，「鮭魚。」

「啊，是啊，」祖母說，「那一定很不錯。」

她應該沖個澡，洗洗頭髮。換上新的、乾淨的衣服。我非常希望她這麼做。但誰來幫她呢？她看起來是不會自己主動去做的。我們又不能請她去洗澡。要是她不想呢？我們也不能強迫她。得問問托薇。讓一個同性別的人來為她做這事至少不會讓她感到輕侮與貶低。同時她們之間也只有一代之隔。

我把魚片放在煎鍋裡，打開了油煙機。幾秒鐘的時間內在魚肉下面，幾乎從深粉紅的肉色變為了極淡的粉色，我看著這新的顏色是如何在這肉裡滲透。關小了煮著馬鈴薯的電暖爐盤的開關，鍋裡的水已經煮沸了。

「哦……唔唔。」在那邊的祖母說。

我看著她。她坐在那裡跟她以前一樣沒有一點改變，我不明白剛剛那個呻吟是從怎麼從她嘴裡跑出來的。

他是她的第一個孩子。

小孩不應該在父母之前死去，不應該這樣的。這不在計畫之內。。

但對我來說，爸爸又是什麼呢？

一個我巴望他死的對象。

那所有的這些眼淚又是為了什麼？

我剪開了豆子包裝。豆粒上罩著一層很薄的毛茸茸的霧狀物，看上去幾乎是灰色的。現在也要煮一煮青花菜。我關了電暖爐盤上的開關，望瞭望牆上的掛鐘。四點四十二分。青花菜再煮四分鐘，就全部弄好了。或者六分鐘？馬鈴薯大概再十五分。我要幫各個餐盤分配好。但我們吃的其實也不是什麼盛宴。

祖母望著我。

「你們吃飯的時候喝啤酒嗎？」她說。「我看英格威買了一瓶。」

她看見了嗎？

我搖搖頭。

「是有時候」我說，「但難得一次。事實上很少。」

我把魚翻了面。一些棕黑色的油滲出來在泛白的肉上流得到處都是，不過魚肉沒有烤焦。

我把豆子倒在鍋裡，在水裡加了鹽，把多餘的水倒掉。祖母在朝前躬著腰朝窗戶外張望。我把煎鍋端到一旁，關掉了電暖爐開關，走到陽臺上英格威那裡去。他坐在椅子上看著前方。

「飯很快就好，」我說，「五分鐘。」

「好。」他說。

「你買的啤酒，」我說，「是想吃飯時喝吧？」

他點點頭，有一會眼睛沒看著我。

「那又怎樣？」

「是祖母，」我說，「她問我們是不是吃飯的時候常喝啤酒。我只是想她在那裡的時候，或許沒必要這麼做。這裡已經有過太多酒了。她沒必要再看見酒這類東西。雖然吃飯時可能就只是一杯。你理解我意思嗎？」

「當然。但你有點多慮了。」

「是，有可能。但這裡提到的，又不是要做出什麼偉大的犧牲。」

「沒事的。」英格威說。

「那我們一致同意？」

「當然！」他說。

他聲音裡的惱怒我不會聽不出來。我不想讓這事就這麼僵結在那裡就這麼走開，但同時我又沒有任何可以化解此事的能力。幾秒的猶豫後，我雙手無力垂下，眼淚哽在喉嚨，走回了廚房，開始鋪桌子，倒掉煮馬鈴薯的水，溼答答的馬鈴薯在那裡冒著熱氣，用鍋鏟把煎好了的鮭魚塊鏟起放在一個大餐盤裡，找出一個裝馬鈴薯的缽，把這一樣樣擺放到餐桌上。淺紅色，淺綠色，白色，深綠色，棕褐色。我把水壺裝滿水，和三個杯子一起放上桌，英格威這時從陽臺進來了。

「看上去不錯喔，」說著他坐了下來，「但刀叉還沒就位？」

我從抽屜裡找出它們，給了他們一人一副，然後自己坐下來開始削一個馬鈴薯皮。滾燙的馬鈴薯皮燙痛了我的指尖。

「你削馬鈴薯皮？」英格威說。「這是剛出土的馬鈴薯耶。」

「你說得對。」我說。把叉子紮進一個新的馬鈴薯，把它放進餐盤裡。當我用刀壓在馬鈴薯上一劃，馬鈴薯皮就輕易脫離。英格威朝嘴邊舉起一塊鮭魚。祖母坐在那裡把盤裡的食物再切得更小塊。我又站起來到冰箱裡去拿來奶油，切下一塊放到馬鈴薯裡。當我咀嚼著這第一塊鮭魚時，那個嘴裡往外哈氣的習慣又回來了。英格威看上去正常多了，他是與魚類一起長大的。現在他甚至吃起了魯特魚，這曾經一度是最噁心的東西。**其實它和培根還有其他配料一起吃很美味喔**，我聽到他在我心裡說，同時他坐在我的旁邊在沉默地用餐。和朋友們一起在午餐時吃魯特魚，這可是完全在我的世界之外。不是因為我沒辦法去吃這種醃漬魚，是因為我並沒有被邀請去參加那樣的社交聚會。為什麼會這樣，我猜不出來。我也不再去在乎這種事了。但曾經在乎過的那段時間，那段時間我站在外面受著煎熬。現在我就只是站在外面。

「居納爾說在格里姆有個出租機械的公司，」我說，「明天去殯儀館之後，我們到那裡去吧？能在你走之前把事情處理完最好。我的意思是說，現在我們有車。」

「當然，就這麼辦。」英格威說。

祖母現在也在吃東西了。她吃東西的樣子有點像齧齒動物，是門牙在用力。每一次她挪動，我都聞到一股尿騷味。唉，我們得把她放進澡盆裡去。讓她穿上乾淨的衣服。讓她有食物可吃。很多的食物，稀粥、牛奶、奶油。

我把杯子舉到嘴邊喝水。嘴裡涼絲絲的，水裡有一股淡淡的金屬味道。英格威的刀叉在餐盤裡一陣叮噹作響。一隻黃蜂還是蜜蜂在餐廳裡那半開著的門後的一個地方兜圈。祖母嘆息著。同時她把身子扭到椅子一邊，彷彿她腦子裡的念頭，不是從她的意識裡經過，而是順著她的身體跑了下去。

在這房子裡他們甚至在聖誕夜也吃魚。在我小的時候，這事看上去顯得就太不合常理了。聖誕夜吃魚！但克里斯蒂安桑是座沿海城市，有著古老的傳統，聖誕前幾天在魚市裡供應的鱈魚都是精心挑選的。一次我和祖母去到那裡，我記得我們走進魚市裡感受到的那種氣氛，在外面照射在雪上的強烈陽光後的那種黯淡，那些肥大的鱈魚在它們的魚缸裡安靜地游動，它們那褐色的魚皮上，有的地方是黃色，有的地方是綠色，魚嘴緩慢地張開又閉上，白嫩的下顎下方是一片陰影，那金色的、僵死的眼睛。在那裡工作的人，套著白色的圍裙戴著橡皮手套。其中一個人用一把巨大的幾乎是方形的刀砍下了一條鱈魚的頭。緊接著，把這沉重的魚頭扔到了一旁，劃開魚的肚腹。內臟在他的手指間滑出來。一團白花花水汪汪的內臟被扔進了他身旁的一個大垃圾桶裡。為什麼它們這麼白呀？另一個人剛剛把一條魚包在紙裡，現在站在那裡用一根手指頭在收銀機上敲著。他敲打收銀機鍵盤的方式與其他商店裡的收銀員完全不一樣，我留意到了這一點，就像是兩個不同的世界，一個優雅，一個粗鄙；一個室內，一個室外。這裡，賣魚者迅速和確定的敲擊，用的是這種不習慣的手指動作，但這兩個世界依舊並存。裡面聞到的是鹽的氣味。在櫃檯裡魚和蝦都放在冰塊當中。戴著皮帽、穿著黑色長大衣的祖母排在一個櫃檯前的佇列裡，這時候我就走到了一個裝滿了活螃蟹的木箱那裡。蟹上面的部分是深棕色的像是一片腐爛的樹葉，下面是黃中帶白的蟹腳。黑色的、活像圖釘般的眼睛，它的觸角，當它們互相爬伏在對方身上時螃蟹爪子發出格格的聲音。我覺得，螃蟹就像是某種容器，一個裝著肉的容器。它們來自海的深處，也像所有那些活著的魚類一樣，被打撈上來躺到了這裡，這是個神奇的歷險。一個男人在給水泥地噴水，水漫延開來，帶著泡沫流向排水孔。祖母向前彎下腰身，指著一條完全扁平的魚，綠色的魚皮上帶著鐵銹紅的斑點，銷售員把它從包裹著的冰塊裡舉起來再把它放在磅秤上。然後是紙，他把魚包在了紙裡。把這紙包放進一個袋裡，把袋子遞給了祖母，祖母把錢從她的小錢包裡掏出來又遞給了他。但所有這一切圍繞著魚的離奇感覺，一旦它們躺在了我的餐盤裡時，在這白色的、顫巍巍的、加了鹽和滿身是刺的魚肉面前，全都消失殆盡，正像是爸爸和我在圖魯姆島外的海上捕魚那會兒，或是我們一起在靠近大陸的海峽，用夾具、曳繩或者是魚竿釣魚，然後把捉到的魚又放掉，感到的同樣驚險刺激一樣，但當一切就緒最後要吃魚的時候，看見它們躺在一個一九七〇年代我們在蒂巴肯的房子裡吃晚餐用的一個棕色餐盤裡時，激情也全然消失。

我是什麼時候和祖母一起去魚市的呢？

在我長大成人的過程裡這樣的日子並不多。大概是在我和英格威一起回到這裡時的一個寒假。當時我們獨自坐長途巴士到克里斯蒂安桑來。也就是說，英格威也應該在這一天到達。但我記得他沒有來。螃蟹也沒有出現；寒假通常是二月，那時沒有活的螃蟹可買。要是有的話，一定不會是在一個木箱裡找到它們的。那這個的畫面到底又來自哪裡，那麼多的細節，如此的清晰逼真？

恐怕它們是無所不在。要說我的童年裡充斥著什麼，那就是魚和螃蟹，蝦和龍蝦。我多次看見爸爸從冰箱裡取出吃剩的魚，他站在廚房裡吃，在夜晚或者在週末的清晨。他最喜愛的仍舊是螃蟹；到盛夏的季節來臨，到處都開始看見螃蟹，通常他在放學後的時間到阿倫達爾的漁碼頭去買幾隻，他也經常自己去捉螃蟹，在傍晚和夜裡，在群島的一個小島外，或是沿著島嶼外側的岩石。也有帶著我們一起去的時候，有那麼一次讓我記憶非常深刻，在深藍色的八月的天空下托龍根燈塔外的一個夜晚，當我們從船上下來在一個小島上走過時，海鷗向我們發動攻擊，之後我們帶著兩隻裝滿螃蟹的桶，在一個低窪處點燃了篝火。噗噗上竄的火苗直指天空。環繞我們四周的是凝重的大海。爸爸的臉閃著光輝。

我放下杯子，切下一塊魚肉，把叉子戳了進去。圍繞著三個叉齒下的肉鬆散裂開，這深灰色的、肥滑的肉是那麼柔軟，舌頭往上顎一頂它就被全部揉碎了。

下午我們繼續清洗屋子。樓梯部分結束了，我開始接手做托薇剩下的工作，英格威開始清理餐廳。外面下雨了。玻璃窗上鋪上了一層排列整潔的細水珠，陽臺牆的顏色變深了些，外面的峽灣口那裡，那裡的雨一定下得更猛，地平線上的雲層裡傾瀉出大量的雨水。我把所有這些小裝飾物都擦乾淨，電燈、照片和在架上擺放得滿滿的紀念品，我把它們一個個放在地板上，再繼續擦這些層架。一個看上去像是來自《一千零一夜》裡的油燈，在同一時期的便宜和昂貴的物品，有著彎彎曲曲的裝飾花紋和金色的飾物；一個威尼斯的鳳尾船模型亮閃閃的就像一盞燈；祖母和祖父站在埃及金字塔前的一張照片。正當我站在那裡看著照片的時候，聽見祖母在廚房裡站起來。我擦去了玻璃片和鏡框上的塵土把它放回原處，又拿起了那老式唱片的小支架。祖母的手在我背後揪著我。

「不用，你真的沒有必要去擦它們，」她說，「完全沒有必要。」

「沒事的，很快就結束了。」我說，「我已經動手打掃，這只是順便一起。」

「是，是，」她說，「弄乾淨也好。」

當我把這個支架上的灰塵擦去後，把它放在地板上，唱片放在一旁，打開櫃子，拿出放在裡面的那個老式立體音響。

「你們平常不在晚上時喝一點是嗎？」她說。

「對，」我說，「至少，不是每天都喝。」

「我想也是。」她說。

在河對面的城裡已是華燈初上，一片燈光閃爍。現在是幾點了呢？五點半？六點？

架板都擦乾淨後，我把立體音響放回原處。祖母明白了她在這裡什麼也得不到，轉過身，小聲說著是呀、是呀，到樓下的那間客廳裡去了。緊接著我聽到了她的聲音，英格威也在接話。我走進廚房去取玻璃窗噴霧劑和一點報紙，通過那敞開的門我看見她已經在裡面的餐桌旁坐下，想和正在工作的英格威說話。

喝酒這事真已在她腦子裡紮了根，我想，從櫃子裡取出噴霧劑，撕下了幾張放在掛鐘下那張椅子上的報紙，又回到了客廳。這一點都不奇怪，我現在總算明白了。他按部就班地把自己喝到送了命，沒有其他原因，而她在這裡，看著這一切。每天早上，每天上午，每個晚上。有多久？兩年？三年？就只有她和他。母親和兒子。

我在櫃子的玻璃門上噴了點清潔劑，把報紙搓揉成一團，用它在滴下的泡沫上擦拭了好幾遍，直到水乾，玻璃變得發亮。一邊擦著一邊看看周圍還有沒有我可以一起擦洗的玻璃，但除了我決定要留到以後再擦的玻璃窗以外，沒有其他地方了。於是我繼續完成架子這邊的工作，把所有東西都放回原位，然後開始清理放在櫃子裡的東西。

現在下面港口上方的空中只見雨線密集。緊接著雨滴開始敲打著我面前的玻璃窗。沉重、碩大的水珠頃刻間開始往下流，在整個玻璃窗上形成了歪歪斜斜的水紋圖。祖母在我身後經過。我沒有轉過身去，但她身體的移動仍然充滿在我的意識裡，她停下來，抓起遙控器，按下開關，在椅子上坐下。我把抹布放在隔板上，到英格威那裡去了。

「這裡也到處都是酒瓶，」他說，朝沿著一整堵牆放著的櫥櫃點點頭，「但餐具和其他的東西都一點沒問題。」

「她問我們平常會不會喝酒？」我說。「從我們到這裡之後她這樣問，至少不下十次。」

「對，她也這麼問我，」他說，「問題不在於她是否要喝酒。她其實不需要我們准許，但這是她的一種請求。所以……你覺得呢？」

「你在說什麼？」

「難道你不明白？」他說，又抬起了眼睛。他的嘴角有一絲並不快樂的笑意。

「理解什麼？」我說。

「她想喝一點酒。她很絕望。」

「祖母？」

「是啊。給她喝一點，你覺得呢？」

「你確定嗎？我想我持反對意見。」

「我一開始也這麼認為。剛開始會這麼想是當然的。但他住在這裡這麼久。她還能有什麼其他方法可以忍受下去？」

「她**酗酒**？」

英格威聳聳肩。

「現在的問題是她想喝一點。她需要我們的許可。」

「真該死，」我說，「這他媽真是個該詛咒的地方。」

「對。但她現在喝一點沒什麼關係吧？她畢竟受到了刺激。」

「那我們現在該做什麼？」我說。

「也沒做什麼，我們就去問問她是不是想喝一點酒？然後我們跟她一起喝一點？」

「好。但不是現在馬上就喝，對吧？」

「我們把晚上的工作處理完，然後再去問她。自然就好，沒有特別意思。」

半小時後我把櫃子裡的層架清完了，走到外面的陽臺上，雨已經不下了，空氣中充滿了來自花園的清新。桌上蓋著一層水膜，木座椅因為水的溼潤加深了顏色。那些躺在水泥地上的塑膠瓶，上面水珠點點。它們的瓶頸處讓人想到槍口，彷彿是躺在這裡設置好了的朝向四面八方的小炮筒。沿著鐵藝手工圍欄下端垂掛著一串串的水滴。不時地落下一顆水珠，以幾乎聽不到的空洞聲響墜落在下面的水泥地上。

爸爸三天以前曾在這裡，這讓人難以置信。三天前他也看到同樣的景物，走動在這屋裡，像我們一樣看著祖母，想著這僅僅是三天以前，就令人難以置信。也就是說，他不久前還在這裡。這一點我還可以理解，但無法理解他再也看不見這些了。陽臺、塑膠瓶、鄰居亮著燈光的窗戶。一片已經脫落的奶油漆掉在紅色的露臺上，就在生銹了的桌腳旁邊。雨水繼續從屋簷排水溝那裡往下流，一直流進草坪裡。無論如何，我很難想像，他再也看不見這些了。他不想見我和英格威，這我理解，這與感情、生活有關，但這交織在內的這層死亡，與具體的、環繞著我的現實，完全是另一種形式。

空空如也，只是一片空白。甚至連黑暗也沒有。

我點燃一支菸，手在溼溼的椅子上抹了幾把，坐了下來。只剩兩支菸了。我得在下面的報亭關門之前去一趟。

沿著草坪的另一端圍籬，一隻貓鬼鬼祟祟地進來了。牠一身灰白花斑毛，看上去是隻老貓。牠在門口那裡停下，舉起前爪，朝下望著一會草皮，後繼續前行。我想到了我們的貓，南森，托妮耶把她的愛都傾注給了牠。牠是隻只有幾個月大的小貓，跟托妮耶睡在同一個被窩下面，把小腦袋探了一點在外面。

在這一整天裡我一次也沒想過托妮耶。一次也沒有過。這意味著什麼呢？我不想又打電話給她，因為實在沒什麼可說的，但為了她我必須打。要是我沒有想著她，我知道，她是想著我的。

大海上高高的天空中一隻海鷗平滑著飛了過來。牠的目標直指向陽臺，我注意到我自己笑了，祖母的海鷗又到這裡來覓食了。但我正坐在那裡，牠不敢往下飛，於是牠落到了屋頂上，在那裡立刻脖子後仰發出一聲海鷗尖銳的鳴叫。

可以給一小塊鮭魚嗎？

我在地上熄滅了菸，把菸蒂塞進了一個塑膠瓶的瓶口，站起來走進屋到正在看電視的祖母那裡去。

「你的海鷗來了，」我說，「要我給牠餵點鮭魚嗎？」

「啊，」她說，「我自己可以餵，你知道的。」

她站起身佝僂著身子進了廚房裡。我拿起遙控器關掉了音量開關。然後走進餐廳，那裡空無一人，我在電話面前坐下來，撥了家裡的電話。

「哈囉，托妮耶嗎？」

「哈囉，是我，卡爾．奧韋。」

「嗯，嗨……」

「嗨。」

「你怎麼樣啊？」

「不太好，」我說，「這裡的一切都很沉重。我幾乎一直在哭。但我不太清楚我哭的是什麼。爸爸死了，當然。但不只是這個……」

「要是我和你在一起就好了，」她說，「我想你。」

「這是座死亡的房屋。」我說，「我們在屋裡走來走去地刷洗他的死。他就死在裡面的那張椅子上，椅子還在那裡立著。所有這裡發生過的一切都被保存了下來，我是說，包括以前發生的事，當我在這裡長大的時候，那記憶也都還在這裡，它們從眼前冒了出來。明白嗎？從某種意義上說，我是那麼貼近它們。我就是小時候的我。爸爸就是那時的爸爸。那時候的情緒全回來了。」

「可憐的卡爾．奧韋。」她說。

祖母從我面前的門走過，她手裡端著一個放著鮭魚的盤子。她沒有看我。我的目光追隨著她直到她在另一間客廳裡消失。

「不用替我難過，」我說，「反而應該為他。他最後的生活、死去的方式，真的令人難以置信。」

「那你祖母還好嗎？」

「我不確定。她受到了很大的刺激。看起來幾乎老年癡呆了。她消瘦得真可怕。他們就坐在這裡灌酒。她和他。」

「她也喝酒？你的祖母？」

「對。真是不敢相信。但我們已經決定要把這裡的一切都收拾好，讓葬禮在這裡舉行。」

通過陽臺的玻璃門我看見祖母把盤子放在了陽臺上。她後退幾步，四下張望著。

「這聽上去是個好主意。」托妮耶說。

「我不知道，」我說，「但現在我們要這樣做。洗刷這該死的整棟房子，然後把它裝飾起來。買桌布、鮮花還有……」

英格威的頭從門那裡探進來。當他看見我正在打電話，眉毛揚了揚，腦袋縮了回去，就在同一時刻祖母從陽臺外面進來了。她站在下面的窗戶面前從那裡望出去。

「我想提前一天來，」托妮耶說，「那我就可以幫點忙。」

「葬禮在星期五舉行，」我說，「那你請一天假，還是？」

「對，請一天假。所以上午我就到。畢竟我很想你。」

「你今天都做了什麼？」

「也沒做什麼，沒什麼特別的事。到媽媽和漢斯那裡去吃晚餐。他們要我問候你一聲，他們很想你的。」

「啊，太好了，」我說，「你們吃什麼？」

托妮耶的母親是個非常出色的廚師，到她那裡去吃飯對喜愛食物的人來說是一種體驗。我不是這種人，吃什麼對我來說無所謂，吃普通的炸魚條跟吃烤大比目魚一樣，吃肉腸和吃威靈頓牛肉也沒什麼不同，但托妮耶在乎，一提到食物她的眼睛就發光，在這方面她自己就是個天才，極為享受在廚房裡做菜的時光；哪怕就是做一份披薩，她也總是將自己整個人投入其中。她是我所遇過的最感性的人之一。就這樣，她跟一個把與家人朋友一起用餐、相互交流或歡聚，看作是不得已的人在一起。

「比目魚。所以你不在這裡也好。」

我聽見她在笑。

「但它相當美味。」

「當然。」我說，「謝蒂爾和卡琳也都在那裡吧？」

「對。還有阿特勒。」

這個家庭發生了許多事情，就像所有家庭一樣，但所有人都隻字不提，大家都保持沉默，就像某個地方的宣言，其中的每一個成員，都沉浸於這種共同造就的這種氣氛中。托妮耶最喜歡我的一點，就是我很注重此事，在不同的關係中有著相互關聯或存在著這一切的可能性，一些她不習慣參與的事，她絕不會擅自去推測，但當我告訴她的時候，她總是滿懷興趣。這一點是從我母親那裡習得的，自我從上中學後，關於我們遇到的或是認識的人我就與她有過長時間的談話，他們講了些什麼，為什麼他們可能講這些話，他們來自哪裡，他們的父母是誰，他們住什麼樣的房子，所有的問題都和政治、倫理、道德、心理和哲學有關，這種到今天都還繼續進行著的對話，給了我關注的方向。我總是觀察著人們之間發生的事，試圖從中找到答案，很久以來我也認為，在觀察其他人的這方面我很有遠見，但並非如此，我到處所見只有我自己。或許這也不是跟我們所談到的話題有關，這是另外的問題，這是關於媽媽和我。就是這樣，在語言和反應上，我們彼此接近，在這裡我們彼此相關，在這裡我也尋求著我與托妮耶的連接。這是好事，因為她需要這個，如同我需要她強健旺盛的感官一樣。

「我想念你，」我說，「但我很高興你不在這裡。」

「你得答應現在不要把我從你發生的這些事情排除在外。」她說。

「我不會的。」我說。

「我愛你。」她說。

「我也愛你。」我說。

當我說這句話的時候，我總是想知道這到底是不是真話。最愉悅的情感已經結束。顯然地我愛她，我當然愛她。

「你明天會打來嗎？」

「當然。再見了。」

「再見。問候英格威。」

我掛了電話，走進廚房，英格威靠著廚房桌子站在那裡。

「是托妮耶，」我說，「她要我問候你。」

「謝謝，」他說。「你再替我問候她一聲。」

我在椅子邊上坐了下來。

「今天晚上我們就做到這裡，你說呢？」

「好。我也沒力氣了。」

「我要到下面的報亭那裡去一趟。然後我們可以……對，你知道的。你要買點什麼嗎？」

「可以幫我買包菸嗎？要不再來點洋芋片之類的？」

我點點頭站起來，走下樓梯，穿上了我掛在衣櫃裡的夾克，檢查了一下在衣服口袋裡的銀行卡，出門之前我在鏡子面前看了看自己。我看上去疲憊不堪。雖然我最後一次掉眼淚是在好幾個小時以前，但從眼睛上還是看得出來。它們沒有紅腫，只是眼睛仍帶不清爽和溼潤。

在臺階上我突然停住。想到了我們有好些要問祖母的事。到現在為止我們是太過於謹慎小心了。比如說，救護車是什麼時候到的？來得是否及時？當他們到達之後要是還有生命跡象，採取了什麼樣的緊急措施？

救護車一定伴隨著閃爍著的警示燈和警笛的長鳴，直接開到了上面的車道上。司機和大夫走下車，帶著儀器匆匆跑上階梯，到了門前，門是鎖著的嗎？這裡的門總是上鎖的，她有沒有足夠的精力能摸下樓梯，在他們到來之前把門打開？或者他們站在這裡摁響了門鈴。他們進門以後她都跟他們說了些什麼，**他躺在那裡面**？然後把他們領進客廳？那時他坐在椅子上嗎，他躺在地板上嗎？他們做了些什麼急救，心臟按摩、輸氧、人工呼吸？或者當時他們立刻確定他已經死亡，沒有了生命的跡象，只是把他抬上擔架，搬了出去，之後和祖母談了幾句話？她明白了多少，她又說了些什麼？這一切發生在清晨、中午，還是晚上？

在我們弄清楚有關他死亡的所有細節之前我們不能離開這裡，不是嗎？

我嘆了一口氣開始往下走。我的頭上是一片開闊的天空。在幾個小時前還是很單調的、被濃厚的雲層所遮蓋住的天空，現在那裡鋪撒開的形式像是一道縱深的風景，廣闊無垠的田野，陡峭的山壁和高聳的尖塔，有的地方潔白豐腴猶如白雪，其他的地方灰色堅實猶如山峰，同時那被落日餘暉照射著的大片平坦之地，沒有金光閃耀、光芒萬丈，或者如一團燃燒般的火紅，像平常可能出現的那樣，比較像是浸泡在了一種液體裡。懸掛於城市上空的是黯淡無光澤的紅，深玫瑰色，環繞四周的是能想像得到的所有不同層次的灰色。場景是野性及美麗。我想，每個人都應該蜂擁來到街上，車輛都該停下，把車門打開，司機與乘客該探出頭來，他們應該對這一切正在發生的美麗感到好奇，眼裡應該充滿渴求，那一片天空到底正發生著什麼事？

但頂多也只是抬起頭來望向天空，說幾句簡單的「今晚的天空真美」之類的評論，因為人並不會認為這有多麼無與倫比，相反地，沒有哪一天的天空不是充滿著奇幻無比的雲彩，光線照耀下的每一朵雲都獨具一格，姿態萬千，絕沒有重複的形狀。不過因為人們始終看著它們，因而變得熟視無睹，所以我們的生活中已忽略了這片變幻不已的天空，便不去想或者是看它了。我們到底為什麼會這樣呢？假如這不同的結構中有著某種**意義**，比如隱含著什麼跡象或要傳遞什麼資訊，要是解讀正確的話，就會理解那上面正發生著的不可避免的一切並始終給予關注。但現在的情況並非如此，這變幻不定的雲彩及光線**沒有任何含義**，它們看上去是亙古不變，形態完全取決於巧合，若是一些雲彩呈現出了某種跡象，在其最純淨和最完美的形式裡也只是毫無意義。

我來到了那條較寬闊的路上，那裡沒有行人也沒有車輛，再往下朝十字路口走去，也是星期日的那種休閒氣氛。一對老年夫婦在另一條人行道上漫步，幾輛車緩緩地下行向橋頭駛去，緊接著號誌燈變換為紅色但並無等候過馬路的行人。零售店旁的公車站停有一輛黑色的Volkswagen Golf，司機是個穿短褲的年輕人，他手裡拿著錢包下車，小跑著進了雜貨店，同時車停在那裡沒有熄火。當他出來的時候我在門口碰上了他，他手裡拿著霜淇淋。這不有點孩子氣嗎？讓車不熄火停在那裡就為買一個霜淇淋？

現在代替白天那個穿運動服的銷售員是一位二十出頭的姑娘。她身材豐滿，一頭黑髮，臉部帶有波斯人特徵，我猜想她的原籍是來自伊朗或是伊拉克那些國家。雖然臉圓圓的，身材略胖，但不失美麗。

她根本懶得看我一眼。她的注意力完全集中在在她面前櫃檯上的一本雜誌。我拉開冰箱門，取出三瓶半公升的雪碧，眼睛沿著貨架搜索著薯片，找到後抓起兩包，把它們一起放在了櫃檯上。

「另外拿一包蒂德曼斯黃菸絲和捲菸紙。」我說。

她轉過身在背後的架子上取下一包菸絲。

「瑞茲拉捲菸紙？」她說，仍然不看著我的眼睛。

「很好。」我說。

她把桔黃色的捲菸紙塞進黃色的菸絲包裝下面，把它們放在櫃檯上，同時用另一隻手開始在收銀機上打出金額。

「一百五十七克朗五十歐爾。」她說，一口純正的克里斯蒂安桑口音。

我遞給她兩百克朗。她在收銀機上一敲，下面的抽屜就打開來，她從裡面找出零錢。雖然我站在那裡把手伸出去，她卻把找的零錢放在了櫃檯上。

怎麼了？我有哪裡不對嗎？讓她看了不喜歡？或者她就是這麼悶騷？商店銷售員在結帳過程中和顧客間的目光交流不是很正常的嗎？要是顧客把手伸出去，你把錢放在另一個地方就幾乎是一種冒犯了吧？擺明就是這樣。

我看著她。

「可以要一個袋子嗎？」

「當然。」她說，膝蓋微彎從櫃檯下抽出一個白色塑膠袋。

「這裡。」

「謝謝。」我說，把買的東西裝進袋子裡，走了出去。有種想與她做愛的欲望，但並非和往常一樣那種欲火焚身的感覺，沒有那種強硬、急不可待，身體所有的器官緊縮準備全力對付獵物的強勢。我更覺得是那種情竇初開的溫柔與憐愛，這種情緒一直持續到走回祖母房子的前，但這也不是唯一的念想，悲傷仍始終環繞著我，成為那灰色不明朗的天空，我想任何時候它都可以再度將我完全籠罩。

他們坐在客廳裡看電視。英格威坐在爸爸的椅子上。當我走進時他轉過頭站了起來。

「我們想要喝一點酒，」他對祖母說，「畢竟工作了整整一天。你也想來一杯嗎？」

「這可就太令人高興了。」祖母說。

「那我來幫你倒一杯吧，」英格威說，「或許我們可以到廚房裡去坐坐？」

「好的。」祖母說。

她走在地板上的腳步或許比平時快一些？或許她那黑洞洞的眼睛燃起了一點光明？

啊，果真如此。

我把一包薯片擺在桌上，把另一包打開倒進一個碗裡，與此同時英格威從櫃子裡拿出一瓶藍色的絕對伏特加，它混雜在一大堆食物中間，當我們把所有酒都翻出來時發現的。接著從架上取下三個玻璃杯，冰箱裡拿出一盒果汁，加入伏特加來調酒。祖母坐在她的座位上看著他。

「你們也喜歡在晚上喝點酒啊。」她說。

「是啊。」英格威說，「工作了一整天，該放鬆一下。」

他笑著遞給了她一杯酒。然後我們圍著桌子坐下，三個人一起喝酒。快十點了。外面開始暗了下來。祖母很愛喝酒，這疑問釐清了。她的眼神很快就回到了從前的那種閃亮，蒼白瘦削的臉上有了紅潤，她的一舉一動變得柔和了些，當她喝完了第一杯後，英格威又重新幫她倒上一杯，她的神志也好像清醒多了，因為很快地，她坐在那裡跟從前的日子裡一樣談話和歡笑。頭半個小時我坐在那裡就像塊石頭，不舒服而全身僵硬，因為她像一個吸血鬼一樣身上終於又獲得了鮮血，我看見了，就是這樣：生命回到了她的身上，一步步一寸寸地將她充盈。這太可怕了，實在是太可怕了。但我自己注意到了酒精發揮的效應，思想變得柔軟，意識變得清醒開放，她坐在這裡飲酒談笑，在她發現自己的兒子死在客廳裡的兩天之後，好像不再那麼陰鬱。這沒什麼可怕的，她顯然需要這樣喝一點。在廚房的椅子上一動也不動地坐了一整天後——頂多站起來幾次，不歇氣地、困惑迷茫地在房子裡來回走動，且一直保持沉默——看見她又生命恢復精神真是欣慰。我們，我們也絕對需要這個。坐在那裡，聽祖母為我們講點故事，我們笑了，英格威附和著，我們笑得更開心。他們總是在使用雙關語上互相找到對方的感覺，但從來沒有像這個晚上那麼的心領神會。偶爾祖母她擦拭著眼睛裡歡笑的淚水，偶爾我與英格威目光對視，在他的眼睛裡我看見的是快樂，首先含著一絲愧疚之意，之後剩下的便漸漸只有愉悅。我們喝的是一種有魔法的酒。這晶瑩的液體是那麼的尖銳爽口，雖然其中還摻有果汁，但它改變了我們的關係。在那裡把發生過的事情從意識裡推出去，就像是來自外面的光亮。為身為正常人的我們，為我們正常的思想打開了道路，為我們是誰和我們如何思想，以一種光芒和溫暖倏地照亮一切，在我們前面的路上便沒有了障礙。祖母仍然聞著有尿騷味，她的衣服上仍滿是油污和食物的斑斑污漬，她仍然瘦骨嶙峋，在她最後的幾個月裡仍然在這老鼠窩裡與她的兒子，我們的父親一起生活，依然在那裡死於酗酒，那裡仍然是有點毛骨悚然的。但她的眼睛已在閃爍。她的嘴角已蕩出笑意。她的手，到目前為止還靜靜地放在膝蓋上，但倘若不是那根抽了一半的香菸佔據著它，她的雙手肯定會開始不停比劃。在我們的眼裡她變換回了以往的她，靈活輕快，始終笑意盈盈笑聲不斷。她講的那些故事，我們以前聽過，但問題的奧妙恰恰在於此，至少對我來說是這樣，因為在講述的過程中，祖母回到了從前，從前在這裡發生的一切也回來了。在這些故事當中沒有一個故事本身有什麼好笑的地方，一切在於祖母講述的方式，增添了故事的感染力，和她自己從中發現的好笑之處。她總是在每一天裡發現一些滑稽可笑的事，每一次都笑得同樣厲害。她的兒子們也參與其中，所以他們總是把自己每一天當中發生的許多小故事都告訴她，這些故事觸及她的心靈，她為此而發笑，並把它們積累於心，讓它們成為自己劇碼中的一部分。她的兒子們，特別是埃爾林和居納爾，他們都對雙關語這種俏皮話有偏好。他們不是把居納爾派到商店去買個「力克巧」回來嗎？還要買個「長記性」？他們不是作弄英格威，讓他相信「排氣管」和「汽化器」是最嚴重的髒話，讓他發誓絕不從嘴裡說出這些話來嗎？爸爸也和他們一起參與這種蠢事，把這當髒話來罵他，我可從來沒這麼幹過；另一方面當爸爸用這髒話罵人時我也不表示出驚訝。他摻和在編造的一個故事裡面，像祖母那樣笑話它們，實在不可思議。

雖然這些故事以前講過了一百遍了，她還是說得頭頭是道身歷其境一般，就像是第一次在講。緊跟著就是打哈哈，總是那麼徹底地開懷大笑：這是因為其中找不到一丁點兒不自然的東西。我們喝了好些酒，酒精已經把我們身上所有黑暗都照亮了，另外還屏除了互相審視的目光，我們現在可以毫無困難地與她目光對視。一串串的笑聲於桌上滾動著。祖母把她從八十五年的生活裡積攢起來的那些由瑣碎小故事匯成的洪流成捆打包，但她不就此停止，於是更多地陶醉其中，自我意識下降，她繼續講他們熟悉了的那些故事，對發生的細節講得更多，這樣一來那些故事最後都變得有點面目全非。比如那個一九三〇年代初期她在奧斯陸當私人司機的故事，我們都知道得很清楚，這也是家族故事中的一部分，因為那時候獲得證書的婦女很少，或者對這個問題來說就是當女司機的那時為數不多。她回覆了一個報上的廣告，她說，在奧斯高斯特蘭那裡的家中她讀《晚郵報》時看見了這條招聘廣告，她寫了封信去，就得到了這份工作，後來搬到了奧斯陸。她替一個性格古怪的有錢老太太工作。那時候的祖母剛二十出頭，住在主人極為寬大的宅第中的一個房間裡，她開車載著她按她的心願四處轉悠。老太太有條狗，那狗時常站在窗戶把腦袋伸出去對著所有的行人狂吠，當講到這裡時祖母樂了，那時她多難為情啊。為了要描述那個老太太有多麼古怪，她的表情也相當誇張，或許她當時已經老年癡呆了吧。祖母還有一件總要提到的事，那就是她觀察到了這房子裡到處都藏著錢。在冰箱下面有一疊疊的鈔票，在鍋子和茶壺裡，在地毯下，在睡房的枕頭下。當祖母講到這裡時，通常會笑起來同時搖著腦袋，因為我們得記住她是剛從家裡搬出來，是從一個小鄉鎮來的，她所遭遇到的不僅僅是外面的世界，而是外面的一個美好世界。這一次，當我們一起圍坐在她的廚房裡燈光明亮的餐桌旁時，我們臉上的陰影對著黑暗的窗戶，我們中間放著一瓶伏特加，突然她開口問話了：

「你們說我能做什麼？你們知道，她是個大富婆喲。到處都扔著錢。要是其中一些錢不見了她是不會注意到的。要是我拿了那麼一點點又有什麼關係啊？」

「你拿錢了？」我說。

「我當然拿了，但拿得不多，對她來說完全不值一提。她沒發現，這又有什麼關係。是她給的工錢太少！是的，她給得太少了，我得到的工錢少得可憐。因為我不光給她開車，也還得做所有那些雜七雜八的工作，所以多給我一點完全是合理的！」

她用手在桌面上捶了一下。然後她笑了。

「拿了一百克朗，就一百！當我們在奧斯陸城裡開車時我們有點惹人注目。那時候的私車畢竟不多，所以我們很顯眼。是啊，他們都在看著我們呢。」

她輕輕一笑。然後嘆口氣。

「啊呀呀，」她說，「生活就是混鬥（奮鬥），這老太太說，她不會發F這個音。嘿嘿嘿。」

她把杯子舉到唇邊，把酒喝了下去。我也像她那樣把酒喝乾了。抓起酒瓶把酒倒進了我的空酒杯裡，瞟了一眼英格威，他點點頭，把他自己杯裡的酒一飲而盡。

「還想來一點嗎？」我說，看著祖母。

「好啊，」她說，「再來一點。」

我也為她斟了酒，英格威開始倒柳橙汁，但只倒了半杯就沒有了，他把紙盒搖了幾下。

「空了，」他說，看著我，「你買雪碧了嗎？」

「買了，」我說，「我去拿一瓶來。」

我站起來朝冰箱那裡走去。除了我的那三瓶半公升的雪碧外，那裡還有一瓶一．五公升的，是英格威那天早些時候買的。

「你忘了這個？」我說，把大瓶子舉起給他看。

「還真的忘了。」英格威說。

我把大瓶雪碧放在桌上，走出房間下樓去洗手間。這些黑暗鑄就的寬大房間空蕩蕩的環繞著我。但腦袋裡酒精燃燒著，我沒留意到那裡的陰鬱或許會充盈我，因為儘管我不是真正高興，但我歡呼、振奮，被內心的渴望驅使如此，即使想到了爸爸的死亡也不希望有所動搖。那只是一個黯淡了的陰影，非常靠近，但毫無結果，因為生命已經取代了那個位置。所有的畫面和聲音，急切追逐著沉醉於其中的一切給人一種錯覺，我發現自己在一個地方和許多人一起，心裡充滿了歡樂。我雖然知道不是這樣，卻感覺如此，是感覺主宰著我。當我踩在一樓褪色的牆下的地毯上時，只有通過大門上的玻璃透進來的一點微弱光線。我走進洗手間，有嗖嗖聲，三十年來一直這樣沒變過。當我從洗手間出來，聽到了他們在上面的聲音，我快步走上樓梯。在客廳裡我往深處走了幾步，以另一種，更加漠然的心情看向他死去的地方。

就在那一刻事情發生了，驀地我有了種他就在那裡的感覺。我看不見他，不是視覺上的，但我感覺到了**他**，一個完整的存在，就像他在最後的日子裡待這些房間裡一樣。啊，實在是太奇異了。但我不願讓此時此景把我留住，或許也不可能，因為感覺只在瞬間，之後思想便伸出爪子將它擊伏。我走進廚房，那裡的一切都跟我離開的時候一樣，除了飲料的顏色變了，現在它們是晶瑩的，充滿了許多灰白色的氣泡。

祖母開始講起了更多她居住在奧斯陸那時期的事。這也是屬於家族的一個老故事，也是這件事讓她始料未及，對我們來說是從未聽說過的最後顛倒了的結局。我知道，祖母最初是和祖父的大哥阿爾夫在一起的。祖母和他大哥原先是一對戀人。他們兄弟倆一起在奧斯陸讀書，阿爾夫主修自然學科，而祖父學的是經濟。在和阿爾夫的關係結束以後，祖母同祖父結婚了，搬到了克里斯蒂安桑，阿爾夫也到了那裡，但那時和他結婚的是索爾維。在少年時代她就患了肺病，一個肺葉是氣胸，她的一生都是病怏怏的，不能夠生孩子，所以在他們年齡相對大一些的時候領養了一個亞洲女孩。在我整個成長的過程中，大多數的聚會和歡宴都是阿爾夫一家和祖父母一家為我舉辦的，是他們來我們家做客，阿爾夫和祖母之間的事常常被提起，這已不是什麼祕密，在祖父和索爾維去世後，祖母和阿爾夫一週見面一次，每個星期六上午祖母到他在格里姆的那棟別墅裡去看望他，沒有什麼值得驚訝的事，但也有人會意地笑著，或許他們倆到底是應該在一起的？

現在祖母開始講到了她和這兄弟倆的第一次見面的情況。阿爾夫性格外向，而祖父更表現內向，但兩個人都對這位來自奧斯高斯特蘭的女孩同樣感興趣是不言而喻。祖父觀察著他大哥是如何與祖母交往，而他善用自身特有的機智和幽默去贏得她的好感，低聲對她說：他**口袋裡有戒指**！

當講到這裡時祖母笑了。

「你說什麼？我問，雖然我非常明白他講的是什麼。**他口袋裡有戒指**！他又重複一遍。**什麼戒指啊**？

我說，然後他說，**訂婚戒指**！知道吧，他還以為我不明白這個！」

「後來阿爾夫和索爾維訂婚了嗎？」英格威說。

「是啊，他跟她訂了婚。但她住在阿倫達爾，還生著病。他預先也沒有想到會永遠持續下去。但他們最後還是在一起了。」

她又喝了一口。然後舔舔嘴唇。接著是靜默，她又沉陷下去，就像這兩天裡她做的許多次那樣。她雙手交叉坐在那裡，凝視著前方。我喝光杯裡的酒，又倒上一杯，掏出菸紙來，放進一點菸絲，把它們理順，盡最大可能讓菸絲緊在一處，再把菸紙捲幾下，向一端壓緊後再封口，舔一下膠，揪下露在外面的菸葉，把它們放回菸絲盒裡，把這有點彎曲的菸放進嘴裡，用英格威那個綠色的，幾乎是半透明的打火機把菸點燃。

「祖父去世的那個冬天我們正要去南方度假，」祖母說，「我們買好了機票，一切都準備好了。」

我從嘴裡噴出一口煙，看著她。

「知道嗎，那個晚上他在浴室裡倒下了……我只聽見那裡面轟然一響，我從床上起來，他躺在地板上對我說得叫救護車來了。當我照他的話做了以後，我坐下來，握著他的手，同時等待救護車的來臨。那時他說我們要去南方的。我在想**你要去的肯定是另一個南方！**」

她笑了，但笑的時候她埋下了眼睛。

「你要去的肯定是另一個南方！」她重複了一句。

長時間的沉默。

「哈哈，」她說，「生活是一場混鬥，這老太太說，她不會發F音。」

我們都笑了。英格威把他的杯子挪動了一點，向下注視著桌面。我不願她去想祖父或是爸爸的死亡，試著把她引到她以前講過的另一個話題上。

「當你們剛到克里斯蒂安桑來時，不是搬到這裡嗎？」

「哦，不是，不是這裡，」她說，「是比庫霍爾姆斯路遠得多的地方。這裡的房子是我們戰後買的。對，其實我們買的只是塊地。這塊地的位置很好，是最好的地方了，因為我們的房子是帶風景的喔，你們知道的。面對大海和城市。地勢這麼高沒人能看到我們房子裡面。當我們買房時，這裡還有另一棟房子。或者把它稱作房子都有點過了。哈哈。原本它就像是窩棚，一個放雜物的房子。住在這裡的是兩個男人，我記得是這樣，對，就是這樣……。一句話，他們就知道喝酒。第一次我們到這裡看房時，我記得很清楚，那裡到處都是酒瓶！當我們一進去，走道裡、樓梯上、客廳裡，還有廚房也一樣。到處都是！有些地方還都讓酒瓶塞得滿滿的，連個放腳的地方都沒有。所以我們買這房子的價錢相當便宜。我們把房子拆了，然後建起了現在這棟房子。原本是沒有花園的，只有一道山壁。靠山的一個破房子，就是我們那時買下的。」

「那你一定花了不少時間在花園上吧？」我說。

「啊，是呀，沒錯。啊，是的，是的。外面那些李子樹，知道嗎，它們是我從我父母在奧斯高斯特蘭的家裡那裡帶來的。它們真的夠老了。它們看起來和以前不一樣了。」

「我記得我們常常口袋裝滿李子回家。」英格威說。

「我也記得。」我說。

「它們還結果嗎？」英格威說。

「還結吧，我想，」祖母說，「或許不像以前那麼多了，可是……」

我拿起酒瓶，現在裡面只有半瓶了，我又自己倒滿一杯。祖母想到了她的軌跡現在已經結束，包括這裡發生了的一切。我想，這一點或許並不奇怪。我用拇指抹去掛在瓶口的一滴酒，把手指頭放進嘴裡舔乾淨，這時候在桌子另一端的祖母正把一盒菸絲打開，捏起一些放進了捲菸器裡。因為無論最後的幾年裡她過的是一種可怕又難以忍受的生活，但這一切只是她所經歷過的困難中微不足道的一部分。當她看著爸爸的時候，在她的眼裡他是嬰兒、兒童、少年、成年男人，他所有的性格及個人特質都凝聚在這一瞥當中，她看見他醉得不省人事，躺在她的沙發上拉屎拉尿，那是短暫的一瞬間，她那麼衰老，較之她多年積累的與他共處的許多時光，這不足以組成一幅畫像。我想，這房子也是一個同樣的例子。最早的有許多酒瓶的那房子本身就是一個「酒瓶屋」，而這棟房子就是她的家，一個在她這裡度過了自己最後四十年的地方，這裡到處都是酒瓶，再不可能對她有任何的意義。

或許只是因為她醉醺醺不再使她能清醒地思考？在這種情況下她把一切掩飾得很好，除了她一度再想像自己仍然青春，並耽溺於這股想像裡。但我沒有什麼把握去正確判對任何事情。酒精的刺激不斷地顯現更多的光明，似乎釐清腦子裡越來越多的問題，我開始把酒吞下去，幾乎跟喝果汁一樣，然後發現這是一個無底洞。

在我喝了一杯雪碧後我拿起絕對伏爾加酒瓶，放在了窗檯上，剛好擋住了祖母的視線。

「做什麼你！」英格威說。

「你把酒瓶放在窗檯上！」祖母說。

我紅著臉困惑不解，抓起酒瓶把它又放回桌上。

祖母開始笑了。

「他把烈酒瓶放在窗檯上！」

英格威也笑了。

「現在，鄰居們一定看見我們坐在這裡喝酒了！」

「是，是，」我說，「我沒想過這個。」

「不，應該就這樣！」祖母說，把笑出來的淚花從眼睛上擦去。「哈哈哈！」

在這棟房子裡，人們總是非常在意其他人往屋裡看，總是刻意讓一切能被看見的都變得模糊不清，從衣著到花園，從房屋外牆到汽車，還有孩子的舉止行為，要是放一瓶烈酒在窗檯上，將屋內的一切資訊暴露無遺，任何靠近屋子的人都可以清楚知道我們裡面在做些什麼了。這就是為什麼他們，以及我後來也笑了起來的原因。

天空中的光照在路對面的小山坡上，透過廚房炫目的燈光讓道路上有了點黯淡的光亮，那上面橫著我們三人像潛艇般的藍灰色的影子。這是個應該像那樣的一個漆黑夜晚。英格威開始說話含糊不清。一個不了解他的人，不可能看出來。但我注意到了，因為他醉的時候總是這樣，先出現含混囈語，然後就是越來越多的鼻音，直到最後完全大醉，頃刻間便會栽倒在地，這一點幾乎不難理解。而我大醉之後的表現不太明顯，主要是一種內在的變化，我都仍口齒清楚、表達明確，但這也是個麻煩，因為人們看不出我究竟有多醉了，我走路和說話也幾乎跟往常一樣，也就找不出在後來因為我可能在言語和行為上宣洩出的一切而原諒我的理由。另外暴烈在其中占更大比重，因為喝醉不會昏睡或是與被與他人的溝通問題所打斷，它只會繼續深入，到達一種晶瑩透明、空茫及原始的狀態。我愛這一點，我愛這種感覺，這是再好不過的感覺了。但它從來沒有帶給我美好，一天之後，或者幾天之後，它反倒變成了不懂節制的愚蠢，我痛恨這點。當我喝醉時，我看不見未來，也不思索過去，只是待在當下，這就是我為什麼想繼續喝醉的理由，為了我的世界，在整個難以忍受、折磨人的平庸裡，我在當下尋找到了光輝。

我轉身望了一眼牆上的掛鐘。十一點三十五分。瞅了一眼英格威。他顯得很疲倦。眼睛變小了，眼眶周圍有點發紅。他酒杯空了。他差沒回去倒在床上。我自己一人不想與和祖母一起待得太久。

「你再來一點嗎？」我問，指了指桌上的酒。

「嗯，那再來一點吧，」他說，「但這是最後一杯了。我們明天一大早還要起床。」

「喔？」我說。「為什麼？」

「我們九點有約，你不記得了？」

我往腦袋上拍了一下，從高中以後我就沒有再做過這個手勢。

「啊，沒問題的，」我說，「不就一個會議嘛。」

祖母看著我們。

我心想，希望她千萬別問我們要去哪裡。殯儀館這個詞無疑會打破眼前這份愉悅。然後坐在這裡的，又會是一個失去了自己兒子的母親，和失去了自己父親的兩個孩子。

我想問她要不要再來一點酒，但我不想顯得太過冒然。這裡有一個限度，這和規矩有關，這早已超過了限度。我拿起酒瓶幫英格威倒上一杯，然後幫我自己的杯子斟滿。當我在倒酒時，對到了祖母的眼神。

「你想再來一杯？」我聽到了自己的聲音。

「或許，一小杯吧，」她說，「時間有點晚了喔。」

「是呀，是晚在地球上。」我說。

「你說什麼？」

「他說晚在地球上，」英格威說，「是瑞典著名詩人的一句名言。」

為什麼他這樣講？他想抬高我嗎？唉，該死，說這句話真是他媽的一件蠢事。晚在地球上……

「卡爾．奧韋很快要出一本書了。」英格威說。

「是嗎？」祖母說。

我點點頭。

「是啊，你也點頭了。我是聽到有人這樣說的。我想，是居納爾？他說你很快就要出書了。」

她把酒杯舉到嘴邊喝酒。我也做著和她一樣的動作。但這是我的幻想嗎？還是她的眼裡又是一片黑暗？

「這麼說，在戰爭期間你們沒有住在這裡啊？」我說，重新喝下一口酒。

「沒有，不是戰爭一結束就住這裡，幾年以後，我們才搬回這裡。戰爭期間我們住在那外面。」她說，用手指了指背後。

「都發生了什麼事啊？」我說，「我意思是說，在戰爭期間？」

「喔，你知道嗎，那幾乎就跟平常一樣。食物比較難取得，但沒有太大差別。德國人是普通人，跟我們一樣。我們還認識了他們的其中一些，知道吧。在戰爭結束以後我們還特地去看他們。」

「在德國？」

「對，對。在他們必須離開這裡的時候，那是一九四五年的五月，他們打電話到這裡說，要是我們想的話，可以到他們那裡去拿他們留下的東西。他們把最好的酒留給了我們。還有收音機，跟許多其他別的。」

我以前倒是沒聽說過在德國投降以前，他們接受過德國人的禮物。而德國人竟然去過他們家。

「他們都把東西留下了，」我說，「放在哪裡呢？」

「在一個地方的碎石堆裡，」祖母說，「他們打電話來準確地說出我們可以在哪裡找到它們。然後當天晚上我們就去了那裡，東西在那裡，完全跟他們描述的一樣。他們很友好，是的，確實是這樣。」

祖母和祖父曾經在一九四五年五月的一個夜晚爬上山麓碎石堆，去那裡四處搜索德國人的酒？

一束車燈穿過花園照射進來，投射在了窗戶下的牆上幾秒鐘，直到車身一個完整的轉彎然後慢慢地在下方的小巷裡駛過。祖母彎著身子朝窗外看。

「這個時間會是誰呀？」她說。

她嘆了口氣坐回椅子裡，把手放在膝蓋上。看著我們。

「你們在這裡真好，孩子們。」她說。

一個長時間的靜默。祖母又再喝了一口酒。

「記得你們住在這裡的時候嗎？」突然她說，看著英格威的眼神裡含著溫暖。「你們父親來看你的時候，他留著鬍子，你跑上樓梯高喊著『那個人不是我爸爸！』哈哈！『那不是爸爸！』……那時候你可真逗啊，知道嗎？」

「我記得很清楚。」英格威說。

「然後就是我們在這裡聽《九小時》節目時，他們在跟挪威最老的一匹馬的主人對話。你記得嗎？那時你就說『爸爸，你跟挪威最老的馬一樣老！』」

她把腦袋朝前彎下去同時笑了，用食指擦拭著眼角。

「還有你，」她說看著我，「記得那時候你一個人和我們去度假屋的事嗎？」

我點點頭。

「一早我們在樓梯上發現了你，你坐在那裡擦眼淚，當我們問你為什麼哭，你說『我好孤單』。你才八歲啊，記得嗎！」

那個夏天媽媽和爸爸去德國度假。英格威在南伯沃格的外公外婆家裡，我在這裡，在克里斯蒂安桑。我記得什麼呢？和祖父祖母很有距離感，關係相當生疏。突然間我就成了他們的生活中的一部分。他們比以往顯得更加陌生，因為我們之間找不到任何人或事可以傳達溝通。一天早上我在牛奶裡發現了一隻小昆蟲，我不要喝，祖母說我不應該這麼挑剔，只要把蟲子撥出去就行了，在外面的大自然裡就是這樣的。她說話的聲音有點尖銳。我把牛奶喝下去了，一直犯著噁心。為什麼剛好就回想到了這段記憶？沒別的了？一定還有其他的吧？對了，媽媽爸爸給我寄來了一張拜仁慕尼黑的明信片。我是多麼的渴望擁有這麼一張明信片，又是多麼高興終於到手！當他們終於回家來以後，還帶回了禮物：給英格威的一個金紅色足球，給我的是一個綠紅色的足球。這些顏色真是……啊，有如剛誕生那般快樂……

「還有一次你站在這裡的樓梯上喊著我，」祖母說，她望著英格威，「你在上面還是下面？我說我在下面，你喊道為什麼不在上面？」

她笑了。

「是啊，有好多好玩的事……在你們搬到蒂巴肯後，你就直接跑去敲鄰居的門，問那裡有沒有住小孩。你問：你們這裡住著小朋友嗎？哈哈哈！」

當笑聲完全停住後，她又獨自輕聲笑了一會兒，同時開始在捲菸器裡重新裹一支菸。捲好的菸外面一段是空的，當她用打火機點菸時，火苗猛地往上一竄。有一點菸灰片飄散到了地板上。當菸草點燃後，一片暗紅火星點點，每當她吸一次濾嘴，火花就愈加強烈。

「現在你們都長大了，」她說，「這太奇怪了。好像一切才昨天，你們都是小孩子……」

半小時後我們上床睡覺。英格威和我把桌子收拾乾淨，酒瓶放回了水槽下面的櫃子裡，菸灰缸倒乾淨，把酒杯放進洗碗機裡，我們工作的時候祖母坐在那裡看著我們。當我們把所有事做完，她也站起來。一點尿從她的座椅上流下來，她完全沒有注意到。在她出門時撞到了門框上，先是廚房的門，然後是走道的門。

「晚安！」我說。

「你們倆也晚安。」她笑著說。我的眼睛一直看著她，當她的臉轉開的那一瞬間笑容也倏地消失，然後開始走下樓梯。

「唉，是啊。」當我們幾分鐘後站在我們房間裡時，我說，「就是這樣。」

「是啊。」英格威說。他幾把抓扯下了身上的毛衣，把它搭在椅背上，又脫下褲子。酒精讓我渾身上下充滿了熱度，讓我真想說什麼。所有坑坑窪窪的東西變得平順了，不存在任何的麻煩，一切都是那麼簡單。

「真是忙碌的一天。」他說。

「是啊，這倒是真的。」我說。

他又躺回床上，把被子拉起來蓋在自己身上。

「那晚安。」他說然後閉上眼睛。

「晚安，」我說，「祝好夢。」

我走到門旁邊的電燈開關那裡，關掉了天花板上的燈。在床上坐下。我現在很不想睡覺。在瘋狂的一秒鐘裡我想到了走出門外。現在戶外那些地方離關門時間還有好幾個小時。這是夏天，城市裡充滿了人，或許其中還有幾個我認識的。

但疲倦瞬間向我襲來。突然我唯一想的做的事就是睡覺。我幾乎無法舉起手臂。想到要把衣服脫掉都覺得難，於是我走回床邊和衣躺下，閉上雙眼，落進了那柔軟的、最深層裡的光明中。身體上還稍有一點動靜，我的小拇指動了動，在肚腹上撓了幾下，即將入睡時，嘴角掛著笑容。

在深沉的睡眠中我已經知道外面有什麼可怕的事情在等待著我。在我進入了快要返回到意識的狀態時，我試著讓自己掉頭再回轉到熟睡之中，我想我也的確做到了，要不是英格威聲音裡的那份固執，我還差點忘了今天早上有一份要事。

我睜開眼睛。

「幾點了？」我說。

英格威已經穿戴完畢站在門口。黑褲子，白襯衫，黑色西裝。他的臉看上去有點腫脹，眼睛小了些，頭髮有點淩亂不乾淨。

「八點四十，」他說，「起了床就走。」

「啊，真該死。」我說。

我坐起來，感覺酒還沒有完全消退。

「我先下去了，」他說，「你要趕快。」

當我把昨天的衣服穿在身上以後，有一種很強烈的不舒適感，好像我們做完了那些事情的不愉快被加倍地放大，席捲而來。我把這些纏繞著我的念頭從身上撕下。我做的所有動作都是沉重遲緩的，即使我站起身把腳隨意放立在地板上也要花費力氣，就別提如何舉起胳膊把襯衫從掛在衣櫃裡的衣架上取下來拿在手裡這事，該有多難了。但我必須這樣，那就這麼只管這麼做好了。右邊的木頭手臂伸進去，左邊的木頭手臂伸進去，先扣好袖口鈕釦，然後再繫上衣襟前的鈕釦。為什麼他媽的要喝酒啊？我們怎麼會這麼蠢？一開始我也不想的，但事實上最後那幾刻我是願意的，坐在這裡，全世界就這個地方，和她一起喝酒。我**還是**這麼做了。這怎麼可能？這他媽怎麼可能？

我心懷愧疚。

我蹲在箱子前，在衣服堆裡翻找一遍，找出了那條黑下裝，坐在床沿把褲子穿上。再沒有比坐著更舒服的事了！但我又得站起來，好把褲子完全拉上去，找出西裝外套穿上，下樓到廚房裡去。

當我倒滿一杯水喝下去時，額頭上已都是汗。我朝前低下頭把腦袋伸在流著水的水龍頭下。一方面是為了讓自己涼快些，一方面是為了頭髮。我頭髮雖短，但還是睡得像個雞窩，這樣會讓它變得像樣些。我的下巴滴著水，身體重得像個口袋，我走下樓到了走道裡，再走到外面的階梯上，英格威和祖母一起站在那裡等候著。握在他手裡的車鑰匙發出嘰嘎的聲音。

「你有口香糖嗎？」我說。「我沒來得及刷牙。」

「今天這種情況你不能不刷牙，」英格威說，「來得及，你快一點。」

他是對的。大概我身上能聞到酒味，在殯儀館裡是不應該聞到什麼酒味的。但要快一點我也沒辦法。在二樓的走道裡我得停下來歇歇，拽住那裡的樓梯欄杆，似乎我的心也累了。在床邊的桌上去拿了牙刷牙膏後，我以最快的速度在廚房的水槽前刷完了牙。現在我只要把牙膏牙刷放在那裡，然後儘快下樓即可，但我心裡有一個聲音在說這樣不行，牙膏牙刷不能放在廚房，它們應該放在上面的臥室裡，於是這又花去了兩分鐘。當我再跑到外面的階梯上時，已經是九點四分。

「我們出發了，」英格威說，向祖母轉過身，「不會太久的。我們很快就回來。」

「好。」她說。

我坐進車裡，繫上安全帶。英格威一屁股在我旁邊的座位坐下，把車鑰匙插進點火裝置，一擰轉，側過頭去往那道小坡上倒車。祖母站在屋前的階梯上。我向她揮手，她也向我揮揮手。當我們倒車進入了那條小巷子，不可能再看見她了，我想知道她是否還站在那裡，像她往常那樣，因為當我們繼續再往前開時，就是我們雙方最後一次進入對方的視野，在她轉過身走進屋裡以前，這可能是最後一瞬的告別，我們把車開上了公路。

她站在那裡。我揮手，她也揮手，然後她走進屋裡。

「她今天也想跟著一起去嗎？」我說。

英格威點點頭。

「我們就照我們對她說的那樣，不要辦太久。雖然我想過要找一間咖啡廳坐坐，或者去幾間音響店。」

他用左手食指打方向燈，同時換擋往上方看著右面。一切順利。

「你身體還好嗎？」我說。

「完全正常，」英格威說，「你呢？」

「酒沒退，」我說，「事實上還有點暈。」

他望了我一眼同時把車一下開到了路外面。

「哦，天哪。」他說。

「對，是有點糟糕，這個。」我說。

他笑了笑，又換成低擋，緊挨著白線後停下。一個白髮老人從我們前面的人行道走過，他有個大鼻子，身體幾乎瘦得像根釘子。他的嘴角往下耷拉著。暗紅色的嘴唇。他抬起眼睛先朝我右邊的斜坡望望，在他埋下眼睛盯著腳下的路面之前，向著道路另一面的一排商店也溜過了一眼，大概是在確定那人行道的邊沿在哪裡出現。他的這行動好像他是完全孤獨一人，好像他從來沒有想過他人的目光。就像喬托畫筆下的那些人物。他們看上去也都是那樣的旁若無人。讓畫筆下的人物處於毫無庇護的光環裡，喬托是唯一這麼畫的人。這或許也是由這個時代所造就，因為後來幾代的義大利畫家，那些偉大的幾代巨匠，總是有與他們畫中的目光交織在一處的意識。這樣使得他們的畫中人物少了一份天真，同時也多了一份隱晦。

從路另一側來了一個紅頭髮的女人，她推著一輛童車匆匆走過。與此同時號誌燈為過街的行人換成紅燈，但她朝上看了一眼號誌燈，那裡仍然顯示著紅燈，她選擇要過馬路，在下一秒鐘小跑著從我們面前過去了。她的孩子，可能一歲左右吧，胖嘟嘟的臉，小小的嘴，坐在童車裡，從他們面前過去的瞬間看起來有點暈頭轉向的樣子。

英格威的腳鬆開離合器，小心地踩下油門進入十字路口。

「已經過了兩分鐘了。」我說。

「我知道，」他說，「很快就會找到車位的，沒關係。」

當我們駛過橋後，我抬頭看那大海上的天空。輕薄的流雲，有的地方雲彩單薄得以至讓白雲間已透出了藍，彷彿一層半透明的膜，有的地方雲彩厚重濃黑，那灰烏的雲層邊沿，猶如在白雲上飄蕩的煙霧。被雲層遮蔽住的太陽，一片橙黃色。沒有天空下蒸騰起的光線那麼強烈，但同時看上去又是那麼的無處不在。這是一個任何東西都不會投下陰影的日子，但一切存在依舊。

「今晚你就動身，是吧？」我說。

英格威點點頭。

「嘿，那有個位置！」他說。

下一刻他就把車拐進人行道旁，滅了火，拉起手剎。殯儀館就在街道的對面。我倒情願有一個較長的過渡時間，這樣我才能對接下來要發生的事情有所準備，但現在來不及了，現在要做的就是投身其中。

我走下車，把車門關上，跟著英格威過了馬路。接待室櫃檯後的女人對我們笑著說我們直接進去就可以。

門是敞開的。壯碩的殯儀館員看見我們時，從寫字臺後面的椅子上站起身，走上前來，和我們握了握手。由於所在的特定環境關係，客氣地但並非發自內心，臉上掛著微笑。

「我們又見面了，」他說，手伸向那兩把椅子，「請坐。」

「謝謝。」我說。

「這週末你們一定有一些想法吧，關於葬禮的事。」他說，自己也坐下來，拿起放在書桌上他面前的一疊薄薄的紙頁，開始翻閱。

「當然，我想，」英格威說，「我們需要一個教堂儀式的葬禮。」

「是嗎，」殯儀館員說，「那你們可以從我這裡得到牧師辦公室的電話號碼。我們會接手所有事，但你們仍可以跟牧師交換一下意見。他會為你們的父親說上幾句話，要是你們能告訴他一點你們父親的事，會更順利的。」

他抬起眼睛看著我們。脖頸下掛在襯衫領子外的那道肉褶子，彷彿蜥蜴一般。我們點著頭。

「舉辦這種葬禮會有很多形式，」他接著往下說，「我這裡有一個單子，裡面有不同的選項。其中包括了，比如，放你們希望放的音樂，而在這種情況下，又要如何呈現。有人會選擇現場演奏，也有人情願撥放錄製的。不過我們有一位常用的教堂樂手，他會唱歌也會彈奏多種樂器……現場音樂會製造出一種獨特的氣氛，一種價值，一種人性的尊嚴……我不知道，你們是怎樣想的，有什麼想法嗎？」

我和英格威的目光相遇。

「現場音樂或許不錯？」我說。

「當然。」英格威說。

「那就選這個？」

「好，就這樣吧。」

「那麼就確定了？」殯儀館員說。

我們點了點頭。

他的手從寫字臺上方伸過來，遞給英格威一張紙。

「關於音樂的問題這裡有幾個選擇。但除此之外，若你們要選自己喜歡的音樂，也完全沒問題，只要提前幾天通知我們就行。」

我朝一旁彎下身子，英格威把紙挪動了一點，這樣我也能讀到紙上的東西了。

「巴赫或許不錯？」英格威說。

「對，他喜歡巴赫。」我說。

近一整天後以來第一次，我又開始抽泣了。

我他媽的千萬不會用他的任何一張紙巾，我這麼想著，用手肘在眼睛處抹了幾次，深呼吸幾次，讓情緒慢慢恢復了平定。我注意到英格威朝我投來短暫的一瞥。

他在為我擔心？

不，他不會的。

不會的。

「沒事的，」我說，「我們到哪兒啦？」

「巴赫或許不錯，」英格威說，看著殯儀館員，「比如，那段大提琴奏鳴曲……」

他望著我。

「你在聽嗎？」

我點點頭。

「那好，」殯儀館員說，「通常我們有三段音樂。另外再有一首或是兩首大家一起唱的歌。」

「Deilig er jorden（美哉主耶穌），」我說，「我們可以用這首歌嗎？」

「當然。」他說。

嗚嗚嗚。嗚嗚嗚。嗚嗚嗚。

「卡爾．奧韋，你還好嗎？」英格威說。

我點了點頭。

我們同意讓教堂歌手唱兩首歌，集體再唱一首，另外額外添加大提琴曲子和〈美哉主耶穌〉。我們也同意不會有人會在靈柩旁講話，因此這樣葬禮將按計畫完成全部過程，因為其他的環節是屬於禮儀部分，有自己固定的程式。

「你們希望有鮮花嗎？擺放在靈柩上的花環，諸如此類的？許多人認為這會增添氣氛。我這裡有些可供選擇的樣式，要是你們願意看看的話……」

他遞給英格威新的一張紙。英格威指著眾多類型中的其中一項，看著我，我點點頭。

「那麼這也好了，」殯儀館員說，「再來就是棺材……我們這裡有些不同的照片……」

又是一張新的紙從寫字臺上遞過來。

「白色的，」我說，「可以嗎？就這個。」

「好，就這個。」英格威說。

殯儀館員又再接過那張紙單，做了一些記錄。然後抬起頭望著我們。

「你們要求今天實地參觀一下，是吧？」

「對，」英格威說，「最好是在下午，如果可以的話。」

「當然可以。但……是的，你們知道他是死於什麼樣的狀況嗎？是那種……與酒精相關的情況？」

我們點著頭。

「好，」他說，「面臨這種不知將有什麼等待著你們的情況，有時候事先有點準備比較好。」

他把這些紙頁收在一起，在桌上敲齊了一下。

「很抱歉，今天下午我沒辦法親自接待你們。但我的同事會在那裡。在奧德內斯教堂旁的小教堂裡，你們知道在哪裡嗎？」

「知道。」我說。

「四點鐘好嗎？」

「好。」

「那我們就這麼定下。四點在奧德內斯教堂旁的小間教堂。要是你們還想到了什麼，或者你們有一些修改意見，都可以打電話來。你們有我的電話號碼嗎？」

「有。」英格威說。

「好。不過，還有一件事。你們希望在報紙上登訃告嗎？」

「我們可以？」我說，看了看英格威。

「好，」他說，「這我們也需要。」

「但或許在這上面得多花點兒時間，」我說，「決定要寫些什麼和哪些人的名字要附上，考慮下這一類的事……」

「沒問題，」殯儀館員說，「在你們想好後就再這裡來一趟，或是打電話。但最好不要太晚，報紙登載需要幾天時間。」

「我明天就可以打過來，」我說，「好嗎？」

「好極了。」他說站起來，手裡又是新的一張紙，「這上面是牧師辦公室的電話號碼和地址。你們有需要嗎？」

「我拿著吧。」我說。

當我們走出來停在人行道旁的車前停下時，英格威掏出一包香菸遞向我。我點點頭，抽出一支。實際上我心裡想著現在抽菸會讓人噁心，就像我喝醉之後的隔天總會有的那種感覺，因為這菸，它嘗不出什麼味道也沒有它本身具有的那種氣味，它只是造成了今天和昨天之間的一個聯繫，像是一種知覺的橋樑，那時候這所有的畫面開始漫湧，鋪天蓋地的，於是環繞著我的一切，黑灰色的柏油馬路，順著人行道邊沿的這些淺灰色的水泥石，這灰色的天空，天空下飄飛著的鳥兒，一排建築物上的那些黑洞洞的窗戶，停在我們身旁的紅色汽車，英格威稍偏在一邊的身影，都被滲透進了內裡極強烈的畫面中，但與此同時會有一種破壞性的感覺和煙霧在肺葉裡遊走產生的緩解作用，這是我需要的，或者說是我想要的。

「一切還算順利。」我說。

「還有一些事我們必須要做，」他說，「或者說，是你必須得搞定的。比如登訃告。不過若是需要我儘管打給我吧。」

「嗯。」我說。

「另外你注意到了他用的那個詞了嗎？」英格威說。「參觀？」

我笑了。

「是。看來這個行業也有些人的作風像房地產經紀人。他們的工作是要讓一些東西盡可能地看起來更精美華貴，再以最昂貴的價格把它推銷出去。你看見那些棺材的價格了嗎？」

英格威點點頭。

「不過，當人處於這種情況的時候不應該把錢控制得緊緊的。」

「這有點像在飯店裡買酒一樣，」我說，「我的意思是說，如果這人沒經驗的話。要是很有錢，他會買第二貴的酒。錢不多的人，就會買倒數第二便宜的酒。絕對不會去點最貴的和最便宜的。他的棺材肯定也是這樣。」

「對了，我覺得你的決定不錯，」英格威說，「我是說，那副白棺材挑得好。」

我聳聳肩，把還閃著點點火光的菸扔到了外面。

「純淨，」我說，「這是我想到的。」

英格威鬆開手裡的菸，菸蒂掉落地上，他在上面踩了一下，打開車門坐了進去，我也坐進車裡。

「我真害怕見到他。」英格威說。他用一隻手繫好安全帶，同時用另一隻手把車鑰匙插進鎖孔一擰。

「你害怕嗎？」

「害怕。但我必須去看。要是我沒看見他我絕不會明白他真的是死了。」

「我也一樣。」英格威說，看了一眼鏡子。然後車燈閃爍著，車啟動了。

「那，我們現在回家嗎？」

「還有那些機器的事，」我說，「地毯清潔機和鋤草機。要是在你走之前能把這事也處理完就太好了。」
「那你知道去哪裡辦嗎？」
「不，我不知道，」我說，「居納爾說在格里姆有個出租機器的公司，但我不知道具體的地址。」
「好，我們去找一個電話簿，查看那黃頁。附近有公用電話嗎？」
我搖了搖頭。
「但在埃爾韋街的最後一段路上有個加油站，我們可以去那裡看看。」
「很好，」英格威說，「反正在今晚走之前我得加油的。」
幾分鐘以後我們開到了加油站。英格威把車停在油泵前，在他幫車加油時，我走進了加油站的小賣部。那裡的牆上有一個公用電話，電話下面掛著裝有電話簿的三個盒子。我找到了那個機械租賃公司的地址，記住了它，然後走到銷售點想買包菸絲。當我走到那裡排隊時，站在我前面的那個人轉過身來。
「卡爾．奧韋？」他說。「你在這裡？」
我也認出了他。我們在一起上的高中。但名字我記不起來了。
「嗨，好久不見了，」我說，「你怎麼樣？」
「很好！」他說。「你呢？」
他語氣裡那麼興奮的語調讓我很吃驚。在茹斯時期裡我在家裡辦過一個派對，他也在那裡，當時脾氣上來了把我家浴室的門踢了一個窟窿。事後他拒絕賠償，我也不能把他怎麼樣。還有一次他是茹斯汽車的司機，我和比約恩一起坐在車頂上，我記得應該是，當我們要開去那個娛樂中心時，突然地，在蒂梅內斯十字路口後的坡路上，他踩油門車猛地加速，我們得俯臥在車頂上，緊緊抓住鐵桿，他至少是以每小時七十或是八十公里的速度在開，當我們到那裡之後他只是哈哈大笑，我們那時還罵了他一頓。

現在為什麼這麼友好了？

我和他的目光相會。臉上或許多了些肉，要不他看上去完全跟從前一個樣。但他的神情裡有些僵硬，是那種紋絲不動的死水，彷彿那笑容非但沒有讓臉柔和反倒更加重了它的這種凝固。

「你現在在做什麼呢？」我說。

「在北海工作。」

「啊哈，」我說，「這麼說你賺不少啊！」

「算是。還有很多空閒時間，所以相當不錯。你呢？」

和我說話的同時，他對銷售員指著烤腸，向空中伸出一根指頭。

「還在讀書。」我說。

「讀什麼？」

「文學。」

「對，你一直是對文學有興趣的。」他說。

「是，」我說，「你跟埃斯彭見過面沒有？還有特隆？吉斯勒？」

「特隆就住在這個城市，有時我能和他碰面。埃斯彭聖誕節要回來。你呢？你和那些老同學有聯繫嗎？」

「只有巴森。」

銷售員把烤腸塞進麵包裡，再把它放進了一張餐巾紙裡。

「番茄醬和芥末醬？」他問。

「喔，謝謝，兩樣都要。還有洋蔥。」

「生的還是煎的？」

「煎洋蔥。不，還是來生的吧。」

「生的？」

「對。」

買完吃的後，他手裡拿著夾著烤腸的麵包站在那裡，頭又向我轉過來。

「看見你真高興，卡爾・奧韋，」他說，「你一點都沒變！」

「你也是。」我說。

他張開嘴在烤腸上咬了一口，遞給銷售員一張五十克朗紙鈔。當他站在那裡等找回零錢時出現了一點小小的窘迫，因為我們已經結束了談話，該說的都說完了。他淺淺一笑。

「好，好，」當他把得到的那些硬幣握在手裡時他說，「或許我們會再見！」

「我們會的。」我說。買了一包菸絲，在擺放雜誌的架子面前站了幾秒鐘裝作我對它們很有興趣，其實為的是不想在外面與他再打照面，英格威這時進來付帳了。他付款用的是一張一千克朗的紙鈔。當他把它從錢包裡抽出時我把視線擺到一旁，不想表現出我知道這是爸爸死後的那些錢，同時嘴裡咕噥著要出去一趟，我朝門口走去。

汽油和水泥的氣味，在半昏暗的加油站的屋頂下面，還能聯想到其他什麼東西嗎？引擎，速度，未來。

同時也有熱狗，還有席琳・狄翁和艾瑞克・克萊普頓的唱片。

我打開了車門坐進去。接著英格威也坐進了車裡，發動引擎，我們從那裡開車上路沒有再說一句話。

我在花園裡走來走去地鋤草。我們租來的割草機，是由一個要固定在人背上的設備和下端帶有一個轉動著的刀片的桿子組成。當我戴著一個碩大的黃色耳罩在那裡走動著，覺得自己就像個機器人，好像被這轟鳴的、震動著的機器牢牢地綁定在了一起。在我走過的地方，所有那些小樹、花草，都紛紛倒下。我一直在哭泣。當我在那裡走著，在那裡鋤草，一股股的浪潮穿透我的全身，我已無能為力，淚水什麼時候想來就來。在十二點鐘的時候英格威在陽臺上叫我，我走進屋去和他們一起吃東西，他已經把茶和圓麵包放到了桌上，祖母總是招待我們吃圓麵包，在電暖爐盤上的鐵絲板上把它烤熱，原本鬆軟的麵包這樣一來就變得更脆了，牙齒一咬在上面，大塊的麵包屑散落下來，但我不餓。所以很快地出去了想繼續工作。獨自一人走到外面的花園裡是一種自由和釋放，也有成就感，因為工作的成效立時可見。天幕已經關閉，掛在那裡的灰白色雲層就像是罩住下面的一個蓋子，顯現出暗黑的海面與這清澈透明的反差。這城市，在這敞開的天穹之下，只不過是一小群微不足道的房子，一泡吐在地上的、變得了更加厚實和堅固的唾沫。我就站在這裡，我看到的就是這些。多數時候我的目光投向那轉動的刀片，草葉如士兵般紛紛倒下，綠草不多，更多的是灰色和黃色的草，間或也夾雜一些淺紅色的毛地黃花和金黃的太陽帽花，我有時候也抬起頭來，望著天空那一望無際的淺灰色，和海洋遼闊無邊的深灰色，望著碼頭上的一片忙碌和混亂，船艙和船體，桅桿和艦首，集裝箱和褐色的鏽跡斑斑的鐵件廢物，望著那座具有自身的色彩和韻律的城市，猶如機器一樣地在顫抖著，望著所有這一切。此時的我淚湧如泉，淚水沿著臉頰流下，為了爸爸，他是在這裡長大的，他死了。或許我也不是為了這個而哭，或許有著完全不同的理由，或許我把這十五年裡過去的悲傷和痛苦都聚集在了自己身上，現在才把它們宣洩出來。這沒有什麼關係，沒什麼事情是重要的，我就在那花園裡來回鋤草，這些草長得實在太高了。

三點過後我關掉了這該死的鋤草機，把它放在陽臺下的雜物棚裡，在我們出發前進到屋裡去吃中飯。在閣樓房間裡取出換洗衣服、毛巾和洗髮精，把它們放在浴室裡，關上門，脫下衣服，邁腿站到浴缸裡去，把淋浴噴頭扭到一旁，擰開了水龍頭開關。當水熱以後，再把噴頭轉過來，熱乎乎的水流到我的身上。平日會是舒服愉悅的感覺，但不是現在，不是這裡，接下來我以最快速度洗我的頭髮再把它們沖乾淨，關掉水從浴缸裡出來，擦乾自己穿好衣服。到外面的階梯上時，掏出了一支菸同時等著英格威從樓上下來。我滿心恐懼，當他打開車門我看到了他露在車頂上方的那張臉，也是同樣的恐懼。

小教堂位於在那個大的室內運動場的背面斜插過去的地方，我曾經在那體育館裡上過課，我們開車行駛的這道路，是當時我住祖父母家時常走的路，但眼裡這些熟識的地方在我心裡卻什麼也不能喚起，意義空洞，毫無氣氛。這裡的一道柵欄，那裡的一棟白油漆的十九世紀的房屋，一些樹木，一些灌木叢，小片的草地，一道交通欄杆，一個路標。天空中循規蹈矩地飄移著的雲彩，大地上循規蹈矩運動著的人們。把樹枝高高掀起的風，讓數以千計的樹葉以千篇一律的模式不定地顫抖著。

「你可以從這裡進去。」我說，那時我們剛駛過那個室內運動場，看見了在石頭圍牆後出現在我們眼前的教堂。「小教堂就在那裡。」

「我以前來過。」英格威說。

「哦？」我說。

「堅信禮那次。你也在，不是嗎？」

「我記不得了。」我說。

「我記得。」英格威說，向前微微低下頭，為看前方看得更遠些。

「停車場在那後面嗎？」

「應該是。」我說。

「我們來得太早了，」英格威說，「現在還有一刻鐘。」

我下了車關上車門。在石頭圍牆的另一邊一架鋤草機向我們開過來。一個赤裸上身的男人在操縱它。當鋤草機轟隆隆地從我們身邊經過，不到五公尺的距離，我看見他的脖子上掛著一條銀項鍊，上面套著一個近似於刮鬍刀片的飾件。在東邊，在教堂的上方，天空陰沉沉的。英格威點燃了一支菸，朝教堂的方向走了幾步。

「是，是啊，」他說，「我們在這裡了。」

我朝小教堂那裡望去。在入口的上方有一盞電燈，在白日的光線裡幾乎看不見它。一輛紅色的汽車停在門旁邊。

我的心跳得更劇烈了。

「是啊。」我說。

在我們頭上高高的天空，仍然是一片淺藍，幾隻鳥在空中盤旋。荷蘭畫家雷斯達爾總是在高高的天空中畫著飛翔的鳥兒，為了體現畫面的縱深感，這幾乎成了他作品的一種特徵，至少我在我的一部有關他的書裡見過一張又一張這樣的畫。

在離我們不遠地方的樹下幾乎是一片黑色。

「現在幾點了？」我說。

英格威把胳膊往前一伸，這樣西裝袖子向上露出了一截，他可以看到手錶上的指標。

「差五分。我們進去嗎？」

我點點頭。

在我們離小教堂十公尺遠的地方，那裡的門開了。一個穿深色西裝的年輕人看著我們。他的臉曬黑了，金黃色的頭髮。

「克瑙斯高？」他說。

我們點了點頭。

他跟我們握手。他鼻翼周圍的皮膚紅紅的，看似有些惱怒。心神不定的一雙藍眼睛。

「我們進去嗎？」

我們又點點頭。他先進去，到了走道那裡他站住了。

「就在那裡面，」他說，「但在我們進去之前，我必須得讓你們有點思想準備。這不是那麼令人愉快的畫面，有許多血跡，你們知道的，所以呢……是的，我們是盡可能努力地把一切都弄乾淨，但依然能看得出來。」

血？

他看著我們。

我一陣發冷。

「你們準備好了？」

「是。」英格威說。

他打開了門，我們跟在他身後進入了一個很寬大的房間。爸爸躺在屋中央的一個擔架上。他的眼睛是合上的，臉上的表情柔和。

啊，上帝。

我站在英格威的身旁，就在父親的面前。他的臉頰紅潤，就像被血浸泡過的那般充盈。這一定是因為當他們試圖擦去血跡時，血留在了皮膚的毛孔裡。還有他的鼻子，鼻樑斷裂。但雖然我目睹了這一切，卻仍然是視而不見，因為有關他的所有細節都消失在了其他的更廣泛的層面當中，他那些優秀的一面，如同他的死亡一樣，我以前從未靠近過，對我來說，他是一個父親，這一切存在於生命當中永不會改變。

在我目送英格威開車向斯塔萬格的方向駛去後，在我走回祖母的房子時，首先我想到的就是那些血。那裡怎麼可能弄上血的呢？祖母說過了，她發現他是死在椅子上的，除了這個資訊之外最讓人能相信的就是當他坐在那裡的時候心臟病發作了，或許正發生在他睡覺的時候。然而殯儀館不只是說有血，而是說有很多的血。還有鼻子，鼻樑斷裂了。所以在他被發現的那裡應該是另一種形式的死亡？他是否是站起來，在劇痛裡，撞在了壁爐的磚石上？跌倒在了地板上？但如果是這種情況，為什麼在牆上或是地板上都沒有任何血跡？怎麼可能會祖母沒說到有血的事？因為一定發生了**什麼事情**，不僅僅是血這類東西，讓他不可能靜靜地入睡。她把那些血跡擦洗掉，然後全忘記了？她為什麼要這麼做？她沒擦洗什麼東西也沒把什麼東西藏起來，在她身上看不到有要這麼做的必要。同樣奇怪的是我把這事也很快地忘掉了。啊，或許這也並不奇怪，現在要涉及的有許多其他的事情。但不管怎樣一回到祖母家我就得馬上和英格威通話。我們必須要和負責將他的身體轉到醫院的大夫聯繫上。他可能會告訴我們當時到底發生了什麼事情。

我在那通向上方的緩坡上盡可能快地走著，好像時間倉促不能按時到達一樣，沿著一道翠綠的在圍籬內長得緊密繁茂的樹柵欄，與此同時我的腦子裡醞釀著另一種念頭，那就是希望盡可能地延長我一人獨處的時間，甚至想到了或許去找一間咖啡廳在那裡讀一張報紙或是什麼其他的東西。和英格威一起面對祖母是一件事，而我單獨與祖母在一起那又是另一件事。英格威知道怎麼樣去應對她。他們之間那種輕鬆的、充滿詼諧幽默的語調，和埃爾林和居納爾經常使用的手段一樣，說得婉轉一點的話，這方法我根本沒用過，在參加體操課訓練的那一年裡因為我住得很近，和他們在一起度過了許多時光，但好像我的態度與舉止和他們發生了些不愉快，我的一些行為他們不喜歡，這種猜想在幾個月後以某種方式得到了驗證，一個晚上媽媽告訴我祖母打電話跟她說我不應該這麼經常去他們那裡。大多數的指責我可以對付，但恰恰這一條我不能接受，雖然他們不歡迎我，但他們是我的祖父母，對此我很震驚，以至於沒法再能控制住自己，就在媽媽的面前，我開始抽泣起來。她，站在她的角度上，也十分生氣，但她又能做什麼呢？當時的我對這些事不能理解，認為沒什麼可說的，就一句話，他們不喜歡我。從那時起我就開始想，我到底哪裡讓人不喜歡。我不能想像這個畫面，不能進入這個角色，我把自己身上的那些高中生的習性帶進了這間屋子裡，還始終固守著它，遲早他們也都得慢慢適應，於是就產生了這種不平衡，因為他們的習慣是絕不強迫我去做任何一件事情，於是最後便是他們打了電話給我母親。我到那裡去總是有求於他們，或是具體的，那就是去吃飯，因為我是在放學以後去那裡，在訓練之前得吃點什麼，否則我就會一直到晚上八、九點都沒吃東西。再不然就是錢的事，只有下午的公車學生才能免費乘坐，我又不是總有錢自己買車票。吃飯和錢，這兩方面，他們倒並不是反對提供給我，激怒他們的，大概是我的這種非要不可，於是他們就沒有選擇的餘地：吃飯和車票錢不再是免費的禮物。但也還有其他因素。第二個原因就是我和他們之間的關係，在我們之間的聯繫上，他們不願意再做什麼。那時候我不理解這點，現在我懂了。在那裡我的所作所為，是用我整個的生活和思想去接近他們，這是同一模式中的其中一部分。他們或許不可能貼近這樣的我，反倒是我一味地去索討他們的親密。具有諷刺意味的是，在拜訪他們的時候我總是想著他們，總是說一些我認為他們想聽的話；即使是那些我極個人極私密的事情，我說這些是因為我認為他們聽聽這個會有好處，而不是因為我本人需要說出來。

這是最不愉快的事了，我這麼想著。那時候我走在一條往隆德的林蔭路上，午後排成了一長串的汽車佇列在身旁，路過了被塵埃和排氣染得汙黑的一段段樹幹，與上方樹冠裡那一大簇繁茂的蔥翠和輕俏的樹葉比起來，它們沉重如石柱一般。不過我還是覺得，事實上那時候我還算懂事。我能做到的就是設身處地，這是我的長處。理解他人。但我自己仍然多數時候是個謎。

啊，真太蠢了！

我笑了。立刻抬頭去察看旁邊路上的那些坐在車裡的人是否能看見我。但沒有人看見。所有的人都沉溺於自我中。

在過去的十二年裡我可以變得聰明一點、懂事一點，但我仍然不能繼續佯裝不知。不說謊，不演戲。這就是為什麼我很高興讓英格威去應對祖母。但現在我必須獨自去面對。

我停下點燃了一支菸。當我繼續往前走時，不知是什麼原因我變得了振奮起來。是因為我左邊這些原本是白色的，但被排出的廢氣弄黑了的磚石外牆嗎？或者是在林蔭路上的那些樹木？這些靜止不動，被綠葉覆蓋著的，帶著自身代代衍生永不衰竭的樹葉，這沐浴在空氣當中的生靈？因為當我的眼睛剛剛觸及它們，心中便總會充滿喜悅。

我格外使勁地深吸了一口，再彈掉香菸上銀灰色的菸灰，同時向前走去。當英格威和我一起開車去小禮堂時，這周邊的環境對我沒有喚起任何回憶，但現在它以一種強大的力量向我襲來。我想到了以往的兩段時期；首先是在我小時候來這裡的事，和祖父母一起在克里斯蒂安桑，這個城市裡每一個微小的細節都猶如童話般的景象一樣呈現出來，然後就是當我在十來歲時住在這裡的情形。幾年前我來過這裡，從那時起我就注意到這些印象中的地方是如何地蜂擁而至，部分原因是它與我記憶世界裡的一部分聯繫在一處，部分是與其他相關，同時存在於三個獨立分離的時段。我看見了藥局，記得有一次我、英格威和祖母一起去過那裡；店外面路邊高高的雪堤，天下著雪，她穿著長大衣戴著毛皮帽子，站在窗檯前的佇列裡，穿著白大褂的藥劑師在屋裡面走過來走過去的。不時地她扭轉頭來看我們在做什麼。那目光不是冰冷，但至少是不帶任何感情，在第一次的視線交會後，她露出了笑容，眼神裡充滿溫暖，變換就在那一瞬間。我看著通往隆德的坡路，記得祖父通常在下午從那裡往上騎著自行車回家。在外面他看上去是多麼的不同啊!也許和他騎在上坡路這輕微的搖擺動作有關，不單是他騎著的這輛車，也是他這個人：在一瞬間裡他是個穿著外套戴鴨舌帽的任何一個上了年紀的克里斯蒂安桑老頭，在下一刻他又是祖父。我看著路上延伸出去的住宅區裡那一片房子的屋頂，想到了十六歲時的我在夜裡是如何在它們中間穿過，心裡充滿的那些情感起伏劇變。於是我看到了一切，花園後面一個生鏽的、歪歪斜斜的晾衣架，一棵樹下腐爛的蘋果，被篷布遮了起來的船，和那伸在外的溼漉漉的支架，船底下那些發黃、扁平的草，都是輝煌般的美麗。我看見馬路對面那些建築物後的草坡，想到了一個藍色的、凜冽的冬日我們曾和祖母在那裡乘雪橇滑下坡。在陽光照射下的雪是溼潤的，然而又是那麼刺眼，像是高山上的那種強烈光線，位於我們下面的城市便看起來有點奇怪，好像敞開了一切祕密。在我們下面街道行走的人們、駛過的車輛，路的另一邊一間當地公司外，那個在車道上掃除積雪的男人，其他的小孩子都在坐雪橇玩，彷彿其他地方沒有任何聚會，天空底下就這麼一個。當我在往下走時一切在我心中活了起來，包裹著我的環境都進入了我的視野同時讓我思索，但這只不過流於表像，只是意識裡最外的一層。因為爸爸死了，這讓我在心中感到悲痛，這種情緒擴散到我所有的思考和情感裡。在這些回憶裡他仍存在，但他在那裡無足輕重，這一點著實令人感到奇怪，在那裡有關他的一點想法都沒有。七〇年代初，一次爸爸於人行道走在我前面，我們去小店買菸斗清潔器，然後要去祖父母家，他揚起下顎好像在自己笑，我知道他的這種快樂。還有就是爸爸在銀行裡，他一手拿著錢包，用另一隻手指把頭髮往後撥，在櫃檯前的玻璃上看著自己的倒影。要不就是爸爸坐進汽車把車開進城。在這些回憶之中我沒有感受到他是一個重要的對象。也就是說，當我開始回憶，我有感受，但不是現在我想著它們的時候。帶著他已經死了的這個念頭，與他之間的關係就發生了改變。在這個念頭裡，他就是一切，這很自然，這樣的想法佔據全部。因此當我去到那裡時，在一個濛濛細雨的日子，好像發現自己進入另一個天地。於這個天地之外沒有任何意義。我在看，我在想，然後我所看和所想的又已然退去：這跟它們沒關係。跟什麼都沒關係。只有爸爸，他死了，僅僅和這有關。

在我這麼走著的時候，那個信封，那裡面裝有他死亡時帶在身邊的物件的棕色信封，一直在我的意識裡。在藥局那條街的對面綜合商務公司外我停下來，身子稍稍偏向牆邊，把信拿了出來。我看到了父親的名字。一種陌生感。我指望的是克瑙斯高這個姓。但只要沒有拼寫錯誤，當他死時用的就是這個更換後的，可笑及華而不實的名字。

一個老太太拖著一個帶車輪的購物籃，另一手牽著一隻小白狗，當她從門裡出來時看了我一眼。我朝牆那裡邁出了幾步，搖晃著手裡拿著的東西。他的戒指、首飾、幾枚硬幣、一根針。就這些。這些東西本身看起來只可能是些平常的日用品。但是他把它們帶在了身上，那戒指一定是戴在手指上的，首飾是戴在脖子上的項鍊，當他死後，就給它們罩上了一種特殊的光環。死亡和黃金。我把它們在手掌裡一個一個地擺弄著，它們在我心裡充滿不吉祥的感覺。我站在那裡對於死亡的恐懼，就跟我小時候在那時面對死亡的恐懼一樣。不是因為我自己會死，而是對那些死者。

我把這些東西放回了信封，再把它放進我的衣袋裡，在兩輛汽車的空隙間跑過馬路，進到小賣店裡買了一份報紙和一塊獅子巧克力，我吃著巧克力走完了通往那棟房子的最後的一段路。

即使在發生了這一切，那裡依舊懸浮著令人緬懷的往事，從我童年就記得的那種氣味。那時候我就揣摩出了這種現象，我進入的每一棟房子它有著怎樣的氣味，所有的鄰居和所有的家庭，它們都有著完全屬於自身的東西，特別是氣味，那是絕不會改變的。除了我們的房子。它沒有這種特殊的氣味。在那裡什麼氣味也沒有。在祖母和祖父來探望我們的時候，他們把他們房子的氣味帶到了這裡。我特別記得這麼一次，祖母出人意料地來我家，我一點也不知道這件事，當我從學校回到家時在走道裡聞出了差別，我還以為是屋裡有小偷，因為沒有任何跡象顯示家裡來了客人。車道上沒有停著車，玄關裡也沒有衣服和鞋。只有氣味。但這不是家裡有小偷：當我走上樓，看見祖母全身披掛著站在廚房裡，她是坐公車來的，想給我們一個驚喜；這可完全顛覆了她以往的風格。二十年過去了，這裡面發生了多少的變故，現在房子裡的氣味還是和以前一樣，真是太奇怪了。你可以想像這與習慣有關，使用一樣的香皂，一樣的洗滌劑，一樣的香水或刮鬍泡，用一樣的方法做的一樣的飯菜，每天做著一樣的工作，在下午和晚上也做著同樣的事情：修理一下汽車，修理一下這裡那裡的，對，有了汽油和礦物酒精的痕跡，金屬和空氣中排出的廢氣，這些東西，搜集舊書，對，那書裡就有了泛黃的紙頁和陳舊的皮質封面的氣味。但當一棟房子裡所有以前的習慣結束，這裡的人已不在人世，剩下的那些年邁的人繼續做著他們一貫做著的事，這房子裡的氣味又會是如何，它們怎麼能沒有改變？四十年的生命都滲進了這一面面的牆壁裡，這就是我每一次步入這裡嗅出的氣味嗎？

我沒有立刻上樓到她那裡去，而是打開了通往地窖的門，在那個狹窄的樓梯上往下面走了幾步。向我撲面而來的這陰冷、晦暗的空氣，彷彿是濃縮了的空氣，抑或是這房子的一個濃縮，正好就是我記憶裡的感覺。秋天他們在下面儲藏著一箱箱的蘋果、梨和李子，連同那些老牆和泥土的氣味一起，這些氣味綜合成為了這房子地下的一部份，另外所有其他的氣味夾雜在一起作為反襯一起散發了出來。我到地窖下面沒有超過三、四次；閣樓上的那些房間也一樣，那是我們的禁區。但我經常站在走道那裡，看祖母從那下面上來，手裡拎著給我們能裝滿一口袋的，那黃澄澄、多汁的李子，或者紅色，雖有點皺了皮但味道卻格外美妙的蘋果。

唯一的光線是來自牆下，那小小類似船艙裡天窗的窺視孔。因為花園的地勢比房子的入口處要低，所以人們可以從這裡一直望出去。透視的效果似乎撲朔迷離，對空間的感覺如同溶解了一般，在短暫的一瞬它徹底在我面前消失了。然後，在我的手抓住樓梯欄杆的同時，一切又如此清晰地展現在我面前：我在這裡，窗戶在那裡，花園在那裡，房子的入口在那裡。

我站了一會兒從窗戶那望出去，目光沒有固定在一點，腦子裡沒有想著特別的事情。然後我轉身走上了上面的走道，把夾克掛在衣帽間的一個衣架上，在樓梯旁牆上掛著的鏡子裡望了一眼自己。眼睛周圍仍然掛著一圈疲倦。當我走上樓梯的時候，刻意重重踏著步伐，這樣祖母將聽到我的到來。

她坐在餐桌旁邊，就像我們幾小時前離開時一樣。她面前放著一杯咖啡、一個菸灰缸和一個她吃下了的圓麵包後滿是碎末的餐盤。

當我走進門，她用一個迅速的，像鳥一般的方式抬起頭。

「啊哈，是你呀，」她說，「一切順利嗎？」

她大概已經忘了我去哪裡，但我還不能完全確定，所以用一種適合這種情勢的嚴肅語調回答了她。

「是的，」我說點了點頭，「一切都好。」

「那就好。」她說，把頭掉了過去。我朝屋裡面走了幾步，把我買的報紙放在桌上。

「你不想喝點咖啡嗎？」她說。

「想，我想喝一點。」我說。

「壺在電暖爐上。」

她語氣裡含著的某種意味讓我看了她一眼。她以前從來沒有用這種口氣同我講話。奇怪的是她就沒怎麼改變，不像我的變化那麼大。在最後的那段時間她就是用這種口吻和爸爸講話的。她現在說的話，是在對著他講，而不是對我。假如祖父還在的話她是不會用這種方式對爸爸講話的。這是母子之間在沒有外人在場的情況下講話的那種口吻。

我不認為她把我當作了我父親，只是她講話的習慣使然，就像一艘船在關掉引擎後還會持續向前滑行。儘管如此這還是讓我心裡還是打了個寒噤。但我不能讓自己為此而受干擾，於是從櫥櫃裡取出一隻杯子，走到電暖爐旁邊，用手指感覺了一下燒水壺。它早已經沒了熱度。

祖母吹了一下口哨，用手指頭在桌面上敲著鼓點。在我的記憶裡她很久沒這樣做過了。看見眼前的她令人感到些許的欣慰，若不是這樣，那她就真的是變化太大了。

我見過她在三〇年代初期的照片，她那時很漂亮，算不上萬眾矚目，但足以讓人注意到她，以一種別出心裁的，那個時代典型的方式：深色、很戲劇性的眼影，櫻桃小嘴，短髮。當她在五〇年代末已是一個有三個孩子的中年女人時，在一張他們在旅行途中景點前拍下的照片裡，儘管是以一種較柔和的、不太明顯但又並非模糊的方式，那種能讓人留意到的容顏依舊存在，人們依舊可以使用美麗這個詞來形容她。當我長大成人時，她已經是六十歲末尾七十出頭的年齡，自然我所看見的已經不是當年的她，她只是「祖母」，她曾有過屬於自己的、個人特徵的風采，我對此並不知曉。一個來自中產階級家庭的老年女人把自己保養得極好，衣著穿戴優雅得體，這一定會讓人對在七〇年代末期時的她有著印象，還有對她那乘坐公車來看望我們的意外之舉，就這麼突然，一下子坐在了我們在蒂巴肯家的廚房裡的這個記憶。

充滿活力，親和近人，身體健康。直到幾年以前她都始終是這樣的一個人。後來她身上有了些改變，這不是因為年齡的緣故，也不是由於生病，而是其他的原因。她失去了自我，不是屬於一般老年人通常有的情況，沒有專注於精神世界，也沒有滿足感，盤踞於她體內裡的是強硬、尖銳，就像她瘦削乾枯的身體。

我看見了，但我對它無能為力，也不能在上面架起一座橋來，不能幫助或是安慰她，我只能看著，這讓我與她待在一起的每一分鐘都緊張萬分。唯一的辦法是保持動作，不要和那裡的一切，在這房子裡或是她身上的東西，綁定在一處。

她用一隻手從嘴上拿下黏著的菸絲。然後朝我望過來。

「要我也幫你煮點咖啡嗎？」我說。

「咖啡怎麼了嗎？」她說。

「它不太熱了。」我說，手裡拿著水壺朝水槽那裡走過去。「我重新煮一點。」

「你說它不太熱了？」

她對我生氣了嗎？

沒有。因為她笑起來了，拂去了膝蓋上的一點碎末。

「我一定又開始有點犯糊塗了，」她說，「剛才我的腦子肯定就在拌漿糊。」

「咖啡沒有說很涼，」我說著打開了水龍頭，「只是我喜歡燙一點。」

我把咖啡渣倒了出去，讓水流射向水槽底部直到所有的渣子都消失在排水孔裡。然後把水壺重新灌滿水，水壺的內壁幾乎完全變黑，在水壺外殼上佈滿了手指上的油膩留下的紋印。

「犯糊塗」，這是家庭裡對老年癡呆症的一個委婉說法。當祖父的兄弟萊夫「犯糊塗」時，他一次又一次地從安養院跑出來到他小時候住的房子去，站在那裡高聲呼喊，傍晚和夜裡時去捶打人家的門。他的另一個兄弟阿爾夫，在他最後的那些年裡也開始犯糊塗；因為他表現出的多數情況是把過去的事和現在的事攪在一起分不清。祖父他自己在生命最後的階段也有點犯糊塗，半夜三更爬起來擦拭他搜集的那些數量極可觀的鑰匙，既沒人知道他有這些東西，也沒人知道這是為什麼。這是家裡的遺傳問題；他們的母親最後的時間裡也沒少犯糊塗，要是我父親說的那些話都可信的話。在最後的時間裡她不消說是犯糊塗的，當聽到警報拉響時，她不是下到房子的地窖去，而是往閣樓上跑；據我父親講她從閣樓那很陡的樓梯上跌下來送了命。這是否真的如此，我不知道，我父親可以對任何事情都撒謊。我的直覺告訴我這不是真的，但沒有找到任何方式來驗證。

我拿著水壺到了電暖爐那裡，把它放在電暖爐盤上。按下了廚房裡到處都有的安全開關。緊接著沾了水的水壺底開始嗶嗶啵啵一陣爆裂聲。我雙臂抱在一起站在那裡，望著窗戶外那陡峭山坡的頂峰，那棟白房子就像矗立在那裡的寶座王基。我想到了在我過去的這一生中都這麼往上看去的這棟白屋子，就沒有一次看見過有一個人在裡面或是在它的周圍。

「英格威去哪啦？」祖母說。

「他今天回斯塔萬格了，」我說，朝她轉過身來，「回他家去了。他會回來……星期五的時候。」

「這樣啊，喔，」她說。自個兒點了點頭，「他去斯塔萬格了。」

當她抓住菸草盒和那小小的紅黑的色的捲菸器時，她說話了，沒有抬起頭：

「但你在這裡吧？」

「對，」我說，「我一直都待在這裡。」

很明顯地看得出她希望我留在這裡，這讓我高興，儘管我知道她不一定是要我，只是需要有人陪在身邊。

她出乎意料的用力把捲菸器的手把拉開，抽出捲菸，點燃了它，再拂去膝蓋上的菸灰，坐在那裡發楞著。

「我想我要繼續去打掃了，」我說，「今天晚上我得做多一點，再打幾個電話。」

「好。」她抬起頭來看著我。「但你就這麼忙，不能在這裡坐一小會兒？」

「倒也不是。」我說。

水壺裡的水發出了噓噓聲。我把壺使勁往爐面上按了按，水開的聲音更響了，然後我把它移到一旁，倒了些咖啡，用叉子在裡面攪動幾下，重重地把它放回爐盤上，再把壺放到桌上的鐵絲墊上。

「咖啡好了，」我說，「現在讓它再悶出點味道。」

咖啡壺上我們沒洗掉的指紋，一定也包括爸爸的。我彷彿看見他那被尼古丁燻黃了的手。這裡有些不相稱的有損尊嚴的東西。這燻黃的手指顯示出了平凡瑣碎的生活，與莊嚴的死亡不能相提並論。

或許我願意這二者同步。

祖母嘆了口氣。

「啊，是啊，」她說，「生活就是混鬥，這老太太說，她不會發F這個音。」

我笑了。祖母也笑了。然後目光裡又是那恍惚不定的神情。說了些話以後我的腦子裡輕鬆些了，變得空空如也，給杯子裡倒上了咖啡，雖然它的黃色多於黑色，還有些咖啡渣漂浮在水面上。

「你要咖啡嗎？」我說。「有點淡，但……」

「好的，想來一點。」她說，把她的杯子在桌面上推出了幾釐米。

「謝謝。」當杯裡的咖啡到了一半時她說。拿起裝有奶油的黃色紙盒，給咖啡裡倒進一點。

「英格威到哪裡去了？」她說。

「他去斯塔萬格了，」我說，「回他家裡一趟。」

「對的。他是要去那裡的，是啊。他什麼時候回來？」

「我想，是星期五。」我說。

我在水槽裡把桶刷了一下，重新放好水，倒進了綠肥皂水，戴上橡皮手套，一手抓起放在桌上的抹布，一手拎起水桶，走進了客廳最裡面的那一塊。外面的天色開始有點暗了下來。在最接近地面的光線裡，在環繞著樹木的樹冠周圍，在它們的樹幹上，在朝向鄰居地盤籬牆的樹叢中看得見一抹微弱的淡藍色。雖是那樣的淡薄但顏色依舊可見，就這樣以一種反向力，漸漸超越了夜色，因為這光線裡的任何東西都不再閃光眩目，這淡化給予它們的豐富和充盈交代出了一種背景。但在外面的西南方向，人們仍舊可以看見峽口處的燈塔，那裡白天的光線並未受到挑戰，它依舊存在。那裡的幾朵燃燒著的紅雲彩，像是來自自身的威力，因為那時的太陽已經消失不見。

過了一會兒祖母進來了。她打開電視在一把椅子上坐下。廣告聲總是比節目的音量要高出許多，它不僅充滿了整個客廳，也在牆壁上激起了輕微的迴響。

「現在是新聞了嗎？」我說。

「當然，」她說，「你不想來看看？」

「好，」我說，「只是我得先把這裡的工作結束。」

當我沿著一整堵牆把這護牆板擦洗乾淨後，擰乾了抹布，走進廚房裡，玻璃窗上看得見一點反射出的我的影子，形狀模糊不清，較亮的和較暗的兩個區域則很明顯，把水倒進水槽，抹布放在桶上，一動不動地站在那裡了一刻，然後打開櫥櫃，把放在裡面的紙巾推在一邊，拿出了一瓶伏特加。我從水槽上方的櫃裡找出兩個玻璃杯來，打開冰箱取出一瓶雪碧，給一個玻璃杯倒滿，另一個杯裡的雪碧摻上了伏特加，端著兩個杯子進了客廳。

「我想我們可以享受一點點酒。」我笑著說。

「真是太令人愉快了，」祖母說，她也回報我一個微笑，「我們當然可以。」

我把加有伏特加的那杯遞給了她，自己拿著那杯雪碧，在她旁邊的椅子坐下。可怕，真是太可怕了。我的心被撕裂成碎片。但若要設法改變什麼，我也辦不到。她需要這杯酒。就是這樣。

至少如果是威士忌或是波特酒就好了。那我就可以用托盤再加上一杯咖啡一起端上桌，這才有模有樣，雖還不是完全合乎章法，但起碼我不會把摻有雪碧的伏特加直接倒在杯裡那樣直截了當地喝酒。

我看見她怎樣張開那年老的嘴，把酒一口吞下。我已決定不應該再發生這樣的事。現在她就坐在那裡雙手捧著一杯酒。心裡像被紮了一刀。萬幸的是她沒有開口再要。

我站起來。

「我去打幾個電話。」我說。

她向我轉過頭。

「這時候了你還要打給誰？」她說。

再一次她又好像是在對另一個人講話。

「現在才八點。」我說。

「不是更晚了嗎？」

「不是。我得要打給英格威和托妮耶。」

「打給英格威？」

「是。」

「他不是在這裡嗎，他？哦，不，他不在這裡。」她說。然後她的注意力轉移到了電視上，好像我已經離開了房間。

我把一張餐桌的椅子拉出來，坐下來撥了英格威的電話。他剛剛走進門，一切進展順利。在背景裡我聽到了托耶的尖叫，卡麗·安妮在呵斥他。

「我在想那血的事。」我說。

「是啊，會是什麼呢？」他說。「一定很多事情祖母沒告訴我們。」

「他一定是跌倒了還是怎麼樣的，」我說，「撞到了硬物之類。因為他的鼻樑斷了，你看見了嗎？」

「當然。」

「我們應該和那些當時在這裡的人談談。就是問一下醫生。」

「殯儀館那裡會有他的名字，」英格威說，「你要我打給他們嗎？」

「對，你可以嗎？」

「我明天就打。現在有點晚了。我們明天再談吧。」

我想過了要說說這裡發生的事情，但從他的聲音裡感覺到了一點不耐煩，這也不奇怪，兩歲的女兒耶爾法在樓上等著他。他離開這裡不過幾小時，但他仍然沒有要掛電話的意思，所以我得這麼做。當我放下話筒後，撥響了給托妮耶的電話。從她的聲音裡我聽出來，她一直在等我打給她。我說我相當累了，可以明天再多聊聊，不過其實幾天後她就會到我們這裡來。談話只持續了幾分鐘，但在這之後我仍然感覺自己好多了。我從廚房的桌子上找到香菸和打火機拿在手裡，來到了外面的陽臺上。這個晚上海灣裡擁擠著返航的船隻。溫暖的空氣裡充滿了這個城市特有的木材的氣味，當風從北方刮來時總是這樣，花園裡樹木的氣味傳來，和一種淡淡的、幾乎難以察覺出的海洋的氣味。屋內從電視螢幕上發出閃動的光。我站在陽臺的另一端在黑色鐵欄杆面前抽著菸。當菸抽完後，我把菸蒂在牆的外側上熄滅，發著紅光的菸灰像小星星般往下面的花園裡飄散而去。又走進屋裡我首先看了看坐在客廳裡的祖母，然後走上通向閣樓臥室的樓梯。放在床邊的行李箱敞開著。我取出裝著書稿的紙板盒，在床沿上坐下來，打開紙盒蓋撕開上面的膠布。想到事實上一本書就即將要問世了，當第一頁上的書名進入眼簾時心上湧起了一種強烈的衝動，校對稿和我自己寫的且習慣了的那個手稿不知道有什麼區別。我馬上把這念頭壓了下去，我不能坐在這裡想這個，從箱子裡的一個內袋裡找出了一支鉛筆，拿起校對符號概述的那張紙頁，移到床上坐下，背倚靠著床的檔頭，把一疊書稿放在膝蓋上。時間催得急，所以我計畫在這裡的幾個晚上從頭至尾盡可能多看些。到現在為止我還沒有時間讀它。乘著英格威在斯塔萬格，現在又還不到八點鐘，我至少有四個小時的工作時間，要是不能再多的話。

我開始閱讀。

分別掛在床對面那半開的衣櫃門上的那兩件黑色西裝，很干擾文稿的校對，因為當我在閱讀時，一直都想著它們，儘管我知道這不過就是兩件衣服，但它們的陰影進入了我的意識裡，想像著這就是兩個活生生的軀體。為了要讓它們在眼前消失，幾分鐘後我從床上爬下來。一手托著一件西裝站在那裡，四下尋找著一個可以掛它們的地方。掛在窗簾的橫桿上？那地方會讓它們比在什麼地方都更引人注意。在門框上？不行，我得在下面走呀。最後我走出了房間，進入了旁邊晾衣服的閣樓間，我把它們掛在了那裡的晾衣繩上。在那裡，自由地掛著，它們看上去再沒有比任何時候更像兩道陰影了。我仍能嗅出死亡的氣味，但不管怎樣這讓它們在我的視野之外了。

於是我再走進屋裡，在床上坐下來繼續工作。遠處的街道上一輛車正加速飛馳。樓下傳出的電視的聲音。從這空蕩沉寂的房子裡聽起來感覺是一種徹底的瘋狂，充斥在這一間屋子裡。

我往上抬起眼睛。

我寫出了一本給我父親的書。我沒有意識到這一點，但事實如此。這本書就是為他而寫的。

我放下手裡的書稿，站起來，走到了窗邊。

他對我來說真有著這麼重大的意義？

啊，是的，他就是這樣。

我希望他將會看見我。

我第一次明白了我的寫作是為了什麼目的，不僅僅是為了我將會成為一個什麼樣的人，或者是裝著要成為什麼樣的人，當我寫到有關我爸爸的一個章節時就開始哭泣了。我一寫到爸爸淚水就往下流，讓我幾乎看不清楚鍵盤或是螢幕，只是敲打著字。當這些傷痛已經在我身上消失，我感覺不到它曾經存在過，我不知道在哪裡能找尋到它。我的父親是個蠢貨，一個我不想與他有什麼關係的人，離他遠一點對我來講說輕而易舉。這裡說的遠一點不是保持距離，而是根本忽略他，他的什麼事也觸及不到我。情況一直如此。然而現在我坐在這裡寫著，眼淚嘩嘩地直流。

我坐在床上，把書稿放在膝蓋上。

但這裡面還有更多。

我也想表現出我比他出色，比他強大。但或許也只是這樣。我希望他為我感到感到驕傲嗎？真正地認識我？

他從來不知道我將會出版一本書。在他死前，我們最後一次單獨見面是一年半以前的事，他自然是又問起我那段時間在做什麼，我回答他我剛好開始在寫一本小說。我們走上了女王街，出去吃晚餐，雖然天很冷，汗水卻從他的臉上流下來，他問話的時候，並不看著我，他問這書將會怎麼樣，一次非常明白清楚的談話。我點著頭回答說有一個出版社對此很有興趣。當我們走在路上時他向我投來的那一瞥的樣子，好像他還繼續待在某一個他曾經待著的地方，或許他可能還會在那裡。

「做得不錯啊，很好，卡爾．奧韋。」他是這麼說的。

為什麼我記得很清楚？通常我把人們對我說的一切幾乎都忘得一乾二淨，不管是多麼親近的人，在那種情勢下沒有任何的徵兆顯示這是我同他在一起那些日子裡的最後一次。我記得或許是因為他使用了我的名字，我聽到他最後一次這麼叫我應該是四年前的事了，出於這個原因，讓我感到和他有意想不到的親近。我記得或許是因為就在當時的幾天前我寫到了他，直率地寫出了與他現在向我示好的態度完全大相徑庭的感情。或許我記得是因為我痛恨他把我攥得緊緊的，顯而易見，我很高興我還是小孩。在這個世界上我絕不會為他的緣故去做什麼，為他的緣故去受人指派做什麼，不管是正面還是負面的因素。

現在這種意願已全無意義。

我把書稿放到床上，筆放回袋子裡，彎下腰從旁邊的地板上拿起紙盒，試著想把書稿再放回去，但放不進去了。於是我把書稿放回箱子裡的老地方，在箱的最下層，仔細地用衣物把它蓋上。那個放在床上的紙盒，我站在那裡長久地盯著它，每一次看著它的時候，對小說的諸多的想法便有了頭緒。拿著它下樓扔到廚房的垃圾袋裡去，這是我最初的衝動，進一步想想這不行，不應該用這種方式把它攪和在這棟房子裡。於是我又把箱子裡的衣服拿到一邊，把紙盒放在箱底書稿的旁邊，上面蓋上衣物，放下箱蓋，在走出房間以前，把箱子拉鍊拉上。

祖母坐在客廳裡看電視。當時在播一個電視辯論節目。我想，這對她來說根本無所謂。下午電視二台的青少年節目和挪威電臺晚間的紀錄片她也一樣看。我從來不明白這種瘋狂的、充斥著無休止情欲的年輕人的真人秀節目，和那些沒完沒了的新聞節目以及電視辯論節目，能夠給她帶來些什麼。她出生在第一次世界大戰之前，來自一個真正的昨日的歐洲，固然是處於最邊緣的地帶，但還是歐洲的地域不是？一九一〇年時代是她的兒童時期，二〇年代是她的青年時期，三〇年代時她長大成人，一九四〇年到一九五〇年她做了母親，在一九六八年就業已成為了一個老婦人？這其中一定會有些什麼吧，因為每一個晚上她都坐在這裡看電視。

就在她身下的地板上有一小灘褐黃色的水。沿著椅子旁邊一片較深顏色的水痕顯示出了它的源頭從哪裡流來。

「英格威要我跟你問好，」我說，「他回家一路順利。」

她抬頭向我投來短暫的一瞥。

「那就好。」她說。

「你需要什麼嗎？」我說。

「需要？」她說。

「是啊，一些吃的還是別的什麼。要是你想，我可以幫你做一點。」

「不用，謝謝，」她說，「你可以幫你自己弄點。」

爸爸屍體的畫面讓我對食物感到噁心。但一杯茶很難會讓人聯想到死亡吧？我在電暖爐上用一隻平底鍋燒水，把茶袋放進冒著熱騰騰水氣的杯子裡，站在那裡看著那顏色怎樣在茶袋裡釋放出來，慢慢地旋轉著流失在了水裡，直到水完全變成了透明的黃色，我端起杯子拿著它走到了外面的陽臺上。在遠遠的海峽口處丹麥的海洋遊輪發出停泊信號駛進了港口。在黑暗的天空中，仍舊能看到一抹藍色，給人一種材質的感覺，彷彿它實際上就是一方巨大的桌布，我也看見了星星，就像是穿透千萬個小洞裡發出的光芒，它們是從背後的光線裡派生而出。

我喝了一口茶，把杯子放在窗檯上。我又想起來那個晚上我父親更多的事情。人行道的地面上有了較厚的冰層，東面吹來的風穿過街道一掃而過，街上幾乎空無一人。我們走進了一家飯店的餐館裡，把外套脫下掛上，在一張餐桌旁坐下。爸爸呼吸沉重，用手在額頭上一抹，拿起菜單來看，他的目光在菜單上從上到下掃視一遍。又開始從上方起再看。

「看上去這裡好像不賣酒。」他說，站起來，走到餐廳主管那裡。他對他說了些什麼。當那人搖頭時，爸爸轉身走了回來，幾乎是一把抓起了掛在椅背上的外套，穿上它同時朝門道走去。我急忙跟在了他身後。

「怎麼啦？」我說，那時我們已站在了外面的人行道上。

「那裡不賣酒，」他說，「我的天，這是家禁酒的飯店。」

然後他望著我笑了。

「我們吃飯得要喝酒，你不知道嗎？沒關係。這裡直走下去有另外一家飯店。」

我們在蘇格蘭人飯店前停下，在窗邊的桌前坐下後，各自吃自己的牛排。應該是說，是我在吃牛排；當我吃完以後，在爸爸餐盤裡的牛排幾乎沒動。他點燃一支菸，把最後的一點紅酒喝下，身子往後靠在椅背上，說他計畫著要開始當一名長途貨車司機。我不知道對此該如何應對才好，只是點點頭什麼話也沒說。當個長途貨車司機是很不錯的，他說。他一直喜歡開車，喜歡旅遊，現在有機會做這件事還有人給你報酬，還有什麼可猶豫的呢？德國、義大利、法國、比利時、荷蘭、西班牙、葡萄牙，他說。是呀，這是個好工作，我說。但現在我們就到這裡吧，他說。我結帳。你只管走。你肯定還有好多事要做。看見了你我很高興。我按照他說的做了，起身拿起夾克，對他說再見，然後走進飯店的大堂，走到外面的街道上，有一瞬間的躊躇，是不是要搭車回家，最後決定不坐出租，朝公車站走去。通過窗戶我又望見了他，他正穿過那一帶的酒店街區，走向街另一端的一道門，那裡直通酒吧，我又看見了他走動著的身影，那龐大沉重的軀體，是那樣的匆忙和急不可待。

這是他生前我最後一次看見他。

他給我留下的印象始終是他在端正形象儘量律己。在這兩個小時裡他用盡所有的力量在克服自己，努力塑造一個正面的形象，不心神恍惚，將身心都集中一處，做一個他曾經就是如此的那樣一個人。

這個想法讓我的內心疼痛，我在陽臺上來回走著徘徊不已，很快地一會兒盯著城裡的方向，一會兒又朝向大海。我思忖著是否要出去一趟，到下面的城裡，或是到體育場外面去，但我又不能讓祖母獨自一個人待著，於是強迫自己哪也別去了。再說明天一切都將會是另一番光景。第二天的到來總是會有更多的光亮。不管在自己的心裡有多麼的沮喪低落，不可能不受到這新開端帶來的影響。於是我拿上杯子進到了屋裡，把它放在洗碗機裡，把放在那裡的那些杯子和玻璃杯，大大小小的餐盤也都一起放了進去，倒進清潔劑，開動了洗碗機，用抹布擦乾淨桌子，再擰乾抹布把它搭在水龍頭上，雖然這溼漉漉的、粗糙的布料和這閃亮的鍍鉻水龍頭有些不般配，我走進客廳，在祖母坐著的椅子面前站住。

「我想我要去睡覺了，」我說，「這一天夠漫長的了。」

「時間這麼晚了嗎？」她說。「好，那我也很快要睡了。」

「晚安。」我說。

「晚安。」

我轉身就走。

「呃？」她說。

我又向她轉過身來。

「你沒想過今晚就在那上面睡覺嗎？你睡在下面也行的。在那間老房間裡，你知道的。就在那旁邊的浴室沖澡。」

「不過……」我說，「我想我還是在上面睡吧。我們已經在那裡把東西都放好了。」

「好，好，」她說，「隨你的便。晚安。」

「晚安。」

當我來到上面的房間，平靜地脫下了衣服，這時候明白了她建議我在下面房間睡不是為了我的緣故，是為了她自己。我立刻把T恤再穿上，把床單從床上拉起來，把被子捲起夾在一隻手臂下，另一隻手提起箱子，又下樓去了。在樓梯的平臺那裡我碰見了她。

「我改變主意了，」我說，「和你說的一樣，最好睡在下面。」

「好，不是這樣嗎？」她說。

我跟在她後面走下樓梯。在走道裡她對我轉過身來。

「那你需要的東西都齊了嗎？」

「什麼都不缺。」我說。

然後她打開自己那間小房間的門，不見了。

我要住的這間房，是他們都沒有碰過的，但裡面都是些她的東西，像梳子、鬈髮器、首飾和首飾盒、衣架、睡衣、襯衫、內褲、毛巾、洗浴用品、化妝包，到處分散著。在床頭櫃上，在床墊上，在打開的衣櫃裡的層架上，在地板上，在窗檯上，我不能顧及這亂七八糟的一切，眨眼工夫三兩下就把攤在床上的東西弄乾淨，然後鋪上床單放好被子，脫下衣服，關掉電燈上了床。

我一定是一下就睡著了，因為這之後我記得的是，我醒過來打開了床頭上的燈看錶，時針正指兩點。門外的樓梯上有了動靜。我首先想到的是，爸爸回來了。那時我還處在剛醒來的朦朧中，大概這與我所夢到的東西聯想在一起了。不是鬼魂，而是活生生的人。我的心裡完全不排斥這種想法，這讓我害怕。它不是猛然而生，而是畫面場景那種延續著的緩慢，我明白這很荒唐，我走出去來到了走道裡。祖母的房間的門留著一道縫隙。我望進去。她的床上沒有人。我走上了樓梯。或許她只是想去倒一杯水喝，也或許她沒有睡意，上樓去看看電視，但為保險起見，我還是想去確定一下看看是否是這樣。先看看廚房。她不在那裡。然後是日常起居的大客廳。她也不在那裡。那麼她一定是去那間小客廳了。

對，她就站在那裡的窗戶面前。

出於某種理由我不想讓她發現我。在那昏暗拉門的陰影裡我停了下來，站在那裡看著她。好像她又陷入了那種神志恍惚的狀態中。她靜靜地站在那裡凝視著外面的花園。她的嘴唇不時地蠕動著，好像她在對自己喃喃低語，但嘴裡並沒有發出任何聲音。

沒有一點預兆，她突然轉過身，直直地朝我走來。我完全措手不及，只有站在原地看著她過來。在離我有一步遠的地方她走了過去，雖然她的目光在我臉上掠過，但她並沒有注意到我。她經過我的身旁，彷彿我就是其他那些傢俱之中的一件。

我一直等到聽見下面的那道門關上以後我才開始挪步下樓。

當我再走進臥室時，我真害怕了。死亡無處不在。死亡在外面走道裡的外衣上，死亡在裝著我父親東西的信封裡，死亡在她在上面客廳發現了他的椅子上，死亡在他們把他抬下去的樓梯上，死亡在浴室裡，祖父曾在那裡跌倒，腹腔裡滿是血。我閉上眼睛，滿腦子裡都是那些死而復歸的人，無法逃逸也無處藏身，就像我還小的時候。但我得閉上雙眼。若我這些荒謬的幻想靈驗的話，想像中爸爸的屍體就會突然從這裡經過。那雙手交叉在一起，手指上毫無血色，蒼白的指甲，蠟黃色的皮膚，深陷下去的臉頰。在淺眠之中隨著這些畫面深深地浸入，從某種方式來講意識在其中被喚醒時，很難說清這是一個屬於現實或是虛假的世界。一次我像這樣醒來，我非常確定他的屍體藏在衣櫃裡，我打開櫃子，把那裡面所有的衣服都翻得徹底，接著把其他櫃子也都打開，一個接一個地，當我這麼做完之後，我又回到床上繼續睡覺。在夢裡他一半是死人，一半是活人；一半在現在，一半在過去。好像他完全控制著我，掌控我的一切，當我最後終於醒過來，是早上八點鐘，我第一個念頭想到的是今晚他回家來看過我了，第二個想到的是我得再去見他一面。

兩小時後我關上了通往廚房的門，祖母坐在那裡，我走到電話那裡，撥響了殯儀館的電話號碼。

「安德奈斯殯儀館。」

「是，你好，這裡是卡爾．奧韋．克瑙斯高。前天我和我哥哥一起去過你們那裡。這是關於我父親的事。他是四天前去世的……」

「明白了，你好。」

「我們昨天見過他了……但現在我想知道我是否有可能再見他一面？最後一次，要是你理解……」

「好的，那是當然的，你可以再見他一面。你什麼時候合適？」

「好，嗯，」我說，「可能是下午？三點？四點？」

「那我們就約在三點？」

「好。」

「小教堂外面。」

「好。」

「好的，就這麼說定了。」

「謝謝。」

「不客氣。」

這個談話讓問題解決了，我心裡感到鬆快，走到花園裡繼續鋤草。天空中高掛著白雲，日光柔和，空氣溫暖。我在兩點鐘結束工作。於是進屋對祖母說我要去見一個朋友，換好衣服後我就奔向那個小教堂去了。小教堂入口處停放著同一輛車，當我敲門後為我開門的是同樣的一個人。他向我點點頭，打開了前一天我們進去過的那間屋子，他自己沒有進去，我又站在了爸爸面前。這一次我有準備，知道是怎麼樣的一個場面正等待著我，他的身體，皮膚在過去了的這一整天裡一定是變得更加地暗了，再沒有喚起我前日時的那種撕裂心肺的情感。現在我看到的是沒有生命的軀體。這曾經是我父親的人和他躺著的這張桌子已經不再有任何區別，和這張桌子所在的地板不再有任何區別，和窗戶下面牆上的插座不再有任何區別，和旁邊的檯燈一段垂落下的電線不再有任何區別。因為人只是在所有其他形態當中的其中一種，如造物的世界，再顯示出的那樣，不只是當其有生命的時候，也包含那些生命不再的物質，可能以沙土、石頭和水的形態存在。死亡，像我始終感覺的那樣，在生命裡它是極為重要的一個環節，幽暗而令人銷魂。它如爆裂開的一根水管，風中折斷的一根樹枝，從衣架上滑落的一件外套。僅此而已。

（完）

木馬文學147

# 我的奮鬥1：父親的葬禮

Min Kamp 1

| | |
|---|---|
| 作者 | 卡爾・奧韋・克瑙斯高（Karl Ove Knausgård） |
| 譯者 | 林後 |
| 社長 | 陳蕙慧 |
| 副總編輯 | 戴偉傑 |
| 責任編輯 | 鄭琬融 |
| 行銷企劃 | 陳雅雯、尹子麟、黃毓純 |
| 排版 | 宸遠彩藝有限公司 |

| | |
|---|---|
| 讀書共和國集團社長 | 郭重興 |
| 發行人兼出版總監 | 曾大福 |
| 印務 | 黃禮賢、李孟儒 |
| 出版 | 木馬文化事業股份有限公司 |
| 發行 | 遠足文化事業股份有限公司 |
| 地址 | 231 新北市新店區民權路 108-3 號 8 樓 |
| 電話 | 02-2218-1417 |
| 傳真 | 02-2218-0727 |
| E-mail | service@bookrep.com.tw |
| 郵撥帳號 | 19588272 木馬文化事業股份有限公司 |
| 客服專線 | 0800221029 |
| 法律顧問 | 華陽國際專利商標事務所　蘇文生　律師 |
| 印刷 | 前進彩藝有限公司 |
| 初版一刷 | 2021 年 4 月 |
| 定價 | 新台幣 480 元 |

ISBN 978-986-359-836-7


國家圖書館出版品預行編目

我的奮鬥 1：父親的葬禮 / 卡爾・奧韋・克瑙斯高（Karl Ove Knausgård）作；林後譯 . -- 初版 . -- 新北市：木馬文化出版：遠足文化發行，民 110.4
面；　公分
ISBN 978-986-359-836-7( 平裝 )

861.57　　108015381